编委会

高等院校企业管理系列教材
College Business Management Series

Quality Management

质量管理学

（第三版）

伍 爱 ● 编著

暨南大学出版社
JINAN UNIVERSITY PRESS

中国·广州

图书在版编目（CIP）数据

质量管理学/伍爱编著．—3 版．—广州：暨南大学出版社，2006.8（2019.12
重印）
（高等院校企业管理系列教材）
ISBN 978 - 7 - 81079 - 738 - 2

Ⅰ.①质⋯　　Ⅱ.①伍⋯　　Ⅲ.①质量管理学—高等学校—教材　Ⅳ.①F273.2

中国版本图书馆 CIP 数据核字（2006）第 063724 号

质量管理学（第三版）
ZHILIANG GUANLIXUE（DISANBAN）

编著者：伍　爱

出 版 人：徐义雄
责任编辑：暨　南　吴文娜
责任校对：何俊蔚　曾红明
责任印制：汤慧君　周一丹

出版发行：暨南大学出版社（510630）
电　　话：总编室（8620）85221601
　　　　　营销部（8620）85225284　85228291　85228292（邮购）
传　　真：(8620）85221583（办公室）　85223774（营销部）
网　　址：http：//www. jnupress. com
排　　版：暨南大学出版社照排中心
印　　刷：佛山市浩文彩色印刷有限公司
开　　本：787mm×960mm　1/16
印　　张：26. 875
字　　数：510 千
版　　次：1996 年 8 月第 1 版　2006 年 8 月第 3 版
印　　次：2019 年 12 月第 31 次
印　　数：121001—123000 册
定　　价：52. 00 元

第三版前言

从 1996 年至 2006 年的 10 年间，由于广大读者的支持和厚爱，本书经过了初版、第二版到现在的第三版的三次编写和修改，共重印发行了十多次。但随着形势的发展和科学技术的日新月异，书中原有的内容需要修改和更新，有些新的内容需要增加。因此本书第三版编写过程中，在基本保留第二版原有体系结构的前提下，删减了一些旧的内容，增加了一些新的内容，如增加了"顾客满意度"、"六西格玛管理"、"可靠性设计与管理"等新的章节以及其他方面的新观点和新方法。

第三版的内容比较新颖，除了保留原有的质量管理的基本原理、理论和基本方法外，还增加了目前国内外提出的一些新的观点和新的方法。本书按质量管理理论框架谋篇布局，突出操作性和实用性，既可作为大学本科、大专有关专业的学生学习质量管理的教材，也可以作为成人高校有关专业以及有关质量管理培训班的教材，还可以作为质量管理工作者、企业管理工作者的自学用书。本书每一章后面都有复习思考题和操作性的计算、设计题，供复习和作业之用。

在编写过程中笔者参阅了我国目前已经出版的有关质量管理、贯彻 ISO9000 族标准、顾客满意度、六西格玛管理等方面的书籍、论文、文件、资料，吸取了一些作者的一些研究成果，在此深表谢意。由于编写时间仓促，作者水平有限，书中有错漏和不妥之处，敬请行家和广大读者批评指正。

伍 爱

2006 年 5 月

目录 CONTENTS

1

质量管理概论

本章要求

- ☐ 正确理解质量对整个国民经济发展以及人民切身利益的密切关系
- ☐ 正确理解质量是企业的生命的真正含义
- ☐ 掌握质量、产品质量、质量特性的含义及其有关内容
- ☐ 了解质量的产生、形成、实现过程及其职能
- ☐ 了解质量管理的含义及其发展简史
- ☐ 掌握质量管理的基础工作的内容
- ☐ 了解企业实施名牌战略的意义和具体内容

1.1 质量及质量特性

1.1.1 质量的定义

1. 质量

ISO9000:2000 标准对质量的定义是:"一组固有特性满足要求的程度。" [注1:术语"质量"可使用形容词如差、好或优秀来修饰;注2:"固有的" (其反义是赋予的)就是指在某事或某物中本来就有的,尤其是那种永久的特性。]另外,ISO8402:1994 对质量的定义是:"反映实体(产品、过程或活动等)满足明确和隐含的需要能力的特性总和。"

前后两种对质量所下定义的内涵基本是一致的,一是指出事物的特性;另一是满足程度。质量是由一组固有特性组成的,这些固有特性是指满足顾客和其他相关方的要求的特性,并由其满足要求的程度加以表征。

固有特征是通过产品、过程或体系设计和开发及其后的实现过程形成的属性,如物质特征(机械、电气、化学、生物特性)、感官特性(嗅觉、触觉、味觉、视觉等感觉控制的特性)、行为特性(礼貌、诚实、正直)、时间特性(准时性、可靠性、可用性)、人体工效特性(语言、生理特性、人身安全特性)、功能特性(飞机的航程、手表显示时间的准确性)等。这些固有特性的要求大多是可测量的。赋予的特性(如某一产品的价格),并非是产品、体系或过程的固有特性。

满足要求就是应满足明示的(如明确规定的)、隐含的(如组织的惯例、一般习惯)或必须履行的(如法律法规、行业规则)需要和期望。只有全面满足这些要求才能评定为好的质量。

顾客和其他相关方对产品、体系或过程的质量要求是动态的、发展的和相对的,是随着时间、地点、环境的变化而变化的。所以应定期对质量进行评审,按照变化的需要和期望,相应地改进产品体系或过程的质量,才能确保持续地满足顾客和其他相关方的要求。

2. 产品质量的定义(这里主要是指硬件)

产品质量是指产品能够满足使用要求所具备的特性。一般包括性能、可靠性、寿命、安全性、经济性以及外观等。

（1）性能。性能即根据产品使用目的所提出的各项功能的要求，包括正常性能、特殊性能、效率等。

（2）可靠性。可靠性即产品在规定时间内和规定条件下，完成规定功能的能力。特别是对机电产品、高压力的产品，以及飞机、隧道和那些发生质量事故会造成巨大损失或危及人身、社会安全的产品。可靠性是使用过程中主要的质量指标之一。

（3）寿命。寿命即产品能够正常使用的期限，包括使用寿命和储存寿命两种。使用寿命是产品在规定条件下满足规定功能要求的工作总时间。储存寿命是指产品在规定条件下功能不失效的储存总时间。医药产品对这方面的规定较为严格。

（4）安全性。安全性即产品在流通、使用过程中保证安全的程度。一般要求极其严格，视为关键特性而需要绝对保障。

（5）外观质量。它泛指产品的外形、美学、造型、感官、装潢款式、色彩、包装等。

（6）经济性。赋予的特性，即产品寿命周期的总费用，包括生产、销售过程的费用和使用过程的费用等。

产品质量的概念，在不同历史时期有不同的要求。随着生产力发展、科学技术发展水平的不同，以及各种因素的制约，人们对产品质量会不断提出不同的要求。

1.1.2　质量特性

1. 质量特性的定义

ISO9000：2000 标准对质量特性的定义是："产品、过程或体系与要求有关的固有特性。"［注 1："固有的"就是指在某事或某物中本来就有的，尤其是那种永久的特性；注 2：赋予产品、过程或体系的特性（如：产品的价格，产品的所有者）不是他们的质量特性。］

2. 质量特性参数

定量表示的质量特性，通常称为质量特性参数，或称质量适用性参数。在质量形成全过程的各个环节，应从保证使用质量的要求出发，提出定量的要求，以便明确质量责任，确保使用质量。

3. 真正质量特性与代用质量特性

真正质量特性是用户所要求的使用质量特性。而企业为了便于生产，往往将其转化为生产中用以衡量产品的标准或规格。由产品标准所反映的质量特性称为代用质量特性。

由于人们的认识受科学技术水平和各种条件的限制，再加上用户的要求往往是多方面的，不断更新和发展的。因此，企业所制定的质量标准与实际使用质量要求之间，存在着既相互适应、又相互矛盾的地方。只有明确真正质量特性与代用质量特性的区别，经常研究质量标准和使用质量要求的符合程度，并作必要的调整和修改，尽可能使质量标准符合实际使用质量要求，才能促进质量的改进和发展。

4. 质量特性值

质量特性值通常表现为各种数值指标，即质量指标。一个具体产品常需用多个指标来反映它的质量。测量或测定质量指标所得的数值，即质量特性值，一般称为数据。根据质量指标性质的不同，质量特性值可分为计数值和计量值两大类。

（1）计数值。当质量特性值只能取一组特定的数值，而不能取这些数值之间的数值时，这样的特性值称为计数值。计数值可进一步区分为计件值和计点值。对产品进行按件检查时所产生的属性（如评定合格与不合格）数据称为计件值。每件产品中质量缺陷的个数称为计点值。如棉布上的疵点数、铸件上的砂眼数等。

（2）计量值。当质量特性值可以取给定范围内的任何一个可能的数值时，这样的特性值称为计量值。如用各种计量工具测量的数据（长度、重量、时间、温度等），就是计量值。

不同类的质量特性值所形成的统计规律是不同的，从而形成了不同的控制方法。由于工业产品数量很大，我们所要了解和控制的对象产品的全体或表示产品性质的质量特性值的全体，称为总体。通常是从总体中随机抽取部分单位产品即样本，通过测定组成样本大小的样品的质量特性值，来估计和判断总体的性质。质量管理统计方法的基本思想，就是用样本的质量特性值来对总体作出科学的推断或预测。

1.2 质量产生、形成、实现过程及其职能

1.2.1 质量产生、形成、实现过程

1. 朱兰质量螺旋

产品质量有一个产生、形成、实现、使用和衰亡的过程。对此，质量专家朱兰称之为"质量螺旋"（见图1-1），其意思是指产品质量从市场调查研究

开始，到形成、实现后交付使用，在使用中又产生新的想法，构成动力再开始新的质量过程，产品质量水平呈螺旋式上升。

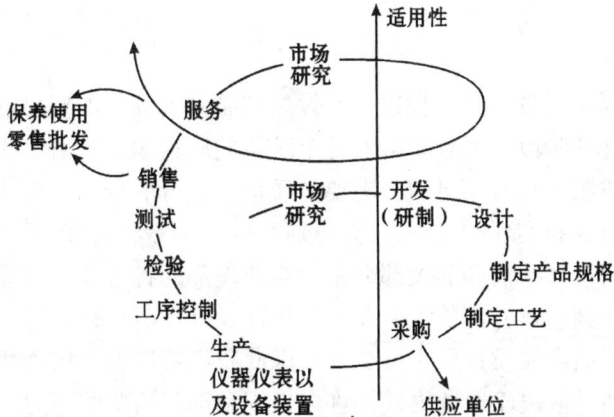

图 1 - 1   朱兰质量螺旋曲线

2. 质量环

质量形成过程的另一种表达方式是"质量环"。国际标准 ISO9004.1—1994《质量管理和质量体系要素第一部分指南》中就采取了这种表述。质量环包括 12 个环节（见图 1 - 2）。这种质量循环不是简单的重复循环，它与质量螺旋有相同意义。

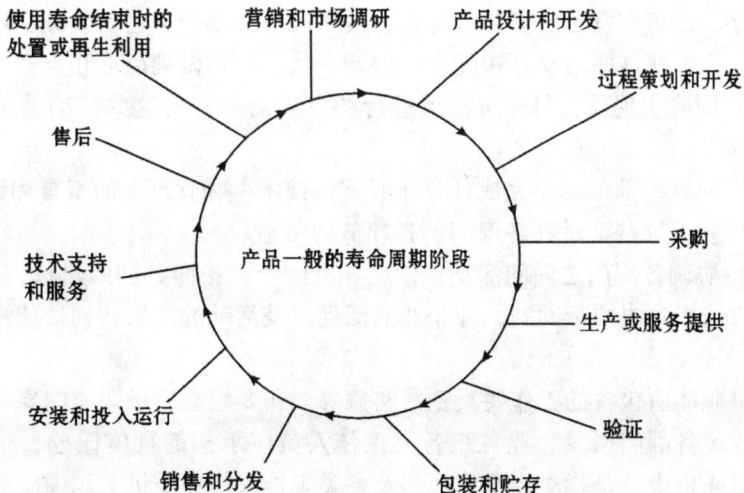

图 1 - 2   对质量有影响的主动活动

1.2.2　质量职能和职责

1. 质量职能

为了做到对质量形成过程进行有效的控制和管理，不仅要对产品的质量环列出它所包含的阶段，而且要落实各个阶段的质量职能。所谓质量职能，是指为了使产品或服务具有满足顾客需要的质量而进行的全部活动的总和。质量有一个产生、形成和实现的过程，这一过程是由一系列的彼此联系、相互制约的活动所构成的。这些活动的大部分是由企业内部的各个部门所承担的，但还有许多活动涉及到企业外部的供应商、零售商、批发商、顾客等，所有这些活动都是保证和提高产品质量所不可少的。因此我们可以说，质量并非只是质量部门的事情，而是取决于企业内外的许多组织和部门的共同努力。质量职能便是对在产品质量产生、形成和实现过程中各个环节的活动所发挥的作用或承担的任务的一种概括。从某种意义上来说，质量管理就是要将这些广泛分散的活动有机地结合起来，从而确保质量目标的实现。

企业内的质量职能应由各职能部门分别承担，但质量职能不等于部门职能。根据不同企业的规模大小和机构设置情况的不同，质量职能及其活动的分配也不相同。有些职能部门对产品质量虽无直接关系，但有间接关系，同样承担着一定的质量职能。企业内部的主要质量职能活动一般包括市场调研、产品设计、规范的编制和产品研制、采购、工艺准备、生产制造、检验和试验、包装和贮存、销售和发运、安装和运行、技术服务和维护、售后服务、用后处置等环节。为了使这些活动互相配合、协调一致，必须做到以下几点：

（1）明确实现质量目标所必须进行的各项活动，将这些活动委派给企业的相应部门。

（2）向这些部门提供完成任务所必需的技术上和管理上的工具和设施。

（3）确保这些活动在各部门、各环节的实施。

（4）协调各部门之间的活动，使之相互配合，指向共同的目标，以综合、系统的方式来解决质量问题，使企业的活动以及活动的成果达到最佳水平。

2. 质量职责

质量职能所包含的工作要真正落实搞好，还要根据质量职能的要求，进一步明确规定各部门以及企业各级各类工作人员应承担的具体任务、职责和权限。质量职责也就是指对企业各部门及各类工作人员在质量工作中应承担的义务、责任和权限所作的规定。企业只有明确和落实质量职责才能真正做到质量工作事事有人管，人人有专责，把所有的质量职能落实到每一个部门和每个工作岗位直到每一个工作人员。这样一旦发现质量问题，就可以查清责任，总结正反两方面的经验，从而更好地保证和提高产品质量。

1.3　质量与社会、与企业的关系

质量对于现代社会经济发展有着重要的作用。当今科学技术迅猛发展，市场竞争激烈，而竞争的核心是人才、科学技术、质量的竞争。质量是产品进入世界市场的"国际通行证"，是社会进步和生产力发展的推动力，是增加社会财富，提高人们生活水平，提高企业知名度以及企业求生存求发展的保证。

1.3.1　质量与社会

（1）保证和提高质量，对于促进我国社会主义建设的进程，搞好国民经济产业结构合理调整等有着重要意义。不能只追求数量，不求质量，那样对国民经济的发展是非常不利的。如果产品质量高，适销对路，有利于为国民经济各部门提供产品齐全、质地优良的物质资料和技术装备，就可以增强国民经济各个部门的物质技术基础，保证市场供需平衡、产销衔接，这将有利于促进社会主义建设的进程。

（2）保证和提高质量是增加社会财富、实现增产增收的可靠保证。社会财富的增加，一个是数量的增加，这个数量是有一定使用价值的数量；另一个是质量的提高。因为产品质量的提高表现为性能更好，效率更高，寿命更长等，一个顶几个使用，相当于产品成倍或数倍地增长。这样的实例很多，所以一定要坚持以质量求产量、求效益。

（3）保证和提高质量符合社会主义生产目的的要求。因为社会主义生产的目的是最大限度地保证和满足社会和人民不断增长的物质和文化生活的需要。因此企业生产的产品必须保证质量，因为质量的好坏，直接关系到亿万人民群众的切身利益。

（4）保证和提高质量是最大的节约。质量提高了，可以降低消耗，可以促进社会资源优化合理利用，实现全社会各类资源的有效配置，杜绝浪费，提高整个社会的经济效益。

（5）保证和提高质量有利于环境保护。加强质量管理，可以提高产品的

7

综合质量，包括使用质量和用后处置，合理处理废物、废气、废水，这些都是提高质量的内容。同时由于提高产品质量可以促使企业合理利用资源，减少浪费，减少了污染物的排放，因而也起到了保护环境的作用。

1.3.2 质量与企业

（1）保证和提高质量，增强企业在国内外的市场竞争能力。只有产品质量好，才是占领市场的根本，才能在市场竞争中取胜。产品质量的好坏，关系到企业的生存和发展，关系到企业的声誉。产品出口到国外还关系到我国的国际声誉。产品质量水平的高低是衡量一个国家、一个企业技术经济发展水平高低的一个标志，也是精神文明的象征。

（2）保证和提高质量，对于促进企业技术进步、促进企业管理现代化水平的提高，有着积极的作用。要提高产品质量会涉及到许多技术上的问题，如对新工艺、新技术、新材料、新设备的采用等，这就要不断提高职工的技术和管理水平，否则就不能适应提高质量的要求。因此在提高质量的同时也会促进企业技术水平和管理水平的提高，并全面提高企业素质。

（3）保证和提高质量有利于职工的发展。企业中每个岗位、每个职工的工作质量都会直接或间接地影响到企业产品的质量。要保证产品或服务质量，就要调动企业中每个人的积极性，发动全员参加质量管理，发挥每个职工的创造性和聪明才智，促进职工的发展，提高职工的素质。

（4）保证和提高质量，是提高企业经济效益的重要途径。质量提高，产品结构合理，可降低消耗，带来成本的降低；可生产出性能先进、在满足顾客需要方面有更大适应性的优质产品；而且可以取得优质优价，在生产过程中提高质量，降低不良品率，会带来可观的节约，等等，都会直接或间接地提高企业的经济效益。

1.4 质量管理的含义及其发展简史

1.4.1 质量管理的含义

ISO9000：2000标准对质量管理的定义是："在质量方面指挥和控制组织的协

调活动。"［注：在质量方面的指挥和控制活动，通常包括制定质量方针和质量目标以及质量策划、质量控制、质量保证和质量改进。］另外，ISO8402：1994标准对质量管理的定义是："确定质量方针、目标和职责并在质量体系中通过质量策划、质量控制、质量保证和改进，使其实施全部管理职能的全部活动。"（注：略）

2000版ISO9000族标准对质量管理所下的定义与1994版ISO8402标准相比，主要是作了概括，其区别在于将有关质量管理的内涵在注释中予以说明。从定义中可知，组织的质量管理是指挥和控制组织与质量有关的相互协调的活动。它是以质量管理体系为载体，通过建立质量方针和质量目标，并为实施规定的质量目标进行质量策划，实施质量控制和质量保证，开展质量改进等活动予以实现的。组织在整个生产和经营过程中，需要对诸如质量、计划、劳动、人事、设备、财务和环境等各个方面进行有序的管理。由于组织的基本任务是向市场提供能符合顾客和其他相关方要求的产品，围绕着产品质量形成的全过程实施质量管理是组织的各项管理的主线。所以，质量管理是组织各项管理的重要内容，通过深入开展质量管理能推动组织其他的专业管理。质量管理涉及到组织的各个方面，是否有效地实施质量管理关系到组织的兴衰。组织的最高管理者在正式发布本组织的质量方针、确立组织质量目标的基础上，认真贯彻八项质量管理原则，运用管理的系统方法来建立质量管理体系，配备必要的人力和物力资源，开展各项相关的质量活动，这也是组织各级管理者的职责。

1.4.2 质量管理的发展简史

质量管理是随着生产的发展和科学技术的进步而逐渐形成和发展起来的，它发展到今天大致经历了三个阶段。

第一阶段是质量检验阶段，也叫事后检验阶段。它是质量管理的初级阶段，一般以20世纪初至40年代以前为界。当时为了保证产品质量，质量管理职能开始从操作者转移到工长，后来随着企业规模的扩大和产量的增长，大多数企业开始设置专门的质量检验部门，把质量检验职能从直接生产工序中分离出来成为单独的工序，从生产操作工人中分离出来成为独立的工种。专门的质量检验机构负责对产品进行检验，挑出不合格品，这种做法有利于保证出厂产品的质量，而且对提高劳动生产率、固定资产的利用率，以及产品质量的提高都有显著的效果。质量检验由专门部门和专业人员负责，使用专门的检验工具，业务比较专精，对保证产品质量起到把关的作用。但只有检验部门负责，没有其他管理部门和全体职工参加，尤其是直接操作者不参与质量检验和管

9

理，就容易与检验人员产生矛盾，不利于质量的提高。由于是事后检验，即在产品完工以后才进行检验，剔除废品和次品，因此，在原材料、人工和费用成本等方面所造成的损失，已不可能挽回。不能事先预防废次品的产生和避免所造成的损失，这是检验质量管理的一个重大缺点。这种质量管理方式逐渐不能适应当时经济发展的要求，需要改进和发展。

第二阶段是统计质量管理阶段。统计质量管理产生的历史背景是 20 世纪 40 年代，当时生产力进一步发展，大规模生产形成，如何控制大批量产品质量成为一个突出问题。这时英、美等国相继颁布新的公差标准，对于批量生产产品的互换性和通用性起了一定的保证作用，同时一些统计学家着手研究用统计方法代替单纯用检验方法来控制产品质量。1924 年，美国贝尔研究所工程师休哈特提出用数理统计方法进行质量管理，并发表著名的"控制图法"，为统计质量管理奠定了理论和方法基础。第二次世界大战开始以后，战争对武器弹药等军需品的生产质量，提出了新的严格要求。缺乏事先控制和破坏性检验保证的军需产品的质量，必然影响战争的进行，这就迫切需要把数理统计的新方法应用于质量管理。于是，不仅在国防军火部门采用卓有成效的统计质量管理，而且也在其他部门如民用工业部门、运输和保险部门得到推行，使统计质量管理得到很大发展。这种方法实现了从被动的事后把关到生产过程的积极预防的转变。相对于检验把关的传统管理来说，统计质量管理是概念的更新、检查职能的更新，是质量管理方法上的一次飞跃。

尽管统计质量管理是科学的、经济的，但是也存在许多不足之处。其主要问题是：①它仍然以满足产品标准为目的，而不是以满足用户的需要为目的；②它仅偏重于工序管理，而没有对产品质量形成的整个过程进行控制；③统计技术难度较大，主要靠专家和技术人员，难以调动广大工人参与质量管理的积极性；④质量管理与组织管理未密切结合起来，质量管理仅限于数学方法，常被领导人员忽视。由于上述问题，统计质量管理也无法适应现代工业生产发展的需要，需进一步发展。从 20 世纪 60 年代，质量管理便进入了全面质量管理阶段。

第三阶段是全面质量管理阶段。这一阶段从 20 世纪 60 年代开始一直延续至今。促使统计质量管理向全面质量管理过渡的原因主要有以下几个方面：①科学技术和工业发展的需要。20 世纪 50 年代以来，世界科学技术发展日新月异，出现了许多大型、精密、复杂的工业工程和工业产品（如火箭、人造卫星、宇宙飞船等），这些产品对安全性、可靠性等要求越来越高，这就使产品质量成为企业十分突出的问题。原有的管理方法已难于把产品质量管理好，它要求运用"系统"的概念，把质量问题作为一个有机整体加以综合分析研究，实行全员、全过程、全面的质量管理，以达到用最经济的手段生产出用户满意的产品。② 20 世纪 60 年代在管理理论上出现了行为学派。该学派主张注重人在管理中的作用，主张改善人际关系，满足人的社会需要，调动人的积极性；在企业管理中提出了工人参与管理、共同决策、目标管理等新办法，在质量管理中出现了依靠工人进行自我控制的无缺陷运动和质量管理小组等。③保护消费者利益运动的兴起。由于市场竞争中不正当利益的驱动，消费者经常上当受骗，广大消费者为了保护自己的利益，买到质量可靠的产品，出现了"保护消费者"运动。要求政府制定法律，制止企业生产、销售质量低劣、影响安全、危害健康的劣质品；要求企业所提供的产品对社会、对人们承担质量责任和经济责任。因此，迫切要求企业加强质量管理，出具"质量保证单"，保证产品使用安全可靠。这样就使得企业必须建立生产全过程的质量保证体系，把质量管理水平进一步提高。④随着市场经济的发展，竞争激烈，市场情况瞬息万变，企业的经营决策、经营战略就提到重要的议事日程上来。企业要深入研究市场需求情况，制定合适的质量水平，不断研制新产品，同时还要作出质量、成本、交货期、用户服务等方面的经营决策。因此，企业迫切需要现代经营管理科学作指导，现代质量管理科学也就得到迅速发展。正是在这种历史背景和社会经济条件下，费根堡姆和朱兰等人先后提出全面质量管理的理论。1961 年费根堡姆出版《全面质量管理》一书，比较系统地阐明全面质量管理的理论和方法，很快为世界各国所接受，发展成为风靡当今世界的现代质量管理方式，使质量管理发展到一个新的阶段。

20 世纪 60 年代以后，全面质量管理在全球得到了广泛的传播和发展，各国结合自己的实践进行了创新，并提出了不少新理论和新方法：①质量保证理论。已由传统的只限于流通领域的范围扩展到生产经营全过程，并于 1987 年国际标准化组织颁布《质量管理和质量保证》系列标准，即 ISO9000—1987 系列标准，发展到现在的 2000 版 ISO9000 族标准，在世界范围内普遍采用。②产品质量责任理论。③质量经济学。从宏观角度研究质量形成的经济规律，从微观角度研究获得一定的质量投入的资源的经济效益等。④质量文化。研究企业在生产经营活动中所形成的质量意识、质量精神、质量行为、质量价值观、质量形象，以及企业所提供的产品或服务质量等方面的总和，是企业文化的核心，又是社会文化的重要组成部分。⑤质量管理与电子计算机的结合。在质量控制、质量检测、质量管理等方面已开发出不少的计算机软件供使用。⑥质量机能展开理论（即 QFD 理论）。⑦质量改进与田口方法。⑧质量经营理论。⑨零缺陷理论。⑩六西格玛管理等。这些对全面质量管理理论与方法进行了不断充实和发展。

质量管理发展的三个阶段不是孤立的，而是前一个阶段是后一个阶段的基

11

础，后一个阶段是前一个阶段的继承和发展。

1.5　质量管理的基础工作

　　进行质量管理，必须做好一系列基础工作，基础工作如同建楼房打地基一样。基础工作做不好，质量管理的有效性就难以发挥。质量管理基础工作主要包括质量教育工作、标准化工作、计量工作、质量信息工作和质量责任制。

1.5.1　质量教育工作

　　质量教育工作是对人力资源的开发，是一项战略任务，也是提高产品质量和提高人的素质的结合点。一个国家产品质量的好坏，有多少世界名牌产品，从一个侧面反映了这个国家的技术经济水平，也反映出这个国家人们的素质。质量教育是提高企业竞争力的重要手段。当今世界市场竞争十分激烈，竞争的焦点是人才的竞争。若企业成员素质低下，即使有先进的设备、先进的技术，也很难生产出优质产品，更谈不上有新的创造，因此必须加强教育培训。通过教育使职工牢固树立"质量第一"的思想，提高搞好质量管理的自觉性，掌握并运用好质量管理的科学思想、原理、技术和方法，以提高职工的工作质量和企业的管理水平。质量管理要"始于教育，终于教育"。

　　质量管理教育包括三个基本内容：①质量意识教育。强化质量意识，增强职工的民族自尊心，认识到走质量效益型道路是我国经济建设的正确途径。树立赶超世界先进水平的决心，明确提高质量的意义，牢固树立质量第一的思想，激发企业以质量求生存，以品种求发展的自觉性。②质量管理知识教育。本着因人制宜、分层施教的原则，根据企业的人员结构，质量管理知识教育通常分为对企业领导层的教育、对工程技术人员和管理人员的教育以及对班组工人的教育三个层次进行，针对各层次人员的职责和需要进行不同内容的教育。③专业技术教育。这是为了保证和提高产品质量，对职工进行必备的专业技术和操作技能的教育。它是质量教育中的重要组成部分。

1.5.2　标准化工作

　　标准是对重复性事物和概念所作的统一规定。它以科学、技术、实践经验的综合成果为基础，经过有关方面协商一致，由主管部门批准，以特定形式发布，作为共同遵守的准则和依据。标准按其性质可分为以下三大类：

1. 技术标准

它是从事生产、建设、商品流通的共同技术依据，是对生产对象、生产条件、生产方法等所作的规定。技术标准的主要内容包括：基础标准、产品标准、方法标准、安全与环境标准等。

2. 管理标准

它是对生产、技术、经营管理中需要协调统一的管理事项所作的规定，把管理的规则、规章、程序及其他管理事项制定成标准。其主要包括：生产管理、技术管理、质量管理、设备管理、财务管理、人力资源管理和营销管理等标准。这些标准是为企业合理地组织指挥生产和正确地处理生产、交换、分配之间的相互关系提供依据，使各项管理工作规范化。

3. 工作标准

它是对各部门、各类人员的基本职责、工作要求、考核办法所作的规定，是衡量工作质量的依据和准则。工作标准一般是按部门的职能和岗位制定的，是岗位责任制、职责条例和经济责任制的深化和发展。

标准化是以制定、修订标准、贯彻执行标准，达到统一为主要内容的全部活动过程。客观事物千差万别、形形色色，产品千百万种，性能各异，它们各有特性同时又都包括着共性。标准化就是研究这些包含于无数个性中的共性，制成标准并贯彻执行。现今生产技术突飞猛进，国际贸易迅速发展，标准化就显得更加重要。企业要制定本企业统一的企业标准，行业要制定本行业统一的行业标准，地区要制定统一的地方标准，国家要制定本国范围内统一的国家标准。在国际范围内，也要制定区域性的或国际性的标准。国际标准化组织，质量保证技术委员会（ISO/TC176）制定的 ISO9000 族标准，就是国际上通用的标准。标准化既是一项技术基础工作，也是国家一项重要的经济技术政策，它在工业生产和经济建设中起到重要作用。

13

1.5.3 计量工作

将产品质量和生产工艺的特性加以定量化的过程叫做计量。计量工作包括测试、化验、分析、检测等，是保证计量的量值准确和统一、确保技术标准的贯彻执行、保证零部件互换和产品质量的重要手段和方法。没有计量工作的准确性，就谈不上贯彻产品质量标准、保证产品质量，也谈不上质量管理的科学性和严肃性。企业计量工作对象，包括用于产品质量测试、化验、分析等方面的计量，用于生产工艺控制方面的计量，用于供销经营活动的计量。

计量工作的主要要求是：需用的计量器具和测试设备必须配备齐全；根据具体情况选择正确的计量测试方法；正确合理地使用计量器具，保证量值的准确和统一；严格执行计量器具的检定规程，计量器具应及时修理和报废；做好计量器具的保管、验收、储存、发放等组织管理工作。为了做好上述工作，企业应设置专门的计量管理机构和建立计量管理制度。

1.5.4　质量信息工作

质量信息是指反映产品质量和企业生产经营活动各个环节工作质量的情报、资料、数据、原始记录等。在企业内部，质量信息包括研制、设计、制造、检验等产品生产全过程的所有质量信息；在企业外部，质量信息包括市场及用户有关产品使用过程的各种经济技术资料。

质量情报是企业进行产品质量研究的第一步工作，是正确认识影响质量各因素变化与质量波动的内在联系，掌握提高产品质量规律性的基本依据，是改善产品质量、改进各项工作质量、提高企业管理水平的信息来源，是制定企业质量方针、目标和计划，进行质量决策的基础。质量信息要力求准确、及时、全面、系统。在质量管理中，应掌握以下几个方面的质量信息：①从产品使用过程中，通过市场调查、用户访问、技术服务，收集对产品质量、品种、数量以及性能、寿命、可靠性、安全性、经济性等各种质量特性的意见；②从生产过程中收集有关工作质量、工序质量和成品、半成品、原材料、外购件、外协件的质量信息；③从生产同类产品国内外行业中，收集产品质量、品种发展等信息；④收集国内外有关的科技信息。

1.5.5　质量责任制

建立质量责任制，就是要明确规定质量形成过程各阶段、各环节中每个部门、每个程序、每个岗位、每个人的质量责任，明确其任务、职责、权限及考核等，使质量工作事事有人管，人人有专责，办事有标准，工作有检查、有考核，职责明确，功过分明，从而把与产品质量有关的各项工作和全体职工的积极性结合起来，使企业形成一个严密的质量责任系统。

在企业实行的经济责任制中，质量责任制要占主要地位，防止把质量工作摆在次要地位。只有这样，才能把质量第一的方针落实到每个具体岗位和管理标准上。不少企业在经济责任制中实行了质量否决权，坚持有奖有罚，优质优价，取得了较好的效果。

质量责任制的内容，应包括企业各级领导、职能机构和工人的质量责任制，以及横向联系和质量信息反馈的责任。

1.6 企业实施名牌战略

1.6.1 名牌的含义及其作用

1. 名牌的含义

名牌，从狭义上来说，就是一种驰名商标，这种商品广为人知，受人喜欢。更确切地说，名牌产品（含工程、服务等）质量好，款式新颖，工艺精湛，美观大方，科技含量高，信誉好，知名度高，竞争力强，市场占有率高。

2. 名牌产品在国民经济发展和企业振兴中的作用

邓小平同志在1992年南巡讲话时指出："我们应该有自己的拳头产品，创造出中国自己的名牌，否则就要受人欺负。"名牌是一个国家经济发展水平的重要标志之一，创名牌产品是振兴我国工业的重要内容。作为一个企业，它的全部活动最终总是体现在产品上，一旦创出名牌产品，产生了产品质量信誉的影响力，质量信誉树立起来，就会通过消费领域的传导和流通范围的展开而占有市场，就能产生效益，企业就会有持久的发展。综观世界上的一些著名企业，无一不是拥有令人羡慕的名牌产品，推动着企业持续长久的发展。

实践证明，创名牌产品，不仅对提高我国产品质量总体水平和企业整体素质有重要推动作用，还可以优化社会资源配置，合理调整产业结构，加快技术进步和企业改革的步伐以及企业文化的发展，推动物质文明和精神文明的建设，从而带动国民经济和社会的发展。

自改革开放以来，我国经济迅速发展，有不少产品的产量已跃居世界前列，但在产品质量、信誉度方面竞争力不强，国际市场份额占有率不高，更谈不上国际名牌。随着市场经济体制的建立和完善，随着世界经济一体化进程的加快，世界经济各个组成部分，包括国家和地区之间日益相互开放，相互交融，各种资源要素在世界市场上相互流动，经济联系越来越紧密，特别是我国加入世界贸易组织后，国内市场就成为世界市场的一个组成部分，大家都在争夺市场，争夺顾客，而顾客又总是把消费热情投向名牌产品。这些都说明了企

15

业要生存，要持久发展，要能够在市场竞争中争得一席之地，就必须提高产品质量，创出自己的名牌产品。因此企业实施名牌战略、创名牌产品应是一项十分迫切的现实任务。

1.6.2　质量是名牌的基础

创名牌产品首先要以高质量为基础，没有过硬的质量，名牌是树不起来的。若不求高质量，只靠广告招摇，就等于沙滩上建大厦。创名牌必须以质量为前提、为突破口，它是创名牌的首要条件。质量不仅包括企业新提供的产品和服务，而且还包括整个过程，包括提供产品和服务的企业的质量。企业要生产出高质量的产品，首先要更新观念，增强质量意识，真正树立质量第一的思想，而且要有正确和恰当的质量标准，但仅仅靠推行质量标准和确保质量水平还不够，还要使产品质量具有特色。综观各种类型的名牌产品，都无不具有其自身的质量特色，如可口可乐就具有与其他饮料不同的品味和风格。因此创名牌在贯彻正确和恰当的质量标准的同时，还要寻求质量改进的突破口，确定产品质量改进的重点，不能停留在一般质量标准上，而要从市场需求出发，深入地了解消费者（顾客）的需要。对于产品的各种质量指标，消费者的质量需要是不同的。其实，名牌产品也并非在所有质量方面都优于其他同类产品，关键是它在消费者最注重的质量方面更好地满足了消费者的需要，特别是在能够提高消费者满足程度方面，创出了产品的质量特色，为创立名牌奠定了基础。

历史的发展表明，人们的消费观念和需求，是随着社会经济发展和物质生活水平不断提高而不断发展的。在社会生产力还比较低下、物质生活还不富裕的情况下，人们的消费需求主要是为了满足生存方面的需要，因此注重于产品的数量和价格。但随着社会经济有了较大的发展、人们的生活水平有了较大的提高后，人们的消费需求也就转而注重于产品的质量，重视产品品牌、款式和服务等方面的选择了。商品经济高度发展的今天，人们对产品质量的追求就更高了，除了对产品的基本功能、款式、品牌、服务、企业形象等的选择外，还希求商品具有艺术的品质和强烈的感染力，能够给消费者带来某种心灵上的满足，人们的消费观念已由理性消费向感性消费发展。

随着人们的消费观念和需求的变化，企业的经营观念和经营战略也必然随之而变。过去企业竞争的主要战略是以价廉取胜，因而在生产经营过程中，主要是通过提高生产效率、扩大生产规模、降低成本等来增强企业的竞争力，随后才转而重视产品质量的提高，经营战略转变为以质取胜，进而实施名牌战略。因为产品质量高既可以满足消费者"物美"的消费需求，又可以因高质量的产品具有较强的产品差异性，从而可以扩大市场占有率。此外还可以较高的价格进入市场，为企业带来更大的经济效益。

中国现在仍然是一个发展中国家，人们的消费水平就整体而言还不是全面小康，"物美价廉"仍是人们消费的主体观念和需求。但在市场日益国际化的情况下以及广告媒体宣传的诱惑下，不少人的消费观念和消费行为超前发展，已由理性消费向感性消费跨步。随着我国经济的高速发展，21世纪中国社会毫无疑问将由小康型向富裕型转变，人们对感性品质的消费要求也必将进一步强化和发展。在这种市场环境下，企业必须实施"顾客满意"工程战略，创出自己的名牌产品，去占领世界市场。

"顾客满意"（Customer Satisfaction）工程战略简称 CS 战略，它是以顾客为中心，把顾客是否满意作为产品和服务质量的衡量标准；即以顾客需求为导向，把企业一切生产经营管理活动都围绕着市场和顾客需求来运作。市场调查要认真研究分析和掌握顾客的偏好，继而把顾客的需要转为产品的质量标准，并通过产品设计、原材料采购、生产制造、检验测试、搬运贮存、包装分类、交付使用等整个过程给以保证，最终令顾客满意。

在实施 CS 战略过程中，推行品质功能展开技术，是提高顾客满意度的一种有效的方法。所谓品质功能展开技术，简称 QFD（即 Quality Function Development），就是把基于产品、顾客、价值和制造的质量观点，分别结合在确定产品设计和制造要求的连续过程中的一种方法。其中心思想就是把顾客的需求注入到产品的设计及制造等整个过程中去，最终使顾客在消费使用过程中获得最大的满足。

1.6.3 提高质量，创立名牌要依靠技术创新

创新是创立名牌的动力。江泽民同志曾对"创新"的意义进行了高度的概括，他说："创新是一个民族进步的灵魂，是国家兴旺发达不竭的动力。""一个没有创新能力的民族，难以屹立于世界民族之林。"这充分说明了创新的重要性。

产品质量是在生产过程中逐步形成的，在整个过程中的所有活动都对质量有影响，而产品的设计技术、工艺技术、制造技术、管理技术等对产品质量的影响尤为显著，这些技术综合起来对产品质量产生作用。任何一项落后的技术都很难生产出高质量的产品，所以要不断地改革和创新，如果停滞不前，即使现在产品的质量好，是名牌，将来也会落后，会丢掉牌子、失去市场。

技术创新就是要把经济的发展转变到依靠科学技术进步，实现经济增长方

式由粗放型转变到集约型、知识型上来。它是国家民族兴旺发达的不竭动力，也是企业得以生存和持久发展的根本途径，是企业创名牌的依靠。

我国自改革开放以来，社会经济有了长足的进步，社会主义市场经济体制日益完善，市场竞争日趋激烈，人们的消费水平和质量意识也有了明显的提高。我们的企业面临着严峻的挑战，出路唯有不断创新，即利用先进的科学技术，实施名牌战略，不断地创造出具有自己企业特色的名牌产品来，向顾客提供高质量的名牌产品和服务。

1.6.4 政府和社会各方面要加强对企业创名牌的指导和支持

国家经济贸易委员会和原国家质量技术监督局在 1997 年 2 月 10 日发出的《关于推动企业创名牌的若干意见》中指出："（一）行政主管部门和各级政府要制定重点扶持创名牌产品的规划，并将其纳入国民经济和社会发展计划，按照'择优扶强'的原则，通过政策扶持企业创名牌产品，国家对列入争创名牌计划的产品，在技术改造、产品开发、生产协调等方面给以必要的支持。（二）有关部门要制定鼓励名牌产品出口政策，按照国家有关规定优先审批建立出口基地，优先授予外贸自营进出口权；为企业在海外设立贸易窗口、广告宣传、产品展览展示等促销活动提供便利条件。（三）要通过企业组织结构优化和资产重组，引导社会资金、生产要素向名牌产品流动，实现社会资源的优化配置。（四）要把国家建立的科学产品质量奖励制度，作为促进企业提高产品质量，增强竞争实力的激励措施，引导和鼓励企业创名牌产品。质量评价要根据产品和市场情况，依据适合国情的国际先进标准，在科学、公正、公开、公平的原则下进行。（五）要规范市场行为，为企业争创和发展名牌产品，创造一个良好的外部环境，建立符合市场要求的公平竞争机制和评价体系。严格制止名目繁多的以营利为目的的乱评价活动，切实保护名牌产品和名牌产品生产企业的利益。（六）政府部门要用法律、经济、行政的手段'扶优治劣'，加强对企业产品质量的监督抽查，深入开展'打假治劣'，保护名牌，发展名牌。（七）创名牌产品是质量工作的重要组成部分。各级政府部门的质量管理机构要充分发挥宏观指导和组织协调作用，全力推进企业创名牌产品，发动全社会宣传名牌产品，保护名牌产品，带动我国产品质量水平的提高。"

创名牌产品要发挥社会各方面的积极性。《意见》指出："（一）产业协会要在创名牌产品中起到政府与企业的桥梁作用，要在产业主管部门的指导下，根据国家有关的产业政策和技术经济政策，发挥产业协会的协调职能，组织对企业的状况进行分析，研究本产业发展重点，协助企业提出和落实名牌产品规划，努力为企业做好服务工作。（二）质量管理协会、消费者协会、质量检验协会、标准化协会、计量协会等社会团体，认证、咨询等中介组织和检测、科研等技术机构，要发挥社会监督职能和服务职能，协助政府维护名牌产品和名牌企业的声誉。（三）宣传舆论部门要充分发挥舆论导向作用，大力协助企业创名牌。要加大宣传力度，弘扬国产名牌产品，形成一种全社会宣传名牌、保护名牌、发展名牌的舆论氛围。同时要指导和帮助企业真实地做好广告宣传。"

本章小结

本章对质量的有关概念及其重要性进行了论述。根据 ISO9000：2000 标准对质量、质量特性等重要概念进行了介绍和说明，对质量的形成过程及其职能、职责进行了阐述。对质量与社会、质量与企业的关系进行了探讨。对质量管理及其发展进行了介绍，对质量管理的基础工作的内容作了介绍，并阐明质量管理基础工作是进行质量管理必须建立的。最后提出企业要实施名牌战略，以及实施名牌战略过程中应做好的各项工作。

复习思考题

1. 试述质量、产品质量、质量特性的定义。
2. 试述质量的产生、形成、实现过程及其职能职责。
3. 质量与社会、质量与企业的关系如何？
4. 试述质量管理的含义及其发展过程。
5. 质量管理基础工作包括哪些内容？
6. 什么是名牌、名牌产品，企业为什么要实施名牌战略？

2

全面质量管理

本章要求

- [ ] 正确理解全面质量管理的含义及其特点
- [ ] 了解全面质量管理的基本理念
- [ ] 掌握全面质量管理的工作程序（PDCA 循环）
- [ ] 正确理解全面质量管理过程的领导作用
- [ ] 掌握开展 QC 小组活动的内容、特点和方法

2.1 全面质量管理及其特点

2.1.1 全面质量管理的含义

在全面质量管理的产生和发展过程中，其概念也在不断发展之中。在ISO8402:1994标准中对全面质量管理的定义是："一个组织以质量为中心，以全员参与为基础，目的在于通过让顾客满意和本组织所有成员及社会受益而达到长期成功的管理途径。"

[注1："全员"指该组织结构中所有部门和所有层次的人员。

注2：最高管理者强有力和持续的领导，以及该组织内所有成员的教育和培训是这种管理途径取得成功所必不可少的。

注3：在全面质量管理中，质量这个概念与全部管理目标的实现有关。

注4："社会受益"意味着在需要时满足"社会要求"。

注5：有时把全面质量管理（TQM）或它的一部分称为"全面质量"、"公司范围内的质量管理"（CWQC）、"全面质量控制"（TQC）等。]

全面质量管理创始人之一的费根堡姆下的定义是："全面质量管理是为了能够在最经济的水平上并考虑到充分满足顾客要求的条件下，进行市场研究、设计、制造和售后服务，把企业内各部门的研制质量、维持质量和提高质量的活动构成一体的有效体系。"

从上述两个定义来看，它们的内涵是一致的，都强调全面质量管理是全员通过有效的质量体系对质量形成的全过程和全范围进行管理和控制，并使顾客满意和社会受益的科学方法和途径。由此可以概括地说全面质量管理的内涵是：①具有先进的系统管理的思想；②强调建立全面的有效的质量管理体系；③其目的在于让顾客满意、社会受益。

2.1.2 全面质量管理的特点

全面质量管理是从过去的事后检验，以"把关"为主，转变为以预防、改进为主；从"管结果"转变为"管因素"，即找出影响质量的各种因素，抓住主要矛盾，发动各部门全员参加，运用科学管理方法和程序，使生产经营所有活动均处于受控状态之中；在工作中将过去的以分工为主转变为以协调为主，使企业联系成为一个紧密的有机整体；在推行全面质量管理时，要求做到"三全一多样"，即全面的质量管理、全过程的质量管理、全员参加的质量管理以及质量管理所采用的方法是科学的、多种多样的。

1. 全面的质量管理

全面的质量管理是相对广义的质量概念而言的，它不仅要对产品质量进行管理，也要对工作质量、服务质量进行管理；不仅要对产品性能进行管理，也要对产品的可靠性、安全性、经济性、时间性和适应性进行管理；不仅要对物进行管理，也要对人进行管理。总之，它是对各个方面的质量进行的管理。

2. 全过程的质量管理

产品质量有一个产生、形成和实现的过程。全面质量管理的范围包括从市场调查开始，到产品设计、生产、销售等，直到产品使用寿命结束为止的全过程。为了使顾客得到满意的产品，并使产品能充分发挥其使用价值，不仅要对产品的形成过程进行质量管理，还要对形成以后的过程乃至使用过程进行质量管理。把产品质量形成全过程的各个环节全面地管理起来，形成一个综合性的质量管理体系。

3. 全员参加的质量管理

由于全面质量管理是对全面质量和全过程进行的质量管理，所以全面质量管理不仅是质量管理部门或质量检验部门的事，不仅是设计、生产、供应、销售、服务过程中有关人员的事，也是企业中各个部门所有人员的事。因为企业中从事党政工团、人保、教育、财务、总务、卫生、炊事、环保等各项工作的人员的工作质量，都直接或间接地影响着产品质量和销售服务的质量。因此，全面质量管理要求企业全体人员都来参加，并在各自有关的工作中参与质量管理工作。

4. 全面质量管理采用的方法是科学的、多种多样的

随着科学技术的不断发展，对产品质量、服务质量提出越来越高的要求，影响产品质量的因素也越来越复杂。既有物质的因素，又有人的因素；既有技术因素，又有管理因素；既有自然环境因素，又有人们的心理因素；既有企业内部因素，又有企业外部因素。要把这一系列的因素系统地控制起来，全面管好，生产出高质量的产品，提供优质的服务，光靠单一的管理方法是不行的。必须根据不同情况，区别不同的影响因素，采用专业技术、管理技术、数理统计、运筹学、电子计算机，如目前所采用的 SPC 软件和 ISO9000 系列软件、质量功能展开（QFC）、六西格玛法，以及思想教育等各种方法和措施，按客观规律办事，进行科学的管理，综合治理，才能真正取得实效，真正做好全面质

量管理工作。

2.2　全面质量管理的基本理念

2.2.1　从系统和全局出发

全面质量管理是一种科学的管理系统。系统管理思想是指对与质量有关的一切方面和一切联系进行全面研究和系统分析的一种管理理念。它要求人们在研究、解决质量问题时，不仅要重视影响产品质量的各种因素和各个方面的作用，而且要把重点放在整体效应上，通过综合分析和综合治理，达到整体优化，即用最小的投入，生产出满足顾客需要的产品，以取得最佳的经济效果。全面质量管理作为一个系统，它是由许多部分组成的。系统的目的或特定的功能是由许多目标（指标）形成的。系统是作为整体而存在的，其组成的各个部分不能离开整体去研究和协调，脱离了整体，其各个部分也就失去了作用。在全面质量管理中，对各项质量指标的协调、对各个过程的协调、对各种工作的协调、对各类人员的协调都必须从整个系统和全局出发，进行综合性的考察和研究。在一些相互矛盾的要求中，追求全局最优、整体效益最优，而不是追求某个局部最优，还要注意暂时利益服从长远利益，在解决质量问题时，要从全局的长远利益出发。

2.2.2　为顾客服务

为顾客服务是指从顾客的立场出发，生产出满足顾客需要的产品，尊重顾客权益，方便顾客。社会主义生产的目的是为了满足人民日益增长的物质和文化生活需要。因此，为顾客服务的理念完全符合我国办企业的宗旨和企业生产的目的，应成为社会主义企业贯彻始终的经营指导理念。为顾客服务理念包含着企业、顾客和社会三者的利益。企业贯彻为顾客服务的理念，产品深受顾客欢迎，就能打开市场，占领市场，取得经济效益，这是企业生存发展的重要因素；顾客从企业服务中，能正确地掌握产品使用技术，发挥产品效能，做到物尽其用；社会从企业服务中，可避免不必要的原料和能源的浪费，提高社会效益。所以贯彻为顾客服务的理念，对繁荣社会主义经济、提高人民生活水平、加速社会主义建设的进程都将产生积极的作用。

2.2.3　以预防为主

以预防为主的理念是指分析影响产品质量的各种因素，找出主要因素加以重点控制，防止质量问题的发生，做到防患于未然的一种管理理念。以预防为主，就必须在产品质量的产生、形成和实现全过程的每一环节中充分重视质量管理，产品质量是各道工序质量作用积累的结果。每道工序质量受到人、机器、原材料、工艺方法、环境等因素的影响，要保证工序质量，必须控制影响工序质量的各种因素，变管工序结果为管工序因素，通过管工序因素以达到保工序结果。为了保证产品质量，必须进行超前管理，即不仅要管好本工序，还要管好影响本工序质量的前面工序。质量管理的重点要从质量检验把关转到预防，转到开发设计生产制造上来。这不仅可以做到防患于未然，而且可以减少许多因质量问题而产生的不必要的浪费。开发设计是产品质量产生阶段，产品设计上若存在质量问题，无论制造过程怎么严格控制，生产出来的产品总是存在"先天不足"，所以要求产品设计过程严格按科学的程序进行，切实抓好产品设计过程的审核和鉴定，做到早期报警，把质量问题消灭在它的形成过程之中。在方法上，要充分利用数理统计等科学的方法，揭示质量运动规律，使人们能从本质上认识、掌握质量运动情况，力争主动、可靠地生产出优质产品。在组织上，要建立质量管理体系，把影响产品质量的管理、技术及人员等因素有效地控制起来。查明实际的或潜在的质量问题，预防和控制一切质量问题的产生。

2.2.4　用事实和数据说话

这是指以客观事实为依据，反映、分析、解决质量问题的管理理念。其实质是实事求是，科学分析。质量管理中的事实与数据是反映质量运动、揭示质量规律的基础，也是质量管理的科学性的体现。当然，在质量管理中有许多现象不能用数据来表达，那只能用事实来表示。但无论是事实或数据都必须真实可靠，真正反映出质量运动的本来面目，而这样的事实与数据只有经过加工整理、计算、归纳、分类、比较、分析、解释、推断等，才能从本质上深刻反映质量运动的规律性，为质量管理提供正确的信息情报。

2.2.5 不断改进

这是指企业职工具有高度的质量意识，善于发现产品、服务、活动和总体目标上存在的问题，并对它进行不断改善和提高。其实质是促使企业不断提高管理水平、改善产品质量、生产出满足顾客需要的产品。随着时间的推移，社会的进步，科技的发展，人们对产品质量的追求也不断提高。不断追求质量改进是顾客的需要，是社会发展的必然。所以，应当树立不断改进的理念，遵循产品质量运动的客观规律。

要树立不断改进的理念，首先必须具有发现问题的意识；即每个职工对自己岗位及周围环境中存在的影响质量的因素，具有敏锐的洞察能力、分析能力和反省能力；也就是要不断地发现问题和提出问题，不安于现状，不断提出改进方向和目标，并在此基础上积极采取各种措施和行动，以求实、求真、求深的精神，谋求质量工作不断深化、改革、创新，使质量工作生机勃勃、日新月异、不断前进，跃上新水平。不断改进的理念，包含了质量意识、问题意识和改进意识三个方面的内容。质量意识是前提，问题意识是先导，改进意识是结果，这三者相辅相成，促进质量工作奋发向上、不断创新。因此，不断改进的理念，是质量工作者极其宝贵的资源和财富。

2.2.6 以人为本贯彻群众路线

这是指在质量管理的各项活动中，把重视人的作用、调动人的主观能动性和创造性、发动全员参与作为根本的管理理念。以人为本的管理理念，要求在推行全面质量管理过程中，不断提高人的素质，创造优良的工作质量以保证产品质量，并要求企业千方百计地使全体职工掌握并贯彻企业的质量方针与目标。只有每个职工明确了企业质量方针与目标对自己的要求，以及自己对质量方针与目标应作的贡献，才能使每个职工发挥其聪明才智，积极主动地工作，以主人翁的态度去完成自己所承担的任务；同时，企业制定的各项质量政策，要有利于调动广大职工的积极性和创造性。要采取各种形式发动职工群众参与管理，行使当家做主的权利。要爱护、支持广大职工的首创精神、进取精神和独到的见解，不能轻易否定。还要做到奖罚分明，对那些在质量工作中勇于创新、作出贡献的职工给予精神上和物质上的奖励。要采取各种形式和途径开展职工培训，强化质量意识，提高技术和管理水平。总之，要通过各种措施、途径，创造出一种既严肃紧张，又民主活泼的环境，以利于人们心情舒畅地投入

25

到生产活动中，高效率地生产出优质产品。

2.2.7　质量与经济统一

在不同的经营条件下，企业用尽可能以小的劳动消耗和劳动占有，生产出满足顾客需要的优质产品，以获得尽可能大的收益的一种管理理念。其实质是探求质量与经济的最佳配合条件，以最少的投入，获得数量多、质量好的产品。

质量与经济统一的理念，是社会主义企业生产经营目的所追求的。企业向社会提供质优价廉的产品，为企业积累资金，为社会创造财富。要实现这一目的，就必须在产品质量的产生、形成和实现的全过程中，贯彻质量与经济统一的理念，谋求质量与数量、质量与消耗、质量与技术、质量与收益的最佳组合，优化决策，做到质量上适用、经济上合理，物美价廉，适销对路，走质量效益型的道路。要在产品质量寿命周期各个阶段质量改进的所有经济活动领域，在质量经济分析中，采用各种优化模式找出最佳组合条件。要开展质量成本管理，这是产品制造过程和使用过程中质量经济分析的主要内容。通过质量成本管理，不仅可以从经济上衡量管理的有效性，并可以揭示质量改进的方向。质量成本管理，是企业建立质量管理体系必须具备的要素之一。

贯彻质量与经济统一的思想，要克服片面追求技术上的指标越高、越纯、越精、越牢，提倡在数量上、技术上、价格和交货期一致的基础上达到最适宜的质量。贯彻质量与经济统一的理念，有利于提高企业管理水平与经济效益，有利于有效合理地利用资源，提高社会的整体经济效益。

2.2.8　突出质量经营

这是指在企业经营活动的所有环节中，必须重视质量，并把它放在重要的地位上的管理理念。企业的经营管理要以质量管理为纲。企业为实现预期的目标所开展的一切活动，包括企业的产、供、销等全部工作，都必须以质量为主线，以科学的质量管理原理为指导，进行有效的计划、组织、协调、检查、控制，正确处理数量与质量、质量与效益、质量与消耗的各种矛盾，生产出质优价廉、适销对路的产品。这样，企业首先要树立起以质量求生存、以品种求发展的经营管理理念。同时，企业要制定出一套以质取胜的经营目标。围绕着提高质量、发展品种和提高效益，企业要提出一定时期内的奋斗目标，作为生产经营活动的重点，并以此为中心建立质量目标体系，把企业各单位各部门的活动联成一个有机整体，朝着质量效益型方向前进，形成本企业的经营特色。在产品设计、生产和销售各个环节，都必须贯彻以质取胜的思想。随着经济体制深入改革，外向型经济的发展，市场竞争的日益激烈，突出质量经营理念越来越显示出它的重要作用。质量是企业经营的永恒主题，质量上、效益增、企业兴，这已为许多企业成功的经验所证实。全面质量管理带动企业的各项管理工作，必然成为企业管理的中心环节。

2.3　全面质量管理的工作程序（PDCA 循环）

2.3.1　PDCA 循环的内容

全面质量管理采用一套科学的、合乎认识论的办事程序，也即是 PDCA 循环法。PDCA 由英文的计划（Plan）、执行（Do）、检查（Check）、处理（Action）几个词的第一个字母组成，它反映了质量管理必须遵循的四个阶段。

第一阶段为 P 阶段。即要适应顾客的要求，并以取得经济效益为目标，通过调查、设计、试制，制定技术经济指标、质量目标，以及达到这些目标的具体措施和方法。这就是计划阶段。

第二阶段为 D 阶段。即要按照所制定的计划和措施去实施。这是执行阶段。

第三阶段为 C 阶段。即对照计划，检查执行的情况和效果，及时发现和总结计划实施过程中的经验和问题。这是检查阶段。

第四阶段为 A 阶段。即根据检查的结果采取措施，巩固成绩，吸取教训，以利再干。这是总结处理阶段。

质量管理工作程序，可以具体分为以下八个步骤：

第1步，调查研究，分析现状，找出存在的质量问题。

第2步，根据存在问题，分析产生质量问题的各种影响因素，并对这些因素逐个加以分析。

第3步，找出影响质量的主要因素，并从主要影响因素中着手解决质量问题。

第4步，针对影响质量的主要因素，制定计划和活动措施。计划和措施应尽量做到明确具体。

以上四个步骤就是 P 阶段的具体化。

第 5 步，按照既定计划执行，即 D 阶段。

第 6 步，根据计划的要求，检查实际执行结果，即 C 阶段。

第 7 步，根据检查结果进行总结，把成功的经验和失败的教训总结出来，对原有的制度、标准进行修正，巩固已取得的成绩，同时防止重蹈覆辙。

第 8 步，提出这一次循环尚未解决的遗留问题，并将其转到下一次 PDCA 循环中去。

以上第 7、8 步是 A 阶段的具体化。

2.3.2 PDCA 循环的特点

1. 大环套小环，互相促进

PDCA 循环不仅适用于整个企业，而且也适用于各个车间、科室和班组以至个人。根据企业总的方针目标，各级各部门都要有自己的目标和自己的 PD-CA 循环。这样就形成了大环套小环，小环里边又套有更小的环的情况。整个企业就是一个大的 PDCA 循环，各部门又都有各自的 PDCA 循环，依次又有更小的 PDCA 循环，具体落实到每一个人。上一级的 PDCA 循环是下一级 PDCA 循环的依据，下一级 PDCA 循环又是上一级 PDCA 循环的贯彻落实和具体化。通过循环把企业各项工作有机地联系起来，彼此协同，互相促进（见图 2-1）。

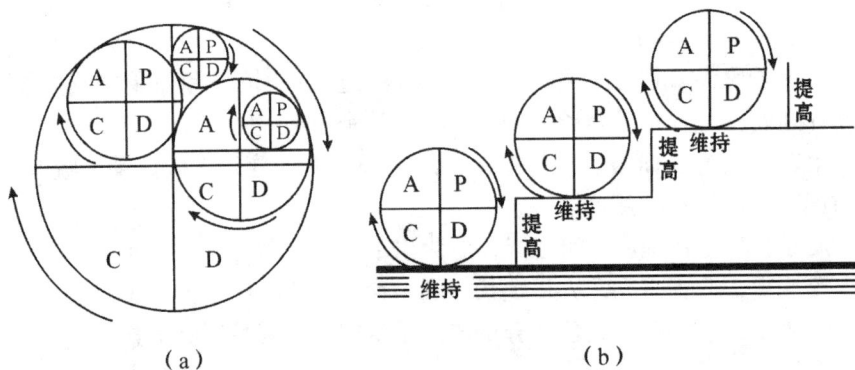

图 2-1 PDCA 循环特点示意图

2. 不断循环上升

四个阶段要周而复始地循环，而每一次循环都有新的内容和目标，因而就会前进一步，解决一批问题，质量水平就会有新的提高。就如上楼梯一样，每经过一次循环，就登上一级新台阶，这样一步一步地不断上升提高。

　　3. 推动 PDCA 循环关键在于 A 阶段

　　所谓总结，就是总结经验，肯定成绩，纠正错误，提出新的问题以利再干。这是 PDCA 循环之所以能上升、前进的关键。如果只有前三个阶段，没有将成功经验和失败教训纳入有关标准、制度和规定中，就不能巩固成绩，吸取教训，也就不能防止同类问题的再度发生。因此，推动 PDCA 循环，一定要抓好总结这个阶段。

2.4　领导在全面质量管理中的作用

2.4.1　"领导作用"在 ISO9000：2000 族标准中提出的质量管理八项原则之一

　　在企业中，企业领导者是企业的高层管理者。他们在企业中的地位，决定了他们在全面质量管理中的关键作用。

　　首先，领导者是企业质量的方针目标的决策者。一个企业的质量方针目标，是由企业的最高领导层决策和制定的。一般的管理人员和具体操作人员，可以提出意见和建议，但最后的决定权属于最高层的领导者。企业的质量方针目标是关系到企业的生存和发展的战略性决策。质量方针目标决定正确，企业将会在市场竞争中取得优势，赢得信誉，收到良好的经济效益，从而发展壮大。相反，如果方针目标出了差错，将会影响全局，甚至会导致企业失去信誉，完全失败，这样的例子和教训并不少见。

　　第二，领导者在整个质量管理过程中，对各层次的质量责任起着指挥、组织、分配和协调作用。一个企业的质量工作，不是靠几个人就可以做好的，而是要企业各个部门、各个层次、各个环节以至每个职工都担负起质量管理的重要责任，要经过各个环节一系列的集体活动才能完成。产品质量或服务质量，绝不是只靠第一线的工人和面对顾客的服务员等"前方"人员就能够做好的，如果没有"后方"的各种保证，他们要想搞好产品质量、搞好服务质量，是不可能的。如车间里的工人，若没有合格的原材料、符合要求的设备以及各种生产技术手段作保证，就难以生产出高质量的产品。质量管理工作是全员性

29

的，在这个过程中领导者起着组织、分配、协调的作用。只有统一步骤、协调一致，才能使整个企业的各项质量管理活动有条不紊地开展起来。如果没有统一的领导、统一的组织和要求，便会出现责任不明、协调不好、互不衔接甚至互相扯皮，质量工作就不可能取得好的效果。

第三，领导者在质量管理工作中起着保证的作用。一个工业企业要保证产品质量一流且适销对路，一个商业企业要使顾客对其服务质量作出好的评价，要求企业在任何时候、任何情况下，都能使顾客满意，保证顾客能随时到商店来买到他们所需要的商品，并相信商品的质量是有保证的。要做到这些，首先要求领导者能正确地决定企业的质量方针目标，各种质量标准、规范和程序，还要在实施的过程中不断地进行检查和监督，按质量目标、计划和标准实行严格的控制，并随着情况的变化或服务对象的变化而及时加以改进，以新的产品、新的服务质量标准，来满足用户、顾客的要求。

第四，领导者的榜样作用。上行下效，榜样的作用是无穷的。企业的高层领导是企业的决策者，他们的质量意识、质量态度对企业职工的影响力是很大的。不仅有着行政关系上的影响力，而且还有心理上的影响力，可起到表率和无声命令的作用，职工的质量态度会受到领导者的感染。我国推行全面质量管理 20 多年来，其中有一条重要的经验就是："抓头头，头头抓。"因此，企业领导对质量的重视与否起着十分重要的作用，据统计，由于领导或管理者未能完全尽责而出现的故障大约占 80%，而操作者出现的故障约占 20%。这就是人们常说的"关键的少数"。

2.4.2　要把质量管理工作领导好，还要建立健全质量管理机构

1. 建立健全质量管理机构的必要性

实行全面质量管理，是企业在管理思想、方式方法、手段上的重大改革。过去我们的质量管理是以检验为主，因此质量管理分散在各技术部门。推行全面质量管理后，为进行质量教育，开展群众性的质量管理活动，实行目标管理，组织创优评奖等活动，需要建立各种形式的质量管理机构。过去的管理强调分工，而全面质量管理则强调协调。因为质量问题是一个综合性的问题，要求将分散在企业各部门的质量职能，组成一个有机整体，并进行有效的横向协调。如企业质量方针目标的制定、展开、实施和管理，质量责任的制定、实施和考核，质量管理体系的建立、健全和运作；质量信息管理和 QC 小组活动等。这些管理活动都不是任何业务部门所能承担的，而是需要有一个强有力的质量管理机构进行计划、组织指导和实施，才能发挥其质量协调的作用。同

时，为了对质量实施全过程、全面、有效的管理，还要强化质量立法，包括组织制定质量管理的规章制度、质量控制标准、程序；实施全过程的质量控制；组织常规的质量检验活动；负责质量保证活动，包括质量审核、质量保证的落实与检查、执行"三包"开展技术服务等，都需要有一个机构牵头组织与协调。由于各企业情况不同，所建立的质量管理机构没有统一的模式。一般来说有两种模式：一是建立统一质量管理机构，其中包括质量检验机构、管理机构和保证机构；二是质量管理机构与质量检验机构分别设立。到底要用什么样的模式，由企业根据自身情况而定。

2. 建立质量管理机构的原则

在建立质量管理机构时，应考虑以下几个方面的原则：

（1）要突出企业质量方针目标与计划的管理，而不是忙于送往迎来的琐碎事务。

（2）要有效地组织质量信息管理和协调质量体系的运作。

（3）要打破传统观念，赋予其有关质量的否决权和为进行协调所必要的权限，保证质量管理机构的活动能力。

（4）组织由各类人员参加的质量管理组织网络。适当集中少数专业人员，以便解决质量保证方面的重大问题，着眼于预防性的、根本性的管理与控制。

（5）质量管理和检验机构应有相对独立的权力，不受生产进度或成本等因素的干扰，坚持质量标准，实事求是地、准确地判断和处理问题。

（6）质量控制的预防职能与质量检验工作、质量管理的开拓性工作既要有区分，又应密切配合、协同工作。

2.5 质量方针目标管理

31

2.5.1 质量方针的概念

ISO9000：2000 标准对质量方针的定义是："由组织的最高管理者正式发布的该组织总的质量宗旨和方向。"［注 1：通常质量方针与组织的总方针相一致，并为制定质量目标提供框架。注 2：本标准中提出的质量管理原则可以为制定质量方针的基础。］ISO8402：1994 标准对质量方针的定义是："由组织的最高管理者正式颁布的该组织的质量宗旨和质量方针。"（注略）

这两种定义其含义是相同的。最高管理者是指组织的最高领导层中具有指挥和控制组织的权限的一个人或一组人。正式发布的质量方针是本组织全体成员开展各项质量活动的准则。质量方针是组织的总方针的一个重要组成部分，所以质量方针必须与本组织的总方针相一致。组织在制定质量方针时应以八项管理原则为基础。质量方针的内容是为本组织全体员工指明质量方向而具有实质性的内容，而不是用几句空洞的口号或豪言壮语来予以表达。质量方针还应为制定质量目标提供框架，以确保围绕质量方针提出的要求确定组织的质量目标，通过全体成员努力实施质量目标，才能保证质量方针的实现。质量方针是组织在规定的时间内质量方面的大政方针。应保持其内容的相对稳定性，但必须注意随着产品结构、市场环境和组织结构的变化，进行不定期的调整和修订。质量方针是组织活动的纲领，经最高管理者批准签署并正式发布后应公开告示全体成员、顾客和其他相关方，以便取得各个方面对质量方针的理解、信任和支持。质量方针应形成文件，并按规定要求对质量方针实施有效的贯彻和控制。

2.5.2　质量目标

质量目标在 ISO9000：2000 标准的定义是："在质量方面所追求的目的。"［注1：质量目标通常建立在组织的质量方针基础上。注2：通常对组织的相关职能和层次分别规定质量目标。］质量目标是组织为了实现质量方针所规定追求的事物，组织在建立质量方针的基础上应针对质量方针规定的方向和作出的承诺，确立组织的质量目标，作为组织全体员工共同努力应达到的具体要求。所以组织的质量目标必须以质量方针为依据，并且始终与质量方针保持一致。质量目标应是可以测量的，以便在实现质量目标的检查、评价是否达到目标时便于对比。建立质量目标时要具有现实性和挑战性，以激发全体成员的积极性。目标的内容应符合质量方针所规定的框架，还应符合对持续开展质量改进的承诺所提出的质量目标以及满足产品要求的内容。在建立组织质量目标的基础上，应将组织质量目标分解和展开到组织各个相关职能和层次，按照组织结构的形式建立各部门的质量目标，目标要定量化，有目标值。通过系统的管理方法将组织质量目标自上而下地分解落实到各个部门和各层次，才能有效地自下而上保持组织质量目标的如期实现。

2.5.3　质量方针目标的制定与展开

1. 质量方针目标的制定

制定质量方针目标应根据：①国家的有关政策法令的要求以及国家建设对产品的要求和上级的指令安排等；②通过市场调查预测用户对质量、品种、数量、价格的要求；③国内外同行业竞争对手的技术质量状况；④社会经济动向包括能源以及其他资源的状况；⑤本企业状况，包括企业的长远计划、条件、现状以及上期完成计划目标的情况和存在的问题等。

2. 质量方针目标的展开

所谓展开，就是把一个方针、一个目标、一个措施，按其实施过程或实施部门扩展成若干个详细的、具体的实施项目。组织方针目标的展开过程实际上是组织和动员各部门职工，为实现企业方针目标集中智慧和力量，群策群力想办法，提合理化建议的过程。

方针目标的展开常用系统图法进行，如图 2－2 所示。

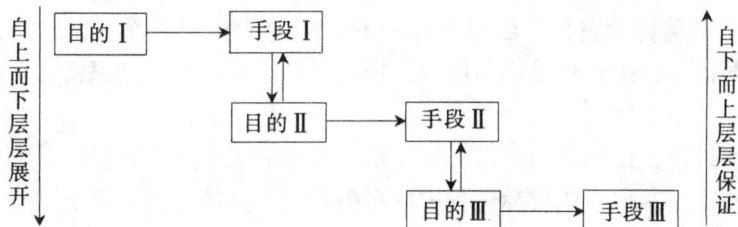

图 2－2

由图 2－2 可以看出，为了实现某种目标，需要采取某些手段、措施和对策。采用这些措施和手段，又必须考虑在下一水平（部门）上应采用的手段。这样一来，上一水平的手段（措施），对于下一水平（部门）的手段来说就成为这一部门的目标。

在方针目标管理中，目标展开就是利用"目的→手段"关系；系统地、自上而下地逐级展开，从高层一直到基层班组或个人，越往下问题越具体。通过这样的展开，组织的目标变成各个部门和每个职工的具体活动计划，组织内部形成了目标体系，从而达到"自上而下层层展开"和"自下而上层层保证"的目的。

组织方针目标展开，主要包括目标展开、措施展开、目标协商、明确目标责任、编制方针目标展开图等五项内容。

（1）目标展开。组织制定了总目标后，为了实现这一目标，就要把组织目标展开为各部门、车间、班组和个人等各层次的分目标，形成组织目标体系。

（2）措施展开。所谓措施展开，就是针对每一层次的分目标制定出实现该目标的具体措施。

制定的措施要具体可行，而且要有落实的期限、负责的部门或人员以及检查考核的办法，还要防止把措施写成冠冕堂皇的空话和到处都可以通用的口号。

（3）目标协商。在目标展开过程中，组织上下级之间围绕各层次目标之间的关系处理，以及各层次目标的落实所进行的思想交流和意见商讨，称为目标协商。目标协商是目标展开中的一个重要环节。实行方针目标管理，在方针目标展开时，上下级之间要进行充分的协商、讨论和交流意见。在协商的基础上，一般尽量尊重层次目标执行者本人的愿望，制定该层次目标。对某些事关全局性的目标，若目标执行部门有困难，领导要创造条件帮助解决以保证目标的实现。

（4）明确目标责任。经过目标协商，确定了企业、部门、车间、个人各个层次的目标，接着就要把各层次目标与各层次的具体人员紧密结合起来，即明确目标责任。这是目标展开中最重要的一个环节。

明确目标责任的基本要求，就是根据每个职工个人工作目标，使每人进一步明确自己在实现企业目标过程中应尽的责任。具体地说，就是明确自己应该做什么，怎么做，做到什么程度，达到什么要求等。

明确目标责任也应从上到下，上下结合，按每一层次要求，层层落实。每一层次都应该在明确集体目标责任基础上，明确个人目标责任。在具体明确目标责任时，应注意明确目标责任在范围、内容、数量、质量、时间、程度等各个方面的要求，努力使责任指标化，便于执行、检查和考核。

（5）编制方针目标展开图。为了使全体职工更直观地明确各自的目标和目标责任，还要编制好方针目标展开图。方针目标展开图也就是用图表的方法，将组织的方针目标、层次目标、目标措施（对策）、责任者等方面的主要内容公布于众，由职工共同执行。

2.5.4 方针目标的实施

组织质量方针目标一经确定和展开，从上到下，各个方面都要按目标体系的要求，同心协力，努力为实现方针目标而尽职、尽责、尽力。这也就是方针目标的实施过程。实施过程活动的重点是在中层和基层，而上层的主要任务是抓进度、抓协调、抓考核、抓重点目标的管理。要充分发挥各部门和个人的积极性，重点抓好以下几个方面的工作：

1. 实施的准备工作

为了保证实施目标能顺利进行，应做好人员的准备、技术文件的准备、设备和工具的准备、原材料的准备、资金的准备等。

2. 目标责任制度化

实施目标的中心环节，就是要在明确目标责任的基础上，按层次、按人员落实目标责任，并坚持责任、权力、利益相结合的原则，对完成目标特别出色的集体和个人予以奖励，对完成目标差的，特别是对实施组织目标造成重大影响的应进行处罚。

3. 自我控制

所谓自我控制，就是职工按照自己所担负的目标责任、按照目标责任制的要求，在实施目标中进行自主管理。自我控制的最大成效，就是使广大职工感到不是哪个上级要我干，而是从内心发出我要干的愿望并以此指导自己的行动，从而充分发挥自己最大的积极性把各项工作做好。

搞好自我分析和检查，是实行自我控制的重要手段，通过自我分析和检查，把握实施目标的进度、质量和协作情况，找出自我工作与目标要求的差距，及时采取措施加以解决。实行自我控制并不是不要组织领导，而应该不断地与上级和有关部门取得联系，做到上下左右的情况互相沟通，使组织领导建立在更广泛的自觉的群众基础之上，从而提高领导协调目标管理的有效性。

4. 检查和考核

实施目标虽然主要依靠广大职工的自我控制，但考察目标实施过程的情况和问题，对每阶段目标实施的结果进行及时的审核，都是目标实施过程中不可缺少的环节。实施目标中的检查考核，是指企业各级管理组织，对实施目标过程所进行的察看、指导和审核。检查和考核的目的，是为了掌握实施目标的情况，表扬实施目标中的好人好事，纠正偏离目标要求的情况和问题，保证目标实施过程有秩序有成效地进行。

5. 开展质量管理小组活动

针对实现质量方针目标的问题点或薄弱环节，引导和加强质量管理小组活动，这种形式使质量方针目标的实现具有更广泛的群众性。

2.5.5 方针目标管理成果的评价

质量方针目标管理成果的评价，就是把质量管理全过程的综合情况和结果联系起来，以结果为主作出客观的评价。评价要严格按照目标规定的定量和定性的指标进行，要做到一视同仁，不讲情面，实事求是，分清功过是非。

1. 评价内容

质量方针目标管理成果评价的内容，就是方针目标展开图的项目内容。它主要包括各项目标的目标值完成情况、承担目标项目的各单位之间的协作情况、目标完成的进度（时间要求）、实现目标的措施和手段情况、目标项目的困难程度、完成项目的努力程度等。但重点是对目标值的完成情况、目标项目的困难程度和完成目标的努力程度等几项内容进行评价。

（1）目标值达到程度。目标值达到程度是指实现目标值与原订目标值之比（表示达到率），在正常情况下，期初原订的目标值就是期末评价时的评价标准。但是，组织在实施目标中经常受到各种客观因素的影响，使情况发生变化。而这些变化，不是组织内部承担目标的部门和个人所能解决的。因此，适当调整目标值也是合情合理的。这样一来，作为评价标准的目标值包括：制定目标时所规定的目标值；新增加的目标值；扣除因为某些原因而减少的目标值。在评价时可用相对数表示，也可以用绝对数表示，往往是两者结合起来。对定性内容目标的评价，尽可能转化成定量的评价。可采用民意测验办法、对比的办法加以定级，以级别来表示定性的内容。

（2）目标的困难程度。这是指由于目标项目本身的性质和客观条件的不同，以及完成项目过程中环境的变化，实现目标项目所需付出代价的大小。由于各项具体任务的难度不同，若只看"达到程度"不看"困难程度"，就不能全面衡量部门和个人的工作成绩，只有把两者结合起来，才便于作出比较。

（3）达标过程中的努力程度。这是指在达标过程中，部门或个人发挥主观能动性的大小。有时虽然经过努力，但由于各种原因，也可能没有获得好的结果；有时虽然条件很不利，但经过努力，化险为夷，取得成功。因此，需要对部门或个人的努力程度予以评价。

（4）协作情况。这是指方针目标实施过程中组织的部门、车间、班组之间，为了实现共同的目标，互相之间的联系与配合情况。如在制定分目标时规定的协作项目完成情况；受承担目标的单位要求，帮助、协作解决问题的情况；主动对其他部门或个人的协作情况等。

（5）措施手段。这是指承担目标项目的单位充分发挥自己的积极性和创造性，为了保证目标的实现所采取的于自己最合适的方法和对策。为了鉴别措施手段的正确性、先进性，必须对措施手段进行评价。评价的依据是：①是否符合技术进步的要求；②是否符合向现代化管理方向发展的要求；③是否调动职工群众的积极性；④是否符合组织发展的长远要求和整个组织总目标的实现；⑤是否符合国家与有关部门的法令与政策。

　2. 评价和考核

　为使方针目标管理真正达到激励斗志、促进工作、奖励先进、督促后进的目的，必须认真做好日常检查和定期的评价和考核工作。

　（1）评价。对方针目标管理成果的评价方法，不局限于某种形式，但应从调动职工积极性这一目的出发，务必做到评价客观公正和赏罚严明。做到这一点的关键在于对目标（措施）的重要程度、困难程度、努力程度、达到程度和协作配合的有效程度实行定量化，以便在考核中做到凭数据说话。

　（2）考核。方针目标的考核方法应根据组织的具体情况而定。一般常见的考核方法有：①年初从奖励基金中划出一部分作为组织方针目标专项奖励金。当某一目标（措施）完成后，先由实施负责部门填报"方针目标完成报告单"，再由主管部门验收，由组织主管领导评定系数，最后由组织最高领导审批后发给奖金。②将方针目标的考核纳入经济责任制之中，但结算时均应结合衡量每个项目的重要程度、困难程度、努力程度和达到程度等进行奖励。

2.6　质量管理小组活动

　全面质量管理要求企业全员参加质量管理，提倡人人参与，这突出反映了质量管理的群众性。通过开展多种形式的群众性质量管理活动，尤其是开展质量管理小组活动，充分发挥广大职工群众的聪明才智，形成一个人人参与质量管理活动的生动活泼的局面，是企业提高管理水平、提高职工素质、促进物质文明和精神文明建设、解决质量问题的有效途径。

2.6.1　质量管理小组的概念与特点

　质量管理小组（简称 QC 小组），是指在生产或工作岗位上具体从事各种劳动的职工，围绕企业的质量方针目标和现场存在的问题，运用质量管理的理论和方法，以改进质量、降低消耗、提高经济效益和提高人的素质为目的而组织起来，并开展活动的小组。

QC 小组与企业的班组既有联系又有区别。一般来说，以工人为主体的"现场型"以及按劳动组织为主体建立的 QC 小组，都是与班组紧密联系的。它们的区别在于班组是一种行政组织，同时也是按专业分工划分的一种劳动组织；而 QC 小组则是以改进质量、提高管理水平和经济效益为目的的自愿组织起来开展活动的群众性小组。QC 小组是企业职工参加民主管理的新发展，是提高企业素质的好形式，也是群众参加管理的经验和科学方法相结合的新产物。

QC 小组具有以下几个特点：①具有明显的自主性。一般以职工自愿参加为基础，实行自主管理，以自我学习、自我控制、自我提高为主，不受行政命令的制约和班组岗位的限制。②具有明确的目的性。从大处来说是为社会主义现代化建设而搞好质量，从小处来说是为实现企业的方针目标，开展质量管理活动。③具有严密的科学性。不是单凭良好的主观愿望去搞质量，而是依靠科学、依靠管理技术，以及科学的工作方法和科学程序去攻克质量难关。④具有广泛的群众性。QC 小组活动是开展群众性质量管理活动的好形式，通过集体活动，可以充分发挥小组的群体优势，集思广益，能更快更好地解决问题。⑤具有高度的民主性。依靠小组成员共同出主意，充分发扬民主，畅所欲言，平等相处，组长由成员民主选出，做到充分发挥每个人的积极性和创造性。

2.6.2　质量管理小组的建立

QC 小组的组建应遵循自愿结合、形式多样、方便活动、易出成果的原则。在自愿结合的前提下，也可以采用行政出面组织，自上而下和上下结合的方法组建，但仍应坚持自愿为主、行政出面为辅的原则。

自愿结合。它是在志向相同、兴趣相近的基础上的结合，并积极开展活动。只有在对课题的看法一致、兴趣爱好相近的情况下才能活动到一块，才能快出成果，多出成果。

自上而下地建立。即由领导选择一些在这方面有特长、有能力的人员组成，并组织他们开展活动。

上下结合组建。对于涉及面广、难度较大的课题，组成由干部、工程技术人员和工人"三结合"的 QC 小组，有利于解决各种关键的问题。

建立 QC 小组应从实际出发，根据工作的性质和内容，可以在企业的班组或车间内建立，也可以跨车间（部门）建立，但应着重发展以工人为主体的生产现场、施工现场、服务现场的"现场型"、"服务型"的 QC 小组。提倡工人、技术人员、领导干部相结合的"攻关型"QC小组，也可以以管理人员为主，组成以提高工作质量、改善和解决管理中的问题、提高管理水平为目的的"管理型"QC小组等形式。

每个QC小组的人数一般以3~10人为宜，否则不便于开展活动。QC小组组长是带头人，选好小组长是十分重要的。组长应是推行全面质量管理的热心人，而且有较高的思想水平和技术能力，善于团结群众并有一定的组织能力。

为了便于质量管理部门掌握群众性的质量管理活动情况，加强管理和指导，QC小组组建后，应向质量管理部门注册登记，以及向上级QC小组主管部门备案。主管部门每年都进行一次检查和重新登记，没有进行重新登记的小组，以前的注册登记自行失效，不搞终身制，这样做有利于推动QC小组的活动。

2.6.3 质量管理小组的活动

QC小组建立后关键是抓好活动，做好选择课题和加强小组活动的管理。

1. 选择活动课题

课题选择的原则应做到围绕企业的方针目标，立足现场，先易后难，由浅入深，量力而行，从小到大，具体明确，短期见效。

课题选择的依据是：根据企业质量方针目标和发展规划选题；根据生产（工作）中的关键或薄弱环节选题；根据用户的需要选题。其范围是很广泛的，如提高产品质量，减少废次品，开发新产品；降低成本，节约原材料，改进工艺，提高劳动效率；防止设备故障，提高设备的完好率和利用效率；搞好安全生产，做好环境保护工作以及管理和服务等方面的工作，这些都可作为QC小组活动的课题。

2. 质量管理小组活动的程序

QC小组活动的基本程序是按PDCA循环开展活动的（PDCA循环见前面的图2-1）。

（1）选课题定目标。根据本单位的方针目标的要求以及在生产实际中迫切需要解决的问题，经过小组民主讨论，确定小组的课题和要达到的目标。

（2）调查现状。对拟解决的问题的现状进行调查了解，用事实和数据说话，保证真实性。

（3）分析原因。发动全组成员动脑筋想办法，集思广益，可应用各种统计手段进行分析。

（4）找出主要原因。对原因分析后，将多种原因用主次因素排列图等方法从中找出主要原因。

（5）制定措施计划。主要原因确定后，针对主要原因制定相应的措施计划，明确解决各项问题的具体措施、要求达到的目标、负责人以及完成的时间等。

（6）实施措施计划。为保证措施的落实，小组长对措施落实过程中出现的新问题要及时地研究、调整措施计划。小组长要组织成员定期或不定期地研究实施情况，使小组全体成员随时了解课题的进展，同时可以及时发现新问题，以便灵活地运用不同的办法达到活动目标。

（7）检查效果。措施实施后应检查措施效果，将措施实施前后的情况进行对比，看其实施后的效果是否达到了预定目标，如果达到了，小组就可以进入下一步工作，如果未达到就要进行认真分析，从中找出原因，在第二次 PDCA 循环中加以改进。

（8）制定巩固措施。达到目标并经过 3 个月时间的考验，说明该课题已经基本实现。为保证成果得到巩固，小组将行之有效的措施方法总结出来上升为标准，并经有关部门审定后纳入企业有关标准或管理文件。

（9）遗留问题处理。对遗留问题加以分析后，对需要进一步解决的问题，可作为小组下一个循环的课题继续深入开展活动。

（10）总结成果资料。这是小组自我提高的重要环节，也是成果发表的必要准备，还是总结经验找出问题进行下一个 PDCA 循环的开始。

2.6.4　质量管理小组的评价与奖励

1. 评价

QC 小组的评价要把活动评价和成果评价相结合，并以活动评价为主。活动评价贯穿于小组活动的全过程，以其经常性、持久性、全员性、科学性和有效性为主要依据。活动评价既是评价过程又是管理过程。而成果评价主要是评价 QC 小组活动的效果、成果总结和发表的水平，以推动活动的深化。要注意的是优秀 QC 小组评价和优秀成果评价应有区别，因为有的优秀 QC 小组不一定每年都有显著成果，因此，评价的重点应放在小组活动的持久性、全员性和科学性以及活动的方式等。

2. 奖励

对 QC 小组的活动和成果进行评价之后，应进行奖励和表彰。这是激励人们奋发进取和推动 QC 小组活动的重要手段。奖励的透明度要高，要把奖励纳入正常的管理工作之中，要做到技术性成果与管理性成果并重、成果奖与活动奖并重，明确规定以课题注册登记、活动记录、成果报告书作为奖励的凭证，体现成果的有效性。奖励与表彰可分为 QC 成果发表奖和授予优秀 QC 小组光荣称号两大类。奖励可同时施以物质奖励与精神奖励。

本章小结

　　本章对全面质量管理、质量方针、质量目标等概念进行了介绍，并着重对全面质量管理的特点、工作程序、全面质量管理的基本理念等进行了阐述；对领导在质量管理中的作用进行了论述。我国推行全面质量管理 20 多年来，总结出一条重要的经验就是质量管理工作开展得如何，领导是关键，也决定于领导的质量意识和质量工作的重视程度，所以有"头头抓、抓头头"之说。

　　企业建立健全质量管理机构是非常有必要的，因为要把企业质量工作统一地、全面地、系统地管起来，就必须有一个综合性的质量管理机构来牵头、组织、协调，才能把质量工作做好。

　　企业的质量方针目标是企业质量工作的纲领和行动指南，通过质量方针、目标的制定以及展开到实施的全过程的组织协调、控制、激励等活动来调动企业全体职工的积极性，推动企业各项质量职能的落实和质量管理体系的有效运行。方针目标管理是一套行之有效的科学的管理方法，所以得到企业的广泛运用。

　　QC 小组活动是发动职工群众参与质量管理的好形式。我国开展 QC 小组活动 20 多年来取得了很大的成绩。开展 QC 小组活动能充分发挥广大职工群众的聪明才智，形成一个人人参与质量管理的生动活泼的局面，对于提高企业素质、促进物质文明和精神文明建设以及解决质量问题都起到重要的作用。20 多年来，不少企业在开展 QC 小组活动中创造了群众喜闻乐见的形式，得到政府和各方面的支持，收到了很大的成效。

41

复习思考题

1. 试述全面质量管理、质量方针、质量目标的含义。
2. 全面质量管理有何特点？
3. 试述全面质量管理的基本理念。
4. 试述领导在全面质量管理中的作用。
5. 企业制定方针目标的根据是什么，方针目标的展开包括哪些工作内容？
6. 什么是 QC 小组，它有什么特点，企业应如何开展 QC 小组活动？

3

质量管理体系

本章要求

- ☐ 明确质量管理体系的含义
- ☐ 了解 ISO9000 族标准的产生与发展
- ☐ 了解 2000 版 ISO9000 族标准的构成、特点及主要内容
- ☐ 掌握质量管理体系认证的意义与要求

3.1　质量管理体系与 ISO9000 族标准的产生与发展

3.1.1　质量管理体系的含义

ISO9000：2000 标准对质量管理体系的定义是："在质量方面指挥和控制组织的管理体系。"另外在 ISO8402：1994 标准中对质量管理体系的定义是："为实施质量管理所需的组织结构、程序、过程和资源。"（注：略）

一般来说，体系是指相互关联或相互作用的一组要素。管理体系是指建立方针目标并实现这些目标的体系。根据定义替代的原则，质量管理体系可定义为："建立质量方针和质量目标并实现这些目标的一组相互关联或相互作用的要素。"在这一组要素中，每个要素是组成质量管理体系的基本单元，既有相对的独立性，又有各个要素之间的相关性，相互之间存在着影响、联系和作用的关系。质量管理体系包括四大过程，即"管理职责"、"资源管理"、"产品实现"、"测量分析改进"等。

建立质量管理体系是为了有效地实现组织规定的质量方针和质量目标。所以组织应根据生产和提供产品的特点，识别构成质量管理体系的各个过程，识别并及时提供实现质量目标所需的资源，对质量管理体系运行的过程和结果进行测量、分析和改进，确保顾客和其他相关方满意。为了评价顾客和其他相关方的满意程度，质量管理体系还应确定测量和监视各个方面的满意和不满意的信息，采取改进措施，努力消除不满意因素，提高质量管理体系的有效性和效率。组织建立质量管理体系不仅要满足在经营中顾客对组织质量管理体系的要求，预防不合格发生和提供使顾客和其他相关方满意的产品，而且应该站在更高层次，追求组织优秀的业绩来保持不断改进、完善质量管理体系。所以，除了组织应定期评价质量管理体系，开展内部质量管理体系审核和管理评审之外，还应该按质量管理体系或者优秀的管理模式进行自我评定，以评价组织的业绩，识别需要改进的领域，努力实施持续改进，使质量管理体系提高到一个新的水平。

3.1.2 ISO9000 族标准的产生

1. ISO9000 族标准的产生

随着科学技术的不断进步和经济的发展，以及国际贸易竞争的加剧，用户对质量提出了越来越严格的要求，各企业都把提供高质量的产品、提高顾客的满意度作为企业经营的主要内容和市场竞争的有力手段。企业的经营管理者清楚地认识到，低廉价格已不再是顾客购买商品的唯一选择，高质量的产品和服务才是顾客购买的真正动因。因此各企业都竞相建立效果更好、效率更高的质量管理体系，不断地改进产品质量，提供高质量的产品和服务，使顾客（消费者）、企业员工，以及社会各方面都得到益处。

随着社会的发展，人们对质量的要求越来越高，顾客越来越要求得到保证符合规范要求的产品或服务。但因产品日趋复杂，仅按技术规范进行验证已显得很不够了，如果规范本身有缺陷，或者设计、生产和提供产品或服务的组织体系存在某些不足时，技术规范本身就不能保证产品质量始终满足顾客要求。因此必须在生产过程中建立质量管理体系，以补充技术规范对产品或服务的要求，这就导致了质量管理体系标准的产生。许多国家为此制定了各种质量保证制度，以适应质量工作的要求和经济发展的需要。但由于各国经济制度及发展水平不同，而且所采用的质量术语也不同，各种质量保证制度很难在国际间被认可。于是国际标准化组织（ISO：International Organization For Standard-ization）为适应国际间贸易发展的需要，在总结各国质量保证制度经验的基础上，经过多年工作，于 1987 年 3 月发布了 ISO9000 系列标准，即《质量管理和质量保证》系列国际标准。这套标准对规范质量管理活动、促进国际间的贸易发展起到积极的作用。

随着形势的发展，这套标准经过数年的贯彻实践以及 ISO 的规定，一般标准应在 5 年左右进行一次修订，以适应形势发展的需要。ISO9000：1987 系列标准自 1987 年 3 月发布后经过 7 年时间的实践，于 1994 年进行第一次修订，并形成了 ISO9000：1994 族标准。随着 ISO9000：1994 族标准在国际上广泛应用，也发现了一些不足。国际标准化组织在调查研究的基础上，对这套标准进行了第二次修订，并于 2000 年 12 月正式颁布了 ISO9000：2000 族标准。

2. ISO9000 标准的制定

（1）国际标准化组织质量管理和质量保证技术委员会（ISO/TC176）。

随着国际贸易的发展，以及适应保护消费者利益运动的要求，人们摸索出一套质量保证的制度。为此，国际标准化组织在 1971 年正式设立了认证委员会，1985 年起改称为合格评定委员会。它是 ISO 理事会的常设咨询机构，其基本任务是研究法规、程序和方法，以确保国家和地区性认证体系和认证标志的相互认可；研究各国和地区性认证体系，以便于将来建立 ISO 认证体系，审查 ISO 标准在认证体系中的应用等。ISO 认证委员会要求在开展国际认证工作时，除了要按产品国际标准来评定产品质量是否合乎标准外，还要对制造商的质量保证能力加以适当的评价。在当时由于缺乏统一的标准，给认证工作带来许多困难。鉴于上述需要，经 ISO 理事会各成员国多年酝酿，于 1979 年 7 月由 ISO 计划委员会提议，同年 9 月在 ISO 理事会全体会议上通过，决定在原来认证委员会第二工作组"质量保证"的基础上，单独建立质量保证技术委员会（即 ISO/TC176），专门研究国际质量保证领域内的标准化问题和负责制定质量体系的国际标准。

ISO/TC176 成立以来，共召开了 7 次大会和若干次分委员会。首次会议于 1980 年 5 月在加拿大渥太华举行。会议决定 ISO/TC176 下设 3 个工作组，即 WG1 负责质量名词术语的统一，法国为秘书国；WG2 负责质量体系基本要素的确定，美国为秘书国；WG3 负责质量体系模式的确定，英国为秘书国。1982 年 10 月召开的 ISO/TC176 第三次全体会议上，又决定将初期建立的 3 个工作组合并为两个分技术委员会（SC）。在原 WG1 的基础上设立 SC1"术语"，仍负责质量名词术语标准的制定工作；为了统一协调原 WG2 和 WG3 的工作，将这两个工作组合并为 SC2"质量体系"，负责确定质量体系要素，并制定质量保证模式标准。到 1987 年 6 月，在挪威举行的第六次全体会议上改名为"质量管理和质量保证技术委员会"。到 1991 年设有 3 个分技术委员会和若干个工作组，编制发布了一系列标准，以指导世界性的质量管理工作。

（2）ISO9000:1987 系列标准的制定和发布。

TC176/SC1 在总结各国质量管理经验的基础上，经过各国质量管理专家的努力工作并通过广泛的协商和经多次修改后，于 1986 年 6 月正式发布了 ISO8402:1986《质量—术语》。TC176/SC2 于 1987 年 3 月正式发布了"质量管理和质量保证"系列标准。这套标准由以下六个标准组成：ISO8402:1986 质量—术语；ISO9000:1987 质量管理和质量保证标准—选择和使用指南；ISO9001:1987 质量体系—设计/开发、生产、安装和服务质理保证模式；ISO9002:1987 质量体系—生产和安装质量保证模式；ISO9003:1987 质量体系—最终检验和试验的质量保证模式；ISO9004:1987 质量管理和质量体系要素—指南。

其中 ISO9000 是为该标准选择和使用提供原则指导；ISO9001、ISO9002、ISO9003 是一组三项质量保证模式；ISO9004 是指导企业内部建立质量体系的指南。

(3) ISO9000:1994 族国际标准的制定和发布。

以上这套标准的发布，在国际范围内达成了广泛的一致，被许多国家和地区的各种组织所采用，提高了 ISO9000 系列标准在经济活动中的影响。在贯彻实践过程中，TC176 又继续开展了大量工作，经过几年的实践对这套标准进行了第一次修改，并于 1994 年 7 月颁布 ISO9000 系列标准第一次修订版，在这期间共制定和修订了 16 个标准，形成 1994 版 ISO900 族标准，包括：ISO8402:1994、ISO9000—1、ISO9000—2、ISO9000—3、ISO9000—4、ISO9001、ISO9002、ISO9003、ISO9004—1、ISO9004—2、ISO9004—3、ISO9004—4、ISO10011—1、ISO10011—2、ISO10011—3、ISO10012—1。直至 1999 年末 TC176 为适应质量管理工作的需要，还陆续地颁布了一些标准或技术文件，如 ISO1005、ISO1006、ISO1007、ISO10012—2、ISO10014、ISO10015 等，共增加到 27 个之多。

(4) 2000 版 ISO9000 族标准的发布。

1994 版 ISO9000 族标准于 1994 年 7 月颁布后，各国各地区在采用过程中收到了很大的成效，但也发现其存在一些不足；同时 TC176 在 1996 年召开的第 15 届年会上，还就 ISO9000 族标准提出了远景规划：通过全球对 ISO9000 族标准的接受和使用，将为单个组织运作能力的提高以及人们信心的提高提供一种行之有效的方法，其产品将符合需要，以促进贸易在全球的繁荣和个体的发展。其使命是：在质量保证及管理领域认同和理解用户的需要，发展并有效地满足用户需要的标准，支持标准的实施，并促进对标准实施的评价。完成这些使命成为 2000 版 ISO9000 族修改的核心。同时 TC176 在制定和修订 ISO9000 族标准时，提出应遵循四个战略目标：①全世界通用性；②当前一致性；③未来一致性；④未来适用性。即该标准在全世界范围内不同的组织和不同产品之间可以得到广泛的采用，这是 2000 版 ISO9000 族标准修改和追求的要旨。TC176 在 1997 年 11 月召开第 16 届年会会议时就 ISO9000 族标准的修改作了安排，并经广泛的调查研究，于 1998 年 6 月完成了用于评议的委员会草案，并经多次修改，于 1999 年 3 月发布征求各国的意见，以后在 1999 年 12 月发布 DIS（国际标准草案），实践修改后在 2000 年 9 月发布 FDIS 稿（最终国际标准草案），最后于 2000 年 12 月正式发布 2000 版 ISO9000 族标准。

3.1.3　世界各国采用 ISO9000 族标准的概况

由于 ISO9000 族标准总结、提取了各国质量管理和质量保证理论的精华，统一了质量术语的概念和质量管理学的原理、方法和程序，反映和发展了世界上技术先进、工业发达国家质量管理的实践经验，而且规定具体实用，因此标准一经发布就得到世界各国的普遍重视和采用。目前世界上已有 150 多个国家和地区采用了这套标准。

欧洲共同体为了实现建成欧洲统一大市场的计划，把贯彻 ISO9000 族标准、开展质量体系认证作为其质量战略的关键要素。欧洲共同体的欧洲标准学会，将 ISO9000 族标准等同采用为 EN29000 族标准，并且要求儿童玩具、压力容器等高安全性产品须经质量体系审核，加上"CE"标志后方可上市销售。在工业发达的国家中，如英国、美国、法国、德国、加拿大等，质量体系认证制度发展较快，处于世界领先地位，而英国的质量认证起步最早。在市场的推动下，各国络绎采用了该套标准，并开展质量体系认证工作，而且质量体系认证正逐步趋于国际一体化，其中包括认证证书的互认和人员资格的互认。促进认证证书互认的"国际认可论坛（IAF）"已于 1993 年成立，至今已有 25 个国家的认可机构签署了国际多边承认协议，它们是：中国、英国、法国、德国、美国、加拿大、日本、澳大利亚、新西兰、意大利、瑞士、瑞典、挪威、荷兰、西班牙、丹麦、巴西、爱尔兰、捷克、比利时、马来西亚、新加坡、韩国、芬兰、南非。促进人员互认的"国际审核员培训和注册协会（1—ATCA）"已于 1995 年成立，至今已有具有人员注册机构的 6 个国家签约，它们是：中国、英国、美国、日本、澳大利亚、新西兰。

我国采用 ISO9000 族标准的情况：

1987 年 3 月 ISO9000 族标准正式发布以后，我国有关部门在原国家标准局的统一领导下，组成了全国质量保证标准化特别工作组，负责制定等效采用 ISO9000 系列标准的国家标准工作。经过 1 年多的努力，于 1988 年 8 月完稿，经原国家技术监督局审查批准，在 1988 年 12 月正式发布了等效采用 ISO9000 系列标准的 GB/T10300 质量管理和质量保证系列标准，并决定自 1989 年 8 月 1 日起在全国实施。由于实施 GB/T10300 系列标准的需要，我国于 1989 年 12 月成立了全国质量管理和质量保证技术委员会（CSBTS—TC151），作为我国推行 GB/T10300 系列标准工作的指导机构。

到 20 世纪 90 年代，我国改革开放和现代化建设进入了一个新的发展阶段。随着我国改革开放的深入进行和市场经济体制的建立，等效采用 ISO9000 系列标准已不能满足国际贸易往来和技术交流的需要了。在这种情况下，1992 年 5 月召开的"全国质量工作会议"决定等同采用 ISO9000 系列标准，制定出双编号国家标准即 GB/T19000—92—ISO9000—87《质量管理和质量保证》系列标准。1994 年 ISO9000 修改后形成 ISO9000:1994 族标准，我国原国家技术监督局于 1994 年 12 月发布 GB/T19000—1994—ISO9000:1994 族标准，即完全等同采用 ISO9000:1994 族标准，并于 1995 年 6 月起实施，一直沿用至 2000

版 ISO9000 族标准公布以后，转为采用 2000 版 ISO9000 族标准。

2001 年 4 月原国家质量技术监督局正式发布等同采用的国家标准 GB/T19000—2000、GB/T19001—2000、GB/T19004—2000 等，以后将会陆续发布 2000 版 ISO9000 族有关标准为我国等同采用。

3.1.4 ISO9000 族标准产生的背景

ISO9000 族标准的出现，有它的历史背景，主要可概括为以下几个方面：

1. 科学技术和生产力水平的提高是 ISO9000 族标准产生的客观环境

在科学技术尚不发达的社会中，产品结构一般比较简单，商品交换大多是在生产者与用户之间直接进行，用户可以凭借自己的知识、经验、感官来判断商品的质量。但随着科学技术的发展，生产方式逐步转为社会化大生产，产品的结构也越来越复杂，商品一般都通过流通领域进行销售，用户（顾客）很难凭借自己的能力来判断商品的优劣，往往容易上当受骗，同时也影响商品的销路。生产者为了避免产品积压的风险，使用户（顾客）确信自己产品的质量，采用了对商品提出担保的对策，这便出现了质量保证的萌芽。由于科学技术迅速发展，新产品不断出现，其中相当一部分是具有高安全性、高可靠性或高价值的产品。这些产品如果在质量上出现缺陷，将给用户带来严重的损害，如核电站、火箭、飞机、药品、化学制品、桥梁、隧道等。如果不能保证质量以致发生质量事故，其影响之大、损失之巨是难以估计的。因此，早在 1936 年，美国纽约就成立了"消费者联盟"，要求从法律上保证用户的利益。到 20 世纪 60 年代，各种保护消费者利益的团体纷纷成立，成为一种世界性的趋势。一些国家在处理产品责任问题中，也逐渐从以合同法规范向以侵权法规范转化，由过失责任原则向无过失责任原则转变。以侵权行为诉讼来处理产品责任问题，为用户利益和社会安全免受新技术的负面影响提供更充分的保护。这时，用户已不满足供应厂商一般的担保，因为卖方承担产品责任仅仅解决事后赔偿问题，人们更关心的是要得到能长期稳定使用的产品。为此就要求对产品质量进行更严格的管理、控制和监督。

产品的质量要求由技术规范来体现，但对于现代产品来说，由于产品结构和制造工艺日益复杂，仅对制成品按技术规范进行验证显然是不够的。因为技术规范和生产方的组织体系不完善时，规范本身就不能保证产品质量始终达到要求。因而，必然要求在产品质量的形成过程中加强管理并实施监督，要求生产方建立相应的质量管理体系，提供能充分说明质量符合要求的客观证据。这些质量保证活动是需要一定费用的，但为了保证产品质量，避免由于产品质量的缺陷而带来巨大损失，用户宁愿承担由于生产方所增加的费用，以求得安全可靠的产品，把风险降到最低限度。另外，对于生产方来说，由于质量而产生的产品责任也要承担巨大损失，这也从客观上促使生产方主动重视质量保证和质量管理，以减少质量问题的产生，并在被追究责任时提出足够的证据为自己辩护。有些企业为了提高自己的信誉与竞争力，在加强质量管理和开展质量保证活动的同时，还向权威机构申请对其质量管理体系进行认证，这些发展形成了产生 ISO9000 族标准的客观条件。

2. 质量保证活动的成功经验为 ISO9000 族标准的产生奠定了基础

有系统地开展质量保证活动最早始于西方一些军工企业。由于大多数军工产品（特别是武器）都是现代产品，结构复杂，质量要求高，一个微小的差错就会造成巨大的损失。在这种情况下，1959 年美国国防部向国防供应局下属的军工企业提出第一个质量保证标准 MIL—Q—9858A《质量大纲要求》。这可以说是世界上最早的有关质量保证的标准文件。美国国防部于 1963 年、1981 年、1985 年先后三次分别对 MIL—Q—9858A 作了补充和修改，使之更趋于完善。与此同时，美国国防部还颁发了 MIL—Q—45208A《检验系统要求》，作为生产一般武器的质量保证标准文件。此外还制定 MIL—HDBK—50《承包商质量大纲评定》和 MIL—HDBK—51《承包商检验系统评定》，作为前述两个标准的补充，从而形成了一套完善的质量保证标准文件。

军工产品生产中开展质量保证活动的成功经验，很快就推广到民用产品生产领域。美国国家标准学会于 1971 年借鉴军用标准，制定、发布了国家标准 ANSI—N45.2《核电站质量保证大纲要求》；美国机械工程师协会于 1971 年发布 ASME—Ⅲ—NA4000《锅炉与压力容器质量保证标准》，这些质量保证体系的实行，对大大降低锅炉和压力容器的事故率取得了明显的效果。

美国的成功经验很快被一些发达国家所借鉴。英国于 1979 年发布了一套质量保证标准：BS5750：Part 1—1979《质量体系—设计、制造和安装规定》、BS5750：Part 2—1979《质量体系—制造和安装规范》、BS5750：Part 3—1979《质量体系—最终检验和试验规范》。接着，又于 1981 年发布了以上这套标准的"使用指南"标准。加拿大也于 1979 年制定，并于 1985 年修订了一套质量保证标准：CSACAN3—Z299.0《质量大纲标准的选用指南》（这套标准还有 4 个类型，实际共 5 个标准）。法国于 1980 年与 1986 年先后发布了法国国家标准 NFX—110—80《企业质量管理体系指南》和 NFX—110—86《质量手册的编制指南》。所有这些质量保证活动以及各国实施质量保证国家标准的成功经验，实际上为 ISO9000 族标准的产生奠定了可靠的基础。

3. 质量管理的发展为 ISO9000 族标准的产生提供了理论基础

从质量管理发展的三个阶段来看，20 世纪 50 年代以后，科学技术迅猛发展，生产力水平提高很快，出现了一大批高安全性、高可靠性的技术密集型产品和大型复杂产品。这些产品任何一个元器件的失效都可能导致严重的后果，产品质量在很大的程度上依靠对各种影响质量因素的控制来实现。在这种情况下，仅在制造过程中实施质量控制已不足以保证产品质量，必须应用新的理论、技术和手段来进行管理，以适应生产力的发展。20 世纪 60 年代美国的菲根堡姆（A. V. Feigenbaum）提出了较系统的"全面质量管理"的概念，这一新的质量管理理论很快就被各国所接受。各国全面质量管理的实践，丰富和发展了质量管理学理论，又为 ISO9000 族标准提供了必要的理论基础。

4. 贸易国际化加速了 ISO9000 族标准的产生

20 世纪 60 年代，随着国际经济交流的蓬勃发展，贸易交往的日益增多，产品和资本的流动日趋国际化，产品超越国界必然带来与之有直接关系的国际产品质量保证和产品责任问题。到 20 世纪 70 年代，这个问题已逐步成为一个国际性的问题，引起国际社会的广泛关注。为了解决国际间产品质量争端和产品质量责任，1973 年在荷兰海牙召开的海牙国际私法会议上通过了《关于产品责任适用法律公约》。后来，欧洲理事会在丹麦斯特拉斯堡缔结了《关于造成人身伤害与死亡的产品责任欧洲公约》。为了有效地开展国际贸易，一些地区国际性组织开始大力研究质量管理国际化的问题，以使不同国家、企业之间在技术合作、经济交流和贸易往来上，在质量方面具有共同的语言、统一的认识和共同遵守的规范。至 20 世纪 70 年代末，随着世界贸易量的增大，质量管理国际化已成为世界性的迫切需要。许多国家和地区性组织发布了一系列的质量管理和质量保证标准，作为贸易往来供需双方评价的依据和遵守的规范，在这种背景下，国际标准化组织于 1979 年成立了"质量保证技术委员会（即 ISO/TC176）"，开始着手制定质量管理和质量保证方面的标准。

由此看来，质量管理体系标准的产生不是偶然的，是生产力发展的必然产物，又是质量管理科学成果的标志。它是国际商品经济发展的需要，又为企业加强质量管理、提高管理水平提供指导，是科学和经济发展的必然结果。

3.2　2000 版 ISO9000 族标准的构成与特点

为了满足广大标准使用者的需要，ISO/TC176 在制定 2000 版 ISO9000 族标准的同时，对其以往制定的所有 ISO9000 族标准进行了重新评审，在评审的基础上对 ISO9000 族标准的结构进行了重大调整。标准的数量在合并、调整的基础上大幅度减少，增加以技术报告或技术规范等形式发布的技术文件，层次更清晰，标准的要求/指南或技术文件更通用，使用更方便、灵活，适用面更广。目前 ISO9000 族标准/文件的结构及其所含标准/文件（下面注明年代号的标准或文件均已公开发布），以下分几个部分介绍。

3.2.1　2000 版 ISO9000 族标准的构成

第一部分：核心标准
ISO9000：2000 质量管理体系　基础和术语；
ISO9001：2000 质量管理体系　要求；
ISO9004：2000 质量管理体系　业绩改进指南；
ISO19011：2002 质量和管理体系审核指南。
　　以上 4 项标准构成了一组密切相关的质量管理体系标准，称为 ISO9000 族核心标准。其中 ISO9000：2000 是在合并原 ISO8402 和 ISO9000—1：1994 的基础上重新制定的；ISO9001：2000 是在合并原 1994 版的 ISO9001、ISO9002、ISO9003 的基础上重新制定的；ISO9004：2000 是在合并原 1994 版的 ISO9004—1、ISO9004—2、ISO9004—3、ISO9004—4 的基础上重新制定的。
　　第二部分：其他标准
ISO10005 质量计划指南（代替 ISO10005：1995）；
ISO10006 项目质量管理指南（代替 ISO10006：1997）；
ISO10007 技术状态管理指南（代替 ISO10007：1995）；
ISO10012：2003 测量管理体系（代替 ISO10012—1：1992 和 ISO10012—2：1997）；
ISO10015 培训指南；
ISO10018 顾客投诉的处理；
ISO10019 质量管理体系咨询师选择和使用指南。
第三部分：技术文件（包括技术报告、技术规范等）
ISO/TR10013：2001 质量管理体系文件；
ISO/TR10014 质量经济性管理指南（代替 ISO/TR10014：1998）；
ISO/TR10017 统计技术指南（代替 ISO/TR10017：1999）；
ISO/TS16949：2002 汽车供方质量管理体系要求。
第四部分：小册子

ISO/TC176 根据实施 ISO9000 族标准的实际需要将陆续编写一些宣传小册子形式的出版物，作为指导性文件。《ISO 手册：质量管理原则及其应用》和《ISO 手册：适于小型组织的 ISO9001:2000》已于 2002 年正式出版发行。

由于篇幅所限，本章重点介绍 ISO9000:2000、ISO9001:2000、ISO9004:2000 三个标准。

3.2.2　2000 版 ISO9000 族标准的特点

2000 版 ISO9000 族标准与 1994 版 ISO9000 族标准相比较，一般来说具有以下特点：

1. 通用性强，适用于所有组织

2000 版 ISO9000 族标准适用于所有的产品类别、所有的行业和各种规模的组织，通用性强，将成为适用范围最广的国际标准之一。消除了 1994 版偏于制造业的倾向，也消除了行业的偏向性，而且考虑了对小型企业和不同行业的适用性，减少了文件化的要求。

2. 结构简明，通俗易懂

2000 版 ISO9000 族标准的总体结构仅有五项，大大地进行了简化；而且采用较通俗的语言，在其附录 A 中采用了 10 幅概念图，使相关术语的定义之间的关系更有系统性，同时 ISO9001 与 ISO9004 制定为协调成对的标准结构相同，便于对应也便于一起使用。

3. 统一理念，确立八项原则

2000 版 ISO9000 第 0.2 节明确提出了质量管理八项原则。用概括的语言来统一组织质量管理的基本理念，成为这一新标准修订的理论基础，又将成为实施 2000 版 ISO9000 族标准的指导思想，其意义将十分深远。

4. 鼓励过程方法，操作性强

2000 版 ISO9000 族标准采用了过程模式，提倡用过程方法来识别和建立体系，以及用过程方式来对质量活动运行进行控制。由于过程方法符合质量活动的普遍规律，所以适合所有行业实现产品的运作。2000 版 ISO9000/9001/9004 中都以图示方式说明过程方法模式，该图体现了 PDCA 的工作原理，构成了新版标准的一大特色。过程方法模式比 1994 版的 20 个质量体系要素有明显的优点，就是实现了以过程的连续性代替 20 个要素的不连续性，这对理顺质量管理体系将是十分有益的。

5. 强调最高管理者的领导作用

2000 版 ISO9000 族标准的八项质量管理原则中第二项就是"领导作用"。

质量管理中领导的关键作用已是成功企业的共同经验。2000 版 ISO9000 标准要求最高管理者对建立和改进质量管理体系作出承诺，并提供为此而开展活动的证据等，这些对最高管理者的要求更具体、更强化。

6. 突出顾客满意和持续改进

2000 版 ISO9001 标准的要求，除了产品质量保证之外，还在于增强顾客满意，要求组织的最高管理者应以增强顾客满意为目的，确保顾客的要求得到确定并予以满足；并且把持续改进作为标准的要求，同时在 2000 版 ISO9004以附录 A 提供了"自我评价指南"，又以附录 B 提供了"持续改进的过程"，用以指导组织寻找优先改进的区域及实施对过程的持续改进。

7. 较全面地考虑所有相关方的利益

2000 版 ISO9004 标准把与组织利益有关的各相关方需要作为体系的输入，又把相关方的满意作为体系的输出，说明对相关方利益的关心。"互利的供方关系"要求建立良好的合作伙伴关系，实现风险共担、利益共享。

8. 增强与环境管理等其他管理体系的相容性

2000 版 ISO9000 族标准与 ISO14000 系列标准都采用相同的文件化管理体系原理，都遵循 PDCA 的管理体系模式。两个管理体系的不少活动是相同或相似的，如管理评审、管理职责、文件控制、内部审核等，虽然对象不同，但方法基本一致。

3.3 《ISO9000：2000 质量管理体系　基础和术语》标准简介

3.3.1　本标准的范围

《ISO9000：2000 质量管理体系　基础和术语》标准，替代原来的《ISO8402：1994》标准和《ISO9000—1：1994 质量管理和质量保证标准第一部分选择和使用指南》标准的第 4 章基本概念及第 5 章文件的作用。ISO9000—1：1994 标准的其他条款将作为 ISO9000 族国际标准的路线图（选择和使用指南），将以ISO 小册子形式单独发布。

本标准是 ISO9000 族标准的基础标准。它阐明了质量管理体系的基础，规定了质量管理体系术语。它不仅是帮助生产不同种类的产品和不同规模的组织为建立、实施、保持和改进质量管理体系提供理论基础，而且也适用于其他相关方面（"相关方"在 ISO9000：2000 标准中的定义是："与组织的业绩或成就有利益关系的个人或团体。"标准规定七个方面的具体内容，如供方、产品使用者、行政执行机构等）。

2000 版 ISO9000 标准由引言、范围、质量管理体系基础、术语和定义等四个主要部分组成。本标准针对定义标准中的术语所使用的方法还给出了提示性的附录。该附录包括：A.1 引言，A.2 术语的内容和替代规则，A.3 概念关系及其图示，A.4 概念图。

3.3.2　质量管理原则

一个企业或有关组织的基本任务是向市场和顾客提供满足顾客和其他相关方的需要和所期望的产品，并使顾客满意，这是组织存在和发展的前提。随着世界范围的产品竞争日趋激烈，竞争的焦点最终将归结为产品质量的竞争，所以对企业和有关组织来说，加强领导和实施质量管理显得越来越重要。2000 版 ISO9000 标准在引言中提出的八项质量管理原则，是组织成功地实施质量管理、达到预期效果的指南。下面将原文介绍如下：

质量管理原则：

为了成功地领导和运作一个组织，需要采用一种系统和透明的方式进行管理。针对所有相关方的需求，实施并保持持续改进其业绩的管理体系，可使组织获得成功。质量管理是组织各项管理的内容之一。

八项质量管理原则已得到确认，最高管理者可运用这些原则，领导组织进行业绩改进。

1. 以顾客为关注焦点（Customer focus）

组织依存于顾客。因此，组织应当理解顾客当前和未来的需求，满足顾客要求并争取超越顾客期望。

2. 领导作用（Leadership）

领导者确立组织统一的宗旨及方向。他们应当创造并保持使员工能充分参与实现组织目标的内部环境。

3. 全员参与（Involvement of people）

各级人员都是组织之本，只有他们的充分参与，才能使他们的才干为组织带来收益。

4. 过程方法（Process approach）

将活动和相关的资源作为过程进行管理，可以更高效地得到期望的结果。

5. 管理的系统方法（System approach management）

将相互关联的过程作为系统加以识别、理解和管理，有助于组织提高实现目标的有效性和效率。

6. 持续改进（Continual improvement）

持续改进总体业绩应当是组织的一个永恒目标。

7. 基于事实的决策方法（Factural approach to decision making）

有效决策是建立在数据和信息分析的基础上的。

8. 与供应方互利的关系（Mutually beneficial supplier relationships）

组织与供方是相互依存的，互利的关系可增强双方创造价值的能力。

这八项质量管理原则形成了 ISO9000 族质量管理体系标准的基础。

3.3.3　质量管理体系的基础

ISO9000:2000 标准第 2 章阐述了质量管理体系的基础。它是将八项质量管理原则应用于质量管理体系的要求，着眼于指导组织如何以正确的指导思想和方法来建立、实施和持续改进质量管理体系，确保质量管理体系运行的有效性和效率。质量管理体系基础分 12 节：

1. 质量管理体系的理论说明

2000 版 ISO9000 标准在质量管理体系的理论说明中明确了组织采用质量管理体系及其方法的作用，可归纳为以下几点：

①质量管理体系能够帮助组织增进顾客满意、分析顾客要求、规定相关的过程，并使其持续受控，以实现顾客能接受的产品。②能提供持续改进的框架，以增加顾客和其他相关方满意的机会。③能提供持续满足要求的产品，向组织及其顾客提供信任。④顾客的需求和期望是不断变化的，因此组织务必关注顾客要求的变化，不断地改进产品质量和过程质量。

2000 版 ISO9000 标准贯穿着这个基本理论，帮助组织以顾客的要求为焦点，了解和掌握顾客的需求和期望，并对产品实现全过程系统的实施控制，通过测量和分析，持续地开展质量改进，使组织能持续地提供使顾客满意的产品。

2. 质量管理体系要求与产品要求

2000 版 ISO9000 标准区分了质量管理体系要求和产品要求。

①2000 版 ISO9001 标准规定了质量管理体系要求。其要求是通用的，适用于所有行业或经济领域，不论其提供何种类别的产品。②2000 版 ISO9001 标准本身不规定产品要求，产品要求可由顾客规定，或由组织通过预测顾客的

要求规定，或由法规规定等。在某些情况下，产品要求和有关过程的要求可包含在诸如技术规范、产品标准、过程标准、合同协议和法规要求之中。

3. 质量管理体系方法

2000 版 ISO9000 标准为了帮助组织采取合适的方法，有计划、有步骤地建立和实施质量管理体系并取得预期效果，特提出八个工作步骤：①确定顾客和其他相关方的需求和期望；②建立组织的质量方针和质量目标；③确定实现质量目标必需的过程和职责；④确定和提供实现质量目标必需的资源；⑤规定测量每个过程的有效性和效率的方法；⑥应用这些测量方法确定每个过程的有效性和效率；⑦确定防止不合格并消除产生原因的措施；⑧建立和应用持续改进质量管理体系的过程。

4. 过程方法

2000 版 ISO9000 标准提出："任何使用资源将输入转化为输出的活动或一组活动可视为一个过程。"

过程是指将输入转化为输出的一组相互关联或相互作用的活动。质量管理体系也是通过一系列过程来实施的。该标准指出："为使组织有效运行，必须识别和管理许多相互关联和相互作用的过程，通常一个过程的输出将直接成为下一个过程的输入，系统地识别和管理组织所应用的过程，特别是这些过程之间的相互作用称为'过程方法'。"

2000 版 ISO9000 标准要求一个组织必须应用过程方法来管理。该标准为使大家易于理解这一基本概念，用以过程为基础的质量管理体系模式图，清晰地表明质量管理体系的组成，以及与顾客和其他相关方之间的关系。如图 3-1 所示：

56

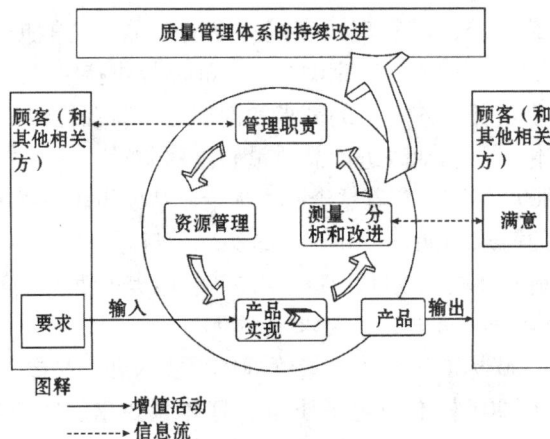

图 3-1　以过程为基础的质量管理体系模式

5. 质量方针和质量目标

质量方针是"由组织的最高管理者正式发布的该组织的质量宗旨和方向"。它标志了一个组织在质量方面所奉行的宗旨，阐明了该组织在质量工作中的总要求。2000 版 ISO9000 标准指出："建立质量方针和质量目标为组织提供了关注的焦点。两者确定预期的结果，并帮助组织利用其资源达到这些结果。质量方针为建立和评审质量目标提供了框架。质量目标是'在质量方面所追求的目的'，需要与质量方针和持续改进的承诺相一致，其实现须是可测量的。质量目标的实现对产品质量、运行有效性和财务业绩都有积极影响，因此对相关方的满意和信任也产生积极影响。"

6. 最高管理者在质量管理体系中的作用

标准中指的最高管理者也即是我们经常所说的领导，领导作用是质量管理八项原则之一。组织的领导层是实施质量管理并取得成功的关键，在正式发布了组织有关质量宗旨方向和目标的基础上，还必须在组织内部创造一个由组织的各级人员充分参与和发挥其才能的工作环境，为实现组织的质量目标作出应有的贡献。2000 版 ISO9000 标准中明确指出，最高管理者可以运用质量管理原则作为发挥以下作用的基础：

（1）制定并保持组织的质量方针和质量目标。

（2）通过增强员工的意识、积极性和参与程度，在整个组织内促进质量方针和质量目标的实现。

（3）确保整个组织关注顾客要求。

（4）确保实施适宜的过程以满足顾客和其他相关方要求并实现质量目标。

（5）确保建立、实施和保持一个有效的质量管理体系以实现这些质量目标。

（6）确保获得必要资源。

（7）定期评定质量管理体系。

（8）决定有关质量方针和质量目标的措施。

（9）决定改进质量管理体系的措施。

7. 文件

文件的价值在于能够沟通意图、统一行动，使其有助于满足顾客要求和质量改进、提供适宜的培训、重复性和可追溯性、提供客观证据、评价质量管理体系的有效性和持续适宜性。文件的形式本身并不是目的，它应是一项增值的活动。

质量管理体系中使用的文件类型：①质量手册；②质量计划；③规范；④指南；⑤程序文件、作业指导书和图样；⑥记录。

8. 质量管理体系评价

（1）质量管理体系过程的评价。

为了保持和不断完善质量管理体系，应当定期客观地评价质量管理体系的现状。标准要求评价质量管理体系时，应当对每一被评价的过程提出以下四个基本问题：

①过程是否予以识别和适当规定？

②职责是否已被分配？

③程序是否得到实施和保持？

④在实现所要求的结果方面，过程是否有效？

通过以上四个基本问题得到的信息可以评定质量管理体系的有效性。标准还提出了三种质量管理体系评价类型，即质量管理体系审核、质量管理体系评审和自我评定，下面分别说明。

（2）质量管理体系审核。

分第一方审核也即是内部审核；第二方审核由组织的顾客或由其他人以顾客的名义进行审核；第三方审核由外部独立的组织进行。这类组织通常是经认可的认证团体审核后，若符合要求，提供符合要求的认证或注册。

（3）质量管理体系评审。

这是由组织最高管理者按照质量管理体系的现状对实现质量方针和质量目标的适宜性、充分性、有效性和效率进行定期的系统的评价，确定应采取的措施。这种评审可包括考虑修改质量方针和目标的需求以响应相关方需求和期望的变化。审核报告与其他信息源一同用于质量管理体系的评审。

（4）自我评定。

这是一种参照质量管理体系或优秀模式对组织的活动和结果所进行的全面和系统的评审。自我评定可提供一种对组织业绩和质量管理体系成熟程度的总的看法。它还有助于识别组织中需要改进的领域并确定优先开展的事项。

9. 持续改进

持续改进质量管理体系的目的在于增加顾客和其他相关方满意的机会，改进包括以下活动：

（1）分析和评价现状，以识别改进区域。

（2）确定改进目标。

（3）寻找可能的解决办法，以实现这些目标。

（4）评价这些解决办法并作出选择。

（5）实施选定的解决办法。

（6）测量、验证、分析和评价实施结果，以确定这些目标已经实现。

（7）正式采纳更改。

改进是一种持续的活动，循序不断地进行，是无止境的。

10. 统计技术的作用

应用统计技术可帮助组织了解变异，从而有助于组织解决问题并提高有效性和效率。这些技术也有助于更好地利用可获得的数据进行决策。统计技术有助于对变异进行测量、描述、分析、解释和建立模型，甚至在数据相对有限的情况下也可以实现。这种数据的统计分析，能对更好地理解变异的性质、程度和原因提供帮助，从而有助于解决甚至防止由变异引起的问题，并促进持续改进。

11. 质量管理体系与其他管理体系的关注点

2000 版 ISO9000 标准指出："质量管理体系是组织的管理体系的一部分。""一个组织的管理体系的各个部分，连同质量管理体系可以合成一个整体，从而形成使用共有要素的单一的管理体系。这将有利于策划、资源配置、确定互补的目标并评价组织的整体有效性。"因此，组织应关注以下几点：

（1）一个组织的管理体系可包含若干不同的管理体系，如质量管理体系、环境管理体系、财务管理体系等。建立质量体系的目的是为了使建立和实现的质量目标能满足顾客和其他相关方的需要、期望和要求，而质量目标和其他目标如生产成本、资金利用、利润增长、安全生产、环境保护、职业健康等构成了组织目标，这就要求组织通过建立若干个管理体系分别去实现组织的各项互为补充的目标。

（2）组织应对管理体系的建立进行总体策划，力求将其他管理体系与质量管理体系所共用的要素融合在一起，这有利于组织合理配置资源确定相互补充的目标，并评定组织总体的有效性。

（3）ISO/TC176 质量管理和质量保证技术委员会与 ISO/TC207 环境管理技术委员会成立了专门的协调和合作工作组，致力于将《ISO9001 质量管理体系—要求》和《ISO14001 环境管理体系—规范使用指南》这两个标准协调和兼容，为组织的环境管理体系的有关部分有可能与质量管理体系整合为一个使用共有要素的管理体系创造条件。

12. 质量管理体系与组织优秀模式之间的关系

ISO9000 族标准和组织优秀模式提出的质量管理体系方法依据共同的原则。它们两者均为：①使组织能够识别它的强项和弱项；②包含对照通用模式进行评价的规定；③为持续改进提供基础；④包含外部承认的规定。由此可见，两种方法都是依据规定的模式要求进行评价的。通过评价使组织能识别哪几个方面是强项并占有一定的优势，哪些方面还是薄弱环节，以便开展持续改进，以改善本组织的质量能力，而且质量管理体系和组织优秀模式都以规定的细则作为外部审核检查和认可的依据，所以两者可以互相补充。

ISO9000 族质量管理体系与优秀模式之间的差别在于它们的应用范围不同。ISO9000 族标准提出了质量管理体系要求和业绩改进指南，质量管理体系评价可确定这些要求是否得到满足。优秀模式包含能够对组织业绩进行比较评价的准则，并能适用于组织的全部活动和所有相关方。优秀模式评定准则提供了一个组织与其他组织的业绩相比较的基础。

3.3.4 术语

2000 版 ISO9000 标准列出了 80 个有关质量管理体系的术语，相对于ISO8402: 1994 标准规定的 67 个术语来看，从术语的数量和组成情况分析，已发生了很大的变化。不仅术语的类别划分作了较大的调整，而且是紧紧围绕着 ISO9000 族标准的内容提出了新概念，并具有针对性、系统性、实用性和方便使用。80 个术语共分为 10 大类：

（1）有关质量的术语共有 5 个（质量、要求、等级、顾客满意、能力）。

（2）有关管理的术语共有 15 个（体系、管理体系、质量管理体系、质量方针、质量目标、管理、最高管理者、质量管理、质量策划、质量控制、质量保证、质量改进、持续改进、有效性、效率）。

（3）有关组织的术语共 7 个（组织、组织结构、基础设施、工作环境、顾客、供方、相关方）。

（4）有关过程和产品术语共 5 个（过程、产品、项目、设计和开发、程序）。

（5）有关特性的术语共 4 个（特性、质量特性、可信性、可追溯性）。

（6）有关合格（符合）的术语共 13 个（合格/符合、不合格/不符合、缺陷、预防措施、纠正措施、纠正、返工、降级、返修、报废、让步、偏离许可、放行）。

（7）有关文件的术语共 6 个（信息、文件、规范、质量手册、质量计划、记录）。

（8）有关检查的术语共 7 个（客观证据、检验、试验、验证、确认、鉴定过程、评审）。

（9）有关审核的术语共 12 个（审核、审核方案、审核准则、审核证据、审核发现、审核结论、审核委托方、受审核方、审核员、审核组、技术专家、能力 competence，有别于第 1 类中指的能力）。

（10）有关测量过程质量保证的术语共 6 个（测量控制体系、测量过程、计量确认、测量设备、计量特性、计量职能）。

以上列出的 10 大类 80 个术语，由于篇幅所限，各个术语的定义没有写出，请参阅《ISO9000：2000 质量管理体系的基础和术语》标准。

3.4 《ISO9001：2000 质量管理体系　要求》标准简介

3.4.1　ISO9001：2000 标准概述

ISO9001：2000 标准是 ISO9000 族标准中规定质量管理体系要求的标准。采用本标准将能帮助组织建设质量管理体系。它的名称为"质量管理体系　要求"。它规定了质量管理体系方面应履行的要求，是与 ISO9004：2000 成对的，并可一起使用的质量管理体系标准。

1994 版的 ISO9001、ISO9002、ISO9003 都称之为"质量保证模式"，而 2000 版 ISO9001 没有采用"质量保证"一词，且代替了 1994 版的三个"质量保证模式"。尽管 2000 版 ISO9001 标准不再称为质量保证标准，但仍然有质量保证的属性，其主要内容仍属质量保证范畴。然而，标准名称的修改也反映了 2000 版 ISO9001 标准已属于质量管理标准。

2000 版 ISO9001 标准的目的是给出产品的质量保证，并提高顾客的满意程度，规定质量管理体系的要求，阐明组织建立和保持的质量管理体系应达到的程度，同时体现顾客对组织的质量管理体系的要求。它适合于下列情况：①组织需要证实其稳定地提供满足顾客和适用法律法规要求的产品的能力；②组织旨在通过质量管理体系的有效应用，包括持续改进体系的过程以及保证符合顾客和适用法律法规的要求增强顾客满意。总之，本标准为各类组织的质量管理体系建设提供了基础要求，为质量管理体系的评价提供了基准。

2000 版 ISO9001 标准规定的质量管理体系要求，包括了产品质量保证和增强顾客满意两个方面的内容。①产品质量保证方面。质量保证是质量管理的一个部分，致力于对达到质量要求提供信任。它是质量管理体系中的重要活动。由于质量管理体系是组织按产品建立的体系，故这部分活动也可称为产品质量保证。产品质量保证是提供信任的活动、提供信任的内容、提供信任的对象、提供信任的形式，采用通过提供客观证据来提供证实的形式。②增强顾客满意。这是指顾客对其要求已被满足的程度的感受。在质量管理八项原则中的第一项"以顾客为关注焦点"强调指出，组织应满足顾客要求并争取超越顾客期望。这是组织建立和保持质量管理体系的主要目的之一。

2000 版 ISO9001 标准适用于各种类型、不同规模的提供不同产品的组织。它能由组织内部和外部包括认证机构用以评价组织满足顾客、法律法规和组织自己要求的能力。具体用途如：①用于组织内部质量管理；②用于第二方的评价、批准或注册；③用于第三方质量管理体系认证或注册；④在订货合同中引用，规定对供方质量管理体系的要求；⑤为法规所引用，作为强制性要求；⑥用于建立行业的质量管理体系要求的基础。

3.4.2　质量管理体系

1. 总要求

组织应按本标准的要求建立质量管理体系，形成文件加以实施和保持，并持续改进其有效性。组织应做到：

（1）识别质量管理体系所需的过程及其在组织中的应用。

（2）确定这些过程的顺序和相应作用。

（3）确定为确保这些过程的有效运行和控制所需的准则和方法。

（4）确保可以获得必要的资源和信息，以支持这些过程的运行和对这些过程的监视。

（5）监视、测量和分析这些过程。

（6）实施必要的措施，以实现对这些过程策划的结果和对这些过程的持续改进。

组织应按本标准的要求管理这些过程。

2. 文件要求

（1）总则。

质量管理体系文件应包括：①形成文件的质量方针和质量目标；②质量手册；③本标准所要求的形成文件的程序；④组织为确保其过程有效策划、运行和控制所需的文件；⑤本标准所要求的记录。

以上条文对质量管理体系的文件化提出了总的必要的要求，质量管理体系文件是质量管理体系运行的依据。本条要求必须包括下述两种文件：一是在本标准中提出的必须建立的质量方针、质量目标、质量手册、程序文件和记录等文件。二是组织根据其具体情况为了使各个过程能有效地运行和进行控制所要求的各类文件，如质量计划、程序文件、工作指导书、准则和记录等。

组织要确定本组织质量管理体系文件的结构，如图 3 - 2 所示的结构可供参考。

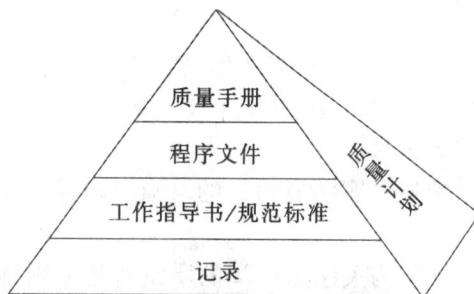

图 3 - 2　质量管理体系文件的一般结构

（2）质量手册。

本标准指出：组织应建立和保持质量手册，质量手册包括：①质量管理体系的范围，包括任何删减的细节和理由；②为质量管理体系而建立的形成文件的程序或对其引用；③质量管理体系过程的相互作用的表述。

质量手册是规定组织质量管理体系的文件，它包括体系范围、体系所含的过程及文件化程序、手册控制等。手册应适用于质量管理和质量保证两种目的，其内容要满足其用户，主要包括组织的管理者、顾客和认证机构的需要。其结构、格式和详略程度没有统一要求。

（3）文件控制。

质量管理体系所要求的文件应予以控制。记录是一种特殊类型的文件，应按本标准 4.2.4 条的要求控制，应建立形成文件的程序，以规定所需要的控制。

（4）记录的控制。

应建立并保持记录，以提供符合要求和质量管理体系有效运行的证据。记录应保持清晰、易于识别和检索。应编制形成文件的程序，以规定记录的标识、贮存、保护、检索、保存期限和处置所需的控制。

3.4.3　管理职责

管理职责是组成质量管理体系的第一部分。这部分提出了质量管理体系高层活动的要求。

1. 管理承诺

最高管理者应通过以下活动，对开发和实施质量管理体系和持续改进

63

其有效性的承诺提供依据：①向组织传达满足顾客和法律法规要求的重要性；②制定质量方针；③确保建立质量目标；④进行管理评审；⑤确保获得资源。

本条确定了本标准的基调，强调了最高管理者在开发、实施质量管理体系和改进质量管理体系有效性的过程中负有重要职责。

2. 以顾客为关注焦点

最高管理者应以增强顾客满意为目的，确保顾客的要求得到确定和予以满足。

本条是按照"以顾客为关注焦点"的质量管理原则确定的质量管理体系要求；增强顾客满意度是本标准的一个重要方面；理解顾客的需要和期望是本标准的基础，也是质量管理体系运行的起点，以达到保证顾客满意的目的。

3. 质量方针

最高管理者应确保质量方针：①与组织的宗旨相适应；②包括对满足要求和持续改进质量管理体系有效性的承诺；③提供制定和评审质量目标的框架；④在组织内得到沟通和理解；⑤在持续适宜性方面得到评审。

方针的含义是行动的方向和采取的原则。

4. 策划

（1）质量目标。最高管理者应确保在组织的相关职能和层次上建立质量目标，包括为满足产品要求所需的内容（见本标准 7.1.a），质量目标应是可测量的，并与质量方针保持一致。

（2）质量管理体系策划。最高管理者应确保：①对质量管理体系进行策划，以满足质量目标以及本标准 4.1 的要求；②在对质量管理体系的变更进行策划和实施时，保持质量体系的完整性。

5. 职责、权限和沟通

（1）职责和权限。

最高管理者应确保组织内的职责、权限得到规定和沟通。本条文要求组织具体规定其组织结构；还要求通过沟通使组织内部的人员都了解本岗位以及与其相关的其他部门岗位的职责、权限和相互关系，以确保各过程得以有效运行。

（2）管理者代表。

最高管理者应在管理者中指定一名成员，无论该成员在其他方面的职责如何，应具有下列职责和权限：①确保建立、实施和保持质量管理体系所需的过程；②向最高管理者报告质量管理体系的业绩和任何改进的需要；③确保在整个组织内提高对顾客要求的意识。①

该代表是组织实施质量管理和质量保证的代表，负责管理质量管理体系，包括促进组织内部人员质量意识的提高；该代表由管理者中的一名成员担任，可以专职或兼职。管理者代表一般是组织中的高层成员。

（3）内部沟通。

最高管理者应确保在组织内建立适当的沟通过程，并确保对质量管理体系的有效性进行沟通。

沟通是指信息的交换。本条文要求沟通的范围涉及整个组织，沟通的内容是有关体系、过程的运行状况及其输出结果的信息，主要是体系有效性的信息，其目的是使相关人员获得所需的信息，以增进理解，协调行动，有效地参与质量活动。

6. 管理评审

（1）总则。

最高管理者应按策划的时间间隔评审组织的质量管理体系，以确保其持续的适宜性、充分性和有效性。该评审应包括评价质量管理体系改进的机会和变更的需要，包括质量方针和质量目标（应保持管理评审的记录）。

（2）评审输入。

管理评审的输入包括下列方面的信息：①审核结果；②顾客反馈；③过程业绩和产品符合性；④预防和纠正措施的状况；⑤以往管理评审的跟踪措施；⑥可能影响质量管理体系的变更；⑦改进的建议。

（3）评审输出。

管理评审输出应包括与下列方面有关的任何决定和措施：①质量管理体系及其过程有效性的改进；②与顾客要求有关的产品的改进；③资源要求。

3.4.4 资源管理

1. 资源的提供

组织应确定和提供所需的资源以：①实施和保证质量管理体系并持续改进其有效性；②通过满足顾客要求，增强顾客满意。

资源是质量管理体系的物质基础，组织应识别为实现质量目标所需的资源并及时予以配置。

---

① 管理者代表的职责可包括就质量管理体系有关事宜与外部联络。

2. 人力资源

（1）总则。

从事影响产品质量工作的人员应是有能力的。该能力以适当的教育、培训、技能和经验为基础。

人力资源是质量管理体系的主要资源。组织招聘和选派的人员必须具备其所承担的职责的能力，以使工作质量能确保产品质量。

（2）能力意识和培训。

组织应：①确定从事影响产品质量工作的人员所必要的能力；②提供培训或采取其他措施以满足需要；③评价所采取措施的有效性；④确保人员意识到所从事活动的相关性和重要性，以及如何为实现质量目标作出贡献；⑤保持教育、培训、技能和经验的适当记录。

3. 基础设施

组织应确定、提供和维护为实现产品符合性所需的基础设施。适用时，基础设备包括：建筑物、运输、通讯服务以及过程设备（包括硬件和软件）。

4. 工作环境

组织应确定和管理为实现产品的符合性所需的工作环境，包括物质的、社会的、心理的和环境因素。如温度、湿度、光照、噪音、振动、空气成分、物件存放、工作场所位置、人体工程等，组织应确定和管理这些因素。

3.4.5 产品实现

产品实现过程是组织将顾客的要求转换成满足顾客要求的产品的过程。它是质量管理体系中过程管理的主要内容。

1. 产品实现的策划

组织应策划和开发产品实现所需的过程。产品实现过程的策划应与质量管理体系其他过程的要求相一致。在对产品进行策划时，组织应确定下列的适应内容：①产品的质量目标和产品要求；②针对产品确定过程、文件和资源的需求；③产品所要求的验证、确认、监视、检验和试验活动，以及产品接收准则；④为实现过程及其产品满足要求提供证据所需的记录。策划的输出方式应适合于组织的运作方式。①

---

① 对应用于特定产品、过程或合同的质量管理体系的过程（包括产品实现过程）和资源作出规定的文件可称之为质量计划。组织也可将条款7.3的要求应用于产品实现过程的开发。

产品实现的策划是质量策划的一部分。产品实现是按一定的流程由若干过程组成的。产品实现的策划应针对具体的产品、项目、合同或过程进行。

2. 与顾客有关的过程

（1）与产品有关的要求的确定。

组织应确定：①顾客规定的要求，包括对交付及交付后活动的要求；②顾客虽然没有明示，但已知的规定用途或预期用途所必须的要求；③与产品有关的法律法规要求；④组织确定的任何附加要求。

与产品有关的要求是广泛的，可包括顾客在合同协议中明确规定的要求，合同、订单或协议虽没有明文规定，但顾客在使用产品时预期用途所必需的要求，如产品的寿命、可靠性等。体现了所有使用者要求的法律法规，是与产品有关的要求之一，也必须识别。本组织自己规定的与产品服务有关的附加要求，如设计中的标准化、通用化的要求，产品的可维修性、工艺性要求，应用本公司的专利技术等。

（2）与产品有关的要求的评审。

组织应评审与产品有关的要求，评审应在组织向顾客作出提供产品的承诺之前进行，并应确保：①产品要求得到规定；②与以前表述不一致的合同或订单要求已予以解决；③组织有能力满足规定的要求。评审的结果及评审所引发的措施的记录应予以保持。若顾客提供的要求没有形成文件，组织在接受顾客要求前，应对顾客要求进行确认。若产品要求发生变更，组织应确保相关文件得到修改，并确保相关人员知道已变更的要求。

（3）与顾客沟通。

组织应对以下有关方面确定并实施与顾客沟通的有效安排：①产品信息；②问询、合同或订单的处理，包括对其修改；③顾客反馈，包括顾客抱怨。

3. 设计和开发

（1）设计和开发策划。

组织应对产品的设计和开发进行策划和控制。在进行设计和开发的策划时，组织应确定：①设计和开发阶段；②适合于每个设计和开发阶段的评审、验证和确认活动；③设计和开发的职责和权限。组织应对参与设计和开发的不同小组之间的接口进行管理，以确保有效的沟通，并明确职责分工。随设计和开发的进展，在适当时，策划的输出应予以更新。

（2）设计和开发输入。

应确定与产品要求有关的输入，并保持记录。这些输入应包括：①功能和性能要求；②适用的法律法规要求；③适用的以前类似设计提供的信息；④设计和开发所必需的其他要求。应对这些输入进行评审，以确保输入是充分与适宜的。要求应完整、清楚，并且不能自相矛盾。

（3）设计和开发输出。

设计和开发的输出应以能够针对设计和开发的输入进行验证的方式提出，并应在放行前得到批准。设计和开发输出应：①满足设计和开发输入的要求；②为采购、生产和服务提供适当的信息；③包含或引用产品接受准则；④规定对产品安全和正常使用所必需的产品特性。

（4）设计和开发评审。

在适宜的阶段，应依据策划的安排，对设计和开发应进行系统的评审，以便：①评价设计和开发的结果满足要求的能力；②识别任何问题并提出必要的措施。评审的参加者应包括与所评审的设计和开发阶段有关的职能的代表。评审结果及任何必要措施的记录应予以保持。

（5）设计和开发验证。

为确保设计和开发输出以满足输入的要求，应依据策划的安排对设计和开发进行验证。验证结果及任何必要的措施的记录应予以保持。

（6）设计和开发确认。

为确保成品能够满足已知的规定应用或预期使用的要求，应依据策划的安排对设计和开发进行确认。只要可行，确认应在产品交付或实施之前完成。确认的结果及任何必要的措施的记录应予以保持。

从图 3-3 可看到设计和开发的评审、验证、确认三者之间相互的关系。

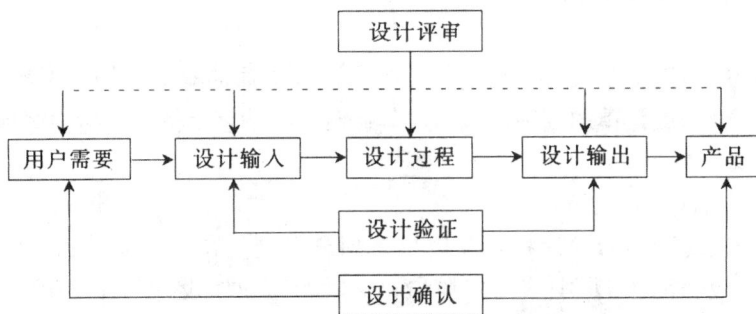

图 3-3　设计评审、设计验证、设计确认关系图

（7）设计和开发更改的控制。

应识别设计和开发的更改，并保持记录。在适当时，应对设计和开发的更改进行评审、验证和确认，并在实施前得到批准。设计和开发更改的评审应包括评价更改对产品组成部分和已交付产品的影响。更改的评审结果及任何必要

措施的记录应予以保持。

4. 采购

（1）采购过程。

组织应确保采购的产品符合规定的采购要求。对供方及采购的产品控制的类型和程度应取决于采购的产品对随后的产品实现或最终产品的影响。组织应根据供方按组织的要求提供产品的能力评价和选择供方。应制定选择、评价和重新评价的准则。评价结果及评价所引发的任何必要措施的记录应予以保持。

本条款的目的在于保证组织能采购到组织所期望的合格产品，选择到满意的供方。

（2）采购信息。

采购信息应表述拟采购的产品，适当时包括：①批准产品、程序、过程和设备的要求；②人员资格的要求；③质量管理体系的要求。在与供方沟通前，组织应确保规定的采购要求是充分及适宜的。

（3）采购产品的验证。

组织应规定并实施检验或其他必要的活动，以确保采购的产品满足规定的采购要求。当组织或其顾客拟在供方的现场实现验证时，组织应在采购信息中对拟验证的安排和产品放行的方法作出规定。

5. 生产和服务提供

（1）生产和服务提供的控制。

组织应策划并在受控条件下进行生产和服务提供。运用时，受控条件包括：①获得表述产品特性的信息；②必要时获得作业指导书；③使用适宜的设备；④获得使用监视和测量装置；⑤实施监视和测量；⑥放行交付和交付后活动的实施。

（2）生产和服务提供过程的确认。

当生产和服务提供过程的输出不能由后续的监视或测量加以验证时，组织应对任何这样的过程实施确认。这包括仅在产品使用或服务已提供之后缺陷才变得明显的过程。确认应证实这些过程实现所策划的结果的能力。组织应对这些过程作出安排，适当时包括：①为过程的评审和批准所规定的准则；②设备的认可和人员资格的鉴定；③使用特定的方法和程序；④记录的要求（见本标准4.2.4）；⑤再确认。

（3）标识和可追溯性。

适当时，组织应在产品实现的全过程中使用适宜的方法标识产品。组织应针对监视和测量要求识别产品的状态。在有可追溯性要求的场合，组织应控制并记录产品的唯一性标识。①

标识产品的目的在于当有不同的产品或服务在生产和服务提供时，防止因不易区分而相混，造成混批、误用或服务差错。

（4）顾客财产。

组织应爱护在组织控制下或组织使用的顾客财产，组织应识别、验证、保护和维护供其使用或构成产品一部分的顾客财产。若发现顾客财产发生丢失、损坏或不适用的情况时，应报告顾客并保持记录。②

顾客财产是指顾客所有的财产，所有权属于顾客，是顾客提供的在组织控制下的或供组织使用的，或用于组织交付给顾客的产品的组成部分的财产。

（5）产品防护。

产品在内部流转和交付到预定的地点期间，组织应针对产品的符合性提供防护，这种防护应包括标识、搬运、包装贮存和保护。防护也应适用于产品的组成部分。

6．监视和测量装置的控制

组织应确定需实施的监视和测量以及所需的监视和测量装置，为产品符合确定的要求提供证据。组织应建立过程，以确保监视和测量活动可行并以与监视和测量的要求相一致的方式实施。

3.4.6　测量、分析和改进

这一节是为确保符合性、评价质量管理体系有效性和实现改进所需的活动，包括数据分析。

1．总则

组织应策划和实施所需的监视、测量、分析和改进过程：①证实产品的符合性；②确保质量管理的符合性；③持续改进质量管理体系的有效性。这些包括对统计技术在内的适用方法及应用程度的确定。

这一条款所要求的策划是质量策划的一部分，其任务是对质量管理体系过程和产品的测量以及监视活动作出安排，并通过分析发现问题和识别改进领域，确保符合性和实现体系有效性的持续改进。本标准鼓励采用适用的统计技术。

---

① 在某些行业，技术状态管理是保持标识和可追溯性的一种方法。
② 顾客财产可包括知识产权。

2. 监视和测量

（1）顾客满意。

组织应对顾客有关组织是否已满足其要求的感受的信息进行监视，作为对质量管理体系业绩的一种测量。获取和利用这种信息的方法应予以确定。

（2）内部审核。

组织应按策划的时间间隔进行内部审核，以确定质量管理体系是否：①符合策划的安排、本标准要求和组织所建立的质量管理体系要求；②得到有效实施和保持。考虑拟审核的过程和领域的状况和重要性，以及以往审核的结果，组织应对审核方案进行策划。应规定审核的准则、范围、频次和方法。审核员的选择和审核的实施应确保审核过程的客观性和公正性。审核员不应审核自己的工作。策划和实施审核以及报告结果和保持记录的职责与要求应在形成文件的程序中作出规定。负责受审领域的管理者应确保及时采取措施，以消除所发现的不合格及其原因。跟踪活动应包括对所采取措施的验证和验证结果的报告。

本条款要求组织对其质量管理体系进行审核以获得证据对其进行客观评价。进行内部审核的目的是确定质量管理体系是否符合本标准、本组织的要求。

（3）过程监视和测量。

组织应采用适当的方法对质量管理体系过程进行监视，并在适用时进行测量。这些方法应证实过程实现所策划的结果的能力。当未能达到所策划的结果时，应适当地采取纠正措施，以确保产品的符合性。

（4）产品的监视和测量。

组织应对产品的特性进行监视和测量以验证产品要求已得到满足。这种监视和测量应按照策划的安排，在产品实现过程的适当阶段予以实施。应保持符合接受准则的证据。记录应指明经授权放行产品的人员。除非得到有关授权人员的批准，适用时得到顾客批准，否则在所有策划的安排均已圆满完成之前，不应放行产品和交付服务。

本条款规定为验证产品的符合性所进行的监视和测量。

3. 不合格品控制

组织应确保识别和控制不符合产品要求的产品，以防止其非预期使用或交付。不合格品控制以及不合格品处置的有关职责和权限应在形成文件的程序中作出规定。组织应采取下列一种或几种途径，处置不合格品：①采取措施，消除已发现的不合格；②经有关授权人员批准，适用时经顾客批准，让步使用，放行或接收不合格品；③采取措施防止其原预期的使用或应用，应保持不合格

71

的性质以及随后所采取的任何措施的记录，包括所批准的让步的记录。在不合格品得到纠正之后应对其再次验证以证实符合要求。当在交付或开始使用后发现产品不合格时，组织应采取与不合格的影响或潜在影响相应的措施。

4. 数据分析

组织应确定、收集和分析适当的数据，以证实质量管理体系的适宜性和有效性，并评价可以进行质量管理体系有效性持续改进的领域。这应包括来自监视和测量的结果以及其他有关来源的数据。数据分析应提供以下有关方面的信息：①顾客满意；②与产品要求的符合性；③过程和产品的特性及趋势，包括采取预防措施的机会；④供方。

5. 改进

（1）持续改进。

组织应利用质量方针、质量目标、审核结果、数据分析、纠正和预防措施以及管理评审，持续改进质量管理体系的有效性。

本条款要求组织持续改进的对象是质量管理体系的有效性。

（2）纠正措施。

组织应采取措施，以消除不合格原因，防止不合格再发生。纠正措施应与所遇到不合格的影响程度相适应。应编制形成文件的程序，以规定以下方面的要求：①评审不合格（包括顾客抱怨）；②确定不合格的原因；③评价确保不合格不再发生的措施的要求；④确定和实施所需的措施；⑤记录所采取措施的结果；⑥评审所采取的纠正措施。

采取纠正措施是实施质量控制和质量改进的一项重要活动。纠正是为了消除已发现的不合格的措施。采取纠正措施及其以后的运作，需要一定的管理费用，因此要进行很好的分析。本条文要求建立保持纠正措施的文件化程序，该程序应按 PDCA 循环的原理设计，直至把产生不合格的原因消除为止。

（3）预防措施。

组织应确定措施，以消除潜在不合格的原因，防止其发生，预防措施应与潜在问题的影响程度相适应。应建立形成文件的程序以规定以下方面的要求：①确定潜在不合格及其原因；②评价措施的需要，以预防不合格的发生；③确定和实施所需的措施；④记录所采取措施的结果；⑤评审所采取的预防措施。

质量管理体系的主要功能之一是预防不合格的发生。预防措施的任务在于揭示会导致发生不合格的潜在原因，事先采取相应的措施，使其不发生。本条文要求建立和保持预防措施的文件化程序。该程序应按 PDCA 循环的原理进行设计，直至把潜在的不合格的原因消除为止。

3.5 《ISO9004：2000 质量管理体系 业绩改进指南》标准简介

3.5.1 ISO9004：2000 标准概述

1. ISO9004：2000 标准的作用

ISO9004：2000 标准的基本作用是："各种规模类型的组织为了追求卓越，要进行业绩的改进。ISO9004：2000 标准为这些组织更好地理解、实施、评价和构筑质量管理体系提供支援。"在本标准引言 0.1 和 0.3 中作了阐述：ISO9004 是为实现质量管理体系更广泛目标提供指南。组织的目的是：识别并满足顾客和其他相关方（如组织的人员、供方、所有者、社会）的需求和期望，以获得竞争优势，并以有效和高效的方式实现；实现、保持并改进组织的总体业绩和能力。

2. ISO9004：2000 标准与 ISO9004：1994 标准对比的主要变化

2000 版 ISO9004 标准与 1994 版 ISO9004 标准相比较，在很多方面都有了不同程度的变化：

（1）在标准的构成方面。

ISO9004：1994 标准是由四个部分组成的，即 ISO9004—1、ISO9004—2、ISO9004—3、ISO9004—4。其主体标准是第一部分 ISO9004—1，而 2000 版 ISO9004 标准没有分为几个部分，是以 ISO9004—1 为基础，并纳入其他三个分标准的内容修改成 ISO9004：2000 标准。

（2）使用的目的更加明确。

它强调了顾客和相关方获益。质量管理体系应有效和高效地满足顾客的要求，同时还能与其他相关方共享收益；并突出了持续改进思想，更强调组织的业绩改进。

（3）将八项质量管理原则确定为标准的指导思想。

（4）采用过程方法模式的框架结构（见图 3-4）。

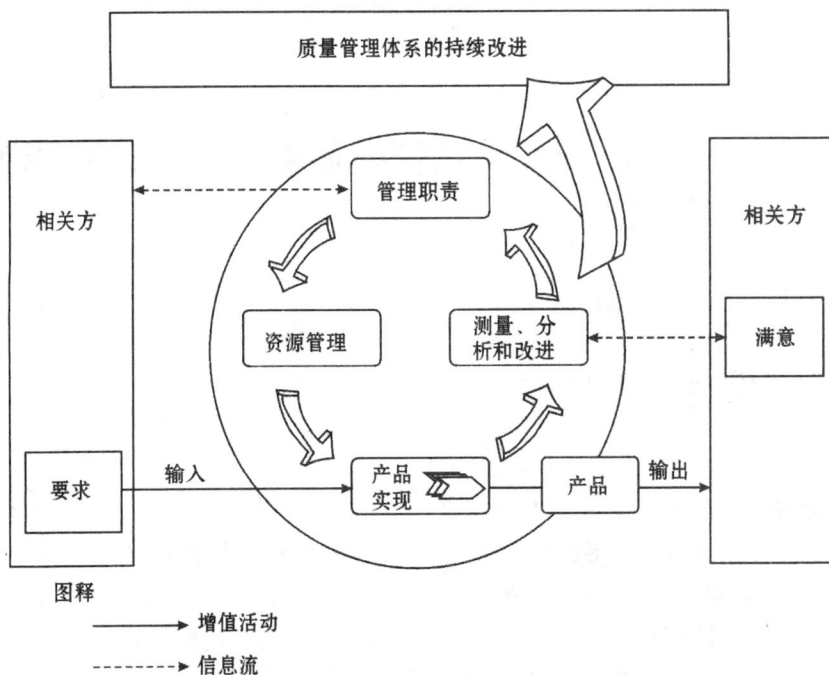

图 3-4　以过程为基础的质量管理体系模式

（5）ISO9004：2000 标准的内容有所增加或强化。

2000 版 ISO9004 与 1994 版 ISO9004 相比较，增加或强化了许多指导性的要求，它们分别是该标准中的过程方法；与 ISO9001 的关系；与其他管理体系的相容性；质量管理原则的应用；相关方的需求和期望；工作环境；信息；供方和合作者；自然资源；相关方满意程度的测量和监视；附录 A 自我评定指南；附录 B 持续改进的过程。此外还增加了 ISO9001 相对应的一些要素，如"管理者代表"、顾客提供产品的控制等。

3. 2000 版 ISO9004 与 ISO9001 的关系

2000 版 ISO9004 与 ISO9001 设计成为一对结构相似但范围不同，既可以互相补充，也可以单独使用的标准，采用结构相似的目的是为了两个标准具有兼容性，而且易于使用。但两个标准使用的目的和范围是不同的。ISO9001 规定了质量管理体系要求，可供组织内部使用，也可用于认证或合同的目的；在满足顾客要求方面，其所关注的是质量管理体系的有效性。而 ISO9004 是为实现质量管理体系更广泛的目标提供了指南，特别是为持续改进组织的整体业绩和效率以及有效性提供了指南。

4. 2000 版 ISO9004 标准与其他管理体系的相容性

2000 版 ISO9004 标准提供了实现质量管理体系广泛目标的指南，但并不包括环境管理、职业安全卫生管理、财务管理或风险管理的指南。然而本标准可使组织将其质量管理体系和相关的管理体系进行协调或整合，反映了本标准建立的质量管理体系具有与其他管理体系的相容性。

3.5.2 质量管理体系

2000 版 ISO9004 "质量管理体系" 对组织建立质量管理体系作出了综合性的阐述：

1. 体系和过程的管理

本条款中阐述了以下观点：①为成功地领导和运作一个组织，需要以系统和透明的方式对其进行管理；②实施并保持一个通过考虑相关方的需求，从而持续改进组织业绩有效性和效率的管理体系可使组织获得成功；③最高管理者应当建立一个以顾客为导向的组织。

2. 文件

本条款中对文件提出总体要求：管理者应当规定建立、实施并保持质量管理体系以及支持组织过程有效和高效运行所需的文件，包括相关记录。文件的性质和范围应当满足合同、法律和法规要求以及顾客和其他相关方的需求和期望，并要与组织相适应。文件可以采取适合组织需求的任何形式或媒体。为使文件满足相关方需求和期望，本标准指导管理者应注意六个方面的问题，如顾客和其他相关方的合同要求，所采用的国际、国家、区域和行业标准，相关的法律法规要求，组织的决定，外部和相关方需求以及期望的有关信息，等等。

3. 质量管理原则的应用

八项质量管理原则是本标准的理论基础，ISO9004 进一步强调了八项质量管理原则对于组织改进具有重要的指导意义。

3.5.3 管理职责

1. 组织最高管理者的领导作用

本条款首先强调了组织最高管理者的领导作用、承诺和积极参与对建立并保持有效和高效的质量管理体系，使所有相关方获益是不可少的。为使组织和相关方获益，有必要确立、保持并提高顾客的满意程度。为此，本条款提出了一系列指导管理者的活动和应考虑的事项（详见本标准 5.1.1 与 5.1.2）。

2. 相关方的需求和期望

2000 版 ISO9004 与 ISO9001 两个标准的一个重大区别在于，ISO9004 标准所关注的是在确保满足组织的所有相关方需求和期望、关注顾客的需求和期望的同时，始终兼顾相关方的需求和期望；而 ISO9001 标准所关注的则是确保满足顾客的需求和期望。

关于相关方，上面已解释过其包括的对象。组织成功与否取决于它是否能使所有相关方都能获益，使组织按 ISO9004 实施的质量管理体系应能提供这方面的信任。

标准提示组织的管理者应当确保组织具有与其产品、过程和活动适应的法律和法规要求的知识，并将这些要求作为质量管理体系的要素之一。

3. 质量方针

制定质量方针是组织的最高管理者的重要职责。组织的质量方针是其总方针和战略的组成部分，应与总方针及战略保持一致。最高管理者应将质量方针作为领导组织进行业绩改进的一种手段，在制定质量方针过程中应进行多方面的考虑和沟通，以便为制定质量方针获取足够的信息和依据。本条款指导最高管理者在制定质量方针时应当考虑和注意的问题（详见本标准5.3）。

4. 策划

组织的最高管理者应当在质量管理体系的策划过程中，在已确定的质量方针的基础上制定质量目标。组织的战略策划和质量方针为确立质量目标提供了框架。最高管理者应当建立能导致组织业绩改进的目标。这些目标应当是可测量的，以使管理者进行有效和高效的评审。在建立这些目标时管理者还应考虑：组织以及所处市场当前和未来需求；管理评审的相关结果；现有的产品性能和过程业绩；相关方满意程度；自我评定结果；水平对比，竞争对手的分析改进的机会；达到目标所需的资源。

2000 版 ISO9004 不仅对质量方针、目标指出了具体要求，而且对于质量管理体系的策划提出了相应要求和指导。指出管理者应当对组织的质量策划负责。这种策划应当注重对有效和高效地实现与组织战略相一致的目标及要求所有过程作出规定，并对质量策划提出九个方面的内容（详见本标准5.4.2）。

5. 职责权限和沟通

为了实施并保持有效和高效的质量管理体系，最高管理者应当对职责和权限作出规定并进行沟通。组织的所有人员都应当被赋予相应的职责和权限，从而使他们能够为实现质量目标作出贡献，并使他们树立参与意识，提高能动性并作出承诺。

最高管理者应当指定一名管理者代表并赋予其权限，以使其对质量管理体系进行管理、监视、评价和协调，从而使质量管理体系有效和高效地运行并得到改进。管理者代表应当将有关质量管理体系的事宜向最高管理者报告，并与顾客和相关方沟通。

组织的管理者应当规定并实施一个有效和高效的过程，以便沟通质量方针、要求、目标及完成状况。沟通这些信息有助于组织进行业绩改进，并有助于组织内部人员直接参与质量目标的实现。

6. 管理评审

进行管理评审是最高管理者的职责，针对这项职责标准明确：最高管理者应当开展管理评审活动，使其不仅限于对质量管理体系有效性和效率进行验证，且应扩展为在整个组织范围内对体系效率进行评价的过程。受到最高管理者领导作用激励的管理评审应当成为交换新观点、对输入进行开放式的讨论和评价的平台。可见一次成功的管理评审应能使有关信息及与会者的思想、智慧、观念得到充分的沟通。

为使管理评审给组织带来增值，最高管理者应当通过系统的基于管理原则的评审，对产品实现和支持过程的业绩进行控制。评审的频次应当视组织的需求而定，评审过程的输入应当导致超越质量管理体系有效性和效率的输出。评审的输出应当提供用于组织进行业绩改进策划的数据。

评审的输入。标准提示为了评价质量管理体系有效性，评审的输入应考虑顾客和其他相关方，并应包括质量目标和改进活动的状况与结果、管理评审措施、评审项目的状况等13个方面（详见本标准5.6.2）。

评审的输出。通过扩展管理范围，使之超越对质量管理体系的验证，最高管理者可将管理评审的输出作为过程改进的输入，也可以将评审过程作为识别组织业绩改进机会的强有力工具。评审计划应有利于及时为组织的战略策划方案提供数据。经过选择的输出应加以传达，以便向组织内人员表明，管理评审过程如何使组织获益的新目标。为了提高效率，还应有其他方面的输出，如产品和过程的业绩目标、组织的业绩改进目标等六个方面（详见本标准5.6.3）。

3.5.4 资源管理

1. 通用指南

最高管理者应当确保识别并获得实施组织战略和实现组织目标所必需的资源。本条款概括地描述了资源管理的主体、对象和任务，资源管理所涉及资源，长期战略目标、近期目标所必需的资源，如质量管理体系的运行和改进，使顾客和其他相关方满意所需的资源。资源管理是最高管理者的职责，应通过各级管理者来识别并获得这些资源。本标准按人员、基础设施、工作环境、信息、供方及合作者、自然资源和财务管理资源等七个方面分别给出了指导性意见。

2. 人员

各级人员都是组织之本，是最重要的资源，组织应鼓励人员参与和发展，重视人员的能力和对人员进行教育和培训，其目的是使组织的人员具备组织所需要的能力。

3. 基础设施

所谓基础设施是指组织运行所必需的一组设施、设备和服务，具体包括工厂、车间、工具设备、支持性服务、信息和通讯技术以及运输设施等。

4. 工作环境

管理者应当确保工作环境对人员的功能性、满意程度及对业绩产生积极的影响，以提高组织的业绩。营造适宜的工作环境，包括人的因素和物的因素。如提供创造性的工作环境、更多的参与机会，发挥人的潜能；在物的方面如安全设施和指南、温度、湿度、空气流动、光线、卫生、清洁、噪音、振动和污染等。

5. 信息

为了进行信息转换以及组织知识方面的持续发展，管理者应将数据作为一种基础资源，这对决策和激励人员进行创新是必需的。为了对信息进行管理，组织应当识别信息的需求、内外的信息来源，将其转换为对组织有用的信息，以及利用这些数据信息来确定及实现组织的战略目标，要注意保密性和安全性以及加强管理。

6. 供方及合作关系

管理者应与供方合作者建立合作关系，促进交流，共同提高有效性和效率。处理好与供方合作者的关系，可获得各种增值的机会，如优化供方和合作者的数量、避免因延误或争议而造成损失等共八个方面（详见本标准6.6）。

7. 自然资源

自然资源，组织通常不能直接控制，但它对组织资源产生重要的影响，组织应当制定计划或应急计划，以确保能得到或替代这些资源，从而预防对组织业绩的负面影响或将负面影响减至最小。

8. 财务资源

资源管理包括确定财务资源需求和确定财务资源来源的活动。财务资源的控制应包括将资金的实际使用情况与计划相比较的活动，以及采取必要措施。管理者应策划和提供并控制为实施和保持一个有效和高效的质量管理体系以及实现组织目标所必需的财务资源，并对组织的财务结果产生积极的影响。如在组织内部减少过程和产品故障、减少损失费用、减少材料和时间的浪费等。对与质量管理体系业绩和产品符合性有关的财务报告应用于管理评审。

3.5.5 产品实现

1. 通用指南

通用指南主要围绕"过程方法"这一质量管理体系的基础进行了较系统的阐述，其中包括过程方法的主要含义、过程方法中需特别强调的问题和过程管理的实施等。

"过程方法"是 2000 版 ISO9000 族标准修改后新增加和强调的一个重要内容，被纳入到质量管理原则和质量管理体系基础中。"过程方法"的原理适用于质量管理体系所有活动，而不仅限于在产品实现过程中。"产品实现"是质量管理体系中非常重要的过程，是使组织获得产品、产生增值的直接过程。本标准为了实现组织让顾客和相关方满意的目标提出一系列应注意考虑的事项（详见本标准 7.1.2）。

"过程管理"针对产品的实现过程，围绕如何进行过程的策划、管理、确认和更改等进行了说明（详见本标准 7.1.3）。

2. 与相关方有关的过程

这是指要收集顾客及其他相关方的需求和期望的信息并予以充分理解。本条款强调了顾客及其他相关方的需求和期望信息的重要性。这些是体系建立的重要输入，也是体系实现的目的，标准对此项工作有具体要求（详见本标准 7.2）。

3. 设计和开发

（1）通用指南。

首先指出了组织规定、实施和保持必需的设计和开发过程的重要性。这样做可以有效和高效地对顾客和相关方的需求和期望作出反应，并对组织的设计和开发产品过程提出了两方面总体要求：①组织在设计和开发过程中，应确保满足所有相关方的需求，要考虑产品的寿命周期、安全性、可信性、耐久性、可维修性、人体工效、环境、可使用性、产品处置和已识别的风险。②在设计和开发阶段应进行风险评估。应用故障预测技术，及早发现潜在故障及其产生的影响，并及早实施预防措施，降低已识别故障的风险。标准还列出了预测使用的工具等。

（2）设计和开发的输入和输出。

79

这一条款对设计和开发的输入、输出提出了要求。输入是设计和开发的依据，准确、充分的输入是设计开发能满足相关方需求和期望的保证。标准提出了输入应考虑的三个方面的内容，包括外部输入七个方面，内部输入七个方面，对确定产品或过程的安全性和适当功能以及维护保养至关重要的特性的输入的四个方面（详见本标准 7.3.2）。输出应包括策划要求进行验证和确认的信息，如有关数据、规范、要求、使用者和消费者的信息、采购要求鉴定试验报告等。

（3）设计开发和评审。

最高管理者应明确规定适宜的人员定期对设计和开发进行系统的评审，其内容包括九个方面（详见本标准 7.3.3）。组织应在适宜阶段对设计和开发的输出以及过程进行评审。设计过程的输出验证活动的内容包括 13 个方面（详见本标准 7.3.3）。

4. 采购

采购过程。组织应确定采购过程并实施供方选择、评价和采购产品控制，以确保其满足组织及其相关方的需求和期望。标准中列出了采购过程的 15 项活动（详见本标准 7.4.1）。在这些活动中评价产品的成本，考虑采购产品的性能价格和交付情况，活动体现了组织的质量管理体系在经济性方面的考虑，是组织追求最佳业绩的需要。

在这一条中强调了组织应当与供方共同制定采购过程的要求和规范，以及与采购产品有关的质量管理体系要求的规范，以便能利用供方专家的知识使组织获益。

标准提出了对供方进行评价、选择和管理过程的要求，包括对新供方的开发和对现有供方的控制要求，组织应建立识别潜在供方的过程或明确开发现有供方能力的过程，并对其提供所需产品的能力进行评价，这些评价过程应包括 11 个方面（详见本标准 7.4.2）。

5. 生产和服务的运作

（1）运作和实现。

标准指出最高管理者应当深化对实现过程的控制，以便做到既符合要求，又使相关方获益。这可通过提高实现过程以及相关支持过程的有效性和效率来实现，如：减少浪费；人员培训；信息的沟通和记录；供方能力的开发；基础设施的改善；问题的预防；加工方法和过程投入产出比；监视方法。

（2）标识和可追溯性。

组织可建立超出要求的产品标识和可追溯性的过程，以便收集能用于改进的数据。标识和可追溯性的需求可能来自产品状况、过程状况、业绩数据水平的对比、合同要求和法律法规要求、预期的使用或应用、危险材料、减轻已识别的风险。

（3）顾客财产。

组织应当明确在其控制下的与顾客和其他相关方所拥有的财产和其他贵重物品有关的职责，以保护这些财产的价值。这些财产可包括顾客提供的构成产品的部件或组件；顾客提供的用于修理、维护或升级的产品；顾客直接提供的包装材料；服务作业涉及的顾客材料（如贮存）；代表顾客提供服务，如将顾客的财产运到第三方；顾客的知识产权包括规范、图样、专利等。

（4）产品防护。

管理者应当规定并实施产品的搬运、包装、贮存、防护和交付的过程，以防止产品在生产过程和最终交付时损坏变质或误用。在确定和实施有效和高效的过程以保护采购材料时，管理者应当吸收供方和合作者参加。

管理者应考虑因产品性质所引起的任何特殊要求的需求，如电子媒体、软件、危险材料，要求具备特殊技能人员提供服务安装或应用的产品以及与独特的或不可替代的产品或材料有关。

管理者应确定产品整个寿命周期防止其损坏变质或误用，维护产品所需的资源。组织应与所涉及的相关方就保护产品在整个寿命周期的预期用途和所需资源以及方法方面的信息进行沟通。

6. 测量和监视装置的控制

管理者应规定并实施有效和高效的测量和监视过程，包括产品和过程的验证以及确认的方法和装置，以确保顾客和其他相关方满意。这些过程包括调查、模拟以及其他测量和监视活动。为了获得可信的数据，测量和监视过程应包括对装置是否运用的确认，是否保持运用的准确度并符合验收标准的确认，以及识别装置状态的手段。为了对过程的输出进行验证，组织应考虑消除过程中潜在错误的手段，如"防错"，从而将测量和监视装置的控制需求减到最小，为相关方增值。

3.5.6 测量分析和改进

1. 通用指南

测量数据对以事实为依据做决策很重要。最高管理者应确保有效和高效地测量、收集和确认数据，以确保组织的业绩和相关方满意，这应包括对测量的有效性、目的及数据的预期使用进行评审，以确保组织增值。组织过程业绩测量可包括：产品的测量和评价；过程能力；项目目标的实现；顾客和相关方的满意程度。组织应持续监视其业绩改进活动并记录其实施情况，这将为以后的改进提供数据。改进活动的数据分析结果应作为管理评审的输入之一，以便为组织的业绩改进提供信息。测量分析和改进应考虑的事项包括 11 个方面（详见本标准 8.1.2）。

2. 测量和监视

本条款包括体系业绩的测量和监视。其中分为：①体系业绩的测量和监视总则；顾客满意程度的测量和监视；内部审核；财务测量；自我评定。②过程的测量和监视。③产品的测量和监视。④相关方满意程度的测量和监视等方面的内容（详见本标准 8.2）。

3. 不合格的控制

最高管理者应当赋予组织内人员相应的权限和职责，以使其报告在过程中的任何阶段出现的不合格，从而确保及时地查明和处理不合格，并规定对不合格做出反应的权限，以便持续达到过程和产品要求。应有效和高效地控制不合格产品的标识、隔离和处置，以防误用。对不合格及其处置情况应记录，总结经验和分析，以便为改进活动提供数据。同时对产品实现过程和支持过程的不合格应加以记录和进行控制。组织的管理者应确保建立有效和高效地评审和处置已识别的不合格的过程。不合格的评审应由授权人员进行，以确定是否存在需要引起注意的产生不合格的趋势或规律，并考虑对不良趋势进行改进，作为管理评审的输入。同时还要考虑降低指标和配备资源的需要。评审人员应有能力评价不合格产生的总体影响，并有权对不合格进行处置以及确定适宜的纠正措施。对不合格处置的接受可以是顾客的合同要求或其他相关方的要求。

4. 数据分析

决策应基于对测量所获得的数据和按照本标准规定所收集的信息的分析。组织应分析各种来源的数据，以便对照组织的计划、目标和其他规定的指标来评定组织的业绩，并确定改进的区域，包括相关方可能的利益。标准提示："基于事实的决策要求进行有效和高效的活动。"其中包括：有效的分析方法；适宜的统计技术；基于逻辑分析的结果，权衡经验和直觉，作出决策并采取措施。标准进一步指出："数据分析有助于确定现有或潜在问题的根本原因，因而可指导组织作出为改进所需的纠正和预防措施的决定。为使管理者对组织的总体业绩作出有效的评价，组织应汇总和分析来自各部门的数据和信息，组织总体业绩的表达方式应适合组织的不同层次。"组织可使用分析结果，以确定：趋势，顾客的满意程度，其他相关方的满意程度，过程的有效性和效率，供方的贡献，组织业绩改进目标的完成情况，质量经济和财务与市场有关的业绩，业绩的水平对比，竞争力等。

5. 改进

管理者应不断寻求对组织的过程的有效性和效率的改进，而不是等出现了问题才去寻找改进机会。改进的范围可以是渐进的日常的持续改进，直至战略突破性改进项目。组织应建立识别和管理改进活动的过程。这些改进可能导致组织对产品或过程进行更改，直至对质量管理体系进行修正或对组织进行调整。

本条款在改进的前提下，8.5.2 提出纠正措施的具体指南；8.5.3 提出损失的预防的具体指南；8.5.4 提出组织的持续改进的具体指南（详见本标准8.5.2，8.5.3，8.5.4）。

2000 版 ISO9004 标准除了以上的内容外还有《附录 A—自我评定指南》和《附录 B—持续改进的过程》。这里不作介绍，请参阅 ISO9004：2000 标准。

3.6 质量认证

3.6.1 质量认证及其由来与发展

认证是指第三方机构书面保证（合格证书）产品、过程或服务符合规定要求的程序。这是指对质量的认证。另外"质量体系认证"是指由第三方认证机构依据公开发布的质量体系标准，对供方（生产方）的质量体系实施评定，评定合格的由第三方认证机构颁发质量体系认证证书，并注册公布，证明供方在特定的产品范围内具有必要质量保证能力的活动。

认证的最大特点是由第三方进行的证明活动。现代的第三方质量认证制度始于英国，于 1903 年便开始使用第一个质量标志，即风筝标志，至今在国际上仍享有较高的信誉。此后从 20 世纪 30 年代开始，质量认证得到了较快的发展，到 20 世纪 50 年代在工业发达国家中已基本普及，而其他发展中国家一般是从 20 世纪 70 年代开始实行质量认证制度。

随着社会经济的发展，质量认证制度本身也有了较大的发展。起初各认证机构仅对产品本身进行检验和试验，认证只能证明供方的产品符合规范的要求，并不能担保供方以后继续遵守技术规范。后来认证机构增加了对供方质量保证能力的检查和评定，以及获证后的定期监督，从而证明供方生产的产品持续符合标准。到 20 世纪 70 年代，质量认证制度又有了新的发展，出现了单独对供方的质量体系进行评定的认证形式。这种质量体系认证，在很大程度上使需方相信供方已建立能始终保证按需方提出的要求进行生产的质量体系。为了协调和推动认证工作，ISO 于 1970 年正式成立了认证委员会，其目的在于寻求鉴定产品质量的最佳方法，研究认证制度等并制定、颁发指导文件和标准。由于国际认证制度的发展，在扩大认证委员会业务范围的同时，于 1985 年 ISO 决定把认证委员会改名为合格评定委员会（CASCO），大力促进各国和各地区的合格评定工作。至 1995 年初，由 ISO/CASCO 组织制定、ISO 和 IEC 联合发布的有关认证的 ISO/IEC 国际指南已达 21 个，其中包括完全针对质量体系认证的 ISO/IEC 指南 48《供方质量体系的第三方评定与注册导则》。此外另有多项国际指南即将正式发布或正在制定，其中包括：ISO/IEC 指南 61《认证机构评定和认可制度的基本要求》和 ISO/IEC 指南 62《质量体系评定和认证/注册机构的基本要求》，以及有关质量认证互认协议签订和保持的国际指南等。

3.6.2 产品质量认证与质量体系认证的区别

产品质量认证与质量体系认证是有区别的：

1. **认证的对象不同**

前者是对产品，包括有形产品和无形产品（如服务），后者是对供方的质量体系进行认证，这与产品或服务没有直接关系，两者是独立的。

2. **认证的依据不同**

产品质量认证的依据是经过标准化机构正式发布由认证机构认可的产品标准和有关技术规范；质量体系认证的依据是特定的质量体系标准，如 ISO9000 族标准或地区和国际标准化机构正式发布的类似标准。

3. **认证机构不同**

产品质量认证机构和质量体系认证机构都必须是第三方性质的机构，而且要得到社会和政府的承认，以确定其权威性。

4. **认证获准表示方式不同**

产品质量认证获准的表示方式是颁发"认证证书"和"认证标志"；质量体系认证获准的表示方式是认证机构对认证合格单位准予注册并以质量体系认证企业名录形式公开发布。

此外，有关产品安全认证也是一项十分重要的工作，产品安全认证在我国是根据《中华人民共和国标准化法》中有关产品强制性要求所进行的产品质量认证，称为安全认证。如食品安全认证（QS 认证）合格的标志为Ⓢ，电气的 3C 认证等都属产品安全认证。

3.6.3　质量体系认证程序

（1）质量体系认证。供方向认证检查机构提出认证申请（申请书由各质量体系认证机构统一发给申请方）。

（2）认证机构接到申请后对申请方进行了解，确定是否接受申请。如果接受，则向申请方发出接受申请通知书；如果不接受，则向申请方发出不接受申请的通知书。

（3）如果接受申请，申请方做好与认证有关工作的安排，预交认证费用。

（4）认证机构和供方一起根据需要，确定质量体系认证依据。

（5）申请认证方准备质量体系有关文件，提供给认证机构进行审阅。

（6）认证机构评定质量体系文件，并通知供方对不符合要求处或重大遗漏处进行修正与补充。

（7）供方做好进行现场评审前的一切准备工作。

（8）现场审核。认证机构的评定组按照选定的质量体系标准、质量体系有关文件，到供方生产现场进行初评。初评结束，评定组将结果书面通知供方，并对不符合要求的限期改正。

（9）供方对提出的问题进行修改。

（10）批准注册发证，并公开公布。

（11）获准认证后的监督管理。对质量体系认证注册的有效期一般为3年，此期间认证机构进行监督管理，包括：供方通报、监督审核、认证暂停、认证撤销、认证有效期延长等。

（12）重新评定。每隔3年需对供方质量体系重新评定。

3.6.4　质量认证的作用

质量认证制度之所以得到世界各国的普遍重视，关键在于它是由一个公正的机构对产品或质量体系作出正确、可靠的评价，从而使人们对产品质量建立信心，这对保护供方、需方、社会和国家的利益都有重要意义。

1. 提高供方的质量信誉和市场竞争能力

企业通过公正机构对其产品或质量体系的认证，获取合格证书和标志，通过注册和公布，取得质量上的信誉，有利于在激烈的市场竞争中取胜。

2. 促进企业完善质量管理体系，提高管理水平

企业要取得第三方认证机构的质量体系认证或按典型的产品认证制度实施

的产品认证，都需要对其质量管理体系进行检查和完善，以提高其对产品的质量保证能力，并且对认证机构对其质量体系实施检查和评定中发现的问题及时进行纠正，这对企业完善其质量管理体系起到有力的促进作用，从而提高企业的管理水平。

3. 有利于保护消费者的利益

实施质量认证，对通过产品质量认证或质量体系认证的企业，准予使用认证标志或予以注册公布，使消费者了解哪些企业的产品质量有保证，从而可以帮助消费者防止误购不符合标准的产品，起到保护消费者利益的作用。

4. 减少社会重复评定费用

每个需方在采购产品时都需要进行检验。如果所供产品的供方取得了权威第三方的产品质量认证和质量体系认证，具有较高的质量信誉，则各需方对购进产品质量的检验均可大大地减少，可节省大量的检验费用和时间。据统计，不同用户或机构对一个企业质量体系评定，其中有 80% 以上工作是重复的，如果一个供方质量体系按国际公认的标准评定并通过注册，则评定只需限于余下的 20% 特殊要求部分工作，这样既省时又省钱。

本章小结

本章介绍了 2000 版 ISO9000 族国际标准。这套标准从它的产生、发展、修改直到 2000 年 12 月 15 日由国际标准化组织（ISO）正式颁布。经修改后的 2000 版 ISO9000 族标准比 1994 版的标准有更高的要求、更明确、更全面。ISO9000 族标准至今已有 150 多个国家和地区采用。随着国际经济交流的蓬勃发展和贸易往来的日趋频繁，顾客对产品的要求也越来越严格，ISO9000 族标准越来越为需方和供方提出质量体系要求以及供方证实自己能力的依据。

本章只是介绍 2000 版 ISO9000 族标准的内容，没有进行对比和评价。其实，2000 版 ISO9000 族标准比 1994 版有更高要求，其中一个重大的变化是对最高管理者（即领导者）提出了更高的要求，在质量管理八项原则中第二项就指出领导作用，以后每一条款都对领导者提出了要求。在标准中引进了质量管理原则，并明确指出："为了成功地领导和运作一个组织，需要采用一种系统和透明的方式进行管理。针对所有相关方的需求，实施并保持改进其业绩的管理系统可使组织获得成功，质量管理是组织各项管理的内容之一。"明确了实行 ISO9000 族标准是在组织中实施系统化管理，这不同于以往传统管理模式，能否以及何时引进 ISO9000 族标准涉及到组织的管理成熟程度。同时要认识到一个组织的管理系统是由若干子系统组成，如生产系统、财务系统、环境管理系统等，质量管理是这个管理系统中的一个子系统。因此在贯彻 ISO9000 族标准时要协调处理好与其他子系统的关系，这样才能保证组织整个管理系统全局最优的整体性和目的性。2000 版 ISO9000 族标准，更强调顾客及相关方的满意和期望，要求组织的最高管理者应以增强顾客满意度为目的，确保顾客的要求得到确定并予以满足。2000 版 ISO9000 族标准用过程取代 1994 版的要素。总之 2000 版比 1994 版的标准有更高要求和更全面，面向所有组织，通用性强。

本章介绍了 2000 版 ISO9000 族标准后，并提出了质量认证，当今质量认证的发展，出现独立的质量体系认证制度，已开始跨越国界，开展国际认证。质量认证的对象已分为产品质量认证和质量体系认证，认证的依据是特定的产品质量标准和质量体系标准，认证机构的性质属第三方认证机构，认证的获准表示方法是由认证机构发放证书、标志或给予登记注册公开发布，质量认证具有重要意义。

复习思考题

1. 试述质量管理体系的含义？
2. ISO9000 族标准是在什么背景条件下产生的？
3. 试述 2000 版 ISO9000 族标准由哪些核心标准构成。
4. 2000 版 ISO9000 族标准有何特点？
5. 2000 版 ISO9000 族标准提出的质量管理原则是什么内容？
6. 什么是质量体系认证，质量体系认证有何作用？

4

质量控制的几种统计方法

本章要求

- ☐ 了解数据、总体、样本的含义及随机抽样的一般方法
- ☐ 掌握排列图、因果分析图的作图方法和应用
- ☐ 掌握分层法、统计分析表法的内容和应用
- ☐ 了解直方图的原理和作用，掌握其作图方法及应用

4.1 数据的收集和整理

4.1.1 数据

数据是开展质量管理活动的基础资料。一个具体产品需要一系列的数据来表现它的质量状况，如尺寸、重量、强度、功率、成分、外观等。这些数据反映出产品的特定性质，一般称为质量特性。测量质量特性所得到的数据，叫做质量特性数据。在质量管理过程中，需要有目的地收集有关质量特性数据，并对数据进行归纳、整理、加工分析，从中获得有关产品质量或生产状态的信息资料，从而发现产品存在的质量问题以及产生问题的原因，以便对产品的设计、工艺进行改进，以保证和提高产品质量。所以说数据在质量管理中起着重要的作用。

数据分为计量值数据和计数值数据等，本书第一章已作阐述，这里不再重复。

4.1.2 总体和样本

1. 总体

总体又叫母体，是研究对象的全体。一批零件、一个工序或某段时间内生产的同类产品的全部都可以称为总体。构成总体的基本单位，称为个体，每个零件、每件产品都是一个个体。质量管理常用抽样方法进行，即从总体中抽出一部分个体，并测试每个个体的有关质量特性数据，进行统计分析后，对总体作出估计和判断。

这里要注意的是，总体并不仅仅是指研究对象的全体，而更多的是指每个个体的质量特性数据的全部。如分析一批零件的公差时，把这批零件的公差作为总体，所以总体大都是产品某种质量特性数据的集合。由于质量特性数据的数值因个体不同而异，也就是说，总体中每一个个体的某种质量特性必定与一个或一组数量指标相对应，当我们把这个数值看作随机变量时，总体显然就是随机变量的全体集合。

总体可以是有限的，也可以是无限的。一批零件的数目是有限的。一台机床

89

若连续不断地工作，那么加工零件数量就是无限的，它所构成的总体是无限总体。个体数目有限的总体称为有限总体，若其中个体数为 N，则 N 称为总体批量。

2. 样本

样本又叫子样，是从总体中抽出来一部分个体的集合。样本中每个个体叫样品，样本中所包含样品数目称为样本大小，又叫样本量，常用 n 表示。对样本的质量特性进行测定，所得的数据称为样本值。当样本个数越多时，分析结果越接近总体的值，样本对总体的代表性就越好。

4.1.3　抽样方法

抽样就是从总体中抽取样本的活动。在很多情况下，要获得总体产品质量特性数据是不容易的，也是不经济的。因此，常从总体中按一定方法，抽取样本并测定质量特性数据来对总体进行推断。合理抽样可以减少检验数量，使样品具有代表性，所以选择抽样方法十分重要。

1. 随机抽样

所谓随机抽样，是指总体中每一个个体都有同等可能的机会被抽到。这种抽样方法事先不能考虑抽取哪一个样品，完全用偶然方法抽样，常用抽签或利用随机数表来抽取样品以保证样品的代表性。随机数表是将事先按照随机原则抽取的数字写成的表，其中不仅 0～9 出现的概率相等，而且这 10 个数码组成的两位数、三位数等出现的概率也是相等的。利用随机数表抽样十分简便，由于选择表中读数的起点和顺序的任意性，保证总体中每个个体均有同样被抽取的机会。

2. 分层抽样

分层抽样是先将总体按照研究内容密切相关的主要因素分类或分层，然后在各层中按照随机原则抽取样本。分层抽样可以减少层内差异，增加样本的代表性。

3. 系统抽样

系统抽样又叫机械随机抽样，它是在时间和空间上按一定间隔从总体中抽取样本的一种方法。如某机床生产的零件，每隔 20 分钟从其中抽取一件来作样本，系统抽样方法简单易行，在企业产品质量检验中广为应用。

4.1.4　数据整理和统计

抽样的目的是通过样本来反映总体。在质量管理中，常常将测试的样本数据,通过整理加工,找出它们的特性,从而推断总体的变化规律、趋势和性质。一批数据的分布情况,可以用中心倾向及数据的分散程度来表示,表示中心倾向的有平均值、中位值等,表示数据分散程度的有方差、标准偏差、极差等。描述总体数据离散程度的参数为方差 σ^2,描述总体数据中心倾向的数为均值 μ。若利用样本参数近似描述总体状况时,可以利用样本方差 S^2 近似代替总体方差 σ^2,利用样本均值 $\bar{x}$ 近似代替总体均值 μ。即:

$$S^2 \approx \sigma^2, \ \bar{x} \approx \mu$$

下面讨论样本参数。

假设测得样本数据为:x_1,x_2,x_3,$\cdots$,x_n,则有

(1)样本平均值 $\bar{x}$:

$$\bar{x} = \frac{x_1 + x_2 + x_3 + \cdots + x_n}{n} \ \text{或} \ \bar{x} = \frac{\sum_{i=1}^{n} x_i}{n}$$

(2)样本中位值 $\tilde{x}$。中位值是按照数据大小顺序排列,位于中间的数值叫中位值,记为 $\tilde{x}$;若 n 为偶数时,则取位于中间两个数值的平均值为中位值。

(3)样本极差 R。样本极差表示一组数据分布的范围,是指数据中最大值与最小值的差:

$$R = x_{max} - x_{min}$$

91

(4)样本方差和样本标准偏差。从样本中测量的每个样品的质量数据往往是参差不齐的,说明数据有波动。样本方差和样本标准差就是用来度量数据波动幅度大小的一个重要特性值。样本方差是一组数据中每一个数值与平均值之差的平方和的平均值,通常记为 S^2。样本方差的平方根 S 称作样本标准偏差,它与样本方差一样,是反映一组数据分散程度的特性值:

$$S^2 = \frac{1}{n-1} \left[(x_1 - \bar{x})^2 + (x_2 - \bar{x})^2 + \cdots + (x_n - \bar{x})^2 \right]$$
$$= \frac{1}{n-1} \sum_{i=1}^{n} (x_n - \bar{x})^2$$

$$S = \sqrt{\frac{1}{n-1}\sum_{i=1}^{n}(x_i - \bar{x})^2}, \quad 当 n 足够大时, \quad S = \sqrt{\frac{1}{n}\sum_{i=1}^{n}(x_i - \bar{x})^2}$$

4.2 主次因素排列图法

4.2.1 主次因素排列图

主次因素排列图简称排列图，是为寻找主要问题或影响质量的主要因素所使用的图。它是由两个纵坐标、一个横坐标、几个按高低顺序依次排列的长方形和一条累计百分比曲线所组成的图。它的基本图形见图4-1。

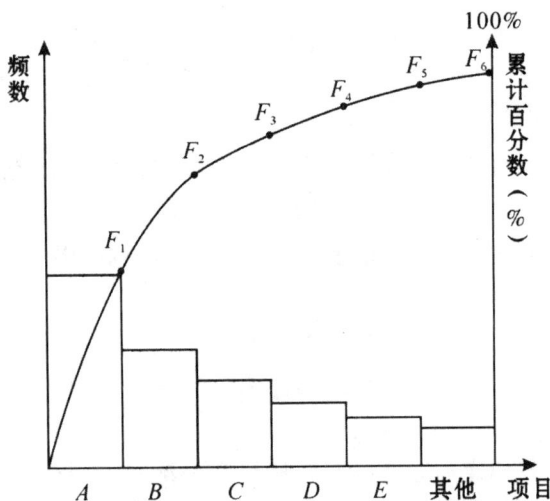

图4-1

排列图又叫帕累托图。它是由意大利经济学家帕累托（Pareto）提出的，他在分析社会财富分布状况时，发现少数人占有绝大多数财富，而绝大多数人却只有少量财富。在资本主义社会这种少数人占有绝大多数财富左右着社会经济发展的现象即所谓"关键的少数，次要的多数"的关系。后来由美国质量管理专家朱兰（J. M. Juran）将其引入质量管理中，成为一种简单可行、一目了然的质量管理的重要工具。

4.2.2　主次因素排列图的作图方法步骤

（1）将用于排列图所记录的数据进行分类。分类的方法有多种，可以按工艺过程分、按缺陷项目分、按品种分、按尺寸分、按事故灾害种类分等。

（2）确定数据记录的时间。汇总成排列图的日期，没有必要规定期限，只要能够汇总成作业排列图所必需的足够的数据即可。

（3）按分类项目进行统计。统计按确定数据记录的时间来作，汇总成表，以全部项目为100%来计算各个项目的百分比，得出频率。

（4）计算累计频率。

（5）准备坐标纸，画出纵横坐标。注意纵横坐标要均衡匀称。

（6）按频数大小顺序作直方图。

（7）按累计比率作排列曲线。

（8）记载排列图标题及数据简历。

填写标题后还应在空白处写清产品名称、工作项目、工序号、统计期间、各种数据的来源、生产数量、记录者及制图者等项。

例：某厂铸造车间生产某一铸件，质量不良项目有气孔、未充满、偏心、形状不佳、裂纹、其他等项。记录一周内某班所生产的产品不良情况数据，并分别将不良项目归结为表4-1①、②项。

表4-1

①缺陷项目	②频数	③频率%	④累计频率%
气　孔	48	50.53	50.53
未充满	28	29.47	80.00
偏　心	10	10.53	90.53
形状不佳	4	4.21	94.74
裂　纹	3	3.16	97.9
其　他	2	2.1	100
合　计	95	100	

计算频率和累计频率见表 4-1③、④项。

作排列图如图 4-2 所示。

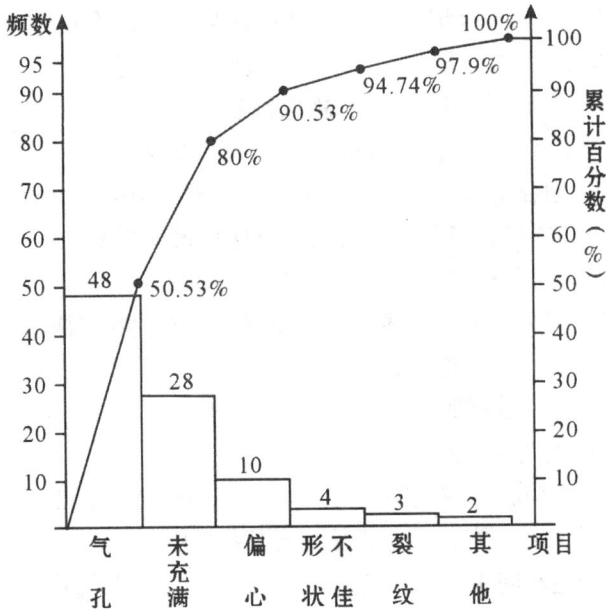

图 4-2

4.2.3 主次因素排列图分析

绘制排列图的目的在于从诸多的问题中寻找主要问题并以图形的方法直观地表示出来。通常把问题分成三类：A 类属于主要或关键问题，约占百分之八十左右；B 类属次要问题，约占百分之十几；C 类更是次要，约占百分之几。但在实际应用中切不可机械地按 80% 来确定主要问题，它只是根据"关键的少数，次要的多数"的原则，给以一定的划分范围而言。ABC 三类应结合具体情况来选定。

排列图把影响产品质量的主要问题直观地表现出来，使我们明确应该从哪里着手来改进产品质量。集中力量解决主要问题收效显著。上例中主要问题是气孔和未充满，若将气孔问题解决了，就解决了问题的一半；再将第二项未充满的问题解决，那么，80% 的问题都得到了解决。排列图不仅解决产品质量问题，其他工作如节约能源、减少消耗、安全生产等都可以用排列图改进工作，提高工作质量。

4.3　因果分析图法

4.3.1　因果图

　　质量管理的目的在于减少不合格品，保证和提高产品质量，降低成本和提高效率，控制产品质量和工作质量的波动以提高经济效益。但是在实际设计、生产和各项工作中，常常出现质量问题，为了解决这些问题，就需要查找原因，考虑对策，采取措施，解决问题。然而影响产品质量的因素是多种多样的。若能真正找到质量问题的主要原因，便可针对这种原因采取措施，使质量问题得到迅速解决，因果图就是用来分析影响产品质量各种原因的一种有效的方法，对影响产品质量的一些较为重要的因素加以分析和分类，并在同一张图上把它们的关系用箭头表示出来，以对因果作明确系统的整理。因果图又称鱼刺图或叫特性要因图。

4.3.2　因果图的构成及画法

　　因果图由质量问题和影响因素两部分组成。图中主干箭头所指的为质量问题，主干上的大枝表示大原因，中枝、小枝、细枝表示原因的依次展开。

　　因果图的画法：

　　（1）确定待分析的质量问题，将其写在右侧的方框内，画出主干，箭头指向右端。见图 4 – 3 所示。

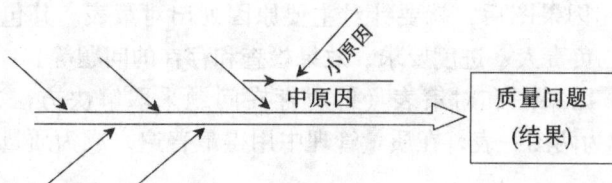

图 4 – 3

　　（2）确定该问题中影响质量原因的分类方法。一般分析工序质量问题，常按其影响因素——人、设备、原材料、方法、环境等分类；也有按加工工序分类。作图时，依次画出大枝，箭头方向从左到右斜指向主干，在箭头尾端写上原因分类项目。见图4-4所示。

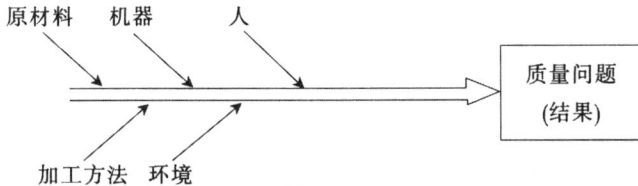

图4-4

（3）将各分类项目分别展开，每个中枝表示各项目中造成质量问题的一个原因。作图时，中枝平行于主干，箭头指向大枝，将原因记在中枝上的下方。

（4）将原因再展开，分别画小枝，小枝是造成中枝的原因，依次展开，直至细到能采取措施为止。

（5）分析图上标出的原因是否有遗漏，找出主要原因，画上方框，作为质量改进的重点。

（6）注明因果图的名称、绘图者、绘图时间、参加分析人员等。

4.3.3 注意事项

（1）分析大原因时应根据具体情况，适当增减或另立名目，除人、设备、原材料、方法、环境等因素外有时还包括其他，如动力、管理、计算机软件等因素。

（2）发扬民主，集思广益，畅所欲言，结合别人的见解改进自己的想法。

（3）主要原因可用排列图、投票或试验验证等方法确定，然后加以标记。

（4）画出因果图后，就要针对主要原因列出对策表。其包括原因、改进目标、措施、负责人、进度要求、效果检查和存在的问题等。

排列图、因果图和对策表（针对存在问题采取解决方法的一种计划表格），人们称为两图一表，在质量管理中用得最普遍，成为质量管理中喜闻乐见的方法。

4.4 分层法

4.4.1 分层法的概念

　　质量管理中的数据分层，即将数据依照使用目的，按其性质、来源、影响因素等进行分类，把性质相同、在同一生产条件下收集到的质量特性数据归并在一起的方法。

　　分层法经常同质量管理中的其他方法一起使用。如将数据分层之后再进行加工整理成分层排列图、分层直方图、分层控制图、分层散布图等。

4.4.2 分层的意义

　　分层的目的是为了有利于查找产生质量问题的原因。在生产过程中，有许多影响质量的因素，这些因素往往纠缠在一起对产品质量发生影响。为了把这些因素分离出来，找到产生质量问题的原因，对产品按不同的标志进行分层是常用的方法。通常把性质接近、在同一生产条件下收集到的质量特性数据归纳在一起，可以使数据反映的现象特征更加明显。下面通过一个例子来说明这个问题。

　　例：为调查某焊件裂纹发生率，按操作人员甲、乙、丙分别统计质量数据，并作出频数表 4 - 2。

表 4 - 2

裂纹发生率	频　数		
	甲	乙	丙
0.0 ~ 3.0	2	6	16
3.0 ~ 6.0	6	15	8
6.0 ~ 9.0	15	5	5
9.0 ~ 12.0	7	4	2

（续上表）

裂纹发生率	频　数		
	甲	乙	丙
12.0 ~ 15.0	3	1	2
15.0 ~ 18.0	3	1	1
18.0 ~ 21.0	3	—	—
21.0 ~ 24.0	1	—	—
24.0 ~ 27.0	2	1	—
合　计	42	33	34

　　对操作人员甲、乙、丙分别作直方图，如图4－5所示，对裂纹发生的责任进行分析。从直方图的分布看，甲分布最宽，它的焊件不仅裂纹个数多，而且分布偏向高值。丙分布较好，裂纹发生的频数少，而且偏向于低值。这是比较正常的分布状况。

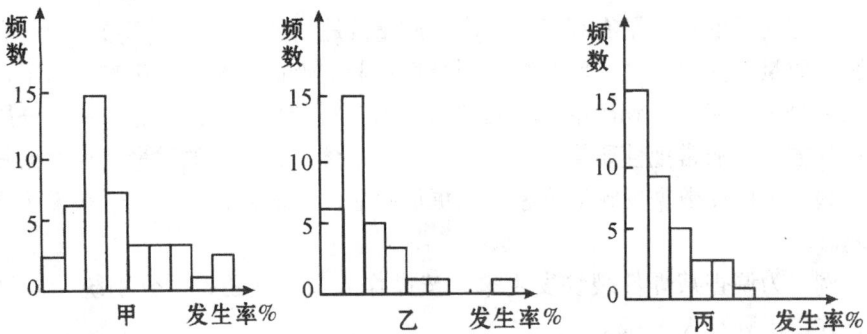

图4－5　分层直方图

4.4.3　质量特性数据常用的分层方法

　　质量管理中的数据可按下列方法分层：
　　（1）按不同时间分，如按班次。
　　（2）按操作人员分，如按工人的级别。
　　（3）按使用设备分，如按机床的不同型号。
　　（4）按操作方法分，如按切削用量、温度、压力。
　　（5）按原材料分，如按供料单位、进料时间、批次等。

（6）其他分层，如按检验手段、使用条件、气候条件等。

4.4.4 分层时应注意事项

（1）数据分层与收集数据的目的性紧密相连，目的不同，分层的方法和粗细程度也不同。另外，还与我们对生产情况掌握的程度有关，如果我们对生产过程的了解甚少，分层就比较困难。所以分层要结合生产实际情况进行。

（2）分层要合理，要按不同的层次进行组合分层，以便使问题暴露得更清楚。

4.4.5 应用实例

例：在柴油机装配中经常发生气缸垫漏气现象，为解决这一质量问题，对该工序进行现场统计。

（1）收集数据：$n = 50$，漏气数 $f = 19$。

$$漏气率 \quad P = \frac{f}{n} = \frac{19}{50} = 0.38，即 38\%。$$

（2）分析原因。通过分析，认为造成漏气有两个原因：
①该工序涂密封剂的工人 A、B、C 三人的操作方法有差异。
②气缸垫分别由甲、乙两厂供应，原材料有差异。
因此，采用分层法列表进行分析：

表 4 - 3

工人	漏气	不漏气	漏气率%
A	6	13	32
B	3	9	25
C	10	9	53
合计	19	31	38

表 4 - 4

工厂	漏气	不漏气	漏气率%
甲厂	9	14	39
乙厂	10	17	37
合计	19	31	38

由表 4 - 3 和表 4 - 4，很容易得出这样的结论：从气缸垫漏气率的情况来看，可采用乙厂提供的气缸垫，因为它比甲厂的漏气率低；同时采用工人 B 的操作方法，因为工人 B 的漏气率最低。但这样做的实践结果表明，漏气率

不但没有降低，反而从原来的38%增加到43%。这是什么原因呢？原来，上述结论只是单纯地分别考虑操作者和原材料造成漏气的情况，没有进一步考虑不同工人用不同工厂提供的气缸垫也会造成漏气。因此，需要进行更细致的综合分析，如表4-5所示。

表4-5　综合分层的漏气情况

工　人	原材料	甲厂	乙厂	合计
A	漏气	6	0	6
A	不漏气	2	11	13
A	漏气率%	75	0	32
B	漏气	0	3	3
B	不漏气	5	4	9
B	漏气率%	0	43	25
C	漏气	3	7	10
C	不漏气	7	2	9
C	漏气率%	30	78	53
合计	漏气	9	10	19
合计	不漏气	14	17	31
合计	漏气率%	39	37	38
合计	合计	23	27	50

从以上分析可得出以下结论：
①使用甲厂提供的气缸垫时，要采用工人B的操作方法。
②使用乙厂提供的气缸垫时，要采用工人A的操作方法。
这样做才能使漏气率大大降低。

4.5　统计分析表法

统计分析表法也叫调查表，是用于收集数据的规范化表格。即把产品可能出现的情况及其分类预先列成统计调查表，则检查产品时只需在相应分类中进行统计，并可从调查表中进行粗略的整理和简单的原因分析，为下一步的统计分析与判断质量状况创造良好条件。在设计统计调查表时应注意便于工人记录，把文字部分尽可能列入调查表中，工人只须简单地描点或打钩，以不影响操作为宜。

根据使用的不同，常用的调查表有以下几种：

4.5.1 不良品检查表

不良品是指产品生产过程中不符合图纸、工艺规程和技术标准的不合格品和缺陷品的总称，它包括废品、返修品、回用品和退赔品。

（1）不良品统计管理记录卡。记录前应明确检验内容和抽查间隔。由操作者、检查员、班长共同执行抽检的标准和规定，表4-6为不良品统计管理记录卡。

表4-6 不良品统计管理记录卡

检验内容	间 隔

_____车间_____班组，零件号_____零件名称_____

日期	首检		编号	自检结果	不良品		专、巡检				
	时间	内容		尺寸	现象	原因	时间	抽查数	不良品数	不良品现象	印记

备注	首检内容代号		不良品原因分类	
	A：开始工作	D：检修机床后	a：操作不慎	d：工艺
	B：更换刀具后	E：检修夹具后	b：机床原因	e：材料
	C：调整刀具后		c：刀具影响	f：其他

（2）不良项目调查表。为了调查生产过程中出现了哪些不良品以及各种不良品的比例，可采用不良项目调查表，见表4-7所示，其中"不良品类型"一栏的内容，可以根据各行业具体情况填入表中。

表4-7　不良品项目调查表

数量项目日期	交验数	合格数	不良品			不良品类型			
			废品数	次品数	返修品数	废品类型	次品类型	返修品类型	不良品率（%）

检查员_____

（3）不良原因调查表。如果不良损失的责任工序影响原因比较清楚，可以利用调查表进一步查明不良原因。表4-8为不良原因调查表。

表4-8　某瓷厂瓷检报告

报告日期_____年_____月_____日

品号	送检总数	合格品	合格率	瓷件损失原因分析										
				废品数	榨泥		成　型		上釉		装出窑		烧窑		
					铁点	杂质	开裂	尺寸不合	变形	釉损	碰损	釉损	表面缺陷	碰损	炸裂	起泡	生烧

4.5.2　缺陷位置调查表

在很多产品中都会存在"疵点"、"外伤"、"脏污"这类外观缺陷，一般采用缺陷位置调查表比较好。此种调查表多是画成产品示意图或展示图。每当发生缺陷时，将其发生位置标记在图上。例如电视机显像管外观检验，多是采用缺陷位置调查表的方法。如图 4 – 6 所示，把显像管屏幕划分为 A、B 区（屏幕中央垂直 10 等分的一半为半径，以圆心为中心所画的圆内为 A 区，其他地方为 B 区），分别拟定 A、B 区缺陷数的极限值。各种整机的机柜或装饰件都可以采用缺陷位置调查表方法，如表 4 – 9 所示。

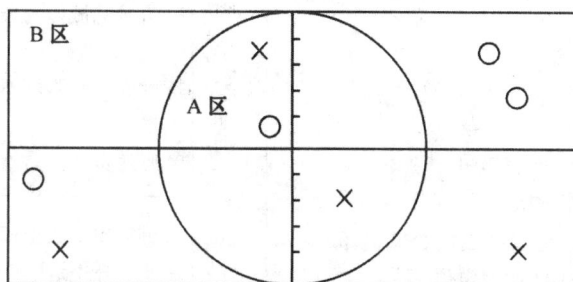

图 4 – 6

表 4 – 9

品种＿＿＿＿＿＿＿＿	序号＿＿＿＿＿＿＿＿
A 区缺陷数＿＿＿＿＿	B 区缺陷数＿＿＿＿＿
制定合格（√）、不合格（×）	
检查员＿＿＿＿＿＿	年　　月　　日
缺陷符号：○为气泡，×为污点	

缺陷位置调查表是工序质量分析中常用的方法。掌握缺陷发生处的规律，可以进一步分析为什么缺陷会集中在某一区域，从而追寻原因，采取对策，能更好地解决出现的质量问题。

应该注意，在使用缺陷位置调查表时，可以在草图上进行划区，分层研究。在分区域时应按尺寸等分。

4.5.3　成品质量调查表

成品质量调查项目繁多，为了不致弄错、遗漏并便于记录整理，可采用成品质量检查表的方法，如表 4 – 10 所示。

表 4 – 10   收音机功能调查表

日期		型号	批次号	检查员	

重缺陷（影响正常收听）
无声或声音时有时无
声音小
失真严重
灵敏度太低
严重串台
严重机震
任一功能件不起作用
调谐传动机构卡死、打滑
调谐到头，造成可变电容器损坏
拉杆天线不能伸缩定位
接入耳机没有声音

轻缺陷（能正常收听）
任一功能件工作不正常
有明显机械传动杂音
指示灯、照明灯不亮
电池弹簧卡松紧不合适

微缺陷
任一旋钮手感不适
开关手感不适
插孔手感不适

4.6   直方图法

4.6.1   直方图的概念与作用

直方图法是适用于对大量计量值数据进行整理加工，找出其统计规律，即分析数据分布的形态，以便对其总体的分布特征进行分析的方法。直方图的主要图形为直角坐标系中若干顺序排列的矩形，各矩形底边相等，为数据区间，矩形的高为数据落入各相应区间的频数。

在相同的工艺条件下，加工出来的产品质量不会完全相同，总在一个范围内变动，这样可以将一定的抽样分成若干组，按其顺序分别在坐标上画出一系列的直方形，并将直方形连起来，用来观察图的形状，判断生产过程的质量是否稳定，了解产品质量特性的分布状况、平均水平和分散程度，有助于我们判断工序是否正常，工序能力是否满足需要，不良产品是否发生，分析产品质量问题的原因，以制定提高质量的改进措施。

4.6.2 直方图的作图方法

例：已知某一轻工产品的质量特性（技术标准），要求伸长为 8 ~ 24 毫米，现从加工过程中抽取 50 件进行分析。

第 1 步：取出 50 件产品按先后顺序测量其特性值并排列成若干行和列，如表 4 - 11 所示。

表 4 - 11

10	19	11	21	16
14	12	18	14	12
15	16	16	16	23
13	14	15	19	18
17	16	12	17	16
16	10	14	18	20
15	17	15	16	13
16	19	17	15	22
15	16	14	16	14
16	17	15	18	13

第 2 步：找出所有数据中最大值和最小值。本例最大值是 23，最小值是 10。

第 3 步：求出全体数据的分布范围 R，即极差。$R = X_{最大} - X_{最小}$，本例 $R = 23 - 10 = 13$。

第 4 步：根据数据的个数进行分组，分组多少的原则一般是数据在 50 以内的分 5 ~ 7 组；50 ~ 100 分 7 ~ 10 组；100 ~ 250 分 10 ~ 20 组。本例可分 7 组，组数 $K = 7$。

第 5 步：计算组距 h，$h = \dfrac{R}{K}$，本例 $h = \dfrac{13}{7} \approx 2$。

第 6 步：计算第一组的上下界限值。用下面公式计算：

$X_{最小} {}^{+}_{-} \dfrac{h}{2}$，本例 $10 {}^{+}_{-} \dfrac{2}{2} = \dfrac{11}{9}$。

其余各组的上下界限值是：第一组的上界限值就是第二组的下界限值，第二组的下界限值加上组距（h）就是第二组的上界限值，其余类推。本例第二组的上下界限值是 13 和 11，第三组是 15 和 13……

第 7 步：计算各组中心值（X_i）

$$X_i = \frac{该组下界限值 + 该组上界限值}{2}$$

本例：
第一组 $X_1 = \frac{9+11}{2} = 10$

第二组 $X_2 = \frac{11+13}{2} = 12$

其余类推。

第 8 步：记录各组的数据，整理成频数分布表（见表 4 – 12）。

表 4 – 12

组号	组距 h	中心值	频数统计	①f_i	②u_i	③$f_i u_i =$ ①×②	④$f_i u_i^2 =$ ②×③
1	9 ~ 11	10	...	3	-3	-9	27
2	11 ~ 13	12	......	6	-2	-12	24
3	13 ~ 15	14	....	13	-1	-13	13
4	15 ~ 17	16	....	17	0	0	0
5	17 ~ 19	18	....	7	1	7	7
6	19 ~ 21	20	..	2	2	4	8
7	21 ~ 23	22	..	2	3	6	18
				$\sum f_i = 50$	0	$\sum f_i u_i = -17$	$\sum f_i u_i^2 = 97$

第 9 步：统计落入各组的频数 f_i（本例为各组数值出现的次数记入 f_i 栏下面）。

第 10 步：计算各组简化中心值 u_i。

以频数（f_i）最大一栏的中心值记为 x_0，用下式确定各组的 u_i 值：

$$u_i = \frac{各组中心值 x_i - x_0}{h}$$

本例 $x_0 = 16$

第一组简化中心值（u_1）

$$u_1 = \frac{10-16}{2} = -3$$

第二组简化中心值（u_2）

$$u_2 = \frac{12-16}{2} = -2$$

其余类推。

第11步：计算频数（f_i）与简化中心值的乘积，即f_iu_i，详见表4-12之③。

第12步：计算频数与简化中心值平方的乘积，即$f_iu_i{}^2$，详见表4-12之④。

第13步：计算平均值$\bar{X}$

$$\bar{X} = \frac{\sum\limits_{i=1}^{n} x_i}{n}$$

可以用简化公式：

$$\bar{X} = x_0 + h\frac{\sum f_iu_i}{\sum f_i}$$

本例

$$\bar{X} = 16 + 2 \times \frac{-17}{50} = 15.32$$

第14步：计算标准偏差S

$$S = \sqrt{\frac{\sum\limits_{i=1}^{n}(x_i-\bar{x})^2}{n}}$$

可以用简化公式：

$$S = h \sqrt{\frac{\sum f_i u_i^2}{\sum f_i} - \left(\frac{\sum f_i u_i}{\sum f_i}\right)^2}$$

本例

$$S = 2 \sqrt{\frac{97}{50} - \left(\frac{-17}{50}\right)^2}$$

$$= 2 \sqrt{1.94 - 0.1156} = 2.7$$

注意：以上计算 $\bar{X}$ 和 S 的简化公式，只适用于组数为奇数的情况。如果组数是偶数则不适用，要用其他公式，因篇幅所限从略。另外也可用原有的公式

即

$$\bar{X} = \frac{\sum_{i=1}^{n} x_i}{n}$$

$$S = \sqrt{\frac{\sum_{i=1}^{n} (x_i - \bar{x})^2}{n}}$$

第 15 步：画直方图。

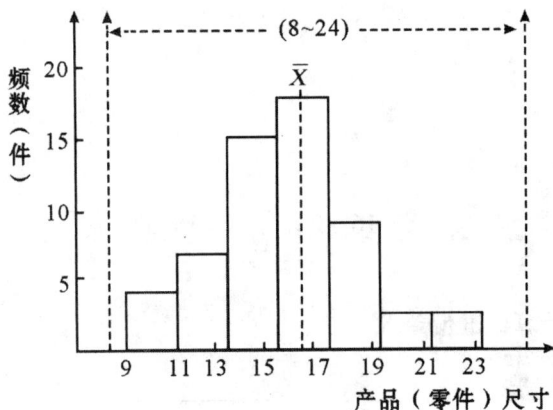

图 4 - 7

直方图的画法是以纵坐标为频数，横坐标为组距，画出一系列直方形。图4-7中每个直方形面积为数据落到这个范围的个数，故所有直方形面积之和就是频数的总和。

4.6.3　直方图的观察分析

根据直方图，观察它的整体分布形状，推测生产过程中质量是否发生异常，主要有以下几种特征：整体分布位置是否适当；整体分布的宽度如何；整体分布形状是否向左或向右侧斜，是否对称，在整体分布中有无形成缺齿或折齿的情况；整体分布的左右有无陡壁状；整体分布是否过于尖峰状；有无孤岛型跳离整体之外，有无形成双峰形；整体分布是否过于平坦。见图4-8。

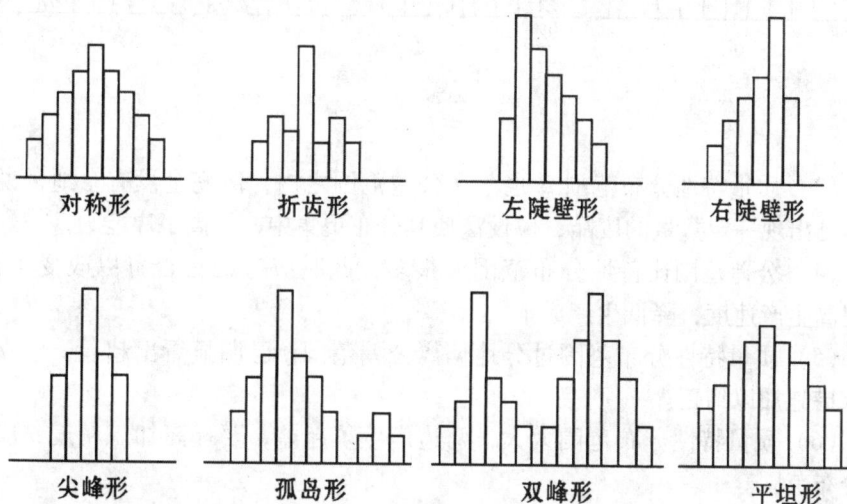

对称形　　　折齿形　　　左陡壁形　　　右陡壁形
尖峰形　　　孤岛形　　　双峰形　　　平坦形

图4-8

另外，还可以将直方图和公差对比来观察直方图，这种对比大致有6种情况。见图4-9。

图4-9中：

（1）它是质量特性分布范围 B 在 T 的中间，平均值 $\bar{X}$ 与公差中心重合，质量特性分布的两边还有一定余地，这很理想。

（2）质量特性分布范围 B 虽然也落在公差界限之内，但因偏向一边，故有超差的可能，应采取措施纠正。

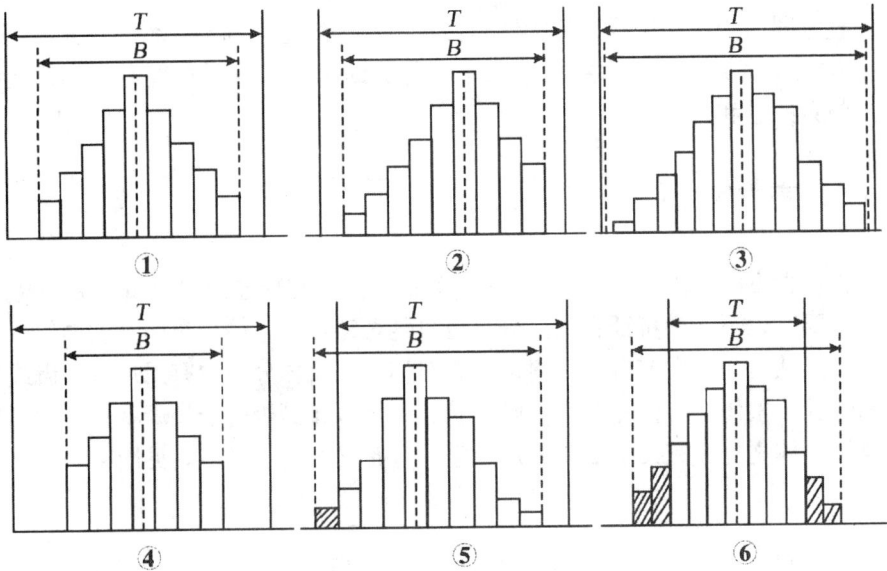

图 4 - 9

（3）质量特性分布范围 B 也落在公差范围之内，但完全没有余地，说明总体已出现一定数量的废品，应设法使其分布更集中，提高工序能力。

（4）公差范围比特性分布范围大很多，此时应考虑是否可以改变工艺，以提高生产速度，降低生产成本。

（5）质量特性分布范围过分地偏离公差范围，已明显看出超差，应立即采取措施加以纠正。

（6）质量特性分布范围太大，两边产生了超差，要提高加工精度，应缩小分布范围。

本章小结

本章主要介绍在实际质量管理工作中常用的几种统计方法。如排列图法、因果分析图法，在现场质量管理中用得比较广泛，再加上一个对策表（也叫分析表），常常被称为"两图一表"，特别是在我国开展全面质量管理初期，在企业中广为应用，而且也收到比较好的效果。目前在 QC 小组活动中也常常被应用。此外，分层法和统计图表法也是比较容易掌握的方法，受到企业职工群众的欢迎和应用。

直方图法是在大量生产条件下，通过直方图法来控制生产过程的质量状况，通过对直方图图形的观察分析,了解产品质量特性的分布状况、平均水平和分散程度,以便为我们判断工序是否正常、工序能力是否满足需要、不良品是否发生提供证据,为进一步分析产品质量问题产生的原因,提出改进措施提供了前提条件。

本章介绍的5种质量管理常用的统计方法,是我国在推行全面质量管理中,人们常说的"老七种工具"中的5种,尚有两种即控制图法和相关图法将在第6章和第7章介绍。

复习思考题

1. 排列图法、因果分析图法各自的作用如何?
2. 分层法主要解决什么问题,如何应用?
3. 什么是直方图,其作用如何,怎样观察和使用直方图?
4. 某精密铸造机匣小组一周的质量不良项目有:表面疵点、气孔、未充满、形状不佳、尺寸超差及其他等项,其缺陷记录表如表4-13所示,试计算及作主次因素排列图。

表4-13

缺陷项目	频 数	频率%	累计频率%
疵 点	41		
气 孔	18		
未 充 满	13		
形状不佳	10		
尺寸超差	7		
其 他	6		
合 计	95		

5. 某厂生产某零件,技术标准要求公差范围 $\phi 28^{+0.024}$ mm,经随机抽样得到50个数据,如表4-14所示。(计算单位0.001mm)要求:

(1)进行统计整理作出直方图。

(2)计算平均值 $\bar{X}$ 和标准偏差 S。

(3)对直方图进行分析。

111

表 4 – 14

19	16	18	16	15
14	18	12	15	12
8	9	12	10	14
10	12	13	17	15
8	10	17	15	14
16	15	21	12	14
11	16	17	10	12
10	13	14	15	21
14	15	12	14	15
19	10	16	20	14

5

工序能力分析

本章要求

- □ 了解工序能力和工序能力指数的含义
- □ 掌握工序能力指数的表示方式及其在各种情况下的计算方法
- □ 掌握工序不合格率的推算方法
- □ 掌握工序能力指数的判定分析以及提高工序能力指数的途径

5.1 工序能力

5.1.1 工序能力的概念

所谓工序能力（也称过程能力），是指处于稳定状态下工序的实际加工能力。处于稳定生产状态下的工序要具备以下几个方面的条件：①原材料或上一道工序半成品按照标准要求供应；②本工序按作业标准实施，并应在影响工序质量各主要因素无异常的条件下进行；③工序完成后，产品检测按标准要求进行。总之，工序实施以及前后过程均应标准化。在非稳定生产状态下的工序所测得的工序能力是没有意义的。

工序能力的测定一般是在成批生产状态下进行的。工序满足产品质量要求的能力主要表现在以下两个方面：①产品质量是否稳定；②产品质量精度是否足够。因此，在确认工序能力可以满足精度要求的条件下，工序能力是以该工序产品质量特性值的变异或波动来表示的。产品质量的变异可以用频数分布表、直方图分布的定量值以及分布曲线来描述。在稳定生产状态下，影响工序能力的量化，可以用 $\pm 3\sigma$ 原理来确定其分布范围；当分布范围取为 $u \pm 3\sigma$ 时，产品质量合格的概率可达 99.7%，接近于 1。因此以 $\pm 3\sigma$ 为标准来衡量工序的能力是具有足够的精确度和良好的经济特性的。所以在实际计算中就用 6σ 的波动范围来定量描述工序能力。将工序能力记为 B，则 $B = 6\sigma$。

114

5.1.2 影响工序能力的因素

在加工过程中影响工序能力的因素，主要有以下几个方面：

1. 设备方面

如设备精度的稳定性，性能的可靠性，定位装置和传动装置的准确性，设备的冷却润滑的保护情况，动力供应的稳定程度等。

2. 工艺方面

如工艺流程的安排，工序之间的衔接，工艺方法、工艺装备、工艺参数、测量方法的选择，工序加工的指导文件，工艺卡、操作规范、作业指导书、工序质量分析表等。

3. 材料方面

如材料的成分，物理性能，化学性能，处理方法，配套件、元器件的质量等。

4. 操作者方面

如操作人员的技术水平，熟练程度，质量意识，责任心，管理程度等。

5. 环境方面

如生产现场的温度、湿度、噪音干扰、振动、照明、室内净化、现场污染程度等。

工序能力是上述 5 个方面因素的综合反映，但是在实际生产中，这 5 个因素对不同行业、不同企业、不同工序，及其对质量的影响程度有着明显的差别，起主要作用的因素称为主导因素。如对化工企业，一般来说，设备、装置、工艺是主导性因素。又如机械加工的铸造工序的主要因素一般是工艺过程和操作人员的技术水平，手工操作较多的冷加工、热处理及装配调试中的操作人员的水平是主要影响因素。再如精密设备和电子产品，则环境条件的影响更为重要等。这些因素对产品质量都起着主导作用，因而是主导性因素。

在生产过程中，随着企业的技术改造和管理的改善，以及产品质量要求的变化，主导性因素也是随之变化的。如当设备问题解决了，可能工艺管理或其他方面又成为主导性因素；当工艺问题解决了，可能操作人员的水平、环境条件的要求又上升到主导因素等。进行工序能力分析，就是要抓住影响工序能力的主导因素，采取措施，提高工序质量，保证产品质量达到要求。

5.1.3 进行工序能力分析的意义

首先，工序能力的测定和分析是保证产品质量的基础工作。因为只有掌握了工序能力，才能控制制造过程的符合性质量。如果工序能力不能满足产品设计的要求，那么质量控制就无从谈起，所以说工序能力调查、测试分析是现场质量管理的基础工作，是保证产品质量的基础。

第二，工序能力的测试分析是提高工序能力的有效手段。因为工序能力是由各种因素造成的，所以通过工序能力的测试分析，可以找到影响工序能力的主导性因素，从而通过改进工艺、改进设备、提高操作水平、改善环境条件、制定有效的工艺方法和操作规程、严格工艺纪律等来提高工序能力。

第三，工序能力的测试分析为质量改进找出方向。因为工序能力是工序加工的实际质量状态，它是产品质量保证的客观依据，通过工序能力的测试分析，为设计人员和工艺人员提供关键的工序能力数据，也可以为产品设计和签订合同提供参考。同时通过工序能力分析找出影响工序能力的主要问题，为提高工序能力、改进产品质量找到改进方向。

5.2 工序能力指数

5.2.1 工序能力指数（也称过程能力指数）的概念

　　质量标准是指工序加工产品必须达到的质量要求，通常用标准、公差（容差）、允许范围等来衡量，一般用符号 T 表示。

　　质量标准（T）与工序能力（B）之比值，称为工序能力指数，记为 C_P。其表达式为

$$C_P = \frac{T}{B} = \frac{T}{6\sigma}$$

　　工序能力指数 C_P 值，是衡量工序能力大小的数值。对于技术要求满足程度的指标，工序能力指数越大，说明工序能力越能满足技术要求，甚至有一定的能力贮备。但是不能认为工序能力指数越大越好，要看技术要求的具体情况而定。

5.2.2 工序能力指数的计算

　　1. 计量值为双侧公差而且分布中心和标准中心重合的情况（如图 5-1 所示）C_P 值的计算：

$$C_P = \frac{T}{6\sigma} = \frac{T_\mu - T_L}{6\sigma}$$

σ 可以用抽取样本的实测值计算出样本标准偏差 S 来估计。这时，

$$C_P = \frac{T}{6S} = \frac{T_\mu - T_L}{6S}$$

　　式中 T_μ 为质量标准上限，T_L 为质量标准下限，即 $T = T_\mu - T_L$。

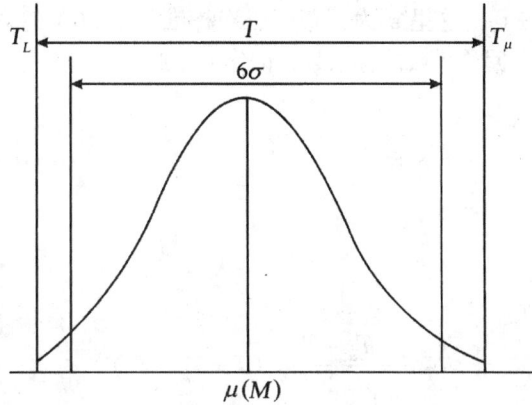

图 5 - 1

例：某零件的强度的屈服界设计要求为 4 800 ~ 5 200kg/cm^2，从 100 个样品中测得样本标准偏差（S）为 62kg/cm^2，求工序能力指数。

解：当工序过程处于稳定状态，而样本大小 $n = 100$ 也足够大，可以用 S 估计 σ：

$$C_P = \frac{5\,200 - 4\,800}{6 \times 62} = 1.075$$

2. 分布中心和标准中心不重合的情况下 C_{P_k} 值的计算

当质量特性分布中心 μ 和标准中心 M 不重合时，如图 5 - 2 所示，虽然分布标准差 σ 未变，C_P 也没变，但却出现了工序能力不足的现象。

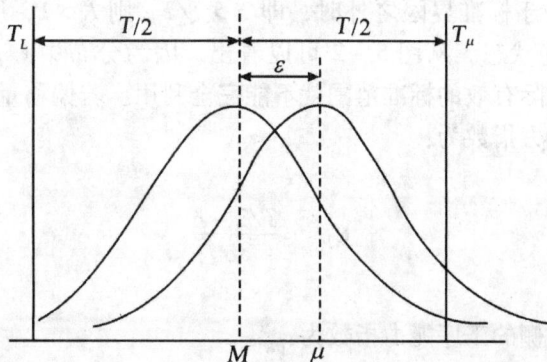

图 5 - 2

令 $\varepsilon = |M - \mu|$，这里 ε 为分布中心对标准中心 M 的绝对偏移量。把 ε 对 $T/2$ 的比值称为相对偏移量或偏移系数，记作 K，则：

$$K = \frac{\varepsilon}{T/2} = \frac{|M - \mu|}{T/2} \quad \cdots\cdots\cdots\cdots\cdots\cdots\cdots\cdots\cdots \text{①}$$

又

$$M = \frac{T_\mu + T_L}{2}, \quad (T = T_\mu - T_L)$$

所以

$$K = \frac{\left| \frac{1}{2}(T_\mu + T_L) - \mu \right|}{\frac{1}{2}(T_\mu - T_L)} \cdots\cdots\cdots\cdots\cdots\cdots\cdots\cdots\cdots \text{②}$$

$$\left(K = \frac{\varepsilon}{T/2} = \frac{2\varepsilon}{T} \right)$$

从公式①和公式②可知：

（1）当 μ 恰好位于标准中心时，$|M - \mu| = 0$，则 $K = 0$，这就是分布中心与标准中心重合的理想状态。

（2）当 μ 恰好位于标准上限或下限时，即 $\mu = T_\mu$ 或 $\mu = T_L$ 时，则 $K = 1$。

（3）当 μ 位于标准界限之外时，即 $\varepsilon > T/2$，则 $K > 1$，所以 K 值越小越好，$K = 0$ 是理想状态。从图 5-2 可以看出，因为分布中心 μ 和标准中心 M 不重合，所以实际有效的标准范围就不能完全利用。若偏移量为 ε，则分布中心右侧的工序能力指数为：

$$C_{P\pm} = \frac{T/2 - \varepsilon}{3\sigma}$$

分布中心左侧的工序能力指数为：

$$C_{P\mp} = \frac{T/2 + \varepsilon}{3\sigma}$$

见图 5 – 3 下下：

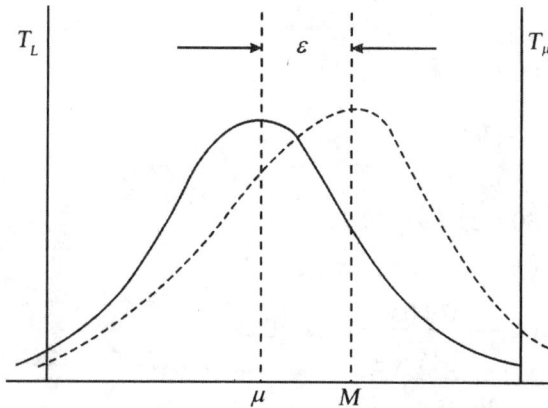

T_L ε T_μ

μ M

图 5 – 3

我们知道，左侧工序能力的增加值补偿不了右侧工序能力的损失，所以在有偏移值时，只能以两者中较小值来计算工序能力指数，这个工序能力指数称为修正工序能力指数，记作 C_{P_K}：

$$C_{P_K} = \frac{T/2 - \varepsilon}{3\sigma} = \frac{T}{6\sigma} \left(1 - \frac{2\varepsilon}{T}\right)$$

$$\because \quad K = \frac{2\varepsilon}{T}$$

$$\therefore \quad C_{P_K} = \frac{T}{6\sigma} \left(1 - K\right)$$

$$\because \quad \frac{T}{6\sigma} = C_P$$

$$\therefore \quad C_{P_K} = C_P \left(1 - K\right)$$

当 $K = 0$，$C_{P_K} = C_P$，即偏移量为 0，修正工序能力指数就是一般的工序能力指数。当 $K \geqslant 1$ 时，$C_{P_K} = 0$，这时 C_P 实际上也已为 0。

例：设零件的尺寸要求（技术标准）$\phi 30^{\pm 0.023}$，随机抽样后计算样本特性值为 $\bar{X} = 29.997$，$C_P = 1.095$，求 C_{P_K}。

解：已知

$C_P = 1.095$

$M = \dfrac{1}{2}$ （$30.023 + 29.977$）

　　$= 30$

$T = 30.023 - 29.977$

　　$= 0.046$

$| M - \bar{X} | = 30 - 29.997 = 0.003$

$\therefore$ 　$C_{P_K} = $（$1 - K$）$C_P$

　　　　$= $（$1 - \dfrac{0.003}{0.046 \times \dfrac{1}{2}}$）$\times 1.095$

　　　　$= $（$1 - 0.13$）$\times 1.095$

　　　　$= 0.952$

3. 计量值为单侧公差情况下 C_P 值的计算

技术要求以不大于或不小于某一标准值的形式表示，这种质量标准就是单侧公差，如强度、寿命只规定下限的质量特性界限。又如机械加工的形位公差、光洁度，材料中有害杂质的含量，只规定上限标准，而对下限标准却不作规定。

在只给定单侧标准的情况下，特性值的分布中心与标准的距离就决定了工序能力的大小。为了经济地利用工序能力，并把不合格品率控制在 0.3% 左右，按 $\pm 3\sigma$ 分布的原理，在单侧标准的情况下就可用 $\pm 3\sigma$ 作为计算 C_P 值的基础。

（1）只规定上限标准时如图 5-4 所示，工序能力指数为

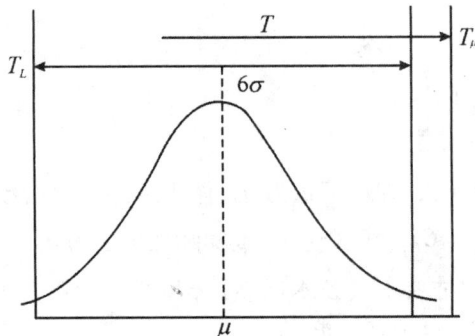

图 5-4

$$C_{P\pm} = \frac{T_\mu - \mu}{3\sigma} \approx \frac{T_\mu - \bar{X}}{3S}$$

注意：当 $\mu \geq T\mu$ 时，则认为 $C_P = 0$，这时可能出现的不合格率高达 50% ~ 100%。

（2）只规定下限标准时如图 5 - 5 所示，工序能力指数为

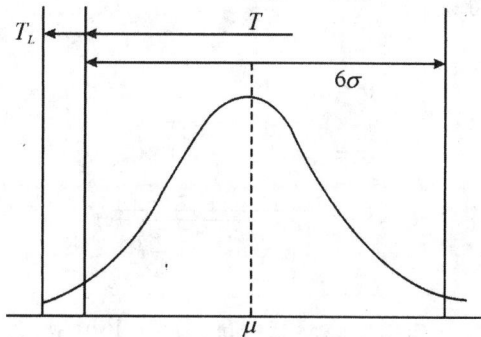

图 5 - 5

$$C_{P\mp} = \frac{\mu - T_L}{3\sigma} \approx \frac{\bar{X} - T_L}{3S}$$

注意：当 $\mu \leq T_L$ 时，则认为 $C_P = 0$，这时可能出现的不合格率同样为 50% ~ 100%。

例：某一产品含某一杂质要求最高不能超过 12.2 毫克，样本标偏差 S 为 0.038，$\bar{X}$ 为 12.1，求工序能力指数。

$$C_P = \frac{T_\mu - \bar{X}}{3S} = \frac{12.2 - 12.1}{3 \times 0.038} = 0.877$$

4. 计件值情况下 C_P 值的计算

在计件值情况下相当于单侧公差情况，其 C_P 值计算公式为：

$$C_P = (T\mu - \mu) / 3\sigma$$

当以不合格品数 nP 作为检验产品质量指标，并以 $(nP)_\mu$ 作为标准要求

时，取样本 k 个，每个样本大小为 n，其中不合格品数分别为 $(nP)_1$，$(nP)_2$，$\cdots$，$(nP)_k$，则样本不合格品数的平均值为 $n\bar{P}$，其中

$$\bar{P} = \frac{(nP)_1 + (nP)_2 + \cdots + (nP)_k}{kn} = \frac{\sum\limits_{i=1}^{k} (nP)_i}{kn}$$

由二项分布可得：

$$\mu = n\bar{P}$$

$$\sigma = \sqrt{n\bar{P}(1-\bar{P})}$$

$$C_P = \frac{(nP)\ \mu - n\bar{P}}{3 \cdot \sqrt{n\bar{P}(1-\bar{P})}}$$

当以不合格品率 P 作为检验产品质量指标，并以 P_μ 作为标准要求时，C_P 值可计算如下。

如果要求批不合格品率为 P_μ，取样本 k 个，每个样本大小分别为 n_1，n_2，$\cdots$，n_k，其样本平均值 $\bar{n}$ 与不合格品率平均值 $\bar{P}$ 分别为：

$$\bar{n} = \frac{1}{k}(n_1 + n_2 + \cdots + n_k) = \frac{1}{k}\sum\limits_{i=1}^{k} n_i$$

$$\bar{P} = \frac{n_1P_1 + n_2P_2 + \cdots + n_kP_k}{n_1 + n_2 + \cdots + n_k} = \frac{\sum\limits_{i=1}^{k} n_iP_i}{\sum\limits_{i=1}^{k} n_i}$$

这时有：　　　$\mu = \bar{n}\bar{P}$

则：

$$\sigma = \sqrt{\frac{1}{\bar{n}}\bar{P}(1-\bar{P})}$$

$$C_P = \frac{P_\mu - \bar{P}}{3 \cdot \sqrt{\frac{1}{\bar{n}}\bar{P}(1-\bar{P})}}$$

注意：样本大小 n 最好为定值，以减小误差。

例：抽取大小为 $n=100$ 的样本 20 个，其中不合格品数分别为：1，3，5，2，4，0，3，8，5，4，6，4，5，4，3，4，5，7，0，5，当允许样本不合格

品数（nP）为 10 时，求工序能力指数。

解：

$$\bar{P} = \frac{\sum\limits_{i=1}^{k} (nP)_i}{kn}$$

$$\bar{P} = \frac{1+3+5+2+4+0+3+8+5+4+6+4+5+4+3+4+5+7+0+5}{20 \times 100}$$

$$= 0.039$$

$$n\bar{P} = 100 \times 0.039 = 3.9$$

$$C_P = \frac{(nP)_\mu - n\bar{P}}{3 \cdot \sqrt{n\bar{P}(1-\bar{P})}}$$

$$C_P = \frac{10 - 3.9}{3 \cdot \sqrt{3.9(1-0.039)}} = 1.0503$$

5. 计点值情况下 C_P 值的计算

在计点值情况下仍相当于单侧公差情况，其 C_P 值可用公式 $C_P = (T_\mu - \mu)/3\sigma$ 求得。

当以疵点数（或缺陷数）C 作为检验产品质量指标，并以 C_μ 作为标准要求时，C_P 值可计算如下。

取样本 k 个，每个样本大小为 n，其中疵点数（或缺陷数）分别为 C_1，C_2，…，C_k，则样本疵点数的平均值为：

$$\bar{C} = \frac{1}{k}(C_1 + C_2 + \cdots + C_k)$$

$$= \frac{1}{k}\sum_{i=1}^{k} C_i$$

由布阿松分布可得：

$$\mu = \bar{C}$$

$$\sigma = \sqrt{\bar{C}}$$

则

$$C_P = \frac{C_\mu - \bar{C}}{3 \cdot \sqrt{\bar{C}}}$$

例：抽取大小为 $n = 50$ 的样本 20 个，其中疵点数分别为：1，2，0，3，2，4，1，0，3，1，2，2，1，6，3，3，5，1，3，2，当允许样本疵点数 C_u 为 6 时，求工序能力指数。

解：

$$\bar{C} = \frac{1}{k} \sum_{i=1}^{k} C_i$$

$$\bar{C} = \frac{1}{20} (1+2+0+3+2+4+1+0+3+1+2+2+1+6+3+3+5+1+3+2)$$

$$= 2.25$$

$$C_P = \frac{C_\mu - \bar{C}}{3 \cdot \sqrt{\bar{C}}}$$

$$C_P = \frac{6 - 2.25}{3 \cdot \sqrt{2.25}} = 0.833$$

5.3 不良品率的计算

当质量特性的分布呈正态分布时，一定的工序能力指数与一定的不良品率相对应。例如当 $C_P = 1$ 时，即 $B = 6\sigma$ 时，质量特性标准的上下限与 $\pm 3\sigma$ 重合，由正态分布的概率函数可知，此时的不良品率为 0.27%。如图 5-6 所示。

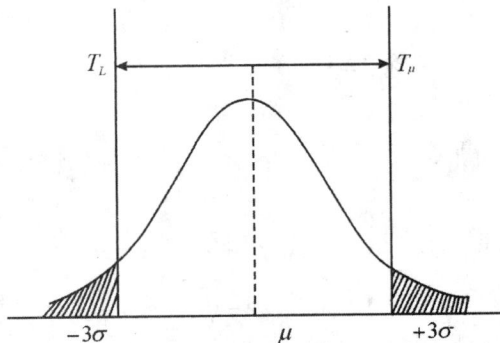

图 5-6

5.3.1 当分布中心和标准中心重合时的情况

首先计算良品率，由概率分布函数的计算公式可知，在 T_L 和 T_μ 之间的分布函数值就是良品率，即

$$
P\ (T_L \leqslant X \leqslant T_\mu)\ = \int_{\frac{T_L - \mu}{\sigma}}^{\frac{T_\mu - \mu}{\sigma}} \frac{1}{\sqrt{2\pi}} e^{-\frac{t^2}{2}dt}
$$

$$
= \varphi\ \left(\frac{T_\mu - \mu}{\sigma}\right)\ - \varphi\ \left(\frac{T_L - \mu}{\sigma}\right)
$$

$$
= \varphi\ \left(\frac{T}{2\sigma}\right)\ - \varphi\ \left(-\frac{T}{2\sigma}\right)
$$

$$
= \varphi\ (3C_P)\ - \varphi\ (-3C_P)
$$

$$
= 1 - 2\varphi\ (-3C_P)
$$

所以不良品率为：

$$
P = 1 - P\ (T_L \leqslant X \leqslant T_\mu)
$$

$$
= 2\varphi\ (-3C_P)
$$

由以上公式可以看出，只要知道 C_P 值就可求出该工序的不良品率。

例：当 $C_P = 1$ 时求相应不合格率 P。

解：

$$
P = 2\varphi\ (-3 \times 1)
$$

$$
= 2\varphi\ (-3)
$$

$$
= 2 \times 0.001\ 35 \quad （查正态分布表本章表 5 - 3）
$$

$$
= 0.002\ 7
$$

$$
P = 0.27\%
$$

例：当 $C_P = 0.9$ 时求相应不合格率 P。

解：

$$
P = 2\varphi\ (-3 \times 0.9)
$$

$$= 2\varphi \ (-2.7)$$
$$= 2 \times 0.003\ 467$$
$$= 0.006\ 934$$
$$P = 0.693\ 4\%$$

由不良品率的公式及上面两例可知，C_P 值增大，不良品率下降，反之，当 C_P 值减小时，不良品率增大。

5.3.2　当分布中心和标准中心不重合时的情况

如图 5-7：

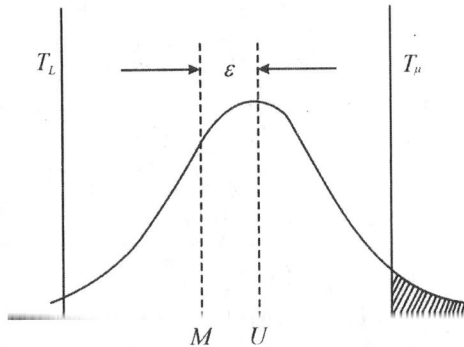

图 5-7

首先计算良品率：

$$P\ (T_L \leqslant x \leqslant T_\mu)\ = \int_{\frac{T_L - \mu}{\sigma}}^{\frac{T_\mu - \mu}{\sigma}} \frac{1}{\sqrt{2\pi}} e^{-\frac{t^2}{2}dt}$$

$$= \varphi\ \left(\frac{T_\mu - \mu}{\sigma}\right)\ - \varphi\ \left(\frac{T_L - \mu}{\sigma}\right)$$

$$= \varphi\ \left(\frac{T_\mu - M}{\sigma} - \frac{\mu - M}{\sigma}\right)\ - \varphi\ \left(\frac{T_L - M}{\sigma} - \frac{\mu - M}{\sigma}\right)$$

$$= \varphi\ \left(\frac{T}{2\sigma} - \frac{\varepsilon}{\sigma}\right)\ - \varphi\ \left(-\frac{T}{2\sigma} - \frac{\varepsilon}{\sigma}\right)$$

$$= \varphi\ (3C_P - \frac{\varepsilon}{\sigma})\ - \varphi\ (-3C_P - \frac{\varepsilon}{\sigma})$$

$$= \varphi\ (3C_P - 3KC_P)\ - \varphi\ (-3C_P - 3KC_P)$$

$$= \varphi\ [\ (3C_P\ (1-K))\ - \varphi\ [-3C_P\ (1-K)]$$

$$= \varphi\ (3C_{P_K})\ - \varphi\ [-3C_P\ (1+K)]$$

$$(\because K = \frac{2\varepsilon}{T} = \frac{2\varepsilon}{6\sigma C_P} = \frac{\varepsilon}{3\sigma \cdot C_P},\ \therefore \frac{\varepsilon}{\sigma} = 3KC_P)$$

不良品率 $= 1 - P\ (T_L \leqslant x \leqslant T_\mu)$

$$= 1 - \varphi\ [3C_P\ (1-K)]\ + \varphi\ [-3C_P\ (1+K)]$$

或: $\quad = 1 - \varphi\ (3C_{P_K})\ + \varphi\ [\ (-3C_P)\ (1+K)]$

例: 已知某零件尺寸要求为 $50^{\pm1.5}$ (mm), 抽取样本计算得: $\bar{X} = 50.6$, $S = 0.5$, 求零件的不合格率 P。

$$C_P = \frac{T}{6S} = \frac{51.5 - 48.5}{6 \times 0.5} = 1.0$$

$$K = \frac{\varepsilon}{T/2} = \frac{|M - \bar{X}|}{T/2} = \frac{0.6}{1.5} = 0.40$$

$$P = 1 - \varphi\ [3 \times 1\ (1 - 0.4)]\ + \varphi\ [-3 \times 1\ (1 + 0.4)]$$

$$= 1 - \varphi\ [3 \times 1 \times 0.6]\ + \varphi\ [-3 \times 1.4]$$

$$= 1 - \varphi\ (1.8)\ + \varphi\ (-4.2)$$

$$= 1 - 0.9641 + 0.00001335$$

$$= 0.0359 + 0.00001335$$

$$= 0.03591335$$

$$P = 3.59\%$$

例: 已知某零件尺寸要求为 $\phi 8^{-0.10}_{-0.05}$, 随机抽样后计算出的样本特性值 $\bar{X} = 7.945$, $S = 0.00519$, 工序能力指数 $C_P = 1.6$, $K = 0.8$, $C_{P_K} = 0.32$, 求不合率 P。

$$P = 1 - \varphi\ (3 \times 0.32)\ + \varphi\ [-3 \times 1.6 \times\ (1 + 0.8)]$$

$$= 1 - \varphi\ (0.96)\ + \varphi\ (-8.64)$$

$$= 16.85\%$$

5.3.3 查表法

以上介绍了根据工序能力指数 C_P 值和相对偏移量（系数）K 来计算不良品率。为了应用方便，可根据 C_P 和 K 求总体不合格率的数值表，求不合格率 P（$C_P—K—P$ 数值表，即下面表 5 - 4）。

例：已知某一零件尺寸要求为 $50^{\pm 1.5}$（mm），抽取样本 $\bar{X} = 50.6$，$S = 0.5$，求零件不合格率（即前面的例求得 $C_P = 1.0$　$K = 0.40$）。

查 $C_P—K—P$ 表（即表 5 - 4），从表中 $C_P = 1$ 及 $K = 0.4$ 相交处查出对应的 P 值为 3.59%。这与前面我们计算出来的数值是相同的，故在实际工作中常用查表法是比较快捷的。

5.4　工序能力分析

5.4.1　工序能力的判定

当工序能力指数求出后，就可以对工序能力是否充分作出分析和判定；即判断 C_P 值在多少时，才能满足设计要求。

（1）根据工序能力的计算公式，如果质量特性分布中心与标准中心重合，这时 $K = 0$，则标准界限范围是 $\pm 3\sigma$（即 6σ）时，这时的工序能力指数 $C_P = 1$，可能出现的不良品率为 0.27%，工序能力基本满足设计质量要求。

（2）如果标准界限范围是 $\pm 4\sigma$（即 8σ）时，$K = 0$，则工序能力指数为 $C_P = 1.33$。这时的工序能力不仅能满足设计质量要求，而且有一定的富余能力，这种工序能力状态是比较理想的状态。

（3）如果标准界限范围是 $\pm 5\sigma$（即 10σ）时，$K = 0$，则工序能力指数为 $C_P = 1.67$，这时工序能力有更多的富余，也就是说工序能力非常充分。

（4）当工序能力指数 $C_P < 1$ 时，我们就认为工序能力不足，应采取措施提高工序能力。

根据以上分析，工序能力指数 C_P 值（或 C_{PK}）的判断标准列于表 5 - 1，可作参考。

128

表 5-1　工序能力的判断标准

项目\级别	工序能力指数 C_P 或 C_{PK}	对应关系 T 与 σ	不合格品率 P	工序能力分析
特级	$C_P > 1.67$	$T > 10\sigma$	$P < 0.00006\%$	工序能力很充分
一级	$1.67 \geq C_P > 1.33$	$10\sigma \geq T > 8\sigma$	$0.00006\% \leq P \leq 0.006\%$	工序能力充分
二级	$1.33 \geq C_P > 1$	$8\sigma \geq T > 6\sigma$	$0.006\% \leq P \leq 0.27\%$	工序能力尚可
三级	$1 \geq C_P > 0.67$	$6\sigma \geq T > 4\sigma$	$0.27\% \leq P \leq 4.45\%$	工序能力不足
四级	$C_P \leq 0.67$	$T \leq 4\sigma$	$P \geq 4.45\%$	工序能力严重不足

5.4.2　提高工序能力的对策

1. $C_P > 1.33$

当 $C_P > 1.33$ 时表明工序能力充分，这时就需要控制工序的稳定性，以保持工序能力不发生显著变化。如果认为工序能力过大时，应对标准要求和工艺条件加以分析，一方面可以降低要求，以避免设备精度的浪费；另一方面也可以考虑修订标准，提高产品质量水平。

2. $1.0 \leq C_P \leq 1.33$

当工序能力处于 1.0~1.33 之间时，表明工序能力基本满足要求，但不充分。当 C_P 值很接近 1 时，则会产生超差的危险，应采取措施加强对工序的控制。

3. $C_P < 1.0$

当工序能力小于 1 时，表明工序能力不足，不能满足标准的需要，应采取改进措施，改变工艺条件，修订标准，或严格进行全数检查等。

5.4.3　提高工序能力指数的途径

在实际的工序能力调查中，工序能力分布中心与标准中心完全重合的情况是很少的，在大多数情况下都存在一定量的偏差，所以在进行工序能力分析时，计算的工序能力指数一般都是修正工序能力指数。从修正工序能力指数的计算公式 $C_{PK} = \dfrac{T - 2\varepsilon}{6\sigma}$ 中看出，式中有三个影响工序能力指数的变量，即质量标准 T、绝对偏移量 ε 和工序质量特性分布的标准差 σ。那么要提高工序能力指数就有三个途径，即减小偏移量、降低标准差和扩大精度范围。

1. 调整工序加工的分布中心，减少偏移量

偏移量是工序分布中心和技术标准中心偏移的绝对值，即 $\varepsilon = | M - \mu |$。当工序存在偏移量时，会严重影响工序能力指数。假设在两个中心重合时工序能力指数是充足的，但由于存在偏移量，使工序能力指数下降，造成工序能力严重不足。

例：某零件尺寸标准要求为 $\phi 8^{-0.10}_{-0.05}$，随机抽样后计算出的样本特性值为：$\bar{X} = 7.945$，$S = 0.005\ 19$，计算工序能力指数。

解：已知

$$T_L = 7.9, \quad T_\mu = 7.95$$

$$T = T_\mu - T_L = 7.95 - 7.9 = 0.05$$

$$M = \frac{T_P + T_L}{2} = \frac{7.95 + 7.9}{2} = 7.925$$

$$\varepsilon = | \bar{X} - M | = | 7.945 - 7.925 | = 0.02$$

$$K = \frac{2\varepsilon}{T} = \frac{2 \times 0.02}{0.05} = 0.8$$

$$C_P = \frac{T}{6S} = \frac{0.05}{0.005\ 19} = 1.6$$

$$C_{PK} = C_P (1 - K) = 1.6 \times (1 - 0.8) = 0.32$$

由上例看出 $C_P = 1.6$ 是很充足的，但由于存在偏移量，使工序能力指数下降到 0.32，造成工序能力严重不足。所以调整工序加工的分布中心，消除偏移量，是提高工序能力指数的有效措施。

2. 提高工序能力，减少分散程度

由公式 $B = 6\sigma$ 可知，工序能力 $B = 6\sigma$，是由人、机、物、法、环境五个因素所决定的，这是工序固有的分布宽度。当技术标准固定时，工序能力对工序能力指数的影响是十分显著的，由此看出，减少标准差 σ，就可以减小分散程度，从而提高工序能力，以满足技术标准的要求程度。一般来说可以通过以下一些措施减小分散程度。

（1）修订工艺，改进工艺方法；修订操作规程，优化工艺参数；补充或增添中间工序，推广应用新工艺、新技术。

（2）改造更新与产品质量标准要求相适应的设备，对设备进行周期点检，按计划进行维护，从而保证设备的精度。

（3）提高工具、工艺装备的精度，对大型的工艺装备进行周期点检，加

强维护保养，以保证工艺装备的精度。

（4）按产品质量要求和设备精度要求保证环境条件。

（5）加强人员培训，提高操作者的技术水平和质量意识。

（6）加强现场质量控制，设置关键、重点工序的工序管理点，开展 QC 小组活动，使工序处于控制状态。

3. 修订标准范围

标准范围的大小直接影响对工序能力的要求，当确信若降低标准要求或放宽公差范围不致影响产品质量时，就可以修订不切实际的现有公差的要求。这样既可以提高工序能力指数，又可以提高劳动生产率。但必须以切实不影响产品质量、不影响用户使用效果为依据。

5.5　工序能力调查

5.5.1　工序能力调查的目的

工序能力的调查首先要从收集数据开始，并从频数分布表、直方图以及工序能力图、控制图等作为依据来判断工序是否处于稳定状态。如果处于稳定状态，则可由其分布的统计量 $\bar{X}$、S 等来计算工序能力指数，从而达到工序进行科学调查的目的。

工序能力调查一般来说有以下几个目的：

（1）为改善生产过程各道工序的能力提供依据，从而取得较好的经济效益，保证产品质量的不断提高。

（2）为设计工作中确定产品标准提供重要资料，使产品设计减小盲目性。

（3）为工艺规程的设计和修订、工艺装备的设计和修改、设备的选用以及对环境的要求等提供可靠资料，从而为更经济地使产品符合标准规格的要求打下基础。

（4）为制定产品检验方法、编制产品说明书等检验和供销工作提供情报资料。

（5）为确定质量管理点提供依据。

5.5.2　工序能力调查的方法步骤

工序能力调查的基本方法是用直方图。根据所收集来的数据画出直方图后，把工序质量标准 T 与直方图的宽度，即质量特性分布范围进行比较，大致地分析工序能力是否满足质量标准的要求。还可以直观地分析质量分布中心 μ 和标准中心 M 是否重合，若发生较大的偏移，就说明工序生产过程中有较大的系统误差，这时应调查原因，消除由系统原因而引起的中心偏差。

工序能力调查的一般步骤如图 5-8 所示。

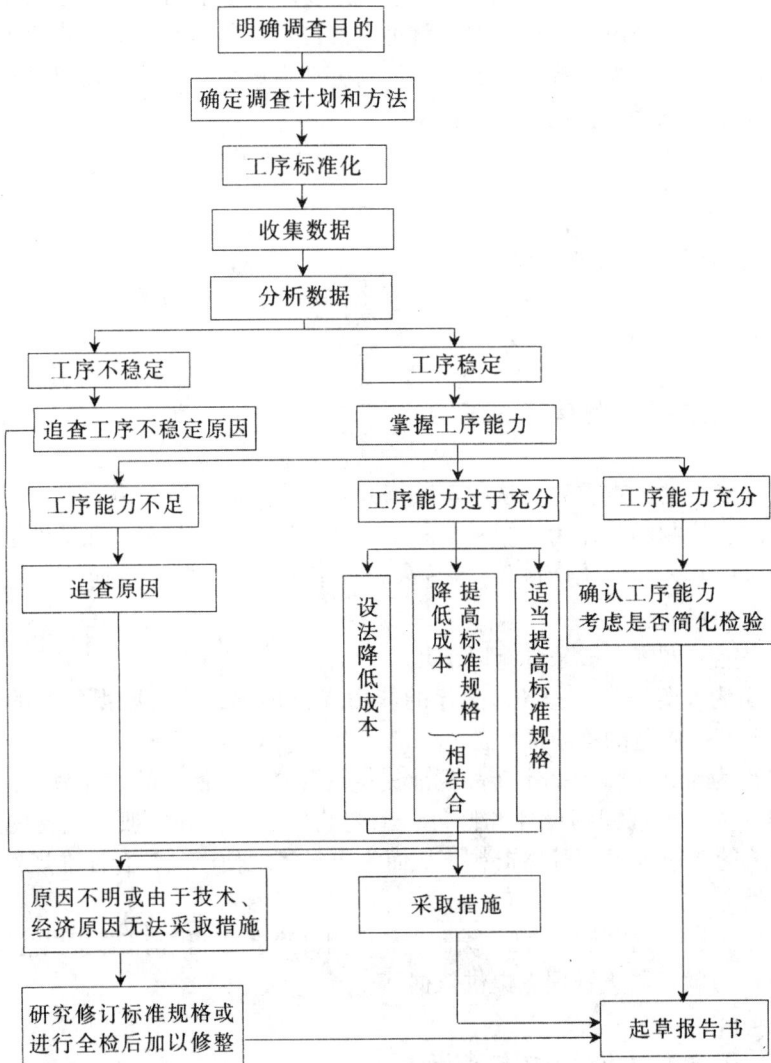

图 5-8　工序能力调查步骤

本章小结

产品质量是由生产过程中的各个工序质量来决定的，工序质量主要受到操作人员、机器设备、原材料、工艺方法、环境等五个方面的影响，控制生产过程的质量就要研究和控制工序质量。工序质量具体表现在工序能力是否满足产品设计要求。本章着重研究了工序能力和工序能力指数的内涵，分析了影响工序能力的主要因素，揭示了工序能力分析的意义。重点讨论了工序能力指数在各种情况下的计算方法以及不良品率的计算方法，同时对工序能力的判定和改善进行了研究，最后提出了对工序能力进行调查的方法步骤。

通过对以上这些问题的研究，认识到产品的质量变异是客观存在的，在实际工作中既要承认这种变异，又要对其进行控制。特别是对每一道工序的加工质量予以保证，而每道工序与产品质量的保证程度即工序能力的大小有关。因此，对工序能力的研究与分析，使工序能力能满足设计的标准要求，也是保证产品质量的重要方面，这就是本章研究的目的所在。

复习思考题

1. 什么是工序能力、工序能力指数？影响工序能力的主要因素有哪些？

2. 为什么要对工序能力进行分析？通过哪些途径可以改善工序能力？

3. 在计量值情况下，工序能力指数计算有哪些方法，如何计算？

4. 在计数值情况下，工序能力指数计算有哪些方法，如何计算？

5. 已知某零件尺寸为 $50^{+0.3}_{-0.1}$ mm，取样实测后求得 $\bar{X} = 50.05$ mm，$S = 0.061$，求工序能力指数，并判断是否需要求 C_{PK}，如果需要，还要求出 C_{PK}，并通过查表求出不合格率 P。

6. 某企业生产某种绝缘材料，规定其击穿电压不得低于 1 200 伏，实测样本算出 $\bar{X} = 4\,000$ 伏，$S = 1\,000$ 伏，试求该工序的工序能力指数（即只规定了标准下限）。

7. 加工某种零件，要求径向跳动不得超过 0.05，实测样本算出 $\bar{X} = 0.01$ mm，$S = 0.016$。求该工序的工序能力指数（即只规定了标准上限）。

表 5 - 2　标准正态分布函数表

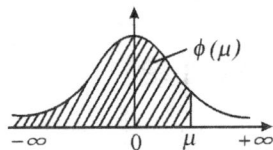

$$\phi(\mu) = \frac{1}{\sqrt{2\pi}} \int_{-\infty}^{\mu} e^{-\frac{x^2}{2}} dx \quad (\mu \geqslant 0)$$

μ	0.00	0.01	0.02	0.03	0.04	0.05	0.06	0.07	0.08	0.09	μ
0.0	0.500 0	0.504 0	0.508 0	0.512 0	0.516 0	0.519 9	0.523 9	0.527 9	0.531 9	0.535 9	0.0
0.1	.539 8	.543 8	.547 8	.551 7	.555 7	.559 6	.563 6	.567 5	.571 4	.575 3	0.1
0.2	.579 3	.583 2	.587 1	.591 0	.594 8	.598 7	.602 6	.606 4	.610 3	.614 1	0.2
0.3	.617 9	.621 7	.625 5	.629 3	.633 1	.636 8	.640 6	.644 3	.648 0	.651 7	0.3
0.4	.655 4	.659 1	.662 8	.666 4	.670 0	.673 6	.677 2	.680 8	.684 4	.687 9	0.4
0.5	.691 5	.695 0	.698 5	.701 9	.705 4	.708 8	.712 3	.715 7	.719 0	.722 4	0.5
0.6	.725 7	.729 1	.732 4	.735 7	.738 9	.742 2	.745 4	.748 6	.751 7	.754 9	0.6
0.7	.758 0	.761 1	.764 2	.767 3	.770 3	.773 4	.776 4	.779 4	.782 3	.785 2	0.7
0.8	.788 1	.791 0	.793 9	.796 7	.799 5	.802 3	.805 1	.807 8	.810 6	.813 3	0.8
0.9	.815 9	.818 6	.818 2	.823 8	.826 4	.828 9	.831 5	.834 0	.836 5	.838 9	0.9
1.0	.841 3	.843 8	.846 1	.848 5	.850 8	.853 1	.855 4	.857 7	.859 9	.862 1	1.0
1.1	.864 3	.866 5	.868 6	.870 8	.872 9	.874 9	.877 0	.879 0	.881 0	.883 0	1.1
1.2	.884 9	.886 9	.888 8	.890 7	.892 5	.894 4	.896 2	.898 0	.899 7	.9014 7	1.2
1.3	.903 20	.904 90	.906 58	.908 24	.909 88	.911 49	.913 09	.914 66	.916 21	.917 74	1.3
1.4	.919 24	.920 73	.922 20	.923 64	.925 07	.926 47	.927 85	.929 22	.930 56	.931 89	1.4
1.5	.933 19	.934 48	.935 74	.936 99	.938 22	.939 43	.940 62	.941 79	.942 95	.944 08	1.5
1.6	.945 20	.946 30	.947 83	.948 45	.949 50	.950 53	.951 54	.952 54	.953 52	.954 49	1.6
1.7	.955 43	.956 37	.957 28	.958 18	.959 07	.959 94	.960 80	.961 64	.962 46	.963 27	1.7
1.8	.964 07	.964 85	.965 62	.966 38	.967 12	.967 84	.968 56	.969 26	.969 95	.970 62	1.8
1.9	.971 28	.971 93	.975 27	.973 20	.973 81	.974 41	.975 00	.975 58	.976 15	.976 70	1.9
2.0	.977 25	.977 78	.978 31	.978 82	.979 32	.979 82	.980 30	.980 77	.981 24	.981 69	2.0
2.1	.982 14	.982 57	.983 00	.983 41	.983 82	.984 22	.984 61	.985 00	.985 37	.985 74	2.1
2.2	.986 10	.986 45	.986 79	.987 13	.987 45	.987 78	.988 09	.988 40	.988 70	.988 99	2.2
2.3	.989 28	.989 56	.989 83	$.9^2 0097$	$.9^2 0358$	$.9^2 0613$	$.9^2 0863$	$.9^2 1106$	$.9^2 1344$	$.9^2 1576$	2.3
2.4	$.9^2 1802$	$.9^2 2024$	$.9^2 2240$	$.9^2 2451$	$.9^2 2656$	$.9^2 2857$	$.9^2 3053$	$.9^2 3244$	$.9^2 3431$	$.9^2 3613$	2.4

（续上表）

μ	0.00	0.01	0.02	0.03	0.04	0.05	0.06	0.07	0.08	0.09	μ
2.5	$.9^23790$	$.9^23963$	$.9^24132$	$.9^24297$	$.9^24457$	$.9^24614$	$.9^24766$	$.9^24915$	$.9^25060$	$.9^25210$	2.5
2.6	$.9^25339$	$.9^25473$	$.9^25604$	$.9^25731$	$\sharp 9^25855$	$.9^25975$	$.9^26093$	$.9^26207$	$.9^26319$	$.9^26427$	2.6
2.7	$.9^26533$	$.9^26636$	$.9^26736$	$.9^26833$	$.9^26928$	$.9^27020$	$.9^27110$	$.9^27197$	$.9^27262$	$.9^27365$	2.7
2.8	$.9^27445$	$.9^27523$	$.9^27599$	$.9^27673$	$.9^27744$	$.9^27814$	$.9^27882$	$.9^27948$	$.9^28012$	$.9^28074$	2.8
2.9	$.9^28134$	$.9^28193$	$.9^28250$	$.9^28305$	$.9^28359$	$.9^28411$	$.9^28462$	$.9^28511$	$.9^28559$	$.9^28605$	2.9
3.0	$.9^28650$	$.9^28694$	$.9^28736$	$.9^28777$	$.9^28817$	$.9^28856$	$.9^38893$	$.9^28930$	$.9^28965$	$.9^28999$	3.0
3.1	$.9^30324$	$.9^30646$	$.9^30957$	$.9^31260$	$.9^31553$	$.9^31836$	$.9^32112$	$.9^32378$	$.9^32636$	$.9^32886$	3.1
3.2	$.9^33129$	$.9^33363$	$.9^33590$	$.9^33810$	$.9^34024$	$.9^34230$	$.9^34429$	$.9^34623$	$.9^34810$	$.9^34991$	3.2
3.3	$.9^35166$	$.9^35335$	$.9^35499$	$.9^35658$	$.9^35811$	$.9^35959$	$.9^36103$	$.9^36242$	$.9^36376$	$.9^36505$	3.3
3.4	$.9^36631$	$.9^36752$	$.9^36869$	$.9^36982$	$.9^37091$	$.9^37197$	$.9^37299$	$.9^37398$	$.9^37493$	$.9^37585$	3.4
3.5	$.9^37674$	$.9^37759$	$.9^37842$	$.9^37922$	$.9^37999$	$.9^38074$	$.9^38146$	$.9^38215$	$.9^38282$	$.9^38347$	3.5
3.6	$.9^38409$	$.9^38469$	$.9^38527$	$.9^38583$	$.9^38637$	$.9^38689$	$.9^38739$	$.9^38787$	$.9^38834$	$.9^38879$	3.6
3.7	$.9^38922$	$.9^38964$	$.9^40039$	$.9^40426$	$.9^40799$	$.9^41158$	$.9^41504$	$.9^41838$	$.9^42159$	$.9^42468$	3.7
3.8	$.9^42765$	$.9^43052$	$.9^43327$	$.9^43593$	$.9^43848$	$.9^40494$	$.9^44331$	$.9^44558$	$.9^44777$	$.9^44988$	3.8
3.9	$.9^45190$	$.9^45385$	$.9^45573$	$.9^45753$	$.9^45926$	$.9^46092$	$.9^46253$	$.9^46406$	$.9^46554$	$.9^46696$	3.9
4.0	$.9^46833$	$.9^46964$	$.9^47090$	$.9^47211$	$.9^47327$	$.9^47439$	$.9^47546$	$.9^47649$	$.9^47748$	$.9^47843$	4.0
4.1	$.9^47934$	$.9^48022$	$.9^48106$	$.9^48186$	$.9^48263$	$.9^48338$	$.9^48409$	$.9^48477$	$.9^48542$	$.9^48605$	4.1
4.2	$.9^48665$	$.9^48723$	$.9^48778$	$.9^48832$	$.9^48882$	$.9^48931$	$.9^48978$	$.9^50226$	$.9^50655$	$.9^51066$	4.2
4.3	$.9^51460$	$.9^51837$	$.9^52199$	$.9^52545$	$.9^52876$	$.9^53193$	$.9^53497$	$.9^53788$	$.9^54066$	$.9^54332$	4.3
4.4	$.9^54587$	$.9^54831$	$.9^55065$	$.9^55288$	$.9^55502$	$.9^55706$	$.9^55902$	$.9^56089$	$.9^56268$	$.9^56439$	4.4
4.5	$.9^56602$	$.9^56759$	$.9^56908$	$.9^57051$	$.9^57187$	$.9^57318$	$.9^57442$	$.9^57561$	$.9^57676$	$.9^57784$	4.5
4.6	$.9^57888$	$.9^57987$	$.9^58081$	$.9^58172$	$.9^58258$	$.9^58340$	$.9^58419$	$.9^58494$	$.9^58566$	$.9^58634$	4.6
4.7	$.9^58699$	$.9^58761$	$.9^58821$	$.9^58877$	$.9^58931$	$.9^58983$	$.9^60320$	$.9^60789$	$.9^61235$	$.9^64661$	4.7
4.8	$.9^62067$	$.9^62453$	$.9^62822$	$.9^63173$	$.9^63508$	$.9^63827$	$.9^64131$	$.9^64420$	$.9^64696$	$.9^64958$	4.8
4.9	$.9^65208$	$.9^65446$	$.9^65673$	$.9^65889$	$.9^66094$	$.9^66289$	$.9^66475$	$.9^66652$	$.9^66821$	$.9^66981$	4.9

注：9^2 代表 .99，其余类推。

135

表 5 – 3　标准正态分布函数表

$$\phi(\mu) = \frac{1}{\sqrt{2\pi}} \int_{-\infty}^{\mu} e^{-\frac{x^2}{2}dx} (\mu \leqslant 0)$$

μ	0.00	0.01	0.02	0.03	0.04	0.05	0.06	0.07	0.08	0.09	μ
-0.0	0.5000	0.4960	0.4920	0.4880	0.4840	0.4801	0.4761	0.4721	0.4681	0.4641	-0.0
-0.1	.4602	.4562	.4522	.4483	.4443	.4404	.4364	.4325	.4286	.4247	-0.1
-0.2	.4207	.4168	.4129	.4090	.4052	.4013	.3974	.3936	.3897	.3859	-0.2
-0.3	.3821	.3783	.3745	.3707	.3669	.3632	.3594	.3557	.3520	.3483	-0.3
-0.4	.3446	.3409	.3372	.3336	.3300	.3264	.3228	.3192	.3156	.3121	-0.4
-0.5	.3085	.3050	.3015	.2981	.2946	.2912	.2877	.2843	.2810	.2776	-0.5
-0.6	.2743	.2709	.2676	.2643	.2611	.2578	.2546	.2514	.2483	.2451	-0.6
-0.7	.2420	.2389	.2358	.2327	.2297	.2266	.2236	.2206	.2177	.2148	-0.7
-0.8	.2119	.2090	.2061	.2033	.2005	.1977	.1949	.1922	.1894	.1867	-0.8
-0.9	.1841	.1814	.1788	.1762	.1736	.1711	.1685	.1660	.1635	.1611	-0.9
-1.0	.1587	.1562	.1539	.1515	.1492	.1469	.1446	.1423	.1401	.1379	-1.0
-1.1	.1357	.1335	.1314	.1292	.1271	.1251	.1230	.1210	.1190	.1170	-1.1
-1.2	.1151	.1131	.1112	.1093	.1075	.1056	.1038	.1020	.1003	.09853	-1.2
-1.3	.09680	.09510	.09342	.09176	.09012	.08851	.08691	.08534	.08379	.08226	-1.3
-1.4	.08076	.07927	.07780	.07636	.07493	.07353	.07215	.07078	.06944	.06811	-1.4
-1.5	.06681	.06552	.06426	.06301	.06178	.06057	.05938	.05821	.05705	.05592	-1.5
-1.6	.05480	.05370	.05262	.05155	.05050	.04947	.04846	.04746	.046.48	.04551	-1.6
-1.7	.04457	.04363	.04272	.04182	.04093	.04006	.03920	.03836	.03745	.03673	-1.7
-1.8	.03593	.03515	.03438	.03362	.03288	.03216	.03144	.03074	.03005	.02938	-1.8
-1.9	.02872	.02807	.02743	.02680	.02619	.02559	.02500	.02442	.02385	.02330	-1.9
-2.0	.02275	.02222	.02169	.02118	.02068	.02018	.01970	.01923	.01876	.01831	-2.0
-2.1	.01786	.01743	.01700	.01659	.01618	.01578	.01539	.01500	.01463	.01426	-2.1
-2.2	.01390	.01355	.01321	.01287	.01255	.01222	.01191	.01160	.01130	.01101	-2.2
-2.3	.01072	.01044	.01017	$.0^2 9903$	$.0^2 9642$	$.0^2 9387$	$.0^2 9137$	$.0^2 8894$	$.0^2 8656$	$.0^2 8424$	-2.3
-2.4	$.0^2 8198$	$.0^2 7976$	$.0^2 7760$	$.0^2 7549$	$.0^2 7344$	$.0^2 7143$	$.0^2 6947$	$.0^2 6756$	$.0^2 6569$	$.0^2 6387$	-2.4

（续上表）

μ	0.00	0.01	0.02	0.03	0.04	0.05	0.06	0.07	0.08	0.09	μ
-2.5	$.0^2 6210$	$.0^2 6037$	$.0^2 5863$	$.0^2 5703$	$.0^2 5543$	$.0^2 536$	$.0^2 5234$	$.0^2 5085$	$.0^2 4940$	$.0^2 4799$	-2.5
-2.6	$.0^2 4661$	$.0^2 4527$	$.0^2 4396$	$.0^2 4269$	$.0^2 4145$	$.0^2 4025$	$.0^2 3907$	$.0^2 3793$	$.0^2 3681$	$.0^2 3573$	-2.6
-2.7	$.0^2 3467$	$.0^2 3364$	$.0^2 3264$	$.0^2 3167$	$.0^2 3072$	$.0^2 2980$	$.0^2 2890$	$.0^2 2803$	$.0^2 2718$	$.0^2 2635$	-2.7
-2.8	$.0^2 2555$	$.0^2 2477$	$.0^2 2401$	$.0^2 2327$	$.0^2 2256$	$.0^2 2186$	$.0^2 2118$	$.0^2 2052$	$.0^2 1988$	$.0^2 1926$	-2.8
-2.9	$.0^2 1866$	$.0^2 1807$	$.0^2 1750$	$.0^2 1695$	$.0^2 1641$	$.0^2 1589$	$.0^2 1538$	$.0^2 1489$	$.0^2 1441$	$.0^2 1395$	-2.9
-3.0	$.0^2 1350$	$.0^2 1306$	$.0^2 1264$	$.0^2 1223$	$.0^2 1183$	$.0^2 1144$	$.0^2 1107$	$.0^2 1070$	$.0^2 1035$	$.0^2 1001$	-3.0
-3.1	$.0^3 9676$	$.0^3 9354$	$.0^3 9043$	$.0^3 8740$	$.0^3 8447$	$.0^3 8164$	$.0^3 7888$	$.0^3 7622$	$.0^3 7364$	$.0^3 7114$	-3.1
-3.2	$.0^3 6871$	$.0^3 6637$	$.0^3 6410$	$.0^3 6190$	$.0^3 5976$	$.0^3 5770$	$.0^3 5571$	$.0^3 5377$	$.0^3 5190$	$.0^3 5009$	-3.2
-3.3	$.0^3 4838$	$.0^3 4665$	$.0^3 4501$	$.0^3 4342$	$.0^3 4189$	$.0^3 4041$	$.0^3 3897$	$.0^3 3758$	$.0^3 3624$	$.0^3 3495$	-3.3
-3.4	$.0^3 3369$	$.0^3 3248$	$.0^3 3131$	$.0^3 3018$	$.0^3 2909$	$.0^3 2803$	$.0^3 2701$	$.0^3 2602$	$.0^3 2507$	$.0^3 2415$	-3.4
-3.5	$.0^3 2326$	$.0^3 2241$	$.0^3 2158$	$.0^3 2078$	$.0^3 2001$	$.0^3 1926$	$.0^3 1854$	$.0^3 1785$	$.0^3 1718$	$.0^3 1653$	-3.5
-3.6	$.0^3 1591$	$.0^3 1513$	$.0^3 1473$	$.0^3 1417$	$.0^3 1363$	$.0^3 1311$	$.0^3 1261$	$.0^3 1213$	$.0^3 1166$	$.0^3 1121$	-3.6
-3.7	$.0^3 1078$	$.0^3 1036$	$.0^4 9961$	$.0^4 9574$	$.0^4 9201$	$.0^4 8842$	$.0^4 8496$	$.0^4 8162$	$.0^4 7841$	$.0^4 7532$	-3.7
-3.8	$.0^4 7238$	$.0^4 6948$	$.0^4 6673$	$.0^4 6407$	$.0^4 6151$	$.0^4 5906$	$.0^4 5669$	$.0^4 5442$	$.0^4 5523$	$.0^4 5012$	-3.8
-3.9	$.0^4 4810$	$.0^4 4615$	$.0^4 4427$	$.0^4 4247$	$.0^4 4074$	$.0^4 3908$	$.0^4 3747$	$.0^4 3594$	$.0^4 3446$	$.0^4 3304$	-3.9
-4.0	$.0^4 3167$	$.0^4 3036$	$.0^4 2910$	$.0^4 2789$	$.0^4 2673$	$.0^4 2561$	$.0^4 2454$	$.0^4 2351$	$.0^4 2252$	$.0^4 2157$	-4.0
-4.1	$.0^4 2066$	$.0^4 1978$	$.0^4 1894$	$.0^4 1814$	$.0^4 1737$	$.0^4 1662$	$.0^4 1591$	$.0^4 1523$	$.0^4 1458$	$.0^4 1395$	-4.1
-4.2	$.0^4 1335$	$.0^4 1277$	$.0^4 1222$	$.0^4 1168$	$.0^4 1118$	$.0^4 1069$	$.0^4 1022$	$.0^5 9774$	$.0^5 9345$	$.0^5 8934$	-4.2
-4.3	$.0^5 8540$	$.0^5 8163$	$.0^5 7801$	$.0^5 7455$	$.0^5 7124$	$.0^5 6807$	$.0^5 6503$	$.0^5 6212$	$.0^5 5934$	$.0^5 5668$	-4.3
-4.4	$.0^5 5418$	$.0^5 5169$	$.0^5 4935$	$.0^5 4712$	$.0^5 4498$	$.0^5 4294$	$.0^5 4098$	$.0^5 3911$	$.0^5 3732$	$.0^5 3561$	-4.4
-4.5	$.0^5 3398$	$.0^5 3241$	$.0^5 3092$	$.0^5 2949$	$.0^5 2813$	$.0^5 2682$	$.0^5 2558$	$.0^5 2439$	$.0^5 2325$	$.0^5 2216$	-4.5
-4.6	$.0^5 2111$	$.0^5 2013$	$.0^5 1919$	$.0^5 1828$	$.0^5 1742$	$.0^5 1660$	$.0^5 1581$	$.0^5 1506$	$.0^5 1434$	$.0^5 1366$	-4.6
-4.7	$.0^5 1301$	$.0^5 1289$	$.0^5 1179$	$.0^5 1123$	$.0^5 1069$	$.0^5 1017$	$.0^6 6980$	$.0^6 9211$	$.0^6 8765$	$.0^6 8339$	-4.7
-4.8	$.0^6 7938$	$.0^6 7547$	$.0^6 7178$	$.0^6 6827$	$.0^6 6492$	$.0^6 6173$	$.0^6 5869$	$.0^6 5580$	$.0^6 5304$	$.0^6 5042$	-4.8
-4.9	$.0^6 4792$	$.0^6 4554$	$.0^6 4327$	$.0^6 4111$	$.0^6 3906$	$.0^6 3711$	$.0^6 3525$	$.0^6 3348$	$.0^6 3179$	$.0^6 3019$	-4.9

表 5-4 根据工程能力指数 C_P 和相对偏移量 K 求总体不合格率 P 的数值表（%）

C_P \ K	0.00	0.04	0.08	0.12	0.16	0.20	0.24	0.28	0.32	0.36	0.40	0.44	0.48	0.52
0.50	13.36	13.43	13.64	13.99	14.48	15.10	15.86	16.75	17.77	13.92	20.19	21.58	23.09	24.71
0.60	7.19	7.26	7.48	7.85	8.37	9.03	9.85	10.81	11.92	13.18	14.59	16.51	17.85	19.9
0.70	3.57	3.64	3.83	4.16	4.63	5.24	5.99	6.89	7.94	9.16	10.55	12.10	13.84	15.74
0.80	1.64	1.66	1.89	5.09	2.46	2.94	3.55	4.31	5.21	6.28	4.53	8.88	10.62	12.48
0.90	0.69	0.73	0.83	1.00	1.25	1.60	2.05	2.62	3.34	4.21	5.27	6.53	8.02	9.76
1.00	0.27	0.29	0.35	0.45	0.61	0.84	1.14	1.55	2.07	2.75	3.59	4.65	5.94	7.49
1.10	0.10	0.11	0.14	0.20	0.29	0.42	0.61	0.88	1.24	1.74	2.39	3.23	4.31	9.66
1.20	0.03	0.04	0.05	0.08	0.13	0.20	0.31	0.48	0.72	4.06	1.54	2.19	3.06	4.20
1.30	0.01	0.01	0.02	0.03	0.05	0.09	0.15	0.25	0.42	0.63	0.96	1.45	2.13	3.06
1.40	0.00	0.00	0.01	0.01	0.02	0.04	0.07	0.18	0.22	0.36	0.59	0.98	1.45	2.19
1.50			0.00	0.00	0.01	0.02	0.03	0.06	0.11	0.20	0.35	0.59	0.96	1.54
1.60					0.00	0.01	0.01	0.03	0.06	0.11	0.20	0.36	0.63	1.07
1.70						0.00	0.01	0.01	0.03	0.06	0.11	0.22	0.40	0.72
1.80							0.00	0.01	0.01	0.03	0.06	0.13	0.25	0.48
1.90								0.00	0.01	0.01	0.03	0.07	0.15	0.31
2.00									0.00	0.01	0.02	0.04	0.09	0.20
2.10										0.00	0.01	0.02	0.05	0.13
2.20											0.00	0.01	0.03	0.08
2.30												0.01	0.02	0.05
2.40												0.00	0.01	0.03
2.50													0.01	0.02
2.60													0.00	0.01
2.70														0.01
2.80														0.00

6

控制图

本章要求

- ☐ 了解控制图的含义、分类和作用
- ☐ 了解控制图的原理
- ☐ 掌握控制图在计量值和计数值情况下的各种作图方法
- ☐ 学会观察、分析和应用控制图

6.1 控制图概述

6.1.1 控制图的概念

前面两章介绍的质量统计方法如排列图、直方图等，基本上是反映质量数据在某段时间结束时的静止状态进行计算分析质量状况的。为了有效地进行现场质量控制，实现以预防为主，我们需要了解过去、分析现状和预测未来的质量状况，这就需要一种可以在现场直接研究质量数据随时间变化的统计规律的动态方法，这就是控制图。

控制图是判别生产工序过程是否处于控制状态的一种动态的控制手段。利用它可以区分质量波动究竟是由偶然原因引起的还是由系统原因引起的，以便针对具体情况，分别给以有效的及时的解决，控制生产过程的质量。

早在1924年，美国的休哈特（W. A. Shenhart）首先提出用控制图（也叫管理图）进行工序控制，可直接控制生产过程，稳定生产过程的质量，达到以预防为主的目的。控制图的种类很多，我们这里主要介绍休哈特控制图中的八种。

控制图的基本格式包括两个部分：

（1）标题部分。这部分包括工厂、车间、班组的名称，机床设备的名称、编号，零件、工序名称、编号，检验部位、要求，测量器具，操作工人、调整工、检验工、绘图者的姓名，以及控制图的名称、编号等。

（2）控制图部分。这是指利用概率统计的原理，在普通坐标纸上作出两条控制界限线和一条中心线，然后把按时间顺序抽样所得的质量特性值（或样本统计量）以点子的形式依次描在图上，从点子的动态分布情况来探讨工序质量及其趋势的图形。控制图部分的基本格式如图6-1所示。

横坐标是以时间先后排列的样本组号，纵坐标为质量特性值或样本统计量。两条控制界限线一般用虚线表示，上面一条称为上控制界限（记为UCL—Upper Control Limit），下面一条称为下控制界限（记为LCL—Lower Control Limit），中心线用实线表示（记为CL—Control Limit）。

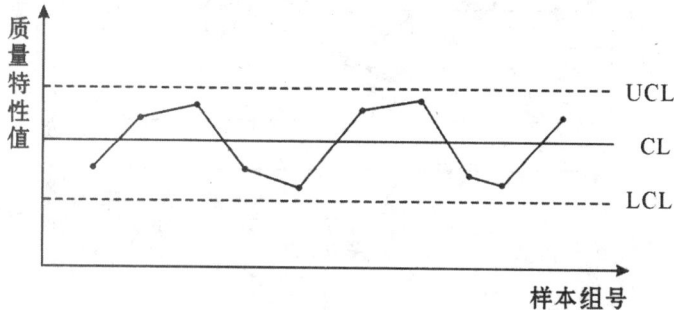

图 6 - 1

在生产过程中，应定时抽取样本，把测得的点子（数据）按时间先后一一描在图上。如果点子落在两控制界限线之间，且点子排列是随机的，则表明生产过程仅有偶然性原因导致的随机误差存在，生产基本上是正常的，处于统计控制状态，此时对生产过程可不必干预；如果点子落在两控制界限线之外，或点子在两控制界限线内的排列是非随机的，则表明生产过程中有系统性原因导致的系统误差存在，工序已处于非统计控制状态（详细说明见6.4节），此时必须对工序采取措施使工序恢复正常。这样可用控制图对生产过程不断地进行监控，能够对系统性原因的出现及时警告，并对工序进行控制。

6.1.2　控制图的统计原理

1. ±3σ 原理

在生产过程中，仅有偶然性原因存在时，产品质量特性值 x 形成某种确定的典型分布，例如正态分布。当出现系统性原因时，x 就偏离原来的典型分布了。我们可以用统计学中假设检验的方法来及时地发现这种分布的偏离，从而据以判断系统性原因是否存在。下面我们以 x 服从正态分布为例加以说明。

设当工序不存在系统性原因时，$x \sim N (\mu, \sigma^2)$，则 $P (\mu - 3\sigma < x < \mu + 3\sigma) = 0.997\ 3$。如图 6 - 2 所示，$x$ 落在两条虚线外的概率之和只有 0.27%，即 1 000 个样品（数据）中，平均约有 3 个数据超出分布范围。有 997 个落在 $(\mu - 3\sigma, \mu + 3\sigma)$ 之中，如果从处于统计控制状态的工序中任抽一个样品 x，我们可以认为 x 一定落在分布范围 $\mu \pm 3\sigma$ 之中，而认为出现在分布范围之外是不可能的，这就是 ±3σ 原理。

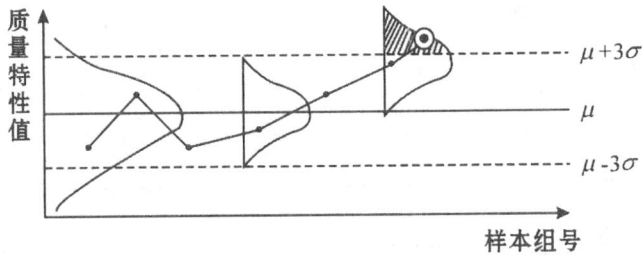

图 6 - 2

　　现在按加工次序每隔一定时间抽取一个样品，如果这工序仍然只受到偶然性原因的影响，那么被抽取的产品质量特性值仍服从原来的正态分布，该产品质量特性值落到图 6 - 2 两条虚线外几乎是不可能的。如果某一产品质量特性值落到了两条虚线外，由于这种可能性只有 0.27%，这是个很小的概率，出现这样概率的事件叫小概率事件。概率统计理论认为，小概率事件在一次试验中是不会发生的，现在发生了，说明原来的分布出现了较大的变化，图 6 - 2 中⊙点超出上控制界限不是偶然的现象，它是分布逐渐变化的结果。分布之所以变化，乃是由于生产过程出现了系统性原因。系统性原因不只影响⊙点，也会影响其他点，不过以⊙点较为突出罢了。这时超过上下控制界限的面积不再是 0.27%，更是大大超过 0.27% 了，可能是百分之几或者更大，点子落在虚线外的可能性大大增加了。因此我们可以认为，当点子落到上下控制界限外时，表明生产过程出现了系统性原因，已处于失控状态，必须追查具体的管理技术原因，采取措施，使工序恢复到控制状态。

　　一般来说，±3σ 原理，在一次试验中，如果样品出现在分布范围 μ±3σ 的外面，则认为生产处于非控制状态。习惯上，我们把 μ-3σ 定为 LCL，μ+3σ 定为 UCL，μ 定为 CL，这样得到的控制图称为 ±3σ 原理的控制图，也称为休哈特控制图。

　　2. 两类错误

　　控制图之所以规定 ±3σ 界限，主要是出于经济上的考虑。这可以从两个方面加以说明。

　　应用控制图判断工序是否稳定，实际上是进行统计推断。既然是统计推断，就可能出现两类错误：第一类错误是将正常判为异常，即工序仍处于统计控制状态，但由于偶然性原因的影响，使得点子超出控制界限，虚发警报而将工序误判为出现了异常。例如上述处于控制状态的样品有可能落在 ±3σ 界限以外，其概率为 0.27%，即犯错误的可能性在 1 000 中约有 3 次。

我们把犯这类错误的概率称为第Ⅰ类风险，记作 α。第二类错误是将异常判为正常，工序已经变化为非统计控制状态，但点子没有超出控制界限，而将工序误判为正常，这是漏发警报。我们把犯这类错误的概率称为第Ⅱ类风险，记作 β。孤立地看，哪类错误都可以缩小，甚至避免，但是要同时避免两类错误是不可能的。显然，放宽控制界限可以减少第Ⅰ类风险，例如将范围从 $\mu \pm 3\sigma$ 扩展到 $\mu \pm 5\sigma$，则有

$$P\left(\left|x-\mu\right| \leq 5\sigma\right) = 99.999\,9\%$$
$$P\left(\left|x-\mu\right| > 5\sigma\right) = 0.000\,1\%$$

此时 $\alpha = 0.000\,1\%$，即一百万次约有一次犯第一类错误。但是，由于将界限从 $\pm 3\sigma$ 扩展到 $\pm 5\sigma$，因而使第Ⅱ类风险增大，即 β 增大。如果压缩控制界限，则可以减少犯第二类错误的概率 β，但会增加犯第一类错误的概率 α。一般来说，当样本大小为定数时，α 越小则 β 越大，反之亦然。因此，控制图控制界限的合理确定，应以两类错误所造成的总损失最小为原则。实践证明，能使两类错误总损失最小的控制界限幅度大致为 $\pm 3\sigma$。

1999 年《财富》记载，全球 500 强企业中有 40 个企业实施了六西格玛管理，这些企业选择六西格玛管理战略作为企业在新经济环境下获得竞争力的手段，把六西格玛作为一种管理方法，做到精益求精，万无一失。但我们这里讲的控制图，是以休哈特控制图为基础的（六西格玛管理将在第 13 章介绍）。

6.1.3 控制图的分类

控制图的种类很多，若按统计量分，一般可分为：

1. 计量值控制图

（1）X 控制图（也叫单值控制图）。该图用于测量一个数据时有花费时间、费用高或样品数据不便分组等情况。

（2）$\bar{X}-R$ 控制图（即平均值和极差控制图）。此图可以同时控制质量特性值的集中趋势，即平均值 $\bar{X}$ 的变化，以及其离中趋势，即极差 R 的变化。只有把 $\bar{X}$ 控制图和 R 控制图结合使用，才能全面地看出生产过程状态的变化。与其他控制图相比，此图可以提供较多的质量情报和较高的检出力（所谓检出力是指控制图发现工序异常的能力）。

（3）$\tilde{X}-R$ 控制图（即中位值和极差控制图）。其用途与 $\bar{X}-R$ 控制图相

似，其优点是可以减少计算，但检出力不如 $\bar{X}$—R 控制图高。

（4） X—R_s 控制图（即单值与移动极差控制图）。R_s 为移动极差，即相邻数之差的绝对值。此图用于数据不能分组时，如对钢水化学成分的控制等。

2. 计数值控制图

（1） Pn 控制图。即不合格品数控制图，用于对不合格品数、缺勤人数等情况的管理。

（2） P 控制图。即不合格率控制图。

（3） C 控制图。即缺陷数控制图，用于单件上缺陷数，如对铸件上的气孔、砂眼数、布匹上的疵点等的控制。

（4） U 控制图。即单位缺陷数控制图，用于单位面积、单位长度上缺陷数的控制。

6.1.4 控制图的作用

控制图主要是对生产过程影响产品质量的各种因素进行控制，通过控制图来判断生产过程是否异常，从而使生产过程达到统计控制状态。做到以预防为主，把影响产品质量的诸因素消灭在萌芽状态，以保证质量，降低成本，提高生产效率和经济效益。其具体作用分述如下：

（1）能及时发现生产过程中的异常现象和缓慢变异，预防不合格品发生，从而降低生产费用和提高生产效率。

（2）能有效地分析判断生产过程工序质量的稳定性，从而降低检验、测试费用，包括通过供货方制造过程中有效的控制图记录证据，购买方可免除进货检验，同时，仍能在较高程度上保证进货质量。

（3）可查明设备和工艺手段的实际精度，以便作出正确的技术决定。

（4）为真正地制定工序目标和规格界限，特别是对配合零部件的最优化确立了可靠的基础，也为改变未能符合经济性的规格标准提供了依据。

（5）使工序的成本和质量成为可预测的，并能以较快的速度和准确性测量出系统误差的影响程度，从而使同一工序内工件之间的质量差别减至最小，以评价、保证和提高产品质量。

（6）最终可以保证产品质量，提高经济效益。

6.2 计量值控制图

6.2.1 单值控制图（X 控制图）

1. X 控制图的适用范围

X 控制图是计量值控制图，其计量值不需分组，数据可直接使用，常应用于下列场合：

（1）从工序中只能获得一个测定值。如每日电力消耗。

（2）一批内的数据是均一的，不需测取多个计量值。如酒精的浓度。

（3）因费用或时间关系，只允许得到一个计量值。如高压容器的破坏试验。

（4）希望尽快发现并消除异常原因的。

（5）计量值间隔时间长的情况下。

X 控制图是将所测得的计算值直接在图上打点，不必进行烦琐的计算。因此，具有从测试到判定均很迅速以及处理及时的特点，但不能发现离散的变化。所以 X 控制图也常常可以与下面所介绍的 $\bar{X} - R_S$ 控制图并用。

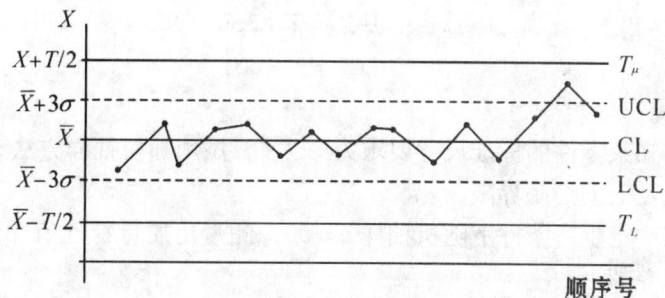

图 6-3

2. X 控制图的作图

X 控制图如图 6-3 所示。在图 6-3 中，横坐标表示按时间序列的样品加工顺序号即 1、2、3、4、5…纵坐标表示质量特性值。T 表示公差范围。

X 控制图的中心线和上下控制界限用以下方法确定：

（1）如生产条件与过去基本相同，而生产过程又相当稳定，则可遵照以往经验数据（即有一个比较可用的 μ 值和 σ 值时，按照 $\pm 3\sigma$ 方式控制图建立控制界限的要求，直接得出 X 控制图的中心线和上下控制界限）。即：

$$CL = \mu$$
$$UCL = \mu + 3\sigma$$
$$LCL = \mu - 3\sigma$$

（2）如无经验数据则应进行随机抽取试样，抽样时应注意需有一定数量，一般取 50 以上，取样后进行测量，得出质量特性值，并由下列公式计算试样的平均值 $\bar{X}$ 和标准偏差 S：

$$\bar{X} = \frac{x_1 + x_2 + \cdots + x_n}{n}$$

$$S = \sqrt{\frac{(x_1 - x)^2 + (x_2 - \bar{x})^2 + \cdots + (x_n - \bar{x})^2}{n}}$$

这时 μ 和 σ 值可由 $\bar{X}$ 和 S 近似得出，则：

$$CL = \bar{X}$$
$$UCL = \bar{X} + 3S$$
$$LCL = \bar{X} - 3S$$

例：已知某零件的标准尺寸要求为 $12^{\pm 0.1}$，试用随机抽样方法确定 X 控制图的中心线及上下控制界限。

解：在一定生产条件下随机抽样 $n = 50$，测量出质量特性值并计算其平均值和标准偏差如下：

$$\bar{X} = 11.95 \quad S = 0.010$$
$$CL = \bar{X} = 11.95$$
$$UCL = \bar{X} + 3S = 11.95 + 3 \times 0.01 = 11.98$$
$$LCL = \bar{X} - 3S = 11.95 - 3 \times 0.01 = 11.92$$

当求出 CL、UCL 和 LCL 后，就可以相应作出其 X 控制图。

6.2.2 平均值与极差控制图（$\bar{X} - R$ 控制图）

1. $\bar{X} - R$ 控制图的应用范围

$\bar{X} - R$ 控制图是计量值控制图，是获得工序情报最多的一种控制图，是进行质量控制的重要方法。$\bar{X} - R$ 控制图是 $\bar{X}$ 控制图与 R 控制图并用的形式运用。计量值要作适当分组，求出每组的平均值 $\bar{X}$ 与每组的极差 R。分别在 $\bar{X}$ 和 R 控制图上打点，$\bar{X}$ 控制图主要观察分析平均值 $\bar{X}$ 的变化，R 控制图主要观察分析各组的离散波动变化。$\bar{X} - R$ 控制图常用于控制尺寸、重量、时间、强度、成分等计量值。

2. $\bar{X} - R$ 控制图的原理

（1）总体与试样的关系及 $\bar{X}$ 的分布。只要产品（零件）总体分布始终不变，则生产过程处于稳定状态。要了解总体的分布情况，可以将总体中每一个样品一一测试，但这往往是不能做到的，即便做到也太费时间，而且成本太大。因此，经常使用抽样的方法，抽取总体中部分样品进行测试，即以试样来代表总体，并根据有关统计理论来判断总体的状态。

如果总体的分布服从正态分布 $N(\mu, \sigma^2)$，这时从总体中抽取大小为 n 的试样并一一测量，求出试样的平均值 $\bar{X}$。这时，试样的平均值 $\bar{X}$ 的分布，应根据概率论中心极限定理，即当试样大小 n 足够大时，其平均值 $\bar{X}$ 仍趋于正态分布，并且由数学期望和方差的性质可以证明该正态分布有：

$$\bar{\bar{X}} = \mu \ (\bar{\bar{X}} \ 为 \ \bar{X} \ 的平均值)$$

$$\sigma_{\bar{X}} = \frac{\sigma}{\sqrt{n}} \ (\sigma_{\bar{X}} \ 为 \ \bar{X} \ 的分布标准偏差)$$

147

即该正态分布的平均值仍为 μ，而标准偏差为总体标准偏差 σ 的 $1/\sqrt{n}$ 倍。这时，平均值 $\bar{X}$ 的分布可表示为 $N(\bar{X}, \sigma_{\bar{x}}^2) = N(\mu, \sigma/\sqrt{n})$。由此可以通过调查试样的平均值的分布来推断总体的分布。

（2）极差 R 的分布。如果总体分布服从正态分布 $N(\mu, \sigma^2)$，以 R 代表总体中抽取大小为 n 的试样的极差，根据极差分布理论可知，当试样足够大时，极差 R 的分布也趋于正态分布，并有以下结论：①R 的正态分布与总体正态分布中的 μ 值无关；②R 的正态分布与总体正态分布中的 σ 值有关，且有如下关系式：

$$\bar{R} = d_2\sigma \quad (\bar{R} \text{ 为试样极差的平均值})$$

$$\sigma_R = d_3\sigma \quad (\sigma_R \text{ 为试样极差分布的标准偏差})$$

$$(d_2 d_3 \text{ 为随试样大小 } n \text{ 而定的常数})$$

即 R 的分布可表示为 N（$d_2\sigma$, $d_3\sigma$）。

（3）$\bar{X}$ 控制图的中心线和上下控制界限。由以上可知，当总体分布为 N（μ, σ^2）时，$\bar{X}$ 的分布为 N（μ, $\sigma/\sqrt{n}$），按照 ±3σ 原理则：

$$\begin{cases} \text{CL} = \mu \\ \text{UCL} = \mu + 3\dfrac{\sigma}{\sqrt{n}} \\ \text{LCL} = \mu - 3\dfrac{\sigma}{\sqrt{n}} \end{cases}$$

由

$$\mu = \bar{\bar{X}}$$

$$\bar{R} = d_2\sigma$$

得

$$\sigma = \frac{\bar{R}}{d_2}$$

则

$$\begin{cases} \text{CL} = \bar{\bar{X}} \\ \text{UCL} = \bar{\bar{X}} + 3\dfrac{\bar{R}}{d_2\sqrt{n}} \\ \text{LCL} = \bar{\bar{X}} - 3\dfrac{\bar{R}}{d_2\sqrt{n}} \end{cases}$$

取

$$A_2 = \frac{3}{d_2\sqrt{n}}$$

则

$$\begin{cases} \text{CL} = \bar{\bar{X}} \\ \text{UCL} = \bar{\bar{X}} + A_2\bar{R} \\ \text{LCL} = \bar{\bar{X}} - A_2\bar{R} \end{cases}$$

式中 A_2 可由表 6 - 1 查出。

表 6-1

n \ 系数	A_2	A_3	m_3	m_3A_2	d_2	d_3	D_2	D_3	D_4	E_2
2	1.880	2.224	1.000	1.880	1.128	0.853	3.686	—	3.267	2.660
3	1.023	1.099	1.160	1.187	1.693	0.888	4.358	—	2.575	1.772
4	0.729	0.758	1.092	0.796	2.059	0.880	4.698	—	2.282	1.457
5	0.577	0.594	1.198	0.691	9.326	0.864	4.918	—	2.115	1.290
6	0.483	0.495	1.135	0.549	2.534	0.848	5.078	—	2.004	1.184
7	0.419	0.429	1.214	0.509	2.704	0.833	5.203	0.076	1.924	1.109
8	0.373	0.380	1.166	0.432	2.847	0.820	5.307	0.136	1.864	1.054
9	0.337	0.343	1.223	0.412	2.970	0.808	5.394	0.184	1.816	1.010
10	0.308	0.314	1.177	0.363	3.173	0.797	5.469	0.223	1.777	0.975

注：D_3 栏中 "—" 表示不考虑下控制界限。

（4） R 控制图的中心线和上下控制界限。由前可知，当总体分为 $N(\mu, \sigma^2)$ 时，R 的分布为 $N(\bar{R}, d_3\sigma)$，按照 $\pm 3\sigma$ 原理则：

$$\begin{cases} CL = \bar{R} \\ UCL = \bar{R} + 3d_3\sigma \\ LCL = \bar{R} - 3d_3\sigma \end{cases}$$

由

$$\sigma = \frac{\bar{R}}{d_2}$$

则

$$CL = \bar{R}$$

$$UCL = \bar{R} + 3d_3 \frac{\bar{R}}{d_2} = \left(1 + 3\frac{d_3}{d_2}\right)\bar{R}$$

$$LCL = \bar{R} - 3d_3 \frac{\bar{R}}{d_2} = \left(1 - 3\frac{d_3}{d_2}\right)\bar{R}$$

取

$$D_4 = 1 + 3\frac{d_3}{d_2}$$

$$D_3 = 1 - 3\frac{d_3}{d_2}$$

则
$$\begin{cases} CL = \bar{R} \\ UCL = D_4\bar{R} \\ LCL = D_3\bar{R} \end{cases}$$

式中 D_3、D_4 可由表 6-1 查出，当 $n \leq 6$ 时 D_3 为负值，但 R 不可能为负值，这时 LCL 不存在（可不作考虑）。

以上给出了中心线和上下控制界限的确定方法，与 X 控制图相同。

3. $\bar{X} - R$ 控制图的作法

例：某制药厂片剂车间，生产某种药品对颗粒水分的控制为例，叙述 $\bar{X} - R$ 控制图的作图步骤。

（1）收集数据。数据应是一定时期内生产处于稳定状态具有代表性的数据，数据个数要在 50 个以上，以取 100 个以上为佳。本例收集了 100 个数据即 $N = 100$。

（2）数据分组。按数据测量的顺序或批次进行分组，每个组的数据组成一个样本。样本大小用 n 表示，通常取 $n = 3 \sim 5$，本例取 $n = 4$。组数用 k 表示，一般取 $k = 20 \sim 25$，本例 $k = 25$。

分组应合理，要从产品工艺特点来考虑，将大致相同条件下搜集到的数据分在同一组内，使组内仅含偶然性原因，而没有系统性原因。按这个原则决定样本间隔时间、组数和样本大小。分组后的数据填入数据记录表中（见表 6-2）。

表 6-2　$\bar{X} - R$ 控制图数据数　　　　　　　　　　单位：%

子样号	检查值				$\bar{X}_i$	R_i	备注
	x_1	x_2	x_3	x_4			
1	3.0	4.2	3.5	3.8	3.62	1.2	
2	4.3	4.1	3.7	3.9	4.0	0.6	
3	4.2	3.6	3.2	3.4	3.60	1.0	
4	3.9	4.3	4.0	3.6	3.95	0.7	
5	4.4	3.4	3.8	3.9	3.88	1.0	
6	3.7	4.7	4.3	3.6	4.08	0.9	
7	3.8	3.9	4.3	4.5	4.12	0.7	
8	4.4	4.3	3.8	3.9	4.10	0.6	

（续上表）

子样号	检查值				$\bar{X}_i$	R_i	备注
	x_1	x_2	x_3	x_4			
9	3.7	3.2	3.4	4.2	3.62	1.0	
10	3.1	3.9	4.2	3.0	3.50	1.2	
11	3.2	3.8	3.8	3.7	3.62	0.6	
12	3.1	4.4	4.8	4.2	4.05	1.4	
13	3.4	3.7	3.8	3.9	3.70	0.5	
14	4.4	4.2	4.1	3.5	4.05	0.9	
15	3.4	3.5	3.8	4.4	3.78	1.0	
16	3.9	3.7	3.2	4.8	3.70	0.8	
17	4.4	4.3	4.0	3.7	4.10	0.7	
18	3.6	3.2	3.6	4.4	3.70	1.2	
19	3.2	4.4	4.2	4.5	4.08	1.3	
20	4.7	4.6	3.8	3.2	4.08	1.5	
21	4.8	4.2	4.0	3.0	4.0	1.8	
22	4.5	3.5	3.0	4.8	3.95	1.8	
23	3.8	3.2	4.2	3.0	3.55	1.2	
24	4.2	4.0	3.8	3.5	3.88	0.7	
25	4.3	3.6	3.6	4.4	3.82	1.4	

$\bar{X}$ 图

CL = 3.861

UCL = 3.861 + 0.729 × 1.028 = 4.61

LCL = 3.861 − 0.729 × 1.028 = 3.112

R 图

CL = 1.028

UCL = 2.282 × 1.028 = 2.346

$\sum = 96.53$　25.7

$\bar{X} = 3.861$　$\bar{R} = 1.028$

系数表

n	A_2	D_4
4	0.729	2.282
5	0.577	2.115

（3）计算各组的平均值 $\bar{X}$ 和总平均值 $\bar{\bar{X}}$。

$$\bar{X} = \frac{x_1 + x_2 + x_3 + \cdots + x_n}{n}$$

本例第一组

$$\bar{X}_1 = \frac{3.0 + 4.2 + 3.5 + 3.8}{4} = 3.62$$

计算 $\bar{X}$ 应精确到比原数据多一位小数。

$$\bar{\bar{X}} = \frac{\bar{X}_1 + \bar{X}_2 + \cdots + \bar{X}_k}{K} = \frac{1}{k}\sum_{i=1}^{k}\bar{X}_i$$

本例

$$\bar{\bar{X}} = \frac{96.53}{25} = 3.861$$

计算 $\bar{\bar{X}}$ 应精确到比原数据多 2 位小数。

（4）计算各组的极差 R_i 及其平均值 $\bar{R}$。

$$R_i = X_{\max} - X_{\min}$$

其中 $X_{\max}$ 为组内最大值，$X_{\min}$ 为组内最小值。

本例第一组

$$R_1 = 4.2 - 3.0 = 1.2$$

$$\bar{R} = \frac{R_1 + R_2 + \cdots + R_k}{K} = \frac{1}{k}\sum_{i=1}^{k}R_i$$

本例

$$\bar{R} = \frac{25.7}{25} = 1.028$$

（5）计算控制界限。

①$\bar{X}$ 控制图。

根据公式

$$\begin{cases} CL = \bar{\bar{X}} \\ UCL = \bar{\bar{X}} + A_2\bar{R} \\ LCL = \bar{\bar{X}} - A_2\bar{R} \end{cases}$$

本例 $n=4$，查表 $6-1$ 得 $A_2 = 0.729$，计算结果如下：

$$CL = 3.861$$
$$UCL = 3.861 + 0.729 \times 1.028 = 4.610$$
$$LCL = 3.861 - 0.729 \times 1.028 = 3.112$$

②R 控制图。

根据公式

$$\begin{cases} CL = \bar{R} \\ UCL = D_4\bar{R} \\ LCL = D_3\bar{R} \end{cases}$$

本例 $n=4$，查表 $6-1$ 得 $D_4 = 2.282$，本例因 $n<6$，$D_3 = 0$（或负值），所以下控制界限不考虑，计算结果如下：

$$CL = 1.028$$
$$UCL = 2.282 \times 1.028 = 2.346$$

（6）画控制图。用普通方格纸或控制图专用纸来画，上面安排 $\bar{X}$ 控制图，下面安排 R 控制图，横轴表示组号，纵轴表示 $\bar{X}$ 值或 R 值。各中心线用实线表示，控制界限用虚线表示，在相应的控制界限上标以 CL、UCL、LCL 符号和数值，如图 $6-4$ 所示。

把各组的 $\bar{X}$ 值和 R 值画到控制图上，检查控制图的稳定性，当有的点子越出控制界限，就表示工序可能存在系统误差使工序不稳定，这时应将越出控制界限的异常点去掉，重新计算控制界限或重新收集数据。

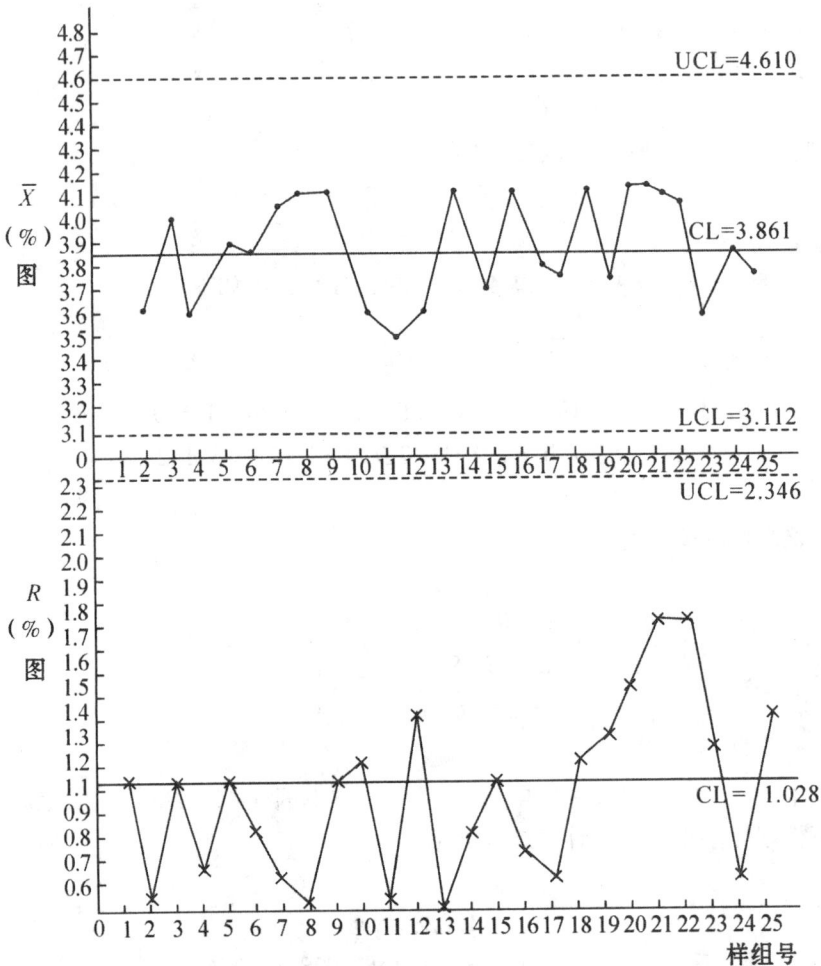

图 6-4　药品颗粒水分的控制图

4. $\bar{X}-R$ 控制图的使用

使用控制图时，每搜集一组数据就算出一组 $\bar{X}$ 值和 R 值，然后用点子描入相应的 $\bar{X}$ 控制图和 R 控制图。将打上去的点子按顺序用直线连接起来，如出现越出控制界限的点子，就用圆圈将点子圈起来；如发现异常排列就用大圈把异常部分全部圈起来，以便于研究分析。

若控制图上经常出现异常点，或生产条件发生了变化，原来的控制图就失效了，这时必须重新绘制控制图。控制图经一段时间的使用之后，也必须核实工序是否处于控制状态。

6.2.3　中位值与极差控制图（$\tilde{X}-R$ 控制图）

1.$\tilde{X}-R$ 控制图

$\tilde{X}-R$ 控制图是用中位值 $\tilde{X}$ 代替 $\bar{X}-R$ 控制图中的 $\bar{X}$ 而作成的，不必分组计算每组样本的平均值 $\bar{X}$，在现场使用较为方便。但是，由于按测量值大小顺序排列后只利用了一个中位值，而 $\tilde{X}$ 的分散程度比 $\bar{X}$ 大，所以控制图界限也相应宽些，其精度不如 $\bar{X}-R$ 控制图，因而检出力也要弱些。$\tilde{X}-R$ 控制图常用于计算平均值 $\bar{X}$ 比较麻烦而又缺少计算工具的情况。$\tilde{X}-R$ 控制图作法与 $\bar{X}-R$ 控制图作法基本相同。

2.$\tilde{X}-R$ 控制图控制界限的确定

所谓中位值，是把数据由小到大进行排列，位于中央位置的那个数就称为中位值。样本中位值统计分布的特征数为：

中位值的数学期望：

$$E\tilde{X}=\mu$$

中位值的标准差：

$$\sigma_{\tilde{x}}=m_3\frac{\sigma}{\sqrt{n}}$$

式中 μ、σ 是母体的平均值和标准差，m_3 是由样本大小 n 所决定的系数。按照 $\pm3\sigma$ 的原理，$\tilde{X}-R$ 控制图的界限为：

$$CL=E(\tilde{X})=\mu$$

$$UCL=\mu+3\sigma_{\tilde{x}}=\mu+3m_3\frac{\sigma}{\sqrt{n}}$$

$$LCL=\mu-3\sigma_{\tilde{x}}=\mu-3m_3\frac{\sigma}{\sqrt{n}}$$

样本中位值的平均数为：

$$\bar{\bar{X}} = \frac{\bar{X}_1 + \bar{X}_2 + \cdots + \bar{X}_k}{K} = \frac{1}{k}\sum_{i=1}^{k}\bar{X}_i$$

极差的平均数为：

$$\bar{R} = \frac{R_1 + R_2 + \cdots + R_k}{K} = \frac{1}{k}\sum_{i=1}^{k}R_i$$

用$\bar{\bar{X}}$代替μ，$\bar{R}/d_2$代替σ，则$\tilde{X} - R$控制图的控制界限为：

$$CL = \bar{\bar{X}}$$

$$UCL = \bar{\bar{X}} + 3m_3\frac{\bar{R}}{\sqrt{n}d_2} = \bar{\bar{X}} + m_3A_2\bar{R}$$

$$LCL = \bar{\bar{X}} - 3m_3\frac{\bar{R}}{\sqrt{n}d_2} = \bar{\bar{X}} - m_3A_2\bar{R}$$

3. $\tilde{X} - R$ 控制图的作图步骤

例：某厂某产品的控制数据记录如表6-3所示：

（1）收集数据。

（2）数据分组。

（3）填写数据表。

以上三个步骤与$\bar{X} - R$控制图相同。

（4）确定中位值$\tilde{X}$。

根据表6-3的数据，其第一组数据按顺序大小排列为3.0，3.5，3.6，3.8，4.2，则3.6为中位值（$\tilde{X}$），其余类推（如果样本数为偶数，将中央的两个数相加后除以2为中位值。如样本数为1，2，2，4，5，6，中位值$\tilde{X} = \frac{2+4}{2} = 3$）。

（5）计算极差R。方法与$\bar{X} - R$控制图相同。对于表6-3的数据，其第一组的极差为$R = 4.2 - 3.0 = 1.2$。

（6）求$\tilde{X}$的平均值。

$\tilde{X}$的平均值可按下式计算：

表6-3 $\bar{X} - R$ 图数据表

单位：%

子样号	检查值					$\bar{X}_i$	R_i
	x_1	x_2	x_3	x_4	x_5		
1	(3.6)	4.2	3.5	3.8	3.0	3.6	1.2
2	4.3	(4.0)	3.7	3.9	4.1	4.0	0.6
3	4.2	(3.6)	3.2	3.4	4.1	3.6	1.0
4	(3.9)	4.3	4.0	3.6	3.5	3.9	0.8
5	4.4	3.4	(3.8)	3.9	3.3	3.8	1.1
6	3.7	4.7	4.3	3.6	(4.0)	4.0	1.1
7	3.8	3.9	(4.1)	4.5	4.3	4.1	0.7
8	4.4	(4.1)	3.8	3.9	4.3	4.1	0.6
9	3.7	(3.6)	3.4	4.2	3.2	3.6	1.0
10	3.1	3.9	4.2	3.0	(3.5)	3.5	1.2
11	3.2	3.8	3.8	(3.7)	3.5	3.7	0.6
12	3.1	4.4	4.5	(4.0)	3.5	4.0	1.4
13	3.4	(3.7)	3.8	3.9	3.5	3.7	0.5
14	4.4	4.2	(4.1)	3.5	3.6	4.1	0.9
15	3.4	3.5	3.8	4.4	(3.6)	3.6	1.0
16	3.9	(3.7)	3.2	4.0	3.4	3.7	0.8
17	4.4	4.3	4.0	3.7	(4.2)	4.2	0.7
18	3.6	3.2	(3.6)	4.4	4.3	3.6	1.2
19	3.2	4.4	(4.2)	4.5	3.8	4.2	1.3
20	4.7	4.6	3.8	3.2	(4.0)	4.0	1.5
21	4.8	(4.2)	4.0	3.0	4.5	4.2	1.8
22	4.5	3.5	3.0	4.8	(3.8)	3.8	1.8
23	(3.8)	3.2	4.2	3.0	4.0	3.8	1.2
24	4.2	(4.0)	3.8	3.5	4.1	4.0	0.7
25	4.3	(3.6)	3.0	4.4	3.5	3.6	1.4
					Σ	96.4	26.1
					平均值	3.86	1.04

$$\bar{\bar{X}} = \frac{1}{k}\sum_{i=1}^{k} \bar{X}_i$$

本例

$$\bar{\bar{X}} = \frac{1}{25} \ (3.6 + 4.0 + 3.6 + 3.9 + \cdots + 3.6) \ = 3.86$$

（7）计算极差的平均值。方法与 $\bar{X} - R$ 控制图相同。对于表 6-3，本例

$$\bar{R} = \frac{1}{25} \ (1.2 + 0.6 + 1.0 + \cdots + 1.4) \ = 1.04$$

（8）计算 $\bar{X}$ 图的中心线和控制界限。由下式计算：

$$\begin{cases} CL = \bar{\bar{X}} \\ UCL = \bar{\bar{X}} + m_3 A_2 \bar{R} \\ LCL = \bar{\bar{X}} - m_3 A_2 \bar{R} \end{cases}$$

$n = 5$，$m_3 A_2$ 查表 6-1 为 0.691。
$\bar{X}$ 控制图的控制界限为：

$$\begin{cases} CL = \bar{\bar{X}} = 3.86 \\ UCL = \bar{\bar{X}} + m_3 A_2 \bar{R} = 3.86 + 0.691 \times 1.04 = 4.58 \\ LCL = \bar{\bar{X}} - m_3 A_2 \bar{R} = 3.86 - 0.691 \times 1.04 = 3.14 \end{cases}$$

（9）计算 R 图的中心线和控制界限。方法与 $\bar{X} - R$ 控制图相同。

$$\begin{cases} CL = \bar{R} = 1.04 \\ UCL = D_4 \bar{R} = 2.115 \times 1.04 = 2.20 \end{cases}$$

LCL 因为 $n < 6$，所以不用考虑。
（10）作出控制图（方法与 $\bar{X} - R$ 控制图相同，本例略）。

6.2.4 单值与移动极差控制图 ($X-R_s$ 控制图)

1. $X-R_s$ 控制图的应用范围

$X-R_s$ 控制图与 $\bar{X}-R$ 控制图的作用相类似。它一般在工序内部均一，不需要多个测量值（如酒精的浓度）；或者工序只能获得一个测量值（如一次化学反应的收率等）；或者因费用或时间的关系，只能取得一个测量值（如高压容器的破坏试验、复杂的化学分析等）。$X-R_s$ 控制图的敏感性不强，不适于大量生产的需要，因而应用较少，只有在以上所说的情况下应用。

2. 确定 $X-R_s$ 控制图界限

移动极差是指一个测定值 X_i 与紧邻的测定值 X_{i+1} 之差的绝对值，记作 R_s，即：

$$R_s = |X_i - X_{i+1}| \quad (i=1, 2, \cdots, k-1)$$

因为单值控制图不再进行分组，所以测定值的个数就是组数 K。K 个测定值有 $(K-1)$ 个移动极差，每个移动极差值相当于样本大小 $n=2$ 的极差值。确定控制界限的步骤如下：

（1）计算总平均数：

$$\bar{X} = \frac{x_1 + x_2 + \cdots + x_K}{K} = \frac{1}{K}\sum_{i=1}^{k}X_i$$

（2）计算移动极差平均数：

$$\bar{R} = \frac{R_{s1} + R_{s2} + \cdots + R_{sk-1}}{K-1} = \frac{1}{K-1}\sum_{i=1}^{k-i}R_{si}$$

（3）计算控制界限。按前面公式 $\bar{X}=\mu$，$\sigma = \dfrac{\bar{R}}{d_2}$，用 X 作为 μ 的估计值，$\bar{R}_s/d_2$ 作为 σ 的估计值，根据 $\pm 3\sigma$ 原理得 X 控制图控制界限如下：

① X 控制图：

$$\begin{cases} \mathrm{CL} = \bar{X} \\ \mathrm{UCL} = \bar{X} + 3\dfrac{\bar{R}_s}{d_2} = \bar{X} + E_2\bar{R}_s \\ \mathrm{LCL} = \bar{X} - 3\dfrac{\bar{R}_s}{d_2} = \bar{X} - E_2\bar{R}_s \end{cases}$$

式中 $E_2 = \dfrac{3}{d_2}$，从表 $6-1$ 查得，当 $n=2$ 时（因为在这种生产过程中，样本大都是取 2 个，如果太多就比较困难），$E_2 = 2.66$，将 E_2 值代入：

$$\begin{cases} \mathrm{CL} = \bar{X} \\ \mathrm{UCL} = \bar{X} + 2.66\bar{R}_s \\ \mathrm{LCL} = \bar{X} - 2.66\bar{R}_s \end{cases}$$

② R_s 控制图。R_s 控制图的控制界限相当于 $n=2$ 时的 R 控制图的控制界限，又因 $n<6$，所以同样不考虑控制下限。

当 $n=2$ 时，$D_4 = 3.267$（查表 $6-1$ 得）。

所以 R_s 控制图的控制界限为：

$$\begin{cases} \mathrm{CL} = \bar{R}_s \\ \mathrm{UCL} = D_4\bar{R}_s = 3.267\bar{R}_s \\ \mathrm{LCL} = D_3\bar{R}_s \quad （不考虑） \end{cases}$$

3. 作图步骤

例：某制药厂某种药品碱的单耗数据如下表 $6-4$，作 $X-R_s$ 控制图。

表 $6-4$ $X-R_s$ 图数据表 kg/万支

子样号	X	R_s	子样号	X	R_s
1	3.76	—	14	3.81	0.15
2	3.49	0.27	15	3.97	0.16
3	3.75	0.26	16	3.64	0.33
4	3.66	0.09	17	3.67	0.03

（续上表）

子样号	X	R_s	子样号	X	R_s
5	3.62	0.04	18	3.60	0.07
6	3.64	0.02	19	3.61	0.01
7	3.59	0.05	20	3.61	0.00
8	3.58	0.01	21	3.60	0.01
9	3.67	0.09	22	3.68	0.08
10	3.63	0.04	23	3.66	0.02
11	3.67	0.04	24	3.62	0.04
12	3.63	0.04	25	3.61	0.21
13	3.66	0.03	Σ	91.23	2.09
X 图	R_s 图		平均值	3.649	0.087
CL = 3.649	CL = 0.087		系数 $n = 2$	E_2	D_4
UCL = 3.880	UCL = 0.284		查表	2.66	3.267
LCL = 3.418					

（1）根据表 6-4 中的数据计算总平均数 $\bar{X}$。

$$\bar{X} = \frac{1}{K} \sum_{i=1}^{k} X_i = \frac{91.23}{25} = 3.649$$

（2）计算移动极差 R_{si} 及其平均值 $\bar{R}_{si}$。

本例第一个移动极差为：

$$R_{s1} = |\ 3.76 - 3.49\ | = 0.27$$

第二个移动极差为：

$$R_{s2} = |\ 3.49 - 3.75\ | = 0.26$$

依次类推，本例有 24 个移动极差。

$$\bar{R}_s = \frac{1}{K-1}\sum_{i=1}^{k-1} = \frac{2.09}{24} = 0.087$$

（3）计算控制界限。

① X 控制图：

$CL = \bar{X} = 3.649$

$UCL = \bar{X} + 2.66\bar{R}_s = 3.649 + 2.66 \times 0.087 = 3.880$

$LCL = \bar{X} - 2.66\bar{R}_s = 3.649 - 2.66 \times 0.087 = 3.418$

② R_s 控制图：、

$CL = \bar{R}_s = 0.087$

$UCL = 3.627\bar{R}_s = 3.267 \times 0.087 = 0.284$

LCL 不考虑

（4）作控制图。步骤与 $\bar{X} - R$ 控制图一样，从略。

6.3 计数值控制图

6.3.1 不合格品数控制图（Pn 控制图）

1. Pn 控制图的应用范围

在生产过程或工序相当稳定时，产品不合格率 P 有一个比较固定的数值。设样本大小为 n，则 Pn 为样本的不合格数。如果生产过程或工序没发生变化或处于控制状态，则样本中的不合格数或不合格率变动不大。若发现不合格数或不合格率变动较大，超过事先确定的控制界限时，就表明生产过程或工序处于异常状态，需要进行调整，这就是制定不合格品数控制图和不合格品率控制图的基本思想。

Pn 控制图一般在样本大小 n 固定的情况下使用，使用这种控制图时，应使每个样本中含有 1~5 个不合格品，n 常取 50 以上的数。不合格品率太小时，不宜采用此种控制图。

2. Pn 控制图的原理

Pn 控制图与 P 控制图均属计数值控制图。由概率分布理论可知，大小为 n 的样本中的实际不合格品数，不一定恰好为平均不合格品数，而是一个服从二项分布的随机变量。并且当 $n \geqslant 5$ 时不合格品数近似地服从正态分布 $N[np, np(1-p)]$，于是，按照确定控制界限 $\pm 3\sigma$ 原理，不合格品数控制图中的中心线和控制界限线应为 np 和 $np \pm 3\sqrt{np(1-p)}$。但 P 通常不知道，一般用 K 个样本的不合格品数的平均值 $\dfrac{\sum Pn}{K}$ 估计 np，用 $\bar{P}$ 估计 P，因而 Pn 图的中心线和上下控制线可近似地表示为：

$$\begin{cases} CL = \bar{P}n \\ UCL = \bar{P}n + 3\sqrt{\bar{P}n(1-\bar{P})} \\ LCL = \bar{P}n - 3\sqrt{\bar{P}n(1-\bar{P})} \end{cases}$$

式中 $\bar{P}n$ 为平均不合格品数，$\bar{P}$ 为平均不合格品率。

3. 作图步骤

（1）数据的选取与分组。

（2）填写数据表。

（3）计算 $\bar{P}n$。

$$\bar{P}n = \frac{\sum Pn}{K} \quad (\sum Pn \text{ 为不合格品总数，} K \text{ 为样本总数})$$

根据例题即表 6-5 中的数据有：

$$\bar{P}n = \frac{\sum Pn}{K} = \frac{68}{25} = 2.72$$

例：某厂某产品不合格品数统计资料如表 6-5 所示。

（4）计算 $\bar{P}$：

$$\bar{P} = \frac{\sum Pn}{\sum n} = \frac{68}{2\,500} = 0.027$$

表6-5　Pn控制图数据表

组号（样本号）	样本大小 n	不合格品数 Pn	组号（样本号）	样本大小 n	不合格品数 Pn
1	100	2	14	100	0
2	100	2	15	100	4
3	100	4	16	100	1
4	100	0	17	100	6
5	100	0	18	100	2
6	100	3	19	100	1
7	100	4	20	100	3
8	100	5	21	100	3
9	100	6	22	100	7
10	100	2	23	100	2
11	100	1	24	100	0
12	100	4	25	100	3
13	100	3	总计	$\sum n = 2\,500$	$\sum Pn = 68$

（5）计算中心线和控制界限：

$$CL = \bar{P}n = 2.72$$

$$UCL = \bar{P}n + 3\sqrt{\bar{P}n\,(1 - \bar{P})} = 2.72 + 3\sqrt{2.72\,(1 - 0.027)}$$
$$= 7.62$$

$$LCL = \bar{P}n - 3\sqrt{\bar{P}n\,(1 - \bar{P})} = 2.72 - 3\sqrt{2.72\,(1 - 0.027)}$$
$$= 负数不考虑$$

（6）作控制图。对表6-5中数据的 Pn 控制图如图6-5所示：

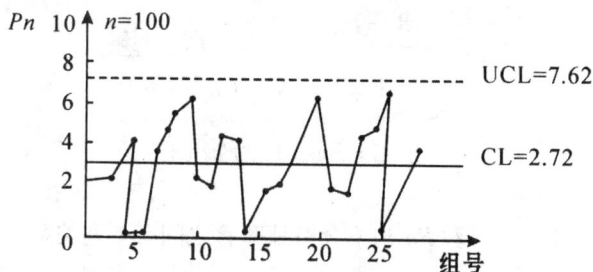

图 6-5 Pn 控制图

6.3.2 不合格品率控制图（P 控制图）

1. P 控制图的应用范围

P 控制图用于对产品不合格品率控制的场合，是通过产品的不合格品率的变化来控制质量的。P 控制图单独使用，不需组合，是计数值中计件值的控制图。该控制图常常用于极限量规检查零件外形尺寸或用目测检查零件外观从而确定不合格品率的场合，也用于对光学元件和电子元件不合格品率的控制。除了不合格品率外，对合格率、材料利用率、缺勤率、出勤率等也可以应用 P 控制图进行控制。

2. P 控制图的原理

P 控制图和 Pn 控制图都属于计数值中计件值控制图。由概率分布理论可知，从一批稳定状态下生产的大量产品中，随机抽取样品数为 n 的样本，若以 P 代表出现不合格品的概率，以 X 代表样本中样品不合格品的个数，则 X 的分布服从二项分布。同时可知，当 P 较小而 n 足够大时，该二项分布趋向于正态分布 $N(np, \sqrt{np(1-p)})$，且有平均值 $\mu = np$，标准偏差 $\sigma = \sqrt{np(1-p)}$，这时根据 $\pm 3\sigma$ 原理，其中心线和控制界限为：

$$CL = np$$
$$UCL = np + 3\sqrt{np(1-p)}$$
$$LCL = np - 3\sqrt{np(1-p)}$$

如果将 P 用 $\bar{P}$ 估计，则可得 Pn 控制图的中心线和上下控制界限（这点在前面 Pn 控制图中已讲过），即：

$$CL = \bar{P}n$$

$$UCL = \bar{P}n + 3\sqrt{\bar{P}n\,(1-\bar{P})}$$

$$LCL = \bar{P}n - 3\sqrt{\bar{P}n\,(1-\bar{P})}$$

由于样本中不合格品数 Pn 与不合格品率 P 之间有下列关系：

$$\frac{Pn}{n} = P, \quad \bar{P} = \frac{\bar{P}n}{n}$$

这样将 Pn 控制图的界限除以 n，则得 P 控制图的中心线和上下控制界限，即：

$$CL = \bar{P}$$

$$UCL = \bar{P} + 3\sqrt{\frac{1}{n}\bar{P}\,(1-\bar{P})}$$

$$LCL = \bar{P} - 3\sqrt{\frac{1}{n}\bar{P}\,(1-\bar{P})}$$

3. P 控制图的作法

（1）数据选取与分组。应按生产条件基本相同的原则来选取数据，而且生产比较稳定。一般按时间顺序将产品分为若干群，从每群中取样品数大小为 n 的样本，查清样本中不合格品的个数 Pn。要注意以下三点：

第一，Pn 的数目。要求样本中大体包含 $1\sim5$ 个不合格品，即 $Pn = 1\sim5$。

第二，n 的确定。为了便于计算，各群抽取样本的样品数 n 应尽可能相等。当可先估计（预测）不合格品率为 P 时，可由下式计算出样本的大小 n：

$$n = \frac{Pn}{P} = \frac{1\sim5}{P}$$

当 $P = 5\%$ 时：

$$n = \frac{1\sim5}{0.05} = 20\sim100$$

166

当 $P = 1\%$ 时：

$$n = \frac{1 \sim 5}{0.01} = 100 \sim 500$$

第三，样本的数目。一般取为 10～25 组。

（2）填写数据表。表 6－6 为 P 控制图数据表。

表 6－6   P 控制图数据表

组号（样本号）	样本大小 n	不合格品数 Pn	不合格品率 $P = Pn/n$	组号（样本号）	样本大小 n	不合格品数 Pn	不合格品率 $P = Pn/n$
1	100	4	0.04	14	100	0	0.00
2	100	2	0.02	15	100	2	0.02
3	100	0	0.00	16	100	3	0.03
4	100	5	0.05	17	100	1	0.01
5	100	3	0.03	18	100	6	0.06
6	100	2	0.02	19	100	1	0.01
7	100	4	0.04	20	100	3	0.03
8	100	3	0.03	21	100	3	0.03
9	100	2	0.02	22	100	2	0.02
10	100	6	0.06	23	100	0	0.00
11	100	1	0.01	24	100	7	0.07
12	100	4	0.04	25	100	3	0.03
13	100	1	0.01	总计	$\sum n = 2\,500$	$\sum Pn = 68$	

（3）计算 P。用公式 $P = \dfrac{Pn}{n}$ 来计算不合格品率。

对于表 6－6 第一组的数据其 P 值为：

$$P = \frac{Pn}{n} = \frac{4}{100} = 0.04$$

（4）计算平均不合格品率。用公式 $\bar{P} = \sum Pn / \sum n$ 来计算平均不合格品率。对于表6-6中的数据其 $\bar{P}$ 值为：

$$\bar{P} = \frac{\sum Pn}{\sum n} = \frac{68}{2\ 500} = 0.\ 027$$

（5）计算中心线和控制界限：

$$CL = \bar{P}$$

$$UCL = \bar{P} + 3 \sqrt{\frac{1}{n} \bar{P}\ (1 - \bar{P})}$$

$$LCL = \bar{P} - 3 \sqrt{\frac{1}{n} \bar{P}\ (1 - \bar{P})}$$

对于表6-6中数据由 $n = 100$ 以及 $\bar{P} = 2.7\%$ 得

$$CL = \bar{P} = 2.\ 7\%$$

$$UCL = \bar{P} + 3 \sqrt{\frac{1}{n} \bar{P}\ (1 - \bar{P})} = 2.\ 7\% + 4.\ 9\% = 7.\ 6\%$$

$$LCL = \bar{P} - 3 \sqrt{\frac{1}{n} \bar{P}\ (1 - \bar{P})} = 2.\ 7\% - 4.\ 9\% = 负数不考虑$$

（6）作控制图。方法与 $\bar{X} - R$ 图相同。

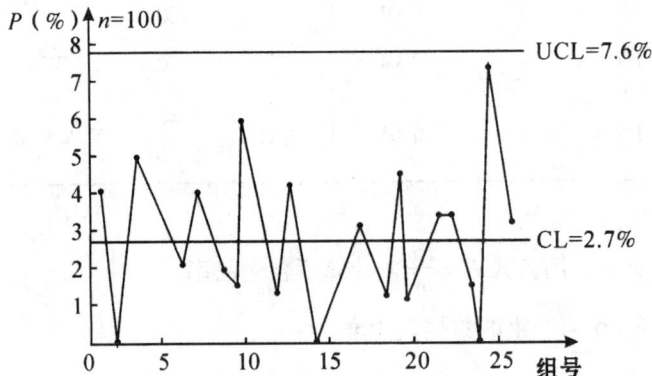

图6-6 P控制图

4. 关于 n 值的讨论

（1）由样本中的样品数 $n = Pn/P$（Pn 一般取 $1 \sim 5$）可见，当不合格品率 P 小时，n 增大，但样本大小 n 在实际工作中不可能由于 P 很小而无限制地加大。

（2）样本大小 n 与控制界限有关，由公式

$$\begin{cases} UCL \\ LCL \end{cases} = \bar{P} \pm \frac{3}{\sqrt{n}} \sqrt{\bar{P}\ (1-\bar{P})}$$

可见，当 n 增大时，控制界限变窄。这时只要生产过程稍有变化，就会使一些点超出控制界限而成为不必要的严格控制。反之，当 n 过于小时，生产过程的变异又常常不能被发现，即这时 $P = 0$ 的点增多，作为控制图也是不适宜的。因此，当实际的不合格品率很小（易使样本中不合格品数 Pn 为零），而又不能增大 n 时，可以从控制目的出发用严格检查标准规格的方法来解决。例如当轴径标准规格为 $100^{\pm 0.1}$mm 时，不合格品个数 Pn 几乎为零，但为了能够达到控制目的，可以极限量规 $100^{\pm 0.05}$mm 来加以控制。

（3）从计算控制界限的公式中还可以看出，控制界限是随 n 的大小而变化的。如果所取样本大小 n 不相同（这在实际工作中是有可能遇到的），则控制界限也随之变化，当 n 相差较大时，控制界限就出现了明显的凹凸形。例如按表 $6-7$ 的数据可以作出图 $6-7$。

表 $6-7$　P 控制图数据（小螺钉长度不合格数据）

群号	试样大小 n	不合格数 Pn	不合格率 P	$A = \dfrac{3}{\sqrt{n}}$	$A \times \sqrt{\bar{P}(1-P)}$	LCL $P + A\sqrt{P(1-P)}$	UCL $P - A\sqrt{P(1-P)}$
1	835	8	1.0%	0.104	1.196%	2.55%	0.15%
2	808	12	1.5	0.106	1.219	2.57	0.13
3	780	6	0.8	0.107	1.230	2.58	0.12
4	252	6	2.4	0.189	2.174	3.52	—
5	430	7	1.6	0.145	1.668	3.02	—
6	600	5	0.8	0.122	1.043	2.75	—
7	822	11	1.3	0.105	1.208	2.56	0.14
8	814	8	1.0	0.105	1.208	2.56	0.14
9	206	6	2.9	0.209	2.404	3.75	—
10	703	8	1.1	0.113	1.300	2.65	0.05

（续上表）

群号	试样大小 n	不合格数 Pn	不合格率 P	$A=\dfrac{3}{\sqrt{n}}$	$A\times\sqrt{\bar{P}(1-P)}$	LCL $P+A\sqrt{P(1-P)}$	UCL $P-A\sqrt{P(1-P)}$
11	850	19	2.2	0.103	1.184	2.53	0.17
12	709	11	1.6	0.113	1.300	2.65	0.05
13	350	5	1.4	0.160	1.840	3.19	—
14	250	8	3.2	0.190	2.185	3.54	—
15	830	14	1.7	0.104	1.196	2.55	0.15
16	798	7	0.9	0.106	1.219	2.57	0.13
17	813	9	1.1	0.105	1.208	2.56	0.14
18	818	7	0.9	0.105	1.208	2.56	0.14
19	581	8	1.4	0.125	1.438	2.79	—
20	464	4	0.9	0.139	1.598	2.95	—
21	807	11	1.4	0.106	1.219	2.57	0.13
22	595	7	1.2	0.123	1.414	2.76	—
23	500	12	2.4	0.134	1.541	2.89	—
24	760	7	0.9	0.109	1.254	2.60	0.10
25	420	8	1.9	0.146	1.679	3.03	—
总计	$\sum n=$ 15 795	$\sum Pn$ =214					

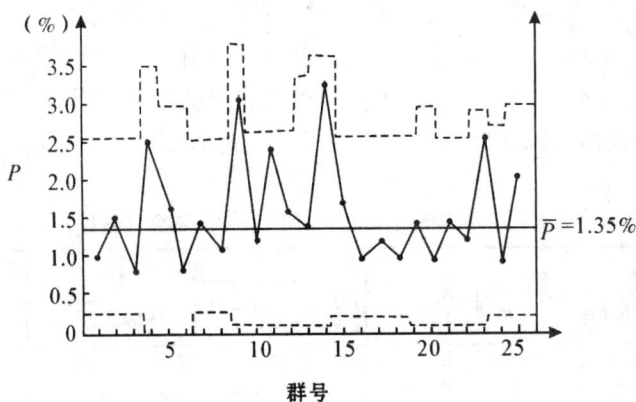

图 6-7　n 变化的 P 控制图

（4）为了避免 P 控制图的控制界限呈复杂多变的凹凸形，可采用如下简化作法，即用各样本大小 n 的平均值 $\bar{n}$ 为代表值，以此作为控制界限，这时有：

$$\bar{n} = \frac{\sum\limits_{i=1}^{k} n_i}{K} \quad (\text{式中 } K \text{ 为样本数})$$

这种近似作法仅限于以下条件：

①样本中最大的样品数 n 应在 $2n$ 值以下。

②样本中最小的样品数 n 应在 $\frac{1}{2}\bar{n}$ 值以上。

$$\bar{P} = \sum Pn / \sum n = \frac{214}{15\ 795} = 0.013\ 5 = 1.35\%$$

$$\sqrt{\bar{P}\ (1-\bar{P})} = \sqrt{0.013\ 5\ (1-0.013\ 5)} = 0.115 = 11.5\%$$

（5）一般应尽量使 n 值固定不变，以便于应用更为简单的 Pn 控制图。

在实际工作中，即使每群产品数量有波动，但总是可以取一定大小的样本，这样就可以应用 Pn 控制图了。

6.3.3 缺陷数控制图（C 控制图）

1. C 控制图的应用范围

C 控制图是计数值中计点值控制图，其控制对象是一定单位（如长度、面积和体积等）n 上面的缺陷数。例如，一定长度的金属线上的疵点数，一种铸件表面上的气孔数，一部机器装好后发现的故障数等。C 控制图就是通过对产品上面的缺陷数来控制产品质量的。

2. C 控制图的原理

产品上面缺陷数的分布常常服从布阿松分布，即有：

$$P\ (x)\ = e^{-\mu}\frac{\mu^x}{X!}$$

这里 X 为 0，1，2，$\cdots$，是零或正整数值，μ 为分布平均值，当 μ 足够大时，布阿松分布又可近似地作为正态分布处理，这时标准偏差为 $\sqrt{\mu}$。

从一批稳定状态下生产的大量产品中随机抽取样本，若以 C_1，C_2，$\cdots$，C_n 表示样本中各样本的缺陷数，并相应算出平均缺陷数 $\bar{C}$ 及标准偏差 $\sqrt{\bar{C}}$，

当 $\bar{C}$ 具有一定大小时（$C = 1 \sim 5$），可认为缺陷的分布为正态分布 $N(\bar{C}, \sqrt{\bar{C}})$，于是根据 $\pm 3\sigma$ 原理，C 控制图的中心线和上下控制界限为：

$$CL = \bar{C}$$

$$UCL = \bar{C} + 3\sqrt{\bar{C}}$$

$$LCL = \bar{C} - 3\sqrt{\bar{C}}$$

3. C 控制图的作图方法步骤

（1）数据选取。按生产条件基本相同的原则来选取数据，并应注意缺陷种类，不同类型的缺陷应尽可能分层。

（2）数据分组。一般取样本 20~25 组，如果 C 较小时，可将几个样本编为一组，使每组缺陷数 $C = 0$ 的点尽量减少，否则用来作控制图是不适宜的。

（3）填写数据表。

例：已知铸件 $10\mathrm{cm}^2$ 以上的缺陷的统计资料如表 6-8 所示。

表 6-8　C 控制图数据表

样本号	缺陷数 C	样本号	缺陷数 C_i
1	4	14	5
2	6	15	6
3	5	16	3
4	8	17	4
5	2	18	5
6	4	19	3
7	4	20	7
8	5	21	5
9	3	22	4
10	6	23	5
11	2	24	4
12	4	25	3
13	8	合计	115

（4）计算 $\bar{C}$。

$$\bar{C} = \frac{\sum C}{K}$$

$$\bar{C} = \frac{115}{25} = 4.6$$

（5）计算中心线和控制界限。

$$\begin{cases} CL = \bar{C} \\ UCL = \bar{C} + 3\sqrt{\bar{C}} \\ LCL = \bar{C} - 3\sqrt{\bar{C}} \end{cases}$$

代入表6－8数据有：

$$CL = \bar{C} = 4.6$$

$$UCL = \bar{C} + 3\sqrt{\bar{C}} = 4.6 + 3\sqrt{4.6} = 11.03$$

$$LCL = \bar{C} - 3\sqrt{\bar{C}} = 4.6 - 3\sqrt{4.6} = 负数不考虑$$

（6）作控制图。

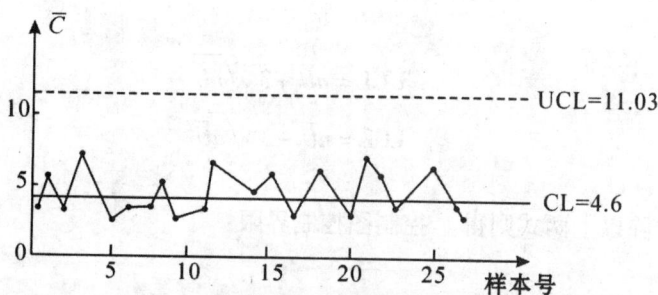

图6－8　C 控制图

6.3.4　单位缺陷数控制图（U 控制图）

1. U 控制图的应用范围

U 控制图主要用于对单位缺陷数进行控制的场合，是通过测定样本上单位数量（如面积、容积、长度、时间等）的缺陷数来控制产品质量的。另外，它也用于控制事故、故障、灾害等的发生次数。U 控制图与 C 控制图都是计数值中计点值的控制图，具有相同的原理，但与 C 控制图的不同之处在于 U 控制图不要求被控制的样本非得具有一定的大小，它的取样的大小是浮动的，只要能求出每单位上的缺陷数即可。因此，U 控制图常常用于控制纺织品的疵痕数、涂漆表面的疵点数、溶剂中的灰尘数以及工厂车间班组事故发生的次数等。

  2. U 控制图控制界限的确定

  当样本大小不固定时，就需要换算成标准单位面积或长度的缺陷数进行控制，这时就需要用 U 控制图。下面介绍 U 控制图控制界限的确定方法。

  设 n 为样本大小，C 为缺陷数，则单位缺陷数为：

$$U = \frac{C}{n}$$

  单位平均缺陷数：

$$\bar{U} = \frac{\bar{C}}{n}, \ 则 \ \bar{C} = n\bar{U}$$

  将 $\bar{C}$ 代入 C 控制图的控制界限公式得：

$$UCL = n\bar{U} + 3\sqrt{n\bar{U}}$$
$$LCL = n\bar{U} - 3\sqrt{n\bar{U}}$$

  用 n 去除以上两式则得 U 控制图控制界限：

$$CL = \bar{U} = \frac{\sum_{i=1}^{k} C_i}{n}$$

$$UCL = \bar{U} + 3\sqrt{\frac{\bar{U}}{n}}$$

$$LCL = \bar{U} - 3\sqrt{\frac{\bar{U}}{n}}$$

3. *U* 控制图的作图方法步骤

（1）数据选取。按生产条件基本相同的原则选取数据。从产品中抽样，测量样本大小，如对板、线、溶液等测定其面积、长度、容量等，对装配好的产品计其个数，并测定样本中的缺陷数。应注意缺陷数的种类，不同类型应尽可能分层。

表6-9　*U* 控制图数据表

样本号	样本大小 n_i	缺陷数 C_i	单位缺陷数 U_i	UCL $\bar{U}+3\sqrt{\bar{U}/n_i}$	LCL $\bar{U}-3\sqrt{\bar{U}/n_i}$
1	1.0	4	4.0	8.10	—
2	1.0	5	5.0	8.10	—
3	1.0	3	3.0	8.10	—
4	1.0	3	3.0	8.10	—
5	1.0	5	5.0	8.10	—
6	1.3	2	1.5	7.47	—
7	1.3	5	3.8	7.47	—
8	1.3	3	2.3	7.47	—
9	1.3	2	1.5	7.47	—
10	1.3	1	0.8	7.47	—
11	1.3	5	3.8	7.47	—
12	1.3	2	1.5	7.47	—
13	1.3	4	3.1	7.47	—
14	1.3	2	1.5	7.47	—
15	1.2	6	5.0	7.65	—
16	1.2	4	3.3	7.65	—
17	1.2	0	0.0	7.65	—
18	1.7	8	4.7	6.90	—
19	1.7	3	1.8	6.90	—
20	1.7	8	4.7	6.90	—
合计	25.4	75			

（2）数据分组。与 *C* 控制图基本相同。

（3）填写数据表。

例：已知某产品喷漆表面缺陷数的统计资料见表6-9。

（4）计算中心线和控制界限。

$$CL = \bar{U}$$

$$UCL = n\bar{U} + 3\sqrt{\frac{\bar{U}}{n}}$$

$$LCL = n\bar{U} - 3\sqrt{\frac{\bar{U}}{n}}$$

代入表 6-9 的数据有：

$$CL = \bar{U} = \frac{75}{25.4} = 2.95$$

$$UCL = \bar{U} + 3\sqrt{\frac{\bar{U}}{n_i}} = 2.95 + 3\sqrt{\frac{2.95}{1.0}}$$

$$= 8.10 \ （第一组其余数见表 6-9）$$

$$LCL = \bar{U} - 3\sqrt{\frac{\bar{U}}{n_i}} = 2.95 - 3\sqrt{\frac{2.95}{1.0}}$$

$$= 负数不考虑$$

$$(i = 1, 2, 3, \cdots)$$

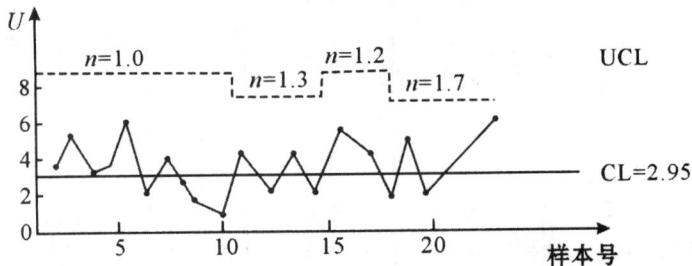

图 6-9　U 控制图

由图 6-9 看出，U 控制图也有一个控制界限线随着样本大小 n 的不同而变化的问题。为了简化也可以用样本的平均值 $\bar{n} = \frac{1}{K}\sum_{i=1}^{k} n_i$ 代替各个 n_i，而将控制线拉成直线。但这样做也只有当下述两个条件同时满足时才行：①样本大小最大值小于 $2\bar{n}$；②样本大小的最小值大于 $1/2\bar{n}$。同样对于 C 控制图和 U 控制图，点子越出下控制界限线表明生产过程更加稳定，所以一般可以不必画出下控制界限线。所以当 LCL 得负值时不考虑取作零。

6.4 控制图的观察分析

6.4.1 控制图处于"控制状态"的分析

作控制图的目的是为了使生产过程或工作过程处于"控制状态"。控制状态即处于稳定状态，是指生产过程或工作过程仅受偶然因素的影响，其产品质量特性分布（以平均值和标准偏差来表示）基本上不随时间变化而变化的状态。反之则为非控制状态即异常状态。

判定生产过程或工作过程处于控制状态的标准可归纳为以下两条：

（1）控制图上的点子不超出控制界限即在控制范围内。

（2）控制图上的点子排列没有缺陷。

在控制图满足以上两个条件的情况下，就可判断生产过程或工作过程是处于控制状态的。这时，控制图的控制界限可以作为以后生产过程或工作过程进行控制所遵循的依据。

但是，事物总不是绝对的。关于第一条标准，在下述情况下可认为基本上处于控制状态，也可以作为以后进行控制所遵循的依据：

①连续 25 点以上处于控制界限内。

②连续 35 点中，仅有 1 点超出控制界限。

③连续 100 点中，不多于 2 点超出控制界限。

用少量数据作控制图容易产生错误的判断，所以①中规定至少有 25 点以上连续处于控制界限内才算控制状态，也可以认为这实际上是作为第一条标准的补充。对②③两种情况，虽然可判定生产过程或工作过程处于控制状态，但就控制界限外的点本身而言，终究是异常点，需要密切注意，并追查原因加以处理。

177

6.4.2 控制图没有处于控制状态的分析

控制图没有满足第一条标准的要求，当然应判定为没有处于控制状态。另外控制图虽然满足第一条标准的要求，但点子的排列分布有缺陷，即没有满足第二条标准的要求，也不能判定生产过程或工作过程处于控制状态。

所谓点子排列分布有缺陷，即出现异常状态，主要是指出现"链状"、"偏离"、"倾向"、"周期"、"接近"等情况。说明生产状态可能发生了异常变化，这时必须把引起这种变化的异常原因找出来，加以解决，以保持生产过程的稳定性。

1. 链状

点子连续出现在中心线一侧，称为链状。链的长度用链内所含点数多少来判别。

（1）当连续出现5点在中心线一侧，应注意其发展情况，当出现6点时，应开始调查原因。

（2）当连续出现7点在中心线一侧，判定为有异常状态，应采取措施解决。

点子虽然都在控制界限内，但若出现7点链状，则属于异常状态。从概率的计算中，可以得出以下结论。

点子出现在中心线一侧的概率 $A_1 = \dfrac{1}{2}$。

点子连续出现在中心线一侧的概率 $A_7 = \left(\dfrac{1}{2}\right)^7 = 1/128$，即在128次中才发生一次，如果是在稳定生产中处于控制状态下，这种可能性是很小的。因此可以认为这时生产状态出现异常。如图6-10所示为链状。

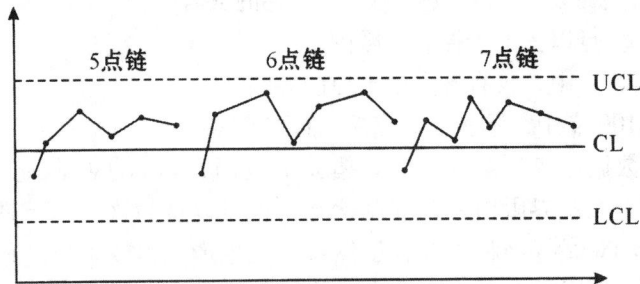

图 6-10

2. 偏离

较多的点间断地出现在中心线的一侧时称为偏离。如出现以下的情况可判断为异常状态。

（1）连续的 11 点中至少有 10 点出现在中心线的一侧时。

（2）连续的 14 点中至少有 12 点出现在中心线的一侧时。

（3）连续的 17 点中至少有 14 点出现在中心线的一侧时。

（4）连续的 20 点中至少有 16 点出现在中心线的一侧时。如图 6 - 11 所示为偏离。

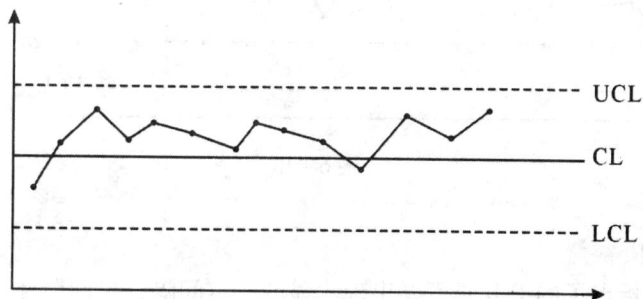

图 6 - 11

3. 倾向

倾向是指点子的连续上升或连续下降的状态。当出现 7 点连续上升或连续下降时，应判断生产过程为异常状态。如图 6 - 12 所示。

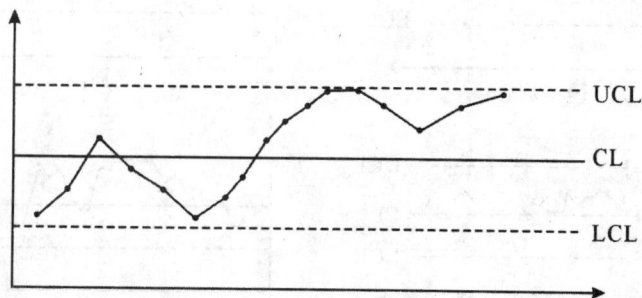

图 6 - 12

4. 接近

这是指点子在上下控制界限附近出现，点子接近上下控制界限线称为接近，即点子远离中心线在 $\pm 2\sigma \sim \pm 3\sigma$ 的范围内出现。

（1）连续 3 点中至少有 2 点出现在控制界限附近。

（2）连续 7 点中至少有 3 点出现在控制界限附近。

（3）连续 10 点中至少有 4 点出现在控制界限附近。如图 6 - 13 所示。

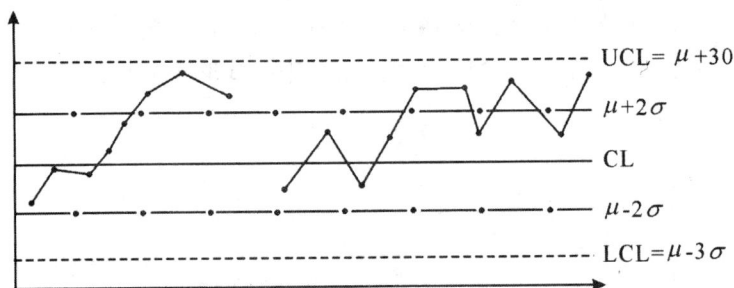

图 6 - 13

5. 周期

周期是指点子的上升或下降出现明显的一定间隔，呈周期性变化。周期包括呈阶梯形周期变动、波状周期变动、大小波动以及合成波动等情况，如图 6 - 14所示。

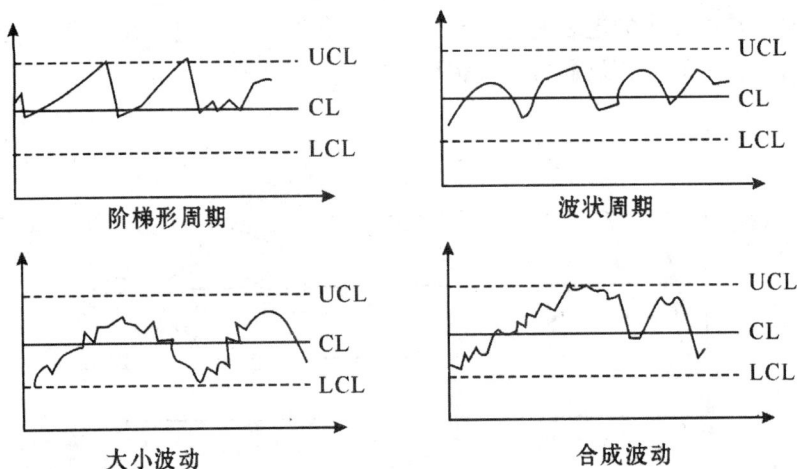

图 6 - 14

周期不同于链的判断，它尚未有判别的标准。原因比较复杂，可先找出一个周期发生的概率，然后计算出连续起来的概率，以分析其中原因，并结合实际情况进行判断。

6.4.3 应用控制图时应注意的几个问题

（1）控制图的应用条件。应用控制图原则上讲对于任何生产过程或工作过程，凡需要对产品质量或工作质量进行控制管理的场合，都可以用控制图进行控制。但要求：

①对于确定的控制对象，即质量指标，要能够定量。如果只有定性要求而不能够定量，那就无法应用控制图。

②被控制过程必须具有重复性。对于只有一次或少数几次的过程，也难于应用控制图进行控制。

（2）控制图虽然能起到预防为主、稳定生产、保证产品质量的作用，但它是在现有生产条件下所起的保证作用，而控制图本身并不能保证现有生产条件处于良好状态。保证生产条件的良好状态，仍需要应用有关科学技术，从整个系统和全过程出发，找出"人、机、物、法、环境"五个影响质量的主要要素的优化组合状态。当然还应指出，改善现有生产条件与在现有生产条件下保证产品质量，两者是相辅相成的，而且从日常质量管理的角度来看，不断进行质量改进更为重要。

（3）控制图发出警告，只说明有异常原因发生，起一种警铃信号作用，通知你去寻找异常原因及根源。而找原因则要借助于因果图、排列图，以及有关专业技术和经验。异常原因查出来能否解决，这又是另一个问题，有的可以及时解决，有的则不能解决，有的必须通过全面质量管理的系统活动，经过几个 PDCA 循环才能解决。

本章小结

本章主要讨论了控制图的作用、原理以及在各种情况下控制图的应用和作图方法，并分为计量值控制图和计数值控制图进行讨论。同时注意观察和分析控制图，并对控制图出现的各种情况进行了分析。

计量值控制图和计数值控制图在分析和控制生产过程的稳定性、预防不合格品的产生、保证和提高产品质量方面，都能起到重要的作用。计量值控制图和计数值控制图各有其特点，使用时应结合实际情况适当选用。计量值控制图的敏感性强，容易发现工序的变化，有助于及时查明原因，起到保证和提高产品质量的作用。计数值控制图使用范围广，例如，人们通常将产品分为合格品和不合格品两类，而把不合格品率作为反映产品质量水平的综合性指标。不合格品率已成为国家考核企业，企业考核车间、班组直至个人的质量指标之一。因此，计数值控制图，如不合格品率控制图，很容易与开展质量竞赛活动和完成任务联系起来，易于为大家所理解和接受。不管是工序中的群众自检、互检、专检人员的固定检查和巡回检查，还是车间之间的半成品入库检验，直至成品的出厂检验都可以广泛采用。不过，计数值控制图从有效地控制质量关键来说，不如计量值控制图效果好，并且计数值控制图所需要的样本大小通常是计量值控制图的三四倍。所以，在一个生产单位中，计量值和计数值两种控制图应配合使用。对于主要的、关键的质量指标应采用计量值控制图；对于次要的、一般的质量指标则可采用计数值控制图。这样，就把整个生产过程，有主有次地控制起来，达到保证和提高产品质量的目的。

复习思考题

1. 什么是控制图，控制图有何作用？
2. 试述控制图的统计原理。
3. 控制图一般如何分类？
4. 某工序测得的 125 个数据如下表所示。试作 $\bar{X} - R$ 图和 $\bar{X} - R$ 图。

样本号	x_1	x_2	x_3	x_4	x_5
1	47	32	44	35	20
2	19	37	31	25	34
3	19	11	16	11	44
4	29	29	42	59	38
5	28	12	45	36	25
6	40	35	11	38	33
7	15	30	12	33	26
8	35	44	32	11	38
9	27	37	26	20	35
10	23	45	26	37	32
11	28	44	40	31	18
12	31	25	24	32	22
13	22	37	19	47	14
14	37	32	12	38	30
15	25	40	24	50	19
16	7	31	23	18	32

（续上表）

样本号	x_1	x_2	x_3	x_4	x_5
17	38	0	41	40	37
18	35	12	29	48	20
19	31	20	35	24	47
20	12	27	38	40	31
21	52	42	52	24	25
22	20	31	15	3	28
23	29	47	41	32	22
24	28	27	22	32	54
25	42	34	15	29	21

5. 某制药厂某种药用某材料的单耗数如下表，试作 $X - R_s$ 控制图。

子样号	1	2	3	4	5	6	7	8	9	10	11	12
X	3.76	3.49	3.75	3.66	3.62	3.64	3.59	3.58	3.67	3.63	3.67	3.63
R_s	—	0.27	0.26	0.09	0.04	0.02	0.05	0.01	0.09	0.04	0.04	0.04
子样号	13	14	15	16	17	18	19	20	21	22	23	24	25
X	3.66	3.81	3.97	3.64	3.67	3.60	3.61	3.61	3.60	3.68	3.66	3.62	3.61
R_s	0.03	0.15	0.16	0.33	0.08	0.07	0.01	0.00	0.01	0.08	0.02	0.04	0.21

6. 为控制某种零件外观质量而收集的大小为 $n=100$ 的样本中的不合格品数的数据，如下表所示。试作其 Pn 图。

183

样本号	1	2	3	4	5	6	7	8	9	10	11	12
不合格品数	3	2	0	4	3	2	4	3	2	6	1	4
样本号	13	14	15	16	17	18	19	20	21	22	23	24	25
不合格品数	1	0	2	3	1	4	1	3	4	2	0	5	3

7. 已知某种产品的不合格品数的统计资料如下表所示。试作 P 图。

样本号	样品大小	不合格品数	样本号	样本大小	不合格品数
1	350	14	16	500	14
2	350	21	17	500	18
3	600	13	18	500	48
4	300	7	19	650	33
5	300	4	20	450	11
6	550	11	21	500	19
7	600	26	22	400	19
8	600	14	23	350	12
9	600	5	24	350	15
10	350	8	25	350	7
11	400	17	26	400	10
12	500	17	27	600	6
13	500	9	28	500	6
14	500	21	29	600	17
15	400	3	30	600	15

8. 某种铸件的20个样本表面砂眼数，如下表所示。试作C图。

样本号	1	2	3	4	5	6	7	8	9	10	11	12	13	14	15	16	17	18	19	20
砂眼数	3	2	1	2	1	3	1	2	2	1	3	1	1	2	1	2	3	2	1	1

9. 某种织物的20块样品的疵点数，如下表所示。试作U图。

样本号	1	2	3	4	5	6	7	8	9	10	11	12	13	14	15	16	17	18	19	20
样本大小	1.0	1.0	1.2	1.2	1.2	1.3	1.3	1.3	1.5	1.5	1.5	1.5	1.7	1.7	1.7	1.7	2.0	2.0	2.0	2.0
疵点数	4	5	6	5	4	4	6	7	7	8	7	10	9	8	10	10	13	10	9	
单位缺陷数																				

7

相关与回归分析

本章要求

- [ ] 了解变量之间的相关关系
- [ ] 掌握相关图的作图方法和观察分析相关图
- [ ] 了解相关系数的含义和掌握其计算方法及分析
- [ ] 掌握一元回归分析
- [ ] 学会利用回归方程进行预测和控制

7.1 相关图

相关与回归分析是进行因素与质量特性之间的关系分析的方法之一。相关图又称散布图,是进行相关分析的图形,它可以直观地表示出变量之间的相关程度。

7.1.1 相关

客观事物之间常常是互相联系的,并具有一定内部规律性,一切矛盾着的事物不但在一定条件下共处于一个统一体之中,而且在一定条件下互相转化。在质量控制中,众多的质量特性数据之间也有其内部联系、制约和转化的关系。一般认为,它们之间相互的关系可分为三类:

1. 确定性关系

所谓确定性关系,是指变量之间可以用数学公式确切地表示出来,也就是由一个自变量可以确切计算出唯一的一个因变量,这种关系就是确定性关系,也称函数关系。如电学中欧姆定律就是确定性关系:$V = IR$(V—电压,R—电阻,I—电流),若电路中电阻值 R 一定,要求该电路必须保证电压在一定范围。这时,可以不直接测量电压 V,而只要测量电流 I,并加以控制就可以达到目的。

2. 相关性关系

所谓相关性关系,是指变量之间有关系,但又不能由一个自变量用一个数学公式确切地求出另一个因变量,而是由一个自变量对应一个因变量的统计分布,也就是一个自变量可对应一系列的因变量,这种变量之间的关系称为相关关系。在质量管理中这种相关关系的事例是很多的,如热处理时淬火温度与工件硬度的关系;炼钢时碳熔毕与精炼时间有一定关系,如果知道碳熔毕则可大致估计出精炼时间,但又不能精确地定出精炼时间,这是由于炼钢过程中影响精炼时间的因素很多,互相之间构成了相当复杂的关系。变量之间既存在着密切的关系,又不能由一个(或几个)变量的数值来精确地求出另一变量的关系,则这类变量之间的关系为相关关系。

3. 互不相关

互不相关的质量特性是指互相独立的变量,它们之间的关系不能用数学关系式表达。如加工零件的尺寸精度与零件材料之间常常是互不相关的，因为一般来讲，尺寸精度常常取决于机床的精度、操作者的技术水平和工作态度等。

7.1.2　相关图的作法

1. 相关图的概念

相关图也称散布图，是分析研究两种质量特性值之间相关性的方法。两种质量特性值或者两种数据之间有无相关性、相关关系，如果只从数据表中观察则很难判断，如果把数据作出散布图则比较容易得出其相关与否的结论。

2. 相关图的作法

（1）收集 30～100 组相对应的数据。作散布图是为研究相关性，所以收集数据必须一一对应，没有对应关系的两种数据不能用来作散布图。

（2）画出横坐标轴和纵坐标轴。在进行因果分析时，一般横轴表示自变量，纵轴表示因变量。须注意的是坐标轴的标度，原则上应使横轴数据最小值到最大值的距离大致等于纵轴数据最小值到最大值的尺度距离，如果标度取得不当会影响观察效果。

（3）按数据画出坐标点。根据每一组数据的数值逐个画出各组数据的坐标点。当两组或多组数据完全相同时，可用符号⊙◎等来表示重合点。

（4）填上有关事项。如标题、调查日期、制图者、数据个数及其他参考事项。

7.1.3　相关图的直观观察

观察相关图主要是看点的分布状态，判断自变量 x 与因变量 y 有无相关性、相关的状态和密切程度。相关图的形态很多，但常见的有如图 7-1 所示的几种：

图 7-1（a）为强正相关（即 x 变大，y 也显著变大）；图 7-1（b）为弱正相关（即 x 变大，y 也大致变大）；图 7-1（c）为不相关（即 x 和 y 之间没有相关关系）；图 7-1（d）为强负相关（即 x 变大，y 显著变小）；图 7-1（e）为弱负相关（即 x 变大，y 大致变小）；图 7-1（f）为非线性相关（即 x 变大，y 与 x 不成线性变化）。

观察分析相关图应注意以下事项：

（1）要有足够大的试样。如果取样太小（如低于 20 个），实际上即使相关，作出的相关图也可能零落分散，形不成趋势，这样在图上看上去似乎没有相关关系，不能从相关图上作出正确的判断，为此，应取足够大的试样来作

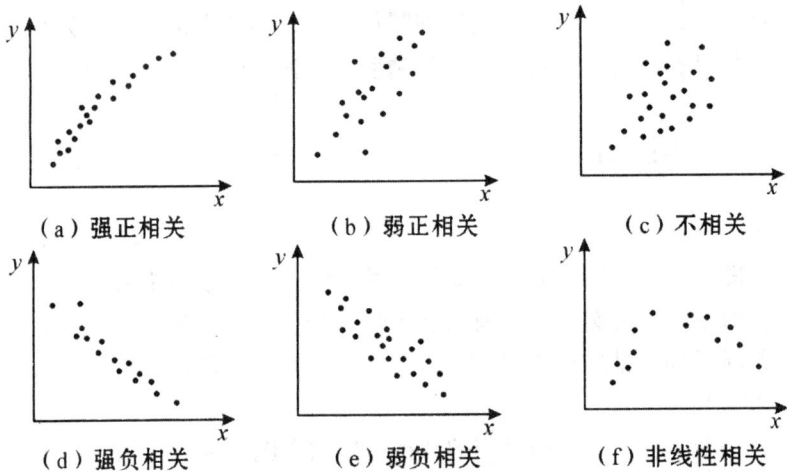

（a）强正相关　　　（b）弱正相关　　　（c）不相关

（d）强负相关　　　（e）弱负相关　　　（f）非线性相关

图 7 - 1　散布图的几种基本形式

图，否则要用本章7.2介绍的相关系数方法来确定其相关性。

（2）异常点的处理。相关图上如果出现远离总体的异常点，如图7 - 2所示，可能是由于测量错误、记录错误或作业条件发生变化等特殊原因造成的。此时应该很好地分析研究，查明原因，除掉这些异常点后才能估计x和y之间的相关关系，并且要注意如果原因不明，可不能随意除掉这些点子。

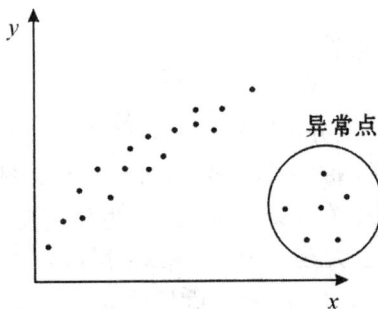

异常点

图 7 - 2

（3）要注意分层观察。如图7 - 3所示的情况，从整体观察时似乎没有相关性，若分层观察时则有明显的相关性。相反如图7 - 4所示的情况，从整体看似乎相关，但分层后就不相关了。所以作相关图时，如果能根据某些因素或特性分层，用记号或颜色把不同层分开来，可以更清晰地分析变量之间关系。

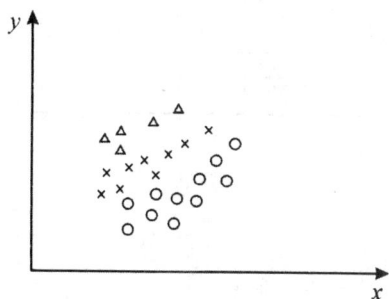

图 7 – 3

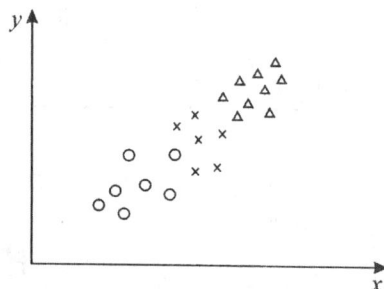

图 7 – 4

7.1.4　相关图的相关检定

利用相关图分析两类数据的相关性时，在实际生产和工作中为了能够迅速判断其是否相关，常常采用中值法。中值法的作法如下：

1. 作中值线

在相关图上分别作出 x、y 的中值线 $\bar{x}$ 及 $\bar{y}$，使 $\bar{x}$ 线左右两侧的点数相同，使 $\bar{y}$ 线上下两部分的点数相同，中值线在相关图上所划分的四个区间自右上角起沿逆时针方向分别为第 Ⅰ、Ⅱ、Ⅲ、Ⅳ象限，如图 7 – 5 所示。

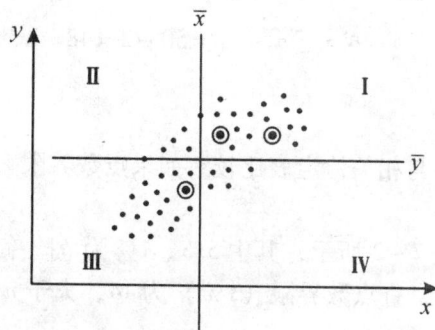

图 7 – 5

189

2. 数点

数出各象限内的点数 n 及位于线上的点数，分别记入表 7 – 1 中。

表 7 - 1

象限	I	II	III	IV	线上	合计
点数	19	4	20	5	2	50

3. 计算

$$I + III = n_I + n_{III}$$
$$II + IV = n_{II} + n_{IV}$$
$$N = \sum n - n_{线}$$

式中 n_I 为 I 象限的点数，n_{II} 为 II 象限的点数，n_{III} 为 III 象限的点数，n_{IV} 为 IV 象限的点数，N 为相关图的总点数，$n_{线}$ 为落在中值线上的点数。

取 $n_I + n_{III}$ 和 $n_{II} + n_{IV}$ 中之小值作为判定值。

对应表 7 - 1 中数据有：

$$n_I + n_{III} = 19 + 20 = 39$$
$$n_{II} + n_{IV} = 4 + 5 = 9$$

则应取 9 作为判定值。

$$N = \sum n - n_{线} = 50 - 2 = 48$$

190

4. 判定

将计算所得结果与相关检定表比较，如果点数界限大于判定值，则应判定为相关，否则为无关。

相关检定表如表 7 - 2 所示，其中 5%、1% 为危险率。

上例中由 $N = 48$，查点数界限（1%）为 14，大于 $n_{II} + n_{III} = 9$，则判定有相关关系。

表7-2 相关检定表

N	$\left.\begin{array}{l} n_{\text{I}}+n_{\text{III}} \\ n_{\text{II}}+n_{\text{IV}} \end{array}\right\}$点的界限 ($\alpha$)		N	$\left.\begin{array}{l} n_{\text{I}}+n_{\text{III}} \\ n_{\text{II}}+n_{\text{IV}} \end{array}\right\}$点的界限 ($\alpha$)		N	$\left.\begin{array}{l} n_{\text{I}}+n_{\text{III}} \\ n_{\text{II}}+n_{\text{IV}} \end{array}\right\}$点的界限 ($\alpha$)	
	1%	5%		1%	5%		1%	5%
			36	9	11	66	22	24
			37	10	12	67	22	25
8	0	0	38	10	12	68	22	25
9	0	1	39	11	12	69	23	25
10	1	1	40	11	13	70	23	26
11	0	1	41	11	13	71	24	26
12	1	2	42	12	14	72	24	27
13	1	2	43	12	14	73	25	27
14	1	2	44	13	15	74	25	28
15	2	3	45	13	15	75	25	28
16	2	3	46	13	15	76	26	28
17	2	4	47	14	16	77	26	29
18	3	4	48	14	16	78	27	30
19	3	4	49	15	17	79	27	30
20	3	5	50	15	17	80	28	30
21	4	5	51	15	18	81	28	31
22	4	5	52	16	18	82	28	31
23	4	6	53	16	18	83	29	32
24	5	6	54	17	19	84	29	32
25	5	7	55	17	19	85	30	32
26	6	7	56	17	20	86	30	33
27	6	7	57	18	20	87	31	33
28	6	8	58	18	21	88	31	34
29	7	8	59	19	21	89	31	34
30	7	9	60	19	21	90	32	35
31	7	9	61	20	22	91	32	35
32	8	9	62	20	22	92	33	36
33	8	10	63	20	23	93	33	36
34	9	10	64	21	23	94	33	36
35	9	11	65	21	24	95	34	37

7.2 相关分析

检查变量之间的相关程度，除了用相关图大致判断两个变量之间的相关性外，还要用数理统计的方法进行相关分析。它的主要内容是计算相关系数，进行相关性检验。

7.2.1 相关系数的概念

相关系数是衡量变量之间相关性的特定指标，用 r 表示，它是一个绝对值在 $0 \sim 1$ 之间的系数，其值大小反映两个变量相关的密切程度。相关系数有正负号，正号表示正相关，负号表示负相关。

由于在相关系数计算中变量之间的关系是对等的，与自变量和因变量的地位没有关系，即使改变两者的地位也不影响相关系数的数值，所以两个变量之间的相关系数只有一个。

7.2.2 相关系数的测定

1. 相关系数的定义

$$r = \frac{\sum (X_i - \bar{X})(Y_i - \bar{Y})}{n\sigma_X \sigma_Y}$$

式中 r 为样本相关系数，$\bar{X}$、$\bar{Y}$ 为样本 X，Y 的平均数，$\sigma_X \sigma_Y$ 为样本 X，Y 的标准差。

上面公式可变换成

$$r = \frac{\sum (X_i - \bar{X})(Y_i - \bar{Y})}{\sqrt{\sum (X_i - \bar{X})^2 \sum (Y_i - \bar{Y})^2}}$$

即

$$r = \frac{L_{XY}}{\sqrt{L_{XX}L_{YY}}}$$

$$L_{XY} = \sum (X_i - \bar{X})(Y_i - \bar{Y}) = \sum X_i Y_i - \frac{1}{n}(\sum X_i)(\sum Y_i)$$

$$L_{XX} = \sum (X_i - \bar{X})^2 = \sum X_i^2 - \frac{1}{n}(\sum X_i)^2$$

$$L_{YY} = \sum (Y_i - \bar{Y})^2 = \sum Y_i^2 - \frac{1}{n}(\sum Y_i)^2$$

从以上相关系数公式可以看出，r 取正值或负值决定于分子 L_{XY}。当 L_{XY} 为正值时，r 为正值，表示正相关；当 L_{XY} 为负值时，r 为负值，表示负相关。r 取值的范围是从 $-1 \sim 1$ 之间，r 值的变化反映两个变量间的线性关系的密切程度。当 $|r|$ 越接近 1 时，X 与 Y 线性关系越强；当 $r=0$ 时，则两个变量之间不存在线性关系或者不相关。r 值与变量之间的相关性如前面图 7－1 所示。

从图 7－1 可以看出，r 越接近 $+1$，X 与 Y 正相关越强，称为正强相关；r 由 $+1$ 趋向 0 时，由正强相关趋向正弱相关；r 接近 -1，是负强相关；r 由 -1 接近于 0，是负弱相关。

2. 相关系数的计算

可以利用质量特性的测定值直接计算 r，以求得两类数据的相关性。

例：有数据如表 7－3 所示。

表 7－3

序号	X	Y	X^2	Y^2	XY
1	49.2	16.7	2 420.64	278.89	821.64
2	50.0	17.0	2 500.00	289.00	850.00
3	49.3	16.8	2 430.49	282.24	828.24
4	49.0	16.6	2 401.00	275.56	813.40
5	49.0	16.7	2 401.00	278.89	818.30
6	49.5	16.8	2 450.25	282.24	831.60
7	49.8	16.9	2 480.04	285.61	841.62
8	49.9	17.0	2 490.01	289.00	848.30
9	50.2	17.0	2 520.04	289.00	853.40
10	50.2	17.1	2 520.04	292.41	858.42
Σ	496.1	168.6	24 613.51	2 842.84	8 364.92

以上数值代入：

$$r = \frac{L_{XY}}{\sqrt{L_{XX}L_{YY}}} = \frac{\sum XY - \frac{1}{n}\sum X\sum Y}{\sqrt{\left[\sum X^2 - \frac{1}{n}(\sum X)^2\right]\left[\sum Y^2 - \frac{1}{n}(\sum Y)^2\right]}}$$

由表 7 – 3 可知

$\sum X = 496.1$，$\sum Y = 168.6$，$n = 10$

$\sum X^2 = 24\,613.51$，$\sum Y^2 = 2\,842.84$，$\sum XY = 8\,364.92$

$\frac{1}{n}(\sum X)^2 = 24\,611.52$

$\frac{1}{n}(\sum Y)^2 = 2\,842.596$，$\frac{1}{n}(\sum X)(\sum Y) = 8\,364.246$

$L_{XX} = \sum X^2 - \frac{1}{n}(\sum X)^2$

$\quad = 24\,613.51 - 24\,611.52 = 1.99$

$L_{YY} = \sum Y^2 - \frac{1}{n}(\sum Y)^2$

$\quad = 2\,842.84 - 2\,842.596 = 0.244$

$L_{XY} = \sum XY - \frac{1}{n}(\sum X\sum Y)$

$\quad = 8\,364.92 - 8\,364.246 = 0.674$

则：

$$r = \frac{L_{XY}}{\sqrt{L_{XX}L_{YY}}} = \frac{0.674}{\sqrt{1.99 \times 0.244}} = 0.97$$

计算结果相关系数 $r = 0.97$，可知 X 和 Y 为线性关系很强的正相关。

3. 相关系数的检定

前面已经介绍了通过相关图相关检定可以判定两类数据是否相关。但是，如果能够求出相关系数时，就可以用数字更加准确地说明两类数据的相关性。数据总数为 n，用 $n-2$ 查相关系数检定表则可查出表值 r_α，如果求出的相关

数 r 的绝对值大于或等于表值 r_α 即 $|r| \geq r_\alpha$ 时，说明两类数据之间有相关关系，这时，才能考虑用直线来描述两个随机变量 X 和 Y 之间的关系，其所配直线才是有意义的。

表 7-4 所示为相关系数检定表，表中 $n-2$ 为自由度，5%、1% 为危险率，它们分别说明了相关的显著性水平。当然用 r（1%）时比较准确。

表 7-4 相关系数检定表

$n-2$	$r_\alpha(5\%)$	$r_\alpha(1\%)$	$n-2$	$r_\alpha(5\%)$	$r_\alpha(1\%)$	$n-2$	$r_\alpha(5\%)$	$r_\alpha(1\%)$
1	0.997	1.000	16	0.468	0.590	35	0.325	0.418
2	0.95	0.99	17	0.456	0.575	40	0.304	0.393
3	0.875	0.959	18	0.444	0.561	45	0.285	0.372
4	0.811	0.917	19	0.433	0.549	50	0.273	0.354
5	0.754	0.874	20	0.423	0.537	60	0.250	0.325
6	0.707	0.834	21	0.413	0.526	70	0.232	0.302
7	0.666	0.794	22	0.404	0.515	80	0.217	0.282
8	0.632	0.765	23	0.396	0.505	90	0.205	0.267
9	0.602	0.735	24	0.388	0.496	100	0.195	0.254
10	0.576	0.708	25	0.381	0.486	125	0.174	0.288
11	0.553	0.684	26	0.374	0.478	150	0.159	0.218
12	0.532	0.661	27	0.367	0.470	200	0.138	0.181
13	0.514	0.641	28	0.361	0.463	300	0.113	0.148
14	0.494	0.623	29	0.355	0.456	400	0.098	0.128
15	0.482	0.606	30	0.349	0.449	1000	0.062	0.081

对于表 7-3 的实测数据中，经计算相关系数 $r=0.97$。数据总数 $n=10$，则从表 7-4 中查出 $n-2=10-2=8$，此时

$$r_\alpha（1\%）=0.765$$
$$|r|=0.97>0.765$$

说明 X 和 Y 之间有正相关关系。

7.3 回归分析

7.3.1 回归直线的配制

（1）为了考察变量之间的相关关系，我们先考虑最简单的两个变量的情况，称为一元线性回归。如果已知变量 X 与 Y 之间存在着某种相关关系，其中变量 Y 在某种程度上是随着另一个变量 X 的变化而变化的，则称 X 为自变量，Y 为因变量。对于一组从生产或管理中取得的两个变量的观测数据，我们可以作出散点图，从散点图判断两个变量之间是否存在相关关系。如果两个变量之间大致是线性关系，则可以考虑用一条直线来表示两者之间的关系。由此看出，分析变量之间的相关关系，作散布图（相关图）是必不可少的一步。

任何一条直线都可以用线性方程表示，若变量 X 和 Y 成线性关系，则 X、Y 的估计方程为：

$$\hat{Y} = a + bx$$

式中，X 为自变量，$\hat{Y}$ 为对应于 X 的 Y 的估计值，a 为截距，b 为回归系数。

（2）直线方程的回归参数 a、b 值的确定。

最小二乘法是计算回归参数的最基本方法。设有一组观测值 (X_i, Y_i) $(i = 1, 2, 3, \cdots, n)$，作出相关图，如图 7-6 所示。图中 Y_i 为对应 X_i 的实际观测值，$\hat{Y}$ 为回归方程的计算值，也是 Y_i 的估计值，e_i 为估计值 $\hat{Y}_i$ 与实测值 Y_i 的误差，即 $e_i = Y_i - \hat{Y}_i$。

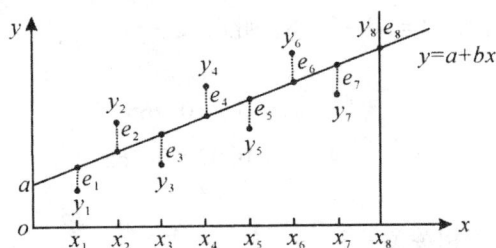

图 7-6

从图上看出在 (X_i, Y_i) 之间可以作无数条直线。但我们的出发点是，作一条回归直线使它是所有直线中最接近所有观测点的直线，也就是该回归直线与所有观测点的误差应比其他任何直线与观测点的误差都小，则这条直线就是观测点 (X_i, Y_i) 的最好线性拟合。

根据最小二乘法的原理，使误差平方和 $\sum e_i^2$ 为最小时，拟合出的直线方程则是最优的方程，一是可避免出现突出的大误差，二是可以消除正负误差相互抵消的影响。具体计算公式如下：

$$\sum e_i^2 = \sum (Y_i - \hat{Y}_i)^2 = \sum (Y_i - a - bX_i)^2$$

设：

$$Q = \sum e_i^2$$

则

$$Q = \sum (Y_i - \hat{Y}_i)^2 = \sum (Y_i - a - bX_i)^2$$

我们的目的是通过方程 $\sum (Y_i - a - bX_i)^2$ 计算出方程 $\hat{Y} = a + bX$ 的常数项 a 和 b 回归系数，使总方程 Q 为最小，满足最佳拟合的要求。

计算出使总平方和 Q 为最小的回归参数 a、b 值，可用偏微分的方法，并令

$$\begin{cases} \dfrac{\partial Q}{\partial a} = -2 \sum (Y_i - a - bX_i) = 0 \\ \dfrac{\partial Q}{\partial b} = -2 \sum (Y_i - a - bX_i) X_i = 0 \end{cases}$$

则得

$$\begin{cases} na + b\sum X_i = \sum Y_i \\ a\sum X_i + b\sum X_i^2 = \sum X_i Y_i \end{cases}$$

解此方程得：

$$a = \bar{Y} - b\bar{X} \quad (\bar{X} = \frac{\sum X_i}{n}, \ \bar{Y} = \frac{\sum Y_i}{n})$$

$$b = \frac{\sum X_i Y_i - \frac{1}{n}\sum X_i \sum Y_i}{\sum X_i^2 - \frac{1}{n}(\sum X_i)^2} = \frac{\sum (X_i - \bar{X})(Y_i - \bar{Y})}{\sum (X_i - \bar{X})^2} = \frac{L_{XY}}{L_{XX}}$$

从上面公式 $\hat{Y} = a + bX$ 看出，当 $X_i = \bar{X}$ 时，则有 $\hat{Y} = \bar{Y}$，这就是说回归直线必须通过点 $(\bar{X}, \bar{Y})$，即通过由观测点的平均值组合的点。利用点 $(\bar{X}, \bar{Y})$，再按方程 $\hat{Y} = a + bX$ 求得另一个点，则回归直线就确定了。所以应记住，回归直线必须通过散点重心 $(\bar{X}, \bar{Y})$，这对于作回归直线是非常有帮助的。

现在确定回归系数 b 的符号。由公式 $b = \frac{L_{XY}}{L_{XX}}$ 看出，b 的符号决定于 L_{XY}。因为 L_{XX} 总是大于 0，所以当 $L_{XY} > 0$ 时，$b > 0$；当 $L_{XY} < 0$ 时，$b < 0$。当 $b > 0$ 时，Y 随 X 增加而增加；当 $b < 0$ 时，Y 随 X 增加而减少。

7.3.2　回归方程的计算

（1）列出两个变量的一组试验或观测数据，如表 7 - 5 中给出的原棉单纤维强力与每毫克纤维根数的实测数据为例，说明回归方程的计算过程。

（2）用这些数据画相关图，见图 7 - 7，从图可知原棉单纤维强力 Y 随每毫克纤维根数 X 的增加而减少，两个相关变量之间呈负相关关系。现用一元线性回归确定定量关系，建立一元线性回归方程：$\hat{Y} = a + bX$。

198

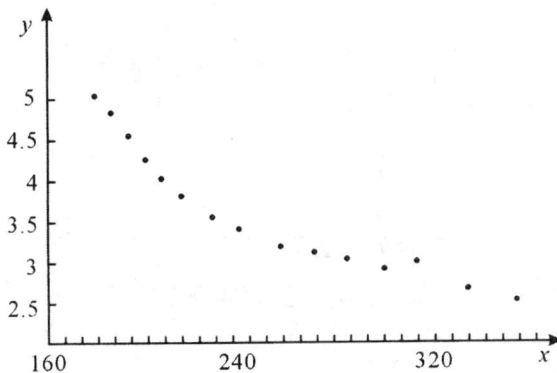

图 7 - 7

（3）列回归方程计算表，按表中项目分别计算有关数据，将这些计算分别列成表，见表 7 - 5 和 7 - 6。

表 7 - 5

序号	X	Y	X^2	Y^2	XY	序号	X	Y	X^2	Y^2	XY
1	188	4.91	35 344	24.108 1	923.08	9	266	3.47	70 756	12.040 9	923.02
2	195	4.58	38 025	20.976 4	893.10	10	275	3.43	75 625	11.764 9	943.25
3	207	4.41	42 849	19.448 1	912.87	11	285	3.19	81 225	10.176 1	909.15
4	217	4.18	47 089	17.472 4	907.06	12	298	3.11	88 804	9.672 1	926.78
5	226	3.93	51 076	15.444 9	888.18	13	312	2.94	97 344	8.643 6	917.28
6	236	3.85	55 696	14.822 5	908.60	14	320	2.79	102 400	7.784 1	892.80
7	246	3.78	60 516	14.288 4	929.88	15	329	2.49	108 241	6.200 1	819.21
8	255	3.54	65 025	12.531 6	902.70	Σ	3 855	54.6	1 020 015	205.374 2	13 596.96

表 7 - 6

$\sum X = 3\ 855$ $\bar{X} = \dfrac{3\ 855}{15} = 257$ $\sum X^2 = 1\ 020\ 015$ $\dfrac{(\sum X)^2}{n} = \dfrac{(3\ 855)^2}{15}$ $= 990\ 735$	$\sum Y = 54.6$ $\bar{Y} = 3.64$ $\sum Y^2 = 205.374\ 2$ $\dfrac{(\sum Y)^2}{n} = \dfrac{(54.6)^2}{15}$ $= 198.774$	$n = 15$ $\sum XY = 13\ 596.96$ $\dfrac{(\sum X)(\sum Y)}{n}$ $= \dfrac{3\ 855 \times 54.6}{15}$ $= 14\ 032.2$
$L_{XX} = 29\ 280$	$L_{YY} = 6.600\ 2$	$L_{XY} = -435.24$

由以上数据可以计算出

$$b = \frac{L_{XY}}{L_{XX}} = \frac{-435.24}{29\ 280} = -0.014\ 864$$

$$a = \bar{Y} - b\bar{X} = 3.64 - (-0.014\ 864 \times 257) = 7.460\ 24$$

由 a、b 之值可得回归方程为：

$$\hat{Y} = a + bX = 7.460\ 24 + (-0.014\ 864)X = 7.460\ 24 - 0.014\ 864X$$

7.3.3 回归方程的显著性检验

上面给出的回归系数 a、b 的计算，不需要对相关变量及其关系类型作什么假定，就最小二乘法的方面而言，对于任何两个变量 X、Y 的一组数据 (X_i, Y_i) $(i = 1, 2, \cdots, n)$，不管 X、Y 之间是否存在线性关系，都可以计算出系数 a、b 来配制一条回归直线。显然，在这种情况下配制的直线对于质量管理来说是没有实际意义的，因此，在用回归方程进行预测和控制之前，需要判断 X、Y 之间是否确实存在线性相关关系。

通常假定因素 X 是一个可以控制的变量，可以根据试验者的要求来安排确定下来，即 X 的值是能够精确测定的，但对给定的 X，指标 Y 取什么值则是不可能事先确定的。这是一个按一定概率分布规律变化的随机变量。

假定对给定的 X，指标 Y 是围绕均值 $E(Y/X)$ 波动的。因此，在每次观测数据中，X、Y 之间的关系可表示为：

$$Y_i = a + bX_i + e_i$$

其中 e_i 表示观测值 Y_i 与均值 $E(Y/X) = a + bX_i$ 之间的偏差，它取决于测试误差与其他随机因素的影响。假定 e_i 是互相独立的，与 X 无关的均值为零，方差恒为 σ^2 的正态分布随机变量，则上面最小二乘法估计得到的回归方程为 $\hat{Y} = a + bX$，不但具有最好的线性无偏估计性质，而且利用 e_i 的正态分布假定，还可以对回归作显著性检验，利用 Y 对 X 的回归，可将 Y_1，Y_2，$\cdots$，Y_n 的偏差平方和 $S_总 = S_T = \sum (Y_i - \bar{Y})^2 = L_{YY}$ 分解为：

$$
\begin{aligned}
S_T &= \sum (Y_i - \bar{Y})^2 = \sum [(Y_i - \hat{Y}_i) + (\hat{Y}_i - \bar{Y})]^2 \\
&= \sum (\hat{Y}_i - \bar{Y})^2 + \sum (Y_i - \hat{Y})^2 + 2\sum (Y_i - \hat{Y})(\hat{Y} - \bar{Y})
\end{aligned}
$$

由最小二乘法推导得知：

$$\sum (Y_i - a - bX_i) = 0$$
$$\sum (Y_i - a - bX_i)X_i = 0$$

故交叉项

$$\sum~(Y_i - \hat{Y}_i)~(\hat{Y}_i - \bar{Y})~=\sum~(Y_i - a - bX_i)~(a + bX_i - a - b\bar{X})$$
$$=\sum~(Y_i - a - bX_i)~(bX_i - b\bar{X})$$
$$=b\sum~(Y_i - a - bX_i)~X_i - b\bar{X}\sum~(Y_i - a - bX_i)$$
$$=0$$

因此可得：

$$S_{总} = S_T = \sum~(\hat{Y} - \bar{Y})^2 + \sum~(Y_i - \hat{Y})^2$$

式中第一项反映了在总的偏差平方和中，由于 X 与 Y 的线性关系所引起 Y 的变化，称为回归平方和，记为 U。即：

$$S_{回} = U = \sum~(\hat{Y} - \bar{Y})^2$$

第二项反映了除线性关系外的所有随机因素所引起 Y 的变化，称为剩余平方和，记为 Q。即：

$$S_{剩} = Q = \sum~(Y_i - \hat{Y}_i)^2$$

由此可知

$$S_{总} = S_{回} + S_{剩} = U + Q$$

这个关系的图解见图 7－8。

$S_{回}$ 是由于自变量 X 的变化引起 Y 的变化，它的大小（在与误差相比的意义下）反映了自变量 X 对因变量 Y 的影响。$S_{剩}$ 是由于试验误差及其他未予以控制的因素引起的 Y 的变化，其大小反映了除线性影响以外的其他随机因素对 Y 的作用。显然，如果在 $S_{总}$ 的组成中，$S_{回}$ 所占比重大，则说明回归方程描述 X、Y 之间的线性关系效果好，即线性相关关系显著。反之，$S_{剩}$ 所占比重大，则说明回归方程描述 X、Y 之间的线性相关关系不显著。这时，X、Y 之间或者有其他相关关系，或者 X 与 Y 不相关。

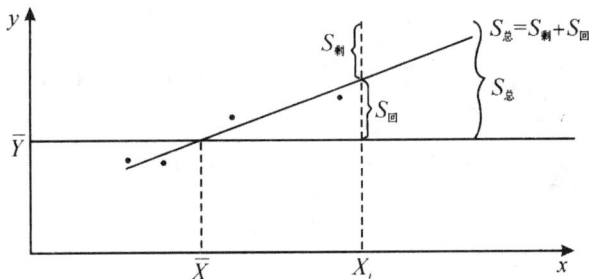

图 7 - 8

1. 线性显著性检验

定义相关系数 r：

$$r^2 = \frac{U}{S_T} = \frac{\sum (\hat{Y} - \bar{Y})^2}{L_{YY}} = \frac{\sum (a + bX - a - b\bar{X})^2}{L_{YY}}$$

$$= \frac{b^2 \sum (X_i - \bar{X})^2}{L_{YY}} = \frac{b^2 L_{XX}}{L_{YY}} = \frac{\left(\dfrac{L_{XY}}{L_{XX}}\right)^2 L_{XX}}{L_{YY}}$$

$$= \frac{L_{XY}^2}{L_{XX} L_{YY}}$$

故得相关系数

$$r = \frac{L_{XY}}{\sqrt{L_{XX} L_{YY}}}$$

这和前面的定义是一致的。

显然 r 的符号取决于 L_{XY}，而且与回归系数 b 的符号一致，因为

$$U = \sum (\hat{Y}_i - \bar{Y})^2 = bL_{XY} = r^2 L_{YY}$$

$$Q = \sum (Y_i - \hat{Y}_i)^2 = (1 - r^2) L_{YY}$$

可见剩余平方和 Q 越小，r^2 就越接近于 1，且有

$$0 \leqslant |r| \leqslant 1$$

从而可用 r 作为观测数据之间线性拟合程度好坏的标志。相关系数 r 的几何意义可表示如下：

（1）$r = 0$ 时，因为 $L_{XY} = 0$ 时，故有 $b = 0$，根据最小二乘法确定的回归直线平行于 X 轴，说明 X 不是影响 Y 的因素，X、Y 之间不存在相关关系。$r = 0$ 可用图 7-9 表示。

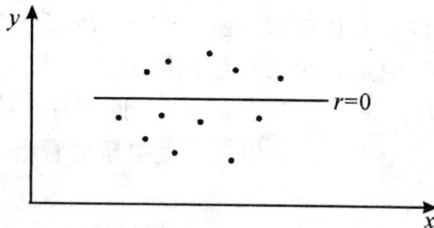

图 7-9

（2）$0 < |r| < 1$ 时，说明 X、Y 之间存在着一定的线性相关关系。

当 $r > 0$ 时，则有 $b > 0$，说明 X、Y 之间存在着正相关关系，见图 7-10 所示。

当 $r < 0$ 时，则有 $b < 0$，说明 X、Y 之间存在着负相关关系，见图 7-11 所示。

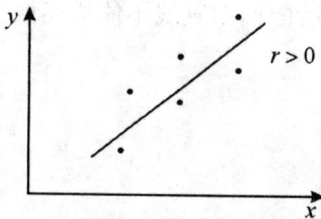

图 7-10

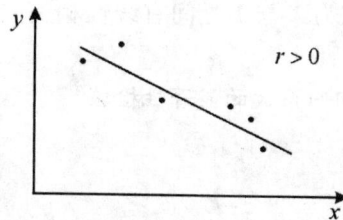

图 7-11

（3）$|r| = 1$ 时，则说明所有观测点都在回归直线上，X 与 Y 之间完全线性相关。$r = 1$ 为完全正相关关系，$r = -1$ 为完全负相关关系，说明 X、Y 之间有确定的线性关系。见图 7-12 所示。

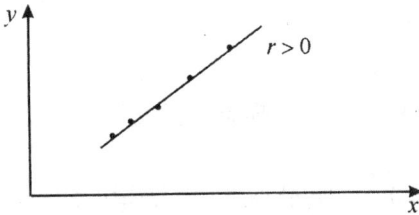

图 7 - 12

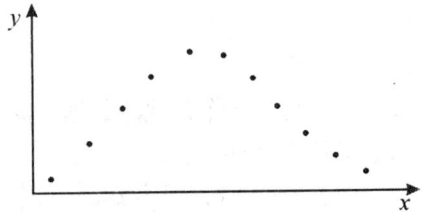

图 7 - 13

故相关系数 r 实际上反映了 X 与 Y 之间线性相关的密切程度。$|r|$ 越接近于零，X 与 Y 之间的线性相关程度越小；$|r|$ 越接近于 1，X 与 Y 之间的线性相关程度就越密切。但是，相关系数仅能表示 X 与 Y 的线性关系显著性，当 r 很小甚至等于零时，并不能说明 X 与 Y 之间不存在线性以外的其他关系，如图 7 - 13 所示，虽然 $r = 0$，但从相关图上明显地看出 X 与 Y 之间存在着函数关系。

但 $|r|$ 应取何值，才能判断 X 与 Y 之间线性关系密切，所配回归直线有实际意义呢？换句话说，$|r|$ 取何值才能使 X 与 Y 之间的真正相关系数 P 等于零呢？前面表 7 - 4 相关系数检验表，给出了对于不同数据数 n 和不同显著性水平 α 的相关系数临界值 r_α（$n-2$）或 $r_{表}$。对给定的显著性水平 α（0.05，0.01），可按自由度 $f = n - 2$ 由表 7 - 4 查出 r_α（$n-2$）。

当 $|r| > r_\alpha$（$n-2$），则判定回归方程 $\hat{Y} = a + bX$ 在 α 水平条件下显著，即有 $1 - \alpha$ 的把握判定 X 与 Y 之间有线性相关关系，从而拒绝假设 $H_0 : P = 0$。

当 $|r| \leqslant r_\alpha$（$n-2$），则判定回归方程 $\hat{Y} = a + bX$ 在 α 水平条件下不显著，即不能认为 X 与 Y 之间有线性相关关系，所配回归直线不能描述两变量之间的关系。

2. 回归系数的显著性检验

因

$$S_{总} = S_{回} + S_{剩}$$

故从 $S_{回}$、$S_{剩}$ 的表达中可知，一个回归效果的好坏取决于 $S_{回}$、$S_{剩}$ 的大小或 $S_{回}$ 在 $S_{总}$ 中的比重，比重越大，则回归效果越好。

对估计得到的回归方程 $\hat{Y} = a + bX$ 的回归显著检验 $H_0 : P = 0$，对一元线性回归来说，这又等价于检验 $H_0 : \beta = 0$，即真正的回归系数是否为零。因为只有当估计的回归系数 b 显著地不为零时，才能有理由认为 β 不为零，从而认为作这样的回归是合理的。

因各平方和相互独立，且服从 X^2 $(f_回, f_剩)$ 分布的充分条件是自由度满足

$$f_总 = f_回 + f_剩$$

而 $f_剩$ 对应于自由变量的个数。一元线性回归仅一个自变量，故有 $f_回 = 1$，$f_总 = n + 1$，$f_剩 = n - 2$。

构造统计量 F，若 $H_0: \beta = 0$ 成立，则它服从自由度为 $[1, (n-2)]$ 的 F 分布。因

$$F = \frac{S_回}{S_剩/n - 2}$$

在给定显著性水平 α 的条件下，有

$$P\left[F < F_\alpha (1, n-2)\right] = 1 - \alpha$$

故当统计量 $F > F_\alpha (1, n-2)$ 时，有

$$P\left[F \geqslant F_\alpha (1, n-2)\right] = \alpha$$

说明原假设 H_0 不成立，即 $\hat{Y} = a + bX$ 是显著的。

上面的判断可归纳为方差分析表，见表 7-7。

表 7-7　一元线性回归的方差分析表

方差来源	平方和	自由度	均方	F 值
回归(因素 X)	$U = \sum (\hat{Y}_i - \bar{Y})^2 = bL_{XY}$	$1n$	bL_{XY}	U/S^2
剩余(误差及随机因素)	$Q = \sum (Y_i - \hat{Y}_i)^2 = L_{YY} - bL_{XY}$	$n-2$	$S_Y^2 = \dfrac{Q}{n-2}$	
总的	$S_T = \sum (Y_i - \hat{Y})^2 = L_{YY}$	$n-1$		
$F_{0.1} (1, n-2)$; $F_{0.05} (1, n-2)$; $F_{0.01} (1, n-2)$				

现利用前面表7－5中的数据作线性回归显著性检验。

$$r = \frac{L_{XY}}{\sqrt{L_{XX}L_{YY}}} = \frac{-435.24}{\sqrt{29\,280 \times 6.6002}} = -0.989\,9$$

查相关系数检验表可知：

$$n = 15, \quad n-2 = 13$$
$$r_{0.01}(13) = 0.641, \quad r_{0.05}(13) = 0.514$$

因 $r > r_{0.01}(13)$，说明纤维强力与纤维根数之间的线性关系高度显著，也就是说，它们的相关系数 P 高度显著地不为零。

至于回归系数的检验可列出方差分析表，见表7－8。

表7－8　原棉单纤维强力对每毫克纤维根数回归的方差分析表

方差来源	平方和	自由度	均方	
回归	6.469 4	1	6.469 4	
剩余	0.130 8	13	0.010 1	
总	6.600 2	14		

$F_{0.05}(1, 13) = 4.67$, $F_{0.01}(1, 13) = 9.07$

206

表中：

$$S_{回} = bL_{XY} = (-0.014\,864) \times (-435.24) = 6.469\,4$$
$$L_{余} = L_{YY} - S_{回} = 6.600\,2 - 6.469\,4 = 0.130\,8$$
$$F = \frac{S_{回}/1}{S_{余}/13} = \frac{6.469\,4}{0.010\,1} = 645.5 \gg F_{0.01} = 7.64$$

故回归系数 β 高度显著地不为零，同时也说明，对一元线性回归来说，无论检验假设 $P = 0$ 或 $\beta = 0$，结论都是一样的。

对一元线性回归来说，相关系数的显著性检验和回归显著性检验是等价的。因此，如果对回归作了显著性检验，则可不必再进行线性显著性检验。

7.4　利用回归方程进行预测和控制

7.4.1　回归方程的精度

计算相关系数是为了描述变量之间的相关性，只有存在相关性，配置出的回归方程才有意义。下面讨论回归方程的精度问题。

用回归方程计算的 $\hat{Y}$ 只是 Y 估计值的均值，实际的估计值分布在回归直线附近一定范围之内，而且越靠近回归线的地方，Y 估计值出现的概率越大，这就形成了以估计均值 $\hat{Y}$ 为中心的概率分布。这个分布是由观察值与估计值之间的误差所造成的。为了衡量这个波动，需计算出波动的标准差，用这个统计量来估算回归方程的精度。

观察值与估计值之间的偏差均值称为估算标准差，也称剩余标准差，记作 S_Y。计算公式为：

$$S_Y = \sqrt{\frac{\sum (Y - \hat{Y})^2}{n-2}} = \sqrt{\frac{Q}{n-2}} = \sqrt{\frac{L_{YY} - bL_{XY}}{n-2}}$$

Q 为剩余平方和，$n-2$ 为剩余平方和的自由度。

与计算标准差一样，估计标准差 S_Y 越大，围绕回归方程估计的离散程度越大；S_Y 越小，则离散程度就越小。当 $S_Y = 0$ 时，表示变量 X 与 Y 完全线性相关，这时所有的观测值 Y 都落在回归线上。由此可见，S_Y 可以衡量回归方程的精度。

如果仅有随机误差存在，则每一个 X 值所对应的观测值 Y 是以估计值 $\hat{Y}$ 为中心的正态分布，S_Y 就是分布的标准差。根据正态分布的性质，以回归方程直线为中心，观测点的 68.27% 在 $\pm S_Y$ 之内，95.45% 在 $\pm 2S_Y$ 之内，99.73% 在 $\pm 3S_Y$ 之内，如图 7-14 所示。

这里应指出，图 7-14 中的估计标准差是平行于 Y 轴变量的，而不是垂直于回归直线度量的。

207

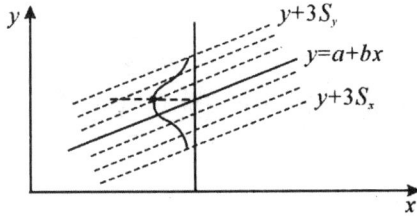

图 7 - 14　观测值在回归直线附近的公布

7.4.2　利用回归方程进行质量特性结果预测

建立了变量 X 与 Y 之间的回归方程之后，就可以用来进行质量特性结果的预测，也就是对任一给定的自变量 X_0，推测相应的 $\hat{Y}_0$ 的大致范围。现用估计标准差 S_Y 作为预测值 $\hat{Y}_0$ 对估计均值 $\hat{Y}$ 分散的度量标准，从图 7 - 14 可以看出，对于给定的 X_0，有 68.27% 的把握断定 Y_0 介于 $\left[\hat{Y}+S_Y, \hat{Y}-S_Y\right]$ 区间之内，有 95.45% 的把握断定 Y_0 介于 $\left[\hat{Y}+2S_Y, \hat{Y}-2S_Y\right]$ 区间之内，有 99.73% 的把握断定 Y_0 介于 $\left[\hat{Y}+3S_Y, \hat{Y}-3S_Y\right]$ 区间之内。以上就是在一定的把握度 $(1-\alpha)$ F，用自变量 X 预测因变量 Y 的问题。

现从下面的例子计算估计标准差，并计算预测区间。

例：某橡胶制品厂在一种新产品的研制中，测得所用某种胶料的份数与产品的 SO_4^{2-} 离子浓度的一组资料，如表 7 - 9 所示。

$$\sum X_i = 904,\ n = 30,\ \bar{X} = \frac{904}{30} = 30.13,\ \sum X_i^2 = 31\ 270$$

$$\sum XY = 29\ 491,\ \sum Y_i = 851,\ \bar{Y} = \frac{851}{30} = 28.37$$

$$L_{XX} = 31\ 270 - \frac{1}{30} \times 904^2 = 4\ 029.47$$

$$L_{YY} = 28\ 563 - \frac{1}{30} \times 851^2 = 4\ 422.97$$

$$L_{XY} = 29\ 491 - \frac{1}{30} \times 904 \times 851 = 3\ 847.53$$

$$b = \frac{L_{XY}}{L_{XX}} = \frac{3\ 847.53}{4\ 029.47} = 0.95$$

$$a = \bar{Y} - b\bar{X} = 28.37 - 0.95 \times 30.13 = -0.25$$

表 7 - 9

序号	胶料(g) X	SO₄²⁻ (ppm) Y	X²	Y²	XY	序号	胶料(g) X	SO₄²⁻ (ppm) Y	X²	Y²	XY
1	11	16	121	256	176	17	33	42	1 089	1 764	1 386
2	12	15	144	225	180	18	34	40	1 156	1 600	1 360
3	13	9	169	81	117	19	35	33	1 225	1 089	1 155
4	14	7	196	49	98	20	37	28	1 369	784	1 036
5	15	17	225	289	255	21	38	29	1 444	841	1 102
6	17	12	289	144	204	22	39	34	1 521	1 156	1 326
7	19	20	361	400	380	23	40	41	1 600	1 681	1 640
8	21	15	441	225	315	24	41	40	1 681	1 600	1 640
9	22	14	484	196	308	25	42	41	1 764	1 681	1 722
10	23	13	529	169	299	26	43	42	1 849	1 764	1 806
11	24	27	576	729	648	27	45	40	2 025	1 600	1 800
12	25	26	625	676	650	28	47	43	2 209	1 849	2 021
13	27	24	729	576	648	29	48	45	2 304	2 025	2 160
14	28	30	784	900	840	30	50	47	2 500	2 209	2 350
15	30	22	900	484	660	Σ	904	851	31 270	28 563	29 491
16	31	39	961	1 521	1 209						

根据前面的计算代入

$$S_Y = \sqrt{\frac{L_{YY} - bL_{XY}}{n-2}} = \sqrt{\frac{4\ 422.\ 97 - 0.\ 95 \times 3\ 847.\ 53}{30 - 2}} = 5.\ 24$$

当 $1 - \alpha = 68.\ 27\%$ 时,SO_4^{2-} 离子浓度 Y 的预测范围为:

$$\hat{Y} = a + bX \pm S_Y = -0.\ 25 + 0.\ 95X \pm 5.\ 24$$

当 $1 - \alpha = 95.\ 45\%$ 时,Y 的预测范围为:

$$\hat{Y} = a + bX \pm 2S_Y = -0.25 + 0.95X \pm 10.48$$

当 $1 - \alpha = 99.73\%$ 时，Y 的预测范围为：

$$\hat{Y} = a + bX \pm 3S_Y = -0.25 + 0.95X \pm 15.72$$

7.4.3 计算预测区间应注意的问题

前面在计算预测区间时应用了正态分布，这是在大样本的条件下应用的。所谓大样本是要求样本大小 $n \geqslant 30$，如果样本大小 n 不满足这个条件，则要应用 t 分布计算预测区间。

再者，前面在计算估计标准差时，假设 S_Y 在各个变量值上是不变的，其实它是随着自变量 X 的改变而变化，S_Y 的分布状态不是直线，而是两条曲线，它们呈现的状态是中间窄，两端宽，如图 7-15 所示。

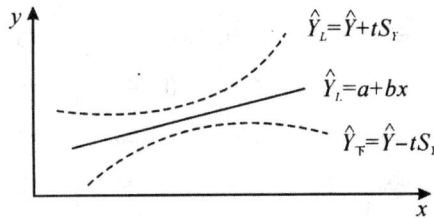

图 7-15

估计标准差的精确计算公式为：

$$S'_Y = S_Y \cdot \sqrt{1 + \frac{1}{n} + \frac{(X_0 - \bar{X})^2}{\sum (X - \bar{X})^2}}$$

式中 S' 为精确的估计标准差，S_Y 为估计标准差，X_0 为预测点（给定的自变量）。

从上面公式看出，X_0 越接近 $\bar{X}$，估计标准差 S'_Y 就越小，预测区间也就越窄；反之，X_0 越远离 $\bar{X}$，估计标准差 S'_Y 越大，预测区间也就越宽，所以用回归方程作预测，只有在回归方程直线的中段，预测的精度才能保证。同时也看出，回归方程的适用范围仅限于建立方程原始数据的变化范围，不能任意外推。当实际情况需要外推时，必须有充分的理论依据，或者进行补充试验加以验证，并对原回归方程作适当修正。

现对上例应用公式 $S'_Y = S_Y \cdot \sqrt{1 + \dfrac{1}{n} + \dfrac{(X_0 - \bar{X})^2}{\sum (X - \bar{X})^2}}$ 作出预测区间。

设给定胶料份数 $X_0 = 40$ 克，已计算出 $S_Y = 5.24$，$\bar{X} = 30.13$，$\sum (X - \bar{X})^2 = 4\,029.47$，根据前面公式代入，则：

$$S'_Y = S_Y \cdot \sqrt{1 + \frac{1}{n} + \frac{(X_0 - \bar{X})^2}{\sum (X - \bar{X})^2}}$$

$$= 5.24 \times \sqrt{1 + \frac{1}{30} + \frac{(40 - 30.13)^2}{4\,029.47}} = 5.39 \ (\text{ppm})$$

按前面已计算出的回归方程

$$\hat{Y} = -0.25 + 0.95X$$

得预测估计值

$$\hat{Y}_0 = -0.25 + 0.95 \times 40 = 37.75 \ (\text{ppm})$$

预测区间为：

$$\hat{Y}_{\pm} = \hat{Y}_0 + tS'_Y = 37.75 + 5.39t$$
$$\hat{Y}_{\mp} = \hat{Y}_0 - tS'_Y = 37.75 - 5.39t$$

其中 $\hat{Y}_{\pm}$，$\hat{Y}_{\mp}$ 分别为预测的上、下限，t 为概率度，当给定把握度 $1 - \alpha = 95.45\%$ 时，$t = 2$。

由此得预测区间为 [26.97，48.53]（ppm）

参看表 7 - 9 的第 23# 试验数据，表中给出 $X = 40$ 时，试验得到 $Y = 41$，说明试验结果是在预测区间范围之内。同时也看出，试验结果是随机的，它在预定的区间内呈现正态分布。

7.4.4 利用回归方程进行工艺参数的控制

利用回归方程进行质量控制，就是给出质量特性预达效果，对影响该质量特性结果的因素进行控制，或对造成该质量特性结果的工艺参数进行控制。

在进行回归分析时，我们把对所研究的质量特性起影响作用的因素作为自变量，把质量特性作为因变量，从而用影响因素（自变量）和质量特性（因变量）建立回归方程，这时自变量与因变量具有明显的因果关系。但在进行两个变量的相关分析时，有时两个变量之间只有相互联系，并不存在明显的因果关系。这时若建立回归方程，自变量和因变量的确定就要根据研究的目的而定了。如前面表7－9例中所研究的胶料份数和SO_4^{2-}离子浓度，从其试验结果看，并不能确定哪个是自变量，哪个是因变量。如果我们的目的是进行SO_4^{2-}离子浓度的测定，那么胶料份数就是自变量，SO_4^{2-}离子浓度就是因变量。如果我们的目的是想从SO_4^{2-}离子浓度的结果进行胶料份数的控制，那么SO_4^{2-}离子浓度就是自变量，胶料份数就是因变量。由此得出，对于一组数据，我们可以作出两个不同回归参数的回归方程。从回归方程的理论分析知道，回归方程的一个自变量所对应的因变量是一个正态分布，而不是一个确定值。所以一个回归方程只能作一种推算，即只能用自变量推算因变量，而不能反过来进行另一种推算，不能用因变量推算自变量。

由上述分析可知，若用质量特性对工艺参数进行推测，须把自变量和因变量互换，另建一个以质量特性为自变量，以工艺参数为因变量的回归方程。这就是说，一个给定的质量特性结果所对应的工艺参数也是一个正态概率分布，这完全符合实际试验的情况。

上例表7－9中的自变量和因变量互换，即把SO_4^{2-}离子浓度作为自变量X，把胶料份数作为因变量Y而建立回归方程，计算控制界限，对质量因素进行控制。

通过表7－9例子的计算结果，新的回归方程配制过程如下：

$$\sum X = \sum Y \text{（原）} = 851, \quad \bar{X} = \bar{Y} \text{（原）} = 28.37$$
$$\sum Y = \sum X \text{（原）} = 904, \quad \bar{Y} = \bar{X} \text{（原）} = 30.13$$
$$L_{XX} = L_{YY} \text{（原）} = 4\,422.97, \quad L_{YY} = L_{XX} \text{（原）} = 4\,029.47$$

L_{XY}不变,

$$L_{XY} = L_{XY} （原） = 3\ 847.53$$

回归系数:

$$b = \frac{L_{XY}}{L_{XX}} = \frac{3\ 847.53}{4\ 422.97} = 0.87$$
$$a = \bar{Y} - b\bar{X} = 30.13 - 0.87 \times 28.37 = 5.45$$

新的回归方程为:

$$\hat{Y} = a + bX = 5.45 + 0.87X$$
$$S_Y = \sqrt{\frac{L_{YY} - bL_{XY}}{n-2}} = \sqrt{\frac{4\ 029.47 - 0.87 \times 3\ 847.53}{30-2}} = 4.94$$

若给定 SO_4^{2-} 离子浓度 $X = 30$, 则

$$S'_Y = S_Y \cdot \sqrt{1 + \frac{1}{n} + \frac{(X_0 + \bar{X})^2}{\sum (X - \bar{X})^2}}$$
$$= 4.94 \cdot \sqrt{1 + \frac{1}{30} + \frac{(30 - 28.37)^2}{4\ 422.97}} = 5.02$$

按计算出的回归方程, 当 $X_0 = 30$ 时,

$$\hat{Y}_0 = 5.45 + 0.87 \times 30 = 31.55$$

控制界限为:

$$\hat{Y}_下 = \hat{Y}_0 - tS'_Y = 31.55 - 5.02t$$
$$\hat{Y}_上 = \hat{Y}_0 + tS'_Y = 31.55 + 5.02t$$

当给定 $1-\alpha=0.95$ 时, $t=2$, 则上述控制范围为 $[21.51, 41.57]$。

从表 7-9 的例子中试验数据来看, SO_4^{2-} 离子浓度为 30 时, 胶料份数是 28, 和上述控制范围相符。

最后指出, 虽然自变量和因变量进行互换后可得到一个新的回归方程, 但是相关系数是不变的。由此可以看出相关系数的唯一性和独立性。这就是说, 由于一组变量只能计算一个相关系数, 因而进行相关性分析和建立回归方程是两回事, 可以分别独立进行。

本章小结

世间一切客观事物总是相互联系的, 每一事物都与它周围的其他事物相互联系、相互制约。产品质量特性与影响性的诸因素之间, 也相互联系、相互制约。反映到数量上就是变量之间存在着一定的关系, 这种关系表现为确定性关系和非确定性关系。确定性关系可以用函数来表达, 但是在另外的情况下, 变量之间不存在确定性的函数关系, 但它们之间也还是存在着一定的关系。质量特性与其影响因素之间就存在着类似的情况, 称为非确定性关系, 我们把变量之间这种既有关但又不能由一个或几个变量去完全和唯一确定另一个变量值的关系称为相关关系。

本章应用数理统计的一些原理和模型, 通过相关分析与回归分析, 通过相关图的描绘和回归方程的建立, 从影响着某一个变量的许多变量中, 判断出哪些变量是显著的, 哪些是不显著的; 并利用求得的回归方程对产品质量进行预测和控制。

复习思考题

1. 什么是相关图, 如何对相关图进行直观观察和分析?

2. 某化工厂某产品的收得率与反应温度有密切的关系, 今测得 5 对数据如下表, 求: ①计算相关系数; ②画出相关图; ③作相关系数 $r=0$ 的统计检验 (设 $\alpha=5\%$, 自由度 $=5-2=3$)。

反映温度 X_i (℃)	75	85	95	105	115
收得率 Y_i (%)	20	25	32	40	44

3. 根据上题资料，如果反应温度为120℃时求收得率为多少？

4. 运用本章表7-3的数据，计算出 $\hat{Y} = a + bX$ 的回归方程，然后计算出剩余平方和以及剩余标准差。

8

试验设计

本章要求

- ☐ 了解试验设计的概念及其作用
- ☐ 掌握单因素试验设计常用的几种方法
- ☐ 了解正交试验法的基本理论
- ☐ 掌握正交试验的基本方法及应用
- ☐ 掌握多指标以及其他方面的正交试验方法和应用

8.1 单因素试验设计

在生产和科研活动中，为保证质量，降低成本，经常会遇到如何选择最优方案的问题。如怎样选择合适的配方，最合理的工艺参数，最佳的生产条件，安排试验方案能做到时间最省，效果最好，成本最低。这一类问题在数学上称为最优化或称优选法。优选法是一种指导我们用较少的试验次数寻找最优方案的科学方法，以达到优质、高产、低耗、高效的效果。下面我们分别介绍单因素优选和多因素优选（正交试验）等优选方法。

8.1.1 对分法

对分法也叫平分法，是单因素试验设计方法，适用于试验范围 $[a, b]$ 内，目标函数为单调（连续或间断）的情况下，求最优点的方法。即如果每做一次试验，根据结果可以决定下次试验的方向时，就可以应用对分法。

对分法的做法是：每次取优选因素所在试验范围 $[a, b]$ 的中点处 C 做试验。

其计算公式是：$C = \dfrac{(a+b)}{2}$

每做一次试验后，根据试验结果确定下次试验的方向。如下次试验在高处，就把此次试验点 C 以下的一半范围 $[a, c]$ 划去；反之，就把另一半范围 $[c, b]$ 划去。然后在剩下的一半范围内再做试验，这样，每试验一次，试验范围就缩小一半，重复地做下去，直到找出满意的试验点为止。

例如：某毛纺厂为解决染色不匀，常常出现外红里浅的问题，要优选起染温度，采用对分法。具体如下：原工艺中的起染温度为40℃，升温后的最高温度达100℃，故试验范围先确定在40℃～100℃。

第一次试验点 $C_1 = \dfrac{40+100}{2} = 70℃$，选在70℃，试验结果过去常有的外红里浅现象大有好转，起温还可以增高，即将40℃～70℃这一段划掉。

第二次试验点选在70℃～100℃的中点85℃（$C_2 = \dfrac{70+100}{2} = 85℃$），试验结果出现红里透黑，染色太深，起温过高，应降低，将85℃～100℃划掉。

第三次试验点选在 $70℃ \sim 85℃$ 的中点处 C_3（$C_3 = \dfrac{70+85}{2} = 77.5℃$）。试验结果，在 $77.5℃$ 起染色深浅适度，里外均匀，反复验证后均感满意。为操作方便，最后选 $78℃$ 为起染温度。

对分法的优点是简单易行，但其应用要具备两个条件：

（1）要有一个现成的标准（或指标）来衡量试验的结果。

（2）能预知该因素对指标的影响规律，即能从一个试验结果直接分析该因素取值偏大还是偏小。

8.1.2 均分法

均分法是单因素试验设计方法。它是在试验范围（a，b）内，根据精度要求和实际情况，均匀地排开试验点，在每一个试验点上进行试验，并相互比较，以求得最优点的方法。

均分法的做法是：如试验范围 $L = b - a$，试验点间隔为 N，则试验点 n 为

$$n = \frac{L}{N} + 1 = \frac{b-a}{N} + 1$$

例如，对采用新钢种的某零件进行磨削加工，砂轮转速范围为 $420 \sim 720$ 转/分，拟经过试验找出能使光洁度最佳的砂轮转速值。为此，根据规定的转速范围和以往实践经验，可取试验间隔 $N = 30$ 转/分，则这时

$$n = \frac{b-a}{N} + 1 = \frac{720-420}{30} + 1 = 11$$

即分为 11 个试验点，每个试验点相隔 30 转/分，这样在转速分别为 420，450，480，510，540，570，600，630，660，690，720 转/分时进行试验，并测得光洁度结果，以进行比较。比较结果，最后确定砂轮转速为 600 转/分时，该零件光洁度最好而选用之。

这种方法的特点是对所试验的范围进行"普查"，常常应用于对目标函数的性质没有掌握或很少掌握的情况，即假设目标函数是任意的情况，其试验精度取决于试验点数目的多少。

8.1.3　0.618 法

0.618 法是单因素试验设计法，又叫黄金分割法。这种方法是在试验范围内（a，b），首先安排两个试验点，再根据两点试验结果，留下好点，去掉不好点所在的一段范围，再在余下的范围内继续寻找好点，去掉不好的点，如此继续做下去，直到找到最优点为止。

0.618 的做法是：第一个试验点 X_1 安排在试验范围（a，b）的 0.618 处，第二个试验点 X_2 安排在试验范围（a，b）的 0.382 处，即 0.618 处的对称点，这时 X_1 与 X_2 在试验范围（a，b）内互为对称点，这两点的位置可用对称公式表示如下：

$$\begin{cases} X_1 = a + 0.618\ (b-a) \\ X_2 = a + b - X_1 \end{cases}$$

式中 a 为试验范围的小头，b 为试验范围的大头，上面对称公式也可以写成

$$\begin{cases} 第一点 = 小 + 0.618（大 - 小）\\ 第二点 = 小 + 大 - 第一点（即前一点）\end{cases}$$

前一点是经过试验后留下的好点。

使用这种方法，一是要记住一个常数即 0.618，二是记住两个公式即前面的两个公式，用对称原理找新试验点，直到满意为止。

例：铝铸件最佳浇铸温度的优选试验。某厂铝铸件壳体废品率高达 55%，经分析认为铝水温度对此影响很大，现用 0.618 法优选。优选范围在 690℃ ~ 740℃ 之间。优选过程如下：

$$第一点 = 690 + 0.618 \times（740 - 690）= 720.9 \approx 721℃$$
$$第二点 = 690 + 740 - 721 = 709℃$$

两点相比，第一点合格率低，故去掉 721℃ ~ 740℃ 这一段，在 690℃ ~ 721℃ 这中优选。如图 8 - 1 所示。

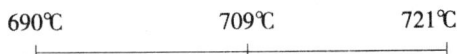

690℃　　　　　709℃　　　　721℃

图 8 - 1

$$第三点 = 690 + 721 - 709 = 702℃$$

比较第二、三点，第三点合格率较高，故去掉 709℃ ~ 721℃ 这一段，在 690℃ ~ 709℃ 中优选。

$$第四点 = 690 + 709 - 702 = 697℃$$

比较第三、四点，第四点较好，合格率达到 95%。

$$第五点 = 690 + 702 - 697 = 695℃$$

比较第四、五点，结果四、五点差别不大，故停止优选。最后确定铝水温度在 690℃ ~ 700℃ 之间，不合格率由 55% 降低到 5%。

最后应当指出，0.618 法要求试验结果目标函数 $f(x)$ 是单峰函数（图 8 - 2），即在试验范围 (a, b) 内只有一个最优点 d，其效果 $f(d)$ 最好，比 d 大或小的点都差，且距最优点 d 越远的试验效果越差。这个要求在大多数实际问题中都能满足，但也有不能满足的情况，此时不能用 0.618 法。

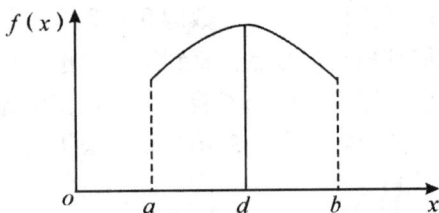

图 8 - 2

8.1.4　分数法

分数法是单因素试验设计方法。基本原理与 0.618 相同，适用于试验范围 (a, b) 内目标函数为单峰的情况。但与 0.618 法不同之处在于要求预先给出试验总数，或者可由已确定的试验范围和精确度计算出试验总数的情况。如当试验点只能安排在一些离散点上时，如机床的转速有若干档次，采用分数法比 0.618 法更为方便。

分数法中的分子是费波那奇（Fibonacci）数序列，如用 F_0，F_1，F_2，$\cdots$，F_n 代表这个数列，则费波那奇数序列满足下列递推关系

$$F_n = F_{n-1} + F_{n-2} \qquad (n \geqslant 2)$$

当 $F_0 = F_1 = 1$ 确定之后，费波那奇数序列就完全确定了，即 1，1，2，3，5，8，13，21，34，55，89，144$\cdots$序列（F_n）就称为费波那奇数序列，我们再令

$$G_n \ 为 \frac{1}{2}，\frac{2}{3}，\frac{3}{5}，\frac{5}{8}，\frac{8}{13}，\frac{13}{21}，\frac{21}{34}，\frac{34}{55}，\frac{55}{89}\cdots$$

当 n 无限增大时，可以证明 G_n 趋向 0.618，因此序列（G_n）中任何一个分数都可以作为 0.618 的近似值。

分数法的做法是：首先确定试验次数 n，它等于分数列（G_n）中某个分数 G_n 的序号 n_1，第一个试验点用分数 G_n 代替 0.618，其余计算公式和步骤与 0.618 法完全一样。

例：在机械加工中对机床进行优选转速时，有些机床的转速分成若干档，如车床 C6140 共分 12 档，见表 8 - 1。

表 8 - 1

1	2	3	4	5	6
23 转/分	32 转/分	48 转/分	67 转/分	95 转/分	135 转/分
7	8	9	10	11	12
190 转/分	240 转/分	350 转/分	485 转/分	690 转/分	1 000 转/分

使用分数法寻找最佳转速做法如下：

第一步找序列（G_n）中分母大于 12 的最小分母相应的 G_n，本例为 $G_5 = \frac{8}{13}$，因此 $\frac{8}{13}$ 是第一个试验点，即先在第八档转速 240 转/分上做试验。而整个

试验次数为 G_5 的序号，即 $n=5$，第二个试验点可利用0.618法公式算出：

$$第二点 = 1 + 12 - 8 = 5$$

即在第五档95转/分做试验，然后比较这两个转速的好坏，若第八档好，再使用对称原理，第三次作试验。第三次试验为

$$第三点 = 5 + 12 - 8 = 9$$

下一步就在第九档350转/分做试验，如此等等，最多做5次就能找到最好的转速。

从上例可得出分数法的一般步骤：

（1）根据试验范围确定试验次数。如果试验范围有 K 个等级，从序列 (G_n) 中找出不小于 K 的最小分母相应的 G_n，则试验次数等于 n。

（2）第一个试验点取在 G_n 的分子上。

（3）以下的点按照0.618法找对称点继续做试验。

8.2 正交试验的基本方法

8.2.1 正交试验的概念

在改进设计参数和工艺条件中，必不可少地要进行科学试验，那么就有个试验次数和试验因素的搭配问题，也就是试验安排问题。特别是对于指标多、影响因素多、各种因素所处的状态又多的情况，如何搞好试验安排就成为一件十分重要的工作。如果试验安排得当，就能使试验的次数少，各种因素状态之间的关系考虑周全，取得事半功倍的效果。

正交试验就是一个科学的安排和分析试验的方法。它是利用"均衡分散性"和"整齐可比性"正交性原理，从大量的试验点中挑出适量的、具有代表性、典型的试验点以解决多因素问题的试验方法。它在各个专业的设计和试验中都得到了广泛应用。

正交试验的主要优点是合理安排试验，减少试验次数；找出较好的试验方

案；找出质量指标与影响因素的关系；找到进一步改进产品质量的试验方向等。

8.2.2　正交试验法的有关名词

1. 试验指标

试验需要考察的效果称为试验指标，简称指标。能够用数量表示的称为数量指标，如硬度、重量、拉力等，不能用数量表示的指标称为非数量指标，如颜色、外观等。

2. 因素

对试验指标有影响的参数称为因素，如热处理的淬火温度、淬火时间、回火温度、冷却介质成分等。

3. 水平

因素在试验中所处的状态和条件的变化可能引起指标的波动，把因素变化的各种状态和条件称为因素的水平。一个因素往往要考察几个水平，如采用不同的淬火温度、不同的冷却速度等。

在正交试验中常用大写拉丁字母 A，B，C…表示因素，用阿拉伯数字1，2，3…表示水平，例如 A_1 表示 A 因素1水平。

8.2.3　正交表的格式与特点

所谓正交表是有规律的，按顺序排成现成的表格，是正交试验的工具，正交试验是通过正交表进行的，最简单的正交表是 $L_4(2^3)$，如表8-2所示。

表8-2　$L_4(2^3)$ 正交表

试验号 \ 列号	1	2	3
1	1	1	1
2	1	2	2
3	2	1	2
4	2	2	1

正交表记号 $L_4(2^3)$ 的含义如下（见图 8 – 3）：L 为正交表符号，其下角标 4 为表的行数，即试验次数，括号中 3 为表的列数，即最多可安排 3 个因素，3 下角的 2 为每个因素有 2 个水平，常见的正交表有 $L_4(2^3)$，$L_9(3^4)$，$L_8(2^7)$，$L_{18}(2^{15})$，$L_{27}(3^{13})$，$L_8(4^1 \times 2^4)$，$L_{18}(6^1 \times 3^6)$，等等。其中 L_8 $(4^1 \times 2^4)$ 形式的正交表是安排不同水平试验的正交表，该表可安排 5 个因素，其中一个因素有 4 个水平，4 个因素有 2 个水平，试验次数为 8 次。

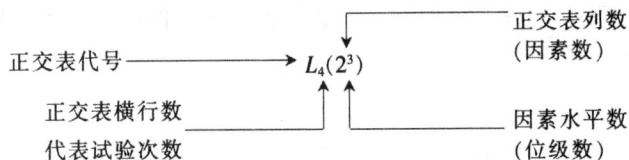

图 8 – 3

正交表有如下特点：

（1）每一列中，每个数字出现的次数都相等。如 $L_4(2^3)$ 表中，第 1 列"1"出现 2 次，"2"也出现 2 次，第 2 列中"1"和"2"也是各出现 2 次。

（2）任意二列中，将同一横行的两个数字看成有序数对（即左边的数在前，右边的数在后），按这一次序排出的数对，每种数对出现的次数相等，$L_4(2^3)$ 表里的有序数对共有四种，即（1，1）、（1，2）、（2，1）、（2，2），它们各出现一次。

8.2.4　正交表安排试验的步骤

下面通过一个实例来说明应用正交表来安排试验的一般步骤和基本原理。

例：某工厂生产一种检查某种疾病用的碘化钠晶体，要求应力越小越好，希望不超过 2 度。退火工艺是影响质量的一个重要环节。现通过正交试验希望能找到降低应力的工艺条件。

1. 明确试验目的，确定指标

试验目的：降低碘化钠晶体的应力，应力越小越好。

试验指标：应力（度）。

2. 制定因素水平表

挑因素、选水平、制定因素水平表，经过考察、分析，本试验中有升温速度、恒温温度、恒温时间和降温速度共 4 个因素，每个因素取 3 个水平（位级），因素水平表如表 8 - 3 所示。

表 8 - 3　试验因素水平表

因素 水平	升温速度 A	恒温温度 B	恒温时间 C	降温速度 D
1	30℃/小时	600℃	6 小时	1.5 安培（自然冷却）
2	50℃/小时	450℃	2 小时	1.7 安培（自然冷却）
3	100℃/小时	500℃	4 小时	15℃/小时（降）

3. 选正交表、排表头

因素水平确定之后就可选用合适的正交表，然后排表头。本例有 4 个因素，每个因素有 3 个水平，可选用 $L_9(3^4)$ 正交表，因素安排如下表 8 - 4。

表 8 - 4　$L_9(3^4)$ 表头安排

$L_9(3^4)$ 列号	1	2	3	4
因素	A	B	C	D

选用正交表的原则是正交表的列数要等于或大于因素的个数，试验次数应取最少的。在排表头时各因素可任意排在各列中，但是一经排定，在试验过程中就不能再变动。

4. 排列试验条件

表头排好之后，将表中每一列的数字 1，2，3 看成该列中每个因素应取的水平，每一行就是每次试验的条件。例如 $L_9(3^4)$ 表的第一列是升温速度 A，在 1 的位置上写上 $A_1=30℃/小时$，在 2 的位置上写上 $A_2=50℃/小时$，在 3 的位置上写上 $A_3=100℃/小时$，其他因素也是同样写法（叫对号入座），如表 8 - 5 所示。

表 8 - 5 就是具体的实施方案，表中试验 9 次，每次试验都是不同因素不同水平的随机搭配，例如，第一个试验就是 $A_1B_1C_3D_2$，即升温速为 30℃/小时，恒温温度为 600℃，恒温时间为 4 小时，降温速度为 1.7 安培，自然冷却。

5. 按试验方案进行试验

试验排定之后就必须严格按照排定的试验方案进行试验，不能再变动，但试验的次序可以任意进行，不一定按照正交表的试验号的顺序依次试验，每做一次试验都要记下所得的结果（即达到的指标），填入表8－5的最右一列（上例"应力"一列中）。

表8－5　试验方案

列　　因　　素 试　验　号	升温速度 （℃/小时） A 1	恒温温度 （℃） B 2	恒温时间 （小时） C 3	降温速度 D 4	应力 （度） 结果
1	1（30）	1（600）	3（4）	2（1.7安培）	
2	2（50）	1（600）	1（6）	1（1.5安培）	
3	3（100）	1（600）	2（2）	3（15℃/小时）	
4	1（30）	2（450）	2（2）	1（1.5安培）	
5	2（50）	2（450）	3（4）	3（15℃/小时）	
6	3（100）	2（450）	1（6）	2（1.7安培）	
7	1（30）	3（500）	1（6）	3（15℃/小时）	
8	2（50）	3（500）	2（2）	2（1.7安培）	
9	3（100）	3（500）	3（4）	1（1.5安培）	

226

8.2.5　试验结果分析

通过不同试验方案的试验得到数个试验指标，如上例得到9种（应力），见表8－6，现在来分析试验结果并对试验方案进行评价。对试验结果的分析有两种方法，一是直观分析法，二是极差分析法。

直观分析法就是直观比较试验方案的试验结果。从表8－6看出第5号试验应力最低（0.5度），试验组合是 $A_2B_2C_3D_3$。这是从试验直接得到的结果来分析，但是否有更好的试验组合，需要通过极差分析来探索。

极差分析法是这样一种方法，它要求通过计算同一因素不同水平试验指标的极差，了解试验结果的波动情况，然后比较不同因素的极差值，以便找到效果更好的试验方案。通过极差比较还可找出影响试验的主要因素，进而寻找更优的试验方案。下面用表8－6讲述极差分析法分析问题的步骤。

表8－6　试验方案

列　因 　　号　素 试　验　号	升温速度 （℃/小时） A 1	恒温温度 （℃） B 2	恒温时间 （小时） C 3	降温速度 D 4	应力 （应） 结果
1	1 (30)	1 (600)	3 (4)	2 (1.7 安培)	6
2	2 (50)	1	1 (6)	1 (1.5 安培)	7
3	3 (100)	1	2 (2)	3 (15℃/小时)	15
4	1	2 (450)	3	1	8
5	2	2	3	3	0.5
6	3	2	1	2	7
7	1	3 (500)	1	3	1
8	2	3	2	2	6
9	3	3	3	1	13
I ＝位级1, 三次产率和	15	28	15	28	
II ＝位级2, 三次产率和	13.5	15.5	29	19	总和＝I＋II ＋III＝63.5 度
III ＝位级3, 三次产率和	35	20	19.5	16.5	
极差 R	21.5	12.5	14	11.5	

1. 计算数据

（1）计算各因素不同水平的指标和用I、II、III分别表示对应各因素1，2，3水平的指标和。例如，对A因素1，2，3水平的指标和分别用 I_A、II_A、III_A 表示。

$$I_A = 6 + 8 + 1 = 15$$
$$II_A = 7 + 0.5 + 6 = 13.5$$
$$III_A = 15 + 7 + 13 = 35$$

其他因素用同样方法计算其结果，见表 8 –6。

（2）计算各因素不同水平指标的极差 R。

如上例 A 因素的极差

$$R_A = 35 - 13.5 = 21.5$$

其他因素由此类推，其结果见表 8 –6。

（3）计算指标值总和 T。

$$T = Ⅰ + Ⅱ + Ⅲ = 15 + 13.5 + 35 = 63.5 \qquad （A 因素）$$

本例 $T = 63.5$，各因素 Ⅰ、Ⅱ、Ⅲ 的指标和是相等的，都等于 9 次试验结果指标值之和。即：

$$6 + 7 + 15 + 8 + 0.5 + 7 + 1 + 6 + 13 = 63.5$$

2. 对计算结果进行分析

（1）找比较优的试验搭配方案。较优的试验搭配方案，是以每个因素中试验指标效果较好的水平进行搭配。对上例来说，因为指标是应力度，指标值越低试验效果越好。依此搭配较优试验方案为 $A_2B_2C_1D_3$。

（2）排出主次因素。极差所反映的是指标值的波动，对每个因素来说，指标值的波动是由于因素所取不同水平而引起的。所以极差越大，说明该因素的不同水平对试验指标的影响越大，那么它就应该是试验的主要控制对象，也就是主要因素。对主要因素要以较优的水平搭配试验。相反，极差较小的因素，说明该因素所处的状态，即所取的不同水平对试验指标影响不大，那么该因素就不作为主要控制对象，它就是一般因素。对一般因素的水平就可以根据试验方便、资金节约的原则而选取的。当然这里所说的主要因素或一般因素是对特定的试验条件下而言的，如上例各因素的主次排列是

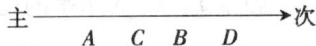

$$主 \xrightarrow{ A \quad C \quad B \quad D } 次$$

于是在 L_9（3^4）正交表之外，通过计算后还可以采用一个搭配较优的试验方案为 $A_2C_1B_2D_3$。

（3）画趋势图展望下批试验的好条件。

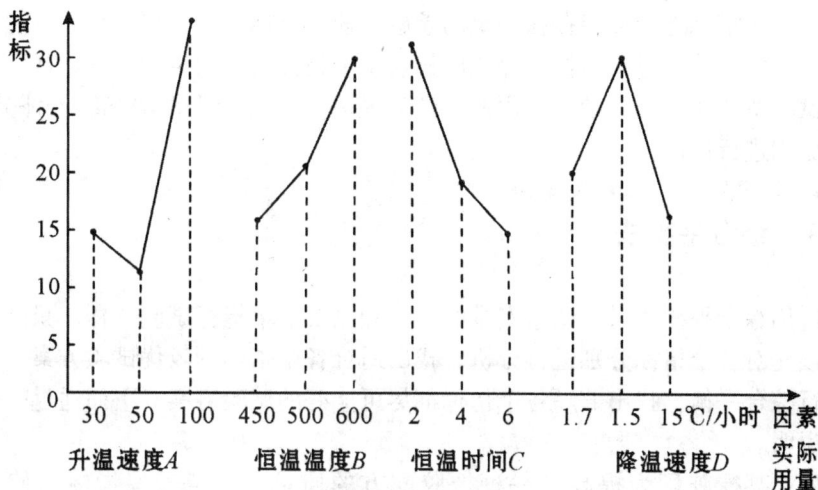

图 8 - 4

为了进一步降低指标应力，以每个因素的实际位级用量为横坐标，其试验结果总和为纵坐标，画出各因素的趋势图，上例见图 8 - 4，从图中可看出这些因素的发展趋势，作进一步的分析。从 8 - 4 图来看：

恒温温度：450℃，500℃，600℃三个高度逐步上升，说明如果温度下降，应力还将继续降低，这意味着原来的三个位级都选高了，就是 450℃的恒温温度也是高的，再试验时可将此温度降至 400℃或更低一些。

恒温时间：2，4，6 小时逐步下降，这也证实了过去"时间长应力低"的看法是正确的。恒温 6 小时最好，但考虑到节约电力和提高工效等综合效益，恒温时间取 4 小时也是可以的。

这样一个新的试验方案将形成，最后把展望的 4 个好的位级结合到一起得出一个新的试验方案，即：恒温温度降到 400℃，记为 B_4，恒温时间 4 小时，升温速度 50℃/小时，降温速度 15℃/小时。得 $A_2B_4C_3D_3$ 试验新方案。

8.3　多指标的正交试验

在 8.2 节中的例子里，正交试验指标只有一个，是多因素单指标的正交试验，但在生产实践中，用以衡量试验效果的指标往往不只是一个，而是若干个，这类试验就称为多因素、多指标的正交试验，简称多指标试验。在多指标试验中，各指标之间可能存在一定的矛盾，这个指标好了，那个指标可能不符合要求。如何兼顾各个指标，寻找出符合每个指标要求的生产条件，这就是多指标试验所要研究的问题。常用的方法有两种，即综合平衡法和综合评分法，下面分别进行讨论。

8.3.1 综合平衡法

应用综合平衡法时，试验安排的步骤和第二节单指标试验一样，只是分析的时候先对各个指标分别进行分析，找出适合各个指标的较优试验方案，然后再进行综合平衡，找出兼顾各个指标都尽可能好的试验方案。下面通过一个例子来说明。

例：某橡胶厂为提高某一种橡胶配方的质量，选定考察指标为伸长率（%）、变形（%）、屈曲（万次）。试确定为满足 3 项指标的配方条件。

整个试验设计过程与单指标试验设计相同，现归纳如下：

1. 明确试验目的，确定试验指标

试验目的：提高某一种橡胶配方的质量。

试验指标：伸长率（%）越大越好，变形（%）越小越好，屈曲次数（万次）越多越好。

2. 制定因素水平（位级）表

经专业知识分析可制定因素位级表，见表 8 – 7，有 4 个因素：促进剂用量、氧化锌总量、促进剂 D 所占比例和促进剂 M 所占比例；每个因素取 4 个水平（位级）。

表 8 – 7 因素水平表

水平＼因素	促进剂用量 A	氧化锌总量 B	促进剂 D 所占比例 C	促进剂 M 所占比例 D
1	2.9	1	25%	34.7%
2	3.1	3	30%	39.7%
3	3.3	5	35%	44.7%
4	3.5	7	40%	49.7%

3. 选正交表、排表头

本例有 4 个因素，每个因素有 4 个水平，可选用 L_{16}（4^5）正交表，因素安排如下表 8-8，该表的列数比试验因素多一列，因素只有 4 个，选用 5 列的正交表，最后一列可不用。

表 8-8 L_{16}（4^5）表头排列

L_{16}（4^5）列号	1	2	3	4	5
因素	A	B	C	D	

4. 选择好正交表后，确定试验计划方案

本例由于是 4 位级（水平）4 因素的多指标试验设计，且无重点考察因素，可以选择 L_{16}（4^5）正交表来安排试验。整个计划和分析见表 8-9。

5. 试验结果分析

直接比较和通过计算寻找好的条件为：

（1）直接比较的好条件为：

伸长率为试验号 9，即 $A_3B_1C_3D_4$。

变形为试验号 1，即 $A_1B_1C_1D_1$。

屈曲为试验号 1，即 $A_1B_1C_1D_1$。

（2）通过计算找到的好条件为：

伸长率为 $A_3B_1C_4D_4$。

变形为 $A_1B_4C_1D_2$。

屈曲为 $A_1B_1C_1D_3$。

（3）从极差 R 得知诸因素对各指标的显著性顺序为：

伸长率为 $ABCD$。

变形为 $CABD$。

屈曲为 $ABDC$。

由上可知，因素 A 对伸长率、屈曲起显著作用，对变形处于第二位。根据上面两个条件，再综合 3 个指标情况，因素 A 应取位级 1。

因素 B 在伸长率、屈曲中处于第二位。由上面的好条件因素 B 应取位级 1；从变形指标应取位级 4，但从专业分析，因素 B 在变形指标中作用小。综合后因素 B 应取位级 1。

表 8-9　橡胶配方试验计划和结果分析

因素 列号 试号	A 1	B 2	C 3	D 4	伸长率 (%)	变形 (%)	屈曲 (万次)
1	1(2.9)	1(1)	1(25%)	1(34.7%)	545	40	5.0
2	1	2(3)	2(30%)	2(39.7%)	490	46	3.9
3	1	3(5)	3(35%)	3(44.7%)	515	45	4.4
4	1	4(7)	4(40%)	4(19.7%)	505	45	4.7
5	2(3.1)	1	2	3	492	46	3.2
6	2	2	1	4	485	45	2.5
7	2	3	4	1	499	49	1.7
8	2	4	3	2	480	45	2.0
9	3(3.3)	1	3	4	566	49	3.6
10	3	2	4	3	539	49	2.7
11	3	3	1	2	511	42	2.7
12	3	4	2	1	515	45	2.9
13	4(3.5)	1	4	2	533	49	2.7
14	4	2	3	1	488	49	2.3
15	4	3	2	4	495	49	2.3
16	4	4	1	3	476	42	3.3

伸长率		A	B	C	D	
	I	2 055	2 136	1 992	2 047	
	II	1 956	2 002	2 017	2 014	
	III	2 131	2 020	2 049	2 022	$T_伸 = 8\ 134$
	IV	1 992	1 976	2 076	2 051	
	R	175	160	84	37	
变形	I	176	184	169	183	
	II	185	189	186	182	
	III	185	185	188	182	$T_变 = 735$
	IV	189	177	192	188	
	R	13	12	23	6	
屈曲	I	18.0	14.5	13.5	11.9	
	II	9.4	11.4	12.3	11.3	
	III	11.9	11.1	12.3	13.6	$T_屈 = 49.9$
	IV	10.6	12.9	11.8	13.1	
	R	8.6	3.4	1.7	2.3	

因素 C 仅在变形指标中占首位，在其余指标中均处于次要地位。故位级选取，由变形指标决定，取为 C_1。

因素 D 在伸长率、变形指标中为次要因素。故可由屈曲指标决定位级用量，可取为 D_3 或 D_4。

6. 确定因素的适宜位级组合

经以上综合平衡后，某橡胶的适宜配方可定为 $A_1B_1C_1D_3$ 或 $A_1B_1C_1D_4$。经工艺验证，调整后就可转化为适宜生产条件，用于生产过程之中。

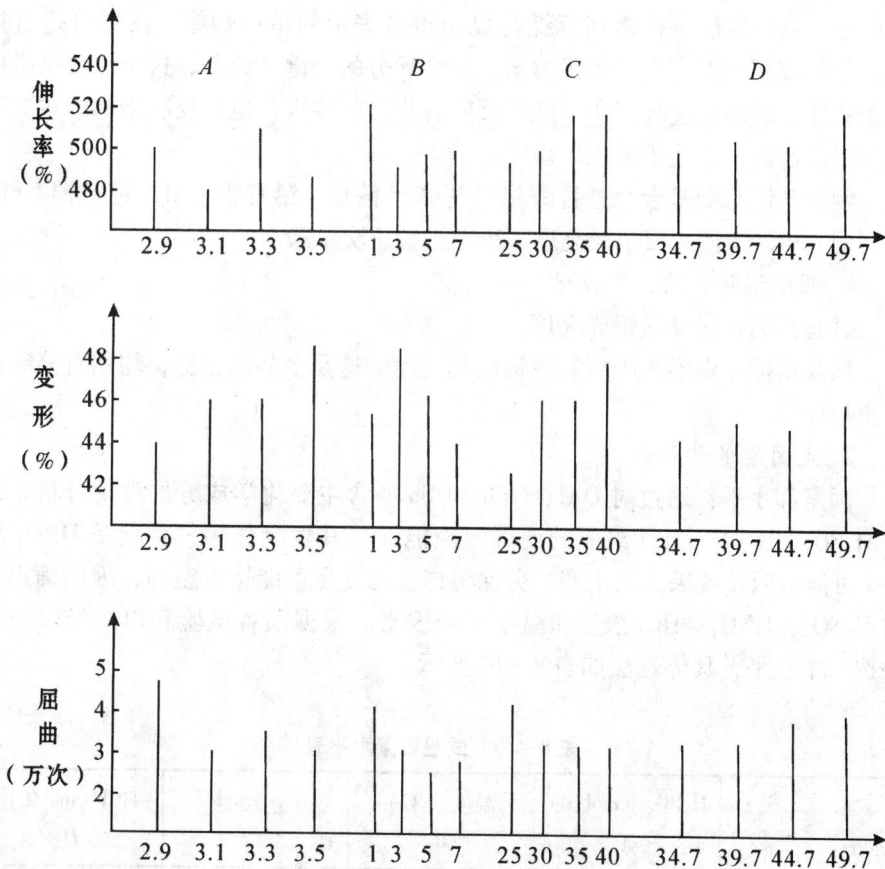

图 8-5　趋势图

7. 画趋势图，展望进一步的好条件

趋势图见图 8-5。由趋势图可展望下批试验因素 A 应在 A_1 位级附近取位级；因素 B 应在 B_1 位级附近取位级；因素 C 应在 C_1 位级附近取位级；因素 D

应在 D_1 或 D_4 位级附近取位级。制定新的位级表再设计试验。

8.3.2 综合评分法

所谓综合评分法，是首先对各个指标分别挑选较优试验方案，然后在指标的矛盾中比较主次，对因素、水平（位级）进行平衡，寻找统筹兼顾的试验方案。实质上综合评分法也是一种综合平衡的方法，但这个方法不是把平衡放在最后，而是对每次试验进行指标间的综合比较，然后根据综合的指标效果给予评分。具体做法是把多指标综合成用得分表示的单一指标，按得分进行排队，分数较高的方案就是较优方案。综合评分的关键是评分，这个评分是指标间矛盾比较的综合过程，所以既要反映各指标的要求，也要反映指标的重要程度。下面通过一个例子来加以说明。

例：某厂对铜基合金进行镀银，基体材料是：铅青铜 QAl，铅黄铜 HPb，锡青铜 QSn，为提高镀银光亮度，决定进行正交试验。

1. 明确试验目的，定指标

试验目的：提高镀银光亮度。

试验指标：观察 3 种材料浸银层光亮度。这是个品质指标，均用百分制进行质量评定。

2. 定因素水平表

因素和水平：通过对 QAl、HPb、QSn 所含主要化学成分的理论分析，认为 H_2SO_4、HNO_3、HCl 组成的混酸溶液能够与其发生作用，特别是 HNO_3 对 QAl 可能有明显效果。从生产、劳保考虑，温度尽可能接近室温，因而确定考察 H_2SO_4、HNO_3、HCl 浓度和温度 4 个因素。根据预备试验和以往经验决定各选三个水平，具体选法如表 8 – 10 所示。

表 8 – 10 试验因素水平表

水平 \ 因素	H_2SO_4（mol/L） A	温度（℃） B	HNO_3（mol/L） C	HCl（mol/L） D
1	340	20	120	4
2	420	40	80	0
3	380	30	160	2

表 8-10 中 HCl 的 0 水平是为了考察不加 HCl 的情况。

3. 选定正交表安排试验

根据因素和水平的数量，决定选用正交表 $L_9(3^4)$；试验安排见表 8-11。

表 8-11 试验安排及试验结果分析表

试验号 \ 列号	H₂SO₄ A 1	温度 B 2	HNO₃ C 3	HCl D 4	试验结果 QAl	HPb	QSn	总分	平均分
1	1(340)	1(20)	3(160)	2(0)	50	60	60	170	56.7
2	2(240)	1	1(120)	1(4)	70	85	75	230	76.7
3	3(380)	1	2(80)	3(2)	85	100	90	275	91.7
4	1	2(40)	2	1	100	95	100	295	98.3
5	2	2	3	3	60	75	85	220	73.3
6	3	2	1	2	35	70	80	185	61.7
7	1	3(30)	1	3	75	90	85	250	83.3
8	2	3	2	2	35	90	70	195	65.0
9	3	3	3	1	65	55	95	215	71.7
I	238.3	225.1	221.7	246.7					
II	215.0	233.3	255.0	183.4	平均分相加				
III	225.1	220.0	201.7	248.3	I + II + III = 678.4				
R	23.3	13.3	53.3	64.9					

235

4. 试验结果分析

本例由于是个品质指标试验，所以先对每个指标进行评分，然后在此基础上进行综合评分排队。具体做法是根据对 OAl、HPb、QSn 三种材料的光亮度评分，先计算总分，再计算平均分数。把平均分作为一个综合指标，分数越高越好。分析过程参看表 8-11。从表中看出，直观分析第 4 号试验评分最高（98.3 分），表明 $A_1B_2C_2D_1$ 是个较好的工艺条件，只是光亮度还不够理想。进行极差分析得到的较好工艺条件为 $A_1B_2C_2D_3$。

从极差分析结果看，主次因素的排列顺序是 *DCAB*。

5. **画趋势图展望较优的工艺条件**

从趋势图以及实际情况分析，*D* 因素所以极差大，并不是因为 HCl 水平的变化对试验结果影响较大而引起的，而是由于溶液中有没有 HCl 的问题。如果试验中都有 HCl，不管用 4mol/L，还是用 2mol/L，极差都是很小（$\mathrm{III} - \mathrm{I} = 248.3 - 246.7 = 1.6$），所以确认主次因素的排列应为 *CABD*，同时也得出结论不加 HCl 不行。

由趋势图 8 – 6 可展望较优的工艺条件为：

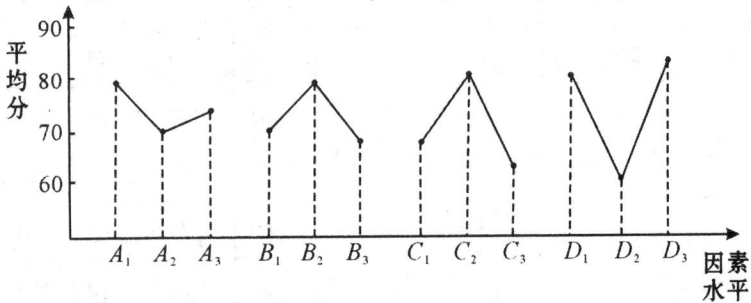

图 8 – 6

（1）HCl 固定在用量 4mol/L 上。

（2）温度在 40℃ 和 30℃。

（3）H_2SO_4 试用比 340mol/L 更低的浓度。

（4）HNO_3 试用比 80mol/L 更低的浓度。

这样就得到一个新的试验方案，如表 8 – 12 所示。

表 8 – 12　新的因素水平表

水平 \ 因素	H_2SO_4（mol/L） *A*	温度（℃） *B*	HNO_3（mol/L） *C*	HCl（mol/L） *D*
1	280	40	70	4
2	310	30	50	4

采用正交表 $L_4(2^4)$ 进行试验，又进一步改善了光亮度。

8.4　水平不等的正交试验

在生产实践中，除了前面所讨论的单指标或多指标的正交试验都是水平相等的以外，还会遇到由于设备、原料或生产条件的限制，使得在考虑试验方案时，某些因素水平个数的选择受到制约，因而要比其他因素的水平数少。另外，有的试验，某些因素水平又要多考虑一些，等等。这就需要解决水平数不等的试验问题，处理这类问题有两种方法：一是直接使用水平数不等的正交表，另一是拟水平法，即在等水平的正交表内，安排不等的试验。

8.4.1　直接使用水平数不等的正交表

例：电泳涂漆工艺试验。

1. 试验指标

电泳涂漆膜均匀、平整光滑色匀。这是多指标试验，通过综合评分化为单指标得分，采取 10 分制，得分越高越好。

2. 确定因素水平

根据经验，固体份含量 A 是影响电泳涂漆的主要因素，是考虑的重点，取 4 个水平；其他 4 个因素如电压、漆液温度、pH 值、阴阳极间距离均为 2 水平。

表 8–13　因素水平表

因素水平	固体份含量（%）A	电压（V）B	漆液温度（℃）C	pH 值 D	阴阳极间距（mm）E
1	8	70	20	7.5	120
2	11	80	30	8.5	100
3	14				
4	17				

3. 选定正交试验表安排试验

根据因素和水平的数量，选正交试验表。考察因素 5 个，但水平不等，一个因素 4 水平，4 个因素 2 水平。可以直接选用 L_8（$4^1 \times 2^4$）正交表来安排试验。试验安排见表8-14。

4. 试验结果分析

（1）直观分析。从直接使用水平不等正交表 L_8（$4^1 \times 2^4$）的 8 次试验（见表8-14）的综合得分看，第2号和第8号得分最高，都为10分，相应的较优水平组合为：

$A_1B_2C_2D_2E_2$ 即固体份含量为8%，电压为80V，漆液温度为30℃，pH 值为8.5，阴阳极间距为100mm。

$A_4B_2C_1D_1E_2$ 即固体份含量为17%，电压为80V，漆液温度为20℃，pH 值为7.5，阴阳极间距为100mm。

（2）计算。计算各因素的 I 、 II 、 III 、 IV 。因素 A 分为 4 个等级，I 、II 、III 、IV 分别为水平1，2，3，4 的各2次得分之和。因素 B，C，D，E 都分别为 2 水平，I 、II 分别是它们的水平1，2 各4次得分之和。

表8-14　试验安排及试验结果分析表

因素\试验号	A 1	B 2	C 3	D 4	E 5	得分 Y
1	1 (8)	1 (70)	1 (20)	1 (7.5)	1 (120)	1
2	1	2 (80)	2 (30)	2 (8.5)	2 (100)	10
3	2 (11)	1	1	2	2	6
4	2	2	2	1	1	3
5	3 (14)	1	2	1	2	8
6	3	2	1	2	1	2
7	4 (17)	1	2	2	1	9
8	4	2	1	1	2	10
I	11	24	19	22	15	
II	9	25	30	27	34	$T = \sum_{i=1}^{8} Y_i$
III	10					
IV	19					
K_1	5.50	6.00	4.75	5.50	3.75	
K_2	4.50	6.25	7.50	6.75	8.50	因素主次
K_3	5.00					为 AECDB
K_4	9.50					
R	5.00	0.25	2.75	1.25	4.75	

由于各因素的水平数不等，而各水平的得分之和又与各水平参加试验次数有关，因此，还要计算出各因素、各水平的相应的平均指标值 K_i（K_i 由水平重复数除各水平 F 的得分之和，i 为水平的编号）。水平重复数是指在整个试验中，该因素的该水平参加试验的次数，如第 1 列因素 A 的水平 1，2，3，4 分别参加 2 次试验，水平重复数为 2；因素 C 的水平 1，2 分别参加 4 次试验，水平重复数为 4。

对于水平不等而直接选用水平不等的正交表做试验，试验结果又经过求各因素、各水平平均指标值及求极差的处理后，就可像等水平时一样，按极差大小判定因素主次及确定较优水平的组合。

本例中，因 $R_A > R_E > R_C > R_D > R_B$，因素主次顺序为 A，E，C，D，B。计算选优的水平组合为 $A_4 B_2 C_2 D_2 E_2$。

8.4.2　拟水平法

在试验中，由于不同水平的因素而找不到合适的正交表，或者即使有合适的正交表，但需要做次数很多的试验，这时就采用拟水平法。所谓拟水平法，是在因素水平数不等而选用等水平的正交表安排试验，对水平较少的因素虚拟一个或几个水平，使之与正交表相应列的水平数相等的方法，这种虚拟的水平称为拟水平。

例：某厂某车间对影响产品的质量原因进行研究。

1. 试验指标

产品不合格率 Y，越小越好。

2. 确定因素水平

影响产品质量的因素，当时主要有 3 个：①操作方式，该车间采用两种操作方式（水平 2）。②班组成员的技术水平，当时有 3 个等级（水平 3）。③产品的种类，该车间产品分大、中、小 3 类（水平 3）。因素水平表见表 8-15。

表 8-15　因素水平表

水平 \ 因素	操作方式 A	班组技术水平 B	产品种类 C
1	I	甲	大
2	II	乙	中
3		丙	小

3. 选正交试验表安排试验

因为 3 个因素中有 2 个因素水平为 3，另 1 个因素水平为 2，若选用不等水平正交表 L_{18} (2×3^7)，试验次数为 18 次，试验次数太多，空列也有 5 列，不合适；若选用正交表 L_9 (3^4)，试验次数减少一半，且只有一空列，较为合适，但因素 A 只有 2 个水平，少 1 个水平。怎么办呢？根据以往的经验，认为操作方式 I 比较好，把它重复一次充当操作方式的 III 水平。这样，因素 A 在形式上就变成了 3 水平的因素了。A_3 为虚拟的水平，于是这 3 个因素均为 3 水平。故选用正交表 L_9 (3^4) 设计试验方案。

试验安排及试验结果见表 8 - 16。

表 8 - 16

因素 试验号	A 1	B 2	C 3	产品不合格率% Y_i
1	1（I）	1（甲）	1（大）	1.20
2	1	2（乙）	2（中）	1.10
3	1	3（丙）	3（小）	2.30
4	2（II）	1	3	1.40
5	2	2	1	3.40
6	2	3	2	4.50
7	3（I）	1	2	1.20
8	3	2	3	0.80
9	3	3	1	3.10
I	9.70	3.8	7.7	
II	9.30	5.3	6.8	
III		9.9	4.5	$T = \sum\limits_{i=1}^{9} Y_i = 19$
K_1	1.62	1.27	2.57	
K_2	3.10	1.77	2.27	因素主次为 BAC
K_3		3.3	1.50	
R	1.48	2.03	1.07	

4. 试验结果分析

（1）直观分析。直接从 9 次试验结果看到，产品不合格率最小的是第 8 号试验，只有 0.8%，因此，直接选优的水平组合为 $A_1B_2C_3$（操作方式 A "Ⅲ 即 Ⅰ"，所以 8 号试验 A_3 实际是 A_1）。

（2）计算。对于有拟水平因素的试验，计算各因素、各水平的指标之和，极差分析方法与等水平的试验都基本相同，只是对拟水平的因素要按实际的水平数计算。如因素 A 在第 1 列，计算 I_A 时，它是水平 1 及水平 3 的指标值之和。

$$I_A = Y_1 + Y_2 + Y_3 + Y_7 + Y_8 + Y_9 = 9.70$$
$$II_A = Y_4 + Y_5 + Y_6 = 9.3$$

计算因素 A 的两个水平对应的平均指标值：

$$K_1 = \frac{1}{6}I_A = 1.617, \quad K_2 = \frac{1}{3}II_A = 3.10$$

从极差的大小看，由于 $R_B > R_A > R_C$，因素主次顺序为 B，A，C，较优水平组合为 $A_1B_1C_3$。

本例的实际情况是对 3 种类型的产品，由哪个班组采用哪种操作方式，可以降低不合格率，通过正交试验看到对于第三种类型的产品由班组甲或乙都行，但要采用第一种操作方式。不论哪种产品，丙组的不合格率都很高。

8.5 因素之间存在交互作用的正交试验

前三节所介绍的正交试验的安排和分析方法，不管是单指标的、多指标的，还是不同水平的试验，在分析因素水平对指标的影响时，只考虑因素本身对指标的影响。例如，对 A 因素来说，在讨论 A 因素对指标影响时，不管其他因素处在什么水平，只从 A 的极差就可判断它所起的作用的大小。对其他因素也作同样的分析，在此基础上选取诸因素中较优水平。但是在某些试验中却存在另外一种情况，其中某个因素（如 A 因素）水平的优劣，与另一因素（如 B 因素）取什么水平有密切的依赖关系，也就是 A 因素较优水平的选取，不能只看该因素各水平对指标影响的好坏，必须同时考虑它与 B 因素水平之间的搭配，对 B 因素也是如此。在这种条件下，我们称因素 A 与因素 B 之间存在交互作用，记作 $A \times B$。

下面通过例子来说明当试验因素之间存在交互作用时，试验的安排和试验结果的分析。

例：乙酰胺苯磺化反应的正交试验设计。乙酰胺苯是一种药品原料，希望通过正交试验设计，来提高它的收率。

1. 明确目的、确定指标

试验目的：提高收率，收率越大越好。

试验指标：收率 Y（Y 用百分率表示）。

2. 制定因素水平表

在试验指标选定后，就可以对影响指标的各种因素进行分析，排除那些对指标影响不大或已经掌握得较好的因素，挑选那些对指标影响大的，但又没有把握的因素进行考察。通过分析研究，本例试验决定考察以下四个因素：A（反应温度）、B（反应时间）、C（硫酸浓度）、D（操作方法）。又由过去的经验知道，反应温度与反应时间的组合方式对收率也有影响，于是还要考虑因素 A 与因素 B 的交互作用 $A \times B$，其他的交互作用均可忽略。

对于选出的因素，根据生产经验或专业知识，定出它们的变化范围；在此范围内选出每个因素的水平，水平的间隔要适当，因素水平选定以后列成因素水平表（这些和前三节试验基本相同）。本例每个因素选取两个水平，其因素水平表如表 8-17 所示。

表 8-17　因素水平表

因素　水平	反应温度　A	反应时间　B	硫酸浓度　C	操作方法　D
1	50℃	1 小时	17%	搅拌
2	70℃	2 小时	27%	不搅拌

必须注意的是，因素水平表的制定应当由试验者按照实际情况，根据专业知识和生产经验来确定，这一步是安排试验方案的重要环节，直接关系到试验的成败，应由有关人员共同认真地商定。

3. 选定正交表安排试验

（1）选表。首先根据水平数选表的类型，本例各因素均取 2 水平，故选用 2 水平正交表；其次根据因素个数及交互作用个数选表的大小，本例共有 4 个因素及一个交互作用，故选用的表至少有五列。综上所选用 $L_8(2^7)$ 来设计试验方案。

（2）表头设计。由于选用 $L_8(2^7)$ 来设计试验方案，故必须用 $L_8(2^7)$ 相应的交互作用表进行设计表头，表头见下表 8 – 18 所示。

表 8 – 18

列号	1	2	3	4	5	6	7
因素	A	B	$A \times B$	C			D

（3）设计试验方案。在正交表 $L_8(2^7)$ 中，将排有因素的各列（即 1，2，4，7 列）中的水平记号换成各因素的具体水平，抽去其他列，经过这样填写以后，正交表就成了一张试验方案表了，见表 8 – 19 所示。

表 8 – 19　乙酰胺苯磺化反应试验方案表

因素列号\\水平\\试验号	A (1)	B (2)	C (4)	D (7)	试验结果 收率(%) Y_i
1	1(50℃)	1(1 小时)	1(17%)	1(搅拌)	65
2	1	1	2(27%)	2(不搅拌)	74
3	1	2(2 小时)	1	2	71
4	1	2	2	1	73
5	2(10℃)	1	1	2	70
6	2	1	2	1	73
7	2	2	1	1	62
8	2	2	2	2	67

4. 进行试验及试验结果分析

试验方案一经确定后，其试验的先后顺序可以任意，不必按表中的试验号为序，当然也可以按顺序进行，有条件的也可以同时进行。本例试验结果见表

8-20 所示。

表 8-20 乙酰胺苯磺化反应试验结果分析表

水平 因素 试验号	A 1	B 2	A×B 3	C 4	5	6	D 7	收率 Y_i %
1	1	1	1	1	1	1	1	65
2	1	1	1	2	2	2	2	74
3	1	2	2	1	1	2	2	72
4	1	2	2	2	2	1	1	73
5	2	1	2	1	2	1	2	70
6	2	1	2	2	1	2	1	73
7	2	2	1	1	2	2	1	62
8	2	2	1	2	1	1	2	67
Ⅰ	283	282	268	268	276	275	273	
Ⅱ	272	273	287	287	279	280	282	$T = 555$
R	11	9	19	19	3	5	9	

（1）直观分析。所谓直观分析是指不必运用数理统计方法，只从试验方案表中看一看已做的多个试验方案，找出较为满意的试验方案，本例从表 8-20 中可见第 2 号试验的收率最大，为 74%，因此，在已做的 8 次试验中最好的方案为第 2 号试验，其相应的试验条件为 $A_1B_1C_2D_2$（即反应温度（A）为 50℃、反映时间（B）为 1 小时、硫酸浓度（C）为 27%、操作方法（D）为不搅拌）。

（2）计算分析，找出最优水平组合。

①计算总和 T。

$$T = \sum_{n=1}^{n} Y_i，本例 T = 555\%$$

②对每一列计算部分和Ⅰ、Ⅱ。

如第一列 $Ⅰ_A$ 表示对应于因素 A 的 1 水平的 4 个试验结果（即 $Y_1Y_2Y_3Y_4$）之和；$Ⅱ_A$ 表示对应于因素 A 的 2 水平的 4 个试验结果（$Y_5Y_6Y_7Y_8$）之和。不难看出对每一列都有Ⅰ+Ⅱ=T，这些计算都可以在正交表$L_8(2^7)$上进行（见表8-20），不仅排有因素的各列需要计算部分和Ⅰ、Ⅱ，而且排有交互作用的列以及空列也要进行同样的计算。

③对每一列计算极差R。每一列的极差等于该列部分和的最大值减部分和的最小值，由于本例各列均为2水平，所以

$$R = |Ⅰ - Ⅱ|$$

④确定因素的主次顺序。排有因素（或交互作用）的列的极差R的大小反映该因素（或交互作用）水平变化时试验指标的变化范围；空列的极差R的大小反映了试验中随机误差引起的试验指标的变化范围。所以，凡是因素（或交互作用）的极差超过空列极差之均值，则均是显著性因素（或显著性交互作用），否则是不显著性因素（或不显著性交互作用）。此外还可以根据极差R的大小判别因素（或交互作用）的主次顺序。

从表8-20可见本例的主次顺序为：

$$主 \xrightarrow{\qquad A\times B \quad\ C\quad\ A\quad\ B\quad\ D \qquad} 次$$

⑤确定最优水平组合。确定最优水平的原则是：对显著性因素（或显著性交互作用）选取其最优水平；对不显著性因素（或不显著性交互作用）或者选其最优水平，或者兼顾其他条件（如考虑便于操作或降低成本等）选取。

本例$A\times B$取第2水平最佳，故取A_1B_2或A_2B_1；C取最优水平C_2；A取最优水平A_1；B取最优水平B_2，因为A取1时，水平组合A_1B_2最优；D取最优水平D_2。

综上所述，计算以后，最优水平组合为$A_1B_2C_2D_2$。该方案不在已做的8次试验中，是8项试验以外的设计试验方案。

5. 画趋势图展望更好的条件

其方法与前面几节所述的原理和方法相同，本例从略。

附：一般常用的正交表

除以上曾用过的正交表如①$L_9(3^4)$、②$L_4(2^3)$、③$L_{16}(4^5)$、④$L_8(4^1\times2^4)$、⑤$L_8(2^7)$以外，还有一些常用的正交表分列如下：

⑥L_{12} (2^{11})

列号 试验号	1	2	3	4	5	6	7	8	9	10	11
1	1	1	1	2	2	1	2	1	2	2	1
2	2	1	2	1	2	1	1	2	2	2	2
3	1	2	2	2	2	2	1	2	2	1	1
4	2	2	1	1	2	2	2	2	1	2	1
5	1	1	2	2	1	2	2	2	1	2	2
6	2	1	2	1	1	2	2	1	2	1	1
7	1	2	1	1	1	1	2	2	2	1	2
8	2	2	1	2	1	2	1	1	2	2	2
9	1	1	1	1	2	2	1	1	1	1	2
10	2	1	1	2	2	1	1	2	1	1	1
11	1	2	2	1	1	1	1	1	1	2	1
12	2	2	2	2	2	1	2	1	1	1	2

⑦L_{16} (4^5)

列号 试验号	1	2	3	4	5
1	1	2	3	2	3
2	3	4	1	2	2
3	2	4	3	3	4
4	4	2	1	3	1
5	1	3	1	4	4
6	3	1	3	4	1
7	2	1	1	1	3
8	4	3	3	1	2
9	1	1	4	3	2
10	3	3	2	3	3
11	2	3	4	2	1
12	4	1	2	2	4
13	1	4	2	1	1
14	3	2	4	1	4
15	2	2	2	4	2
16	4	4	4	4	3

⑧L_{16}（$4^4 \times 2^3$）

列号 试验号	1	2	3	4	5	6	7
1	1	2	3	2	2	1	2
2	3	4	1	2	1	2	2
3	2	4	3	3	2	2	1
4	4	2	1	3	1	1	1
5	1	3	1	4	2	2	1
6	3	1	3	4	1	1	1
7	2	1	1	1	2	1	2
8	4	3	3	1	1	2	2
9	1	1	4	3	1	2	2
10	3	3	2	3	2	1	2
11	2	3	4	2	1	1	1
12	4	1	2	2	2	2	1
13	1	4	2	1	1	1	1
14	3	2	4	1	2	2	1
15	2	2	2	4	1	2	2
16	4	4	4	4	2	1	2

⑨L_{16}（$4^3 \times 2^6$）

列号 试验号	1	2	3	4	5	6	7	8	9
1	1	2	3	1	2	2	1	1	2
2	3	4	1	1	1	2	2	1	2
3	2	4	3	2	2	1	2	1	1
4	4	2	1	2	1	1	1	1	1
5	1	3	1	2	2	2	2	2	1
6	3	1	3	2	1	2	1	2	1
7	2	1	1	1	2	1	1	2	2
8	4	3	3	1	1	1	2	2	2
9	1	1	4	2	1	1	1	2	2
10	3	3	2	2	2	1	1	1	2
11	2	3	4	1	1	2	1	1	1
12	4	1	2	1	2	2	2	1	1
13	1	4	2	1	1	1	2	1	1
14	3	2	4	1	2	1	2	2	1
15	2	2	2	2	1	2	2	2	2
16	4	4	4	2	2	2	1	2	2

⑩L_{16} $(4^2 \times 2^9)$

列号 试验号	1	2	3	4	5	6	7	8	9	10	11
1	1	2	2	1	1	2	2	1	1	1	2
2	3	4	1	1	1	1	2	2	1	2	2
3	2	4	2	2	1	2	1	2	1	1	1
4	4	2	1	2	1	1	1	1	1	2	1
5	1	3	1	2	1	2	2	2	2	2	1
6	3	1	2	2	1	1	2	1	2	1	1
7	2	1	1	1	1	2	1	1	2	2	2
8	4	3	2	1	1	1	1	2	2	1	2
9	1	1	2	2	2	1	1	2	1	2	2
10	3	3	1	2	2	2	1	1	1	1	2
11	2	3	2	1	2	1	2	1	1	2	1
12	4	1	1	1	2	2	2	2	1	1	1
13	1	4	1	1	2	1	1	1	2	1	1
14	3	2	2	1	2	2	1	2	2	2	1
15	2	2	1	2	2	1	2	2	2	1	2
16	4	4	2	2	2	2	2	1	2	2	2

⑪L_{16} $(4^1 \times 2^{12})$

列号 试验号	1	2	3	4	5	6	7	8	9	10	11	12	13
1	1	1	2	2	1	2	1	2	2	1	1	1	2
2	3	2	2	1	1	1	1	1	2	2	1	2	2
3	2	2	2	2	1	1	2	1	2	1	1	1	1
4	4	1	2	1	2	2	1	1	1	1	1	2	1
5	1	2	1	1	2	2	1	2	2	2	2	2	1
6	3	1	1	2	2	1	1	1	2	1	2	1	1
7	2	1	1	1	1	1	2	1	1	2	2	2	2
8	4	2	1	2	1	2	1	1	1	2	2	1	2
9	1	1	1	2	2	1	2	1	1	2	1	2	2
10	3	2	1	1	2	2	2	2	1	1	1	1	2
11	2	2	1	2	2	2	1	2	1	1	2	1	1
12	4	1	1	1	1	1	2	2	2	2	1	1	1
13	1	2	2	1	1	1	2	1	1	1	2	1	1
14	3	1	2	2	1	2	2	2	1	1	2	2	1
15	2	1	2	1	2	2	2	2	1	2	2	1	2
16	4	2	2	2	2	1	2	2	2	1	2	2	2

⑫L_{25}（5^6）

列号\试验号	1	2	3	4	5	6
1	1	1	2	4	3	2
2	2	1	5	5	5	4
3	3	1	4	1	4	1
4	4	1	1	3	1	3
5	5	1	3	2	2	5
6	1	2	3	3	4	4
7	2	2	2	2	1	1
8	3	2	5	4	2	3
9	4	2	4	5	3	5
10	5	2	1	1	5	2
11	1	3	1	5	2	1
12	2	3	3	1	3	3
13	3	3	2	3	5	5
14	4	3	5	2	4	2
15	5	3	4	4	1	4
16	1	4	4	2	5	3
17	2	4	1	4	4	5
18	3	4	3	5	1	2
19	4	4	2	1	2	4
20	5	4	5	3	3	1
21	1	5	5	1	1	5
22	2	5	4	3	2	2
23	3	5	1	2	3	4
24	4	5	3	4	5	1
25	5	5	2	5	4	3

⑬L_{12}（$3^1 \times 2^4$）

列号\试验号	1	2	3	4	5
1	2	1	1	1	2
2	2	2	1	2	1
3	2	1	2	2	2
4	2	2	2	1	1
5	1	1	2	2	2
6	1	2	1	2	1
7	1	1	2	1	1
8	1	2	2	1	2
9	3	1	1	1	2
10	3	2	1	1	2
11	3	1	2	2	1
12	3	2	2	2	2

⑭L_{12} ($6^1 \times 2^1$)

列号\试验号	1	2	3
1	1	1	1
2	2	1	2
3	1	2	2
4	2	2	1
5	3	1	2
6	4	1	1
7	3	2	1
8	4	2	2
9	5	1	1
10	6	1	2
11	5	2	2
12	6	2	1

⑮L_{20} ($5^1 \times 2^8$)

列号\试验号	1	2	3	4	5	6	7	8	9
1	4	2	1	2	2	1	2	1	2
2	4	1	1	1	1	2	1	2	2
3	4	2	2	2	2	2	1	2	1
4	4	1	2	1	1	1	2	1	1
5	2	1	1	2	2	2	1	1	2
6	2	2	1	1	1	1	1	1	1
7	2	1	2	1	2	1	2	2	2
8	2	2	2	2	1	2	2	2	1
9	5	1	1	1	2	2	1	2	1
10	5	2	1	1	1	1	2	2	2
11	5	2	2	2	2	1	1	1	2
12	5	1	2	2	1	2	2	1	1
13	3	1	1	2	2	1	2	2	1
14	3	2	1	2	2	2	2	1	1
15	3	1	2	2	1	1	1	2	2
16	3	2	2	1	1	2	1	1	2
17	1	1	1	1	1	1	1	1	1
18	1	2	1	2	2	2	2	2	1
19	1	2	2	1	2	1	1	2	1
20	1	1	2	1	2	2	2	1	2

$$⑯L_{16}\ (8^1 \times 2^8)$$

列号 试验号	1	2	3	4	5	6	7	8	9
1	1	2	1	2	1	2	2	1	1
2	2	2	1	1	1	1	2	2	2
3	3	2	2	1	1	2	1	2	1
4	4	2	2	1	1	1	1	1	2
5	5	1	2	2	1	2	2	2	2
6	6	1	2	1	1	1	2	1	1
7	7	1	1	1	1	2	1	1	2
8	8	1	1	2	1	1	1	2	1
9	1	1	2	1	2	1	1	2	2
10	2	1	2	2	2	2	1	1	1
11	3	1	1	2	2	1	2	1	2
12	4	1	1	1	2	2	2	2	1
13	5	2	1	1	2	1	1	1	1
14	6	2	1	2	2	2	1	1	2
15	7	2	2	2	2	1	2	2	1
16	8	2	2	1	2	2	2	1	2

$$⑰L_{24}\ (3^1 \times 2^{16})$$

试验号 \ 列号	1	2	3	4	5	6	7	8	9	10	11	12	13	14	15	16	17
1	2	1	1	1	2	2	1	2	1	2	2	1	2	1	1	1	2
2	2	2	1	2	1	2	1	1	2	2	2	2	2	2	1	2	1
3	2	1	2	2	2	2	2	1	2	2	1	1	2	1	2	2	2
4	2	2	2	1	1	2	2	2	2	1	2	1	2	2	2	1	1
5	1	1	1	2	2	1	2	2	2	1	2	2	2	1	1	2	2
6	1	2	1	2	1	1	2	2	1	2	1	1	2	2	1	2	1
7	1	1	2	1	1	1	1	2	2	2	1	2	2	1	2	1	1
8	1	2	2	1	2	1	2	1	1	2	2	2	2	2	2	1	2
9	3	1	1	1	1	2	2	1	1	1	1	2	2	1	1	1	1
10	3	2	1	1	2	1	1	1	2	1	1	1	2	2	1	1	2
11	3	1	2	2	1	1	1	1	1	1	2	1	2	1	2	2	1
12	3	2	2	2	2	2	1	2	1	1	1	2	2	2	2	2	2
13	2	2	2	2	1	1	2	1	2	1	1	2	1	1	1	1	2
14	2	1	2	1	2	1	2	2	1	2	1	1	1	2	1	2	1
15	2	2	1	1	1	1	1	2	1	2	2	1	1	2	2	2	2
16	2	1	1	2	2	1	1	1	1	2	1	2	1	2	2	1	1
17	1	2	2	1	1	2	1	1	1	2	1	1	1	1	1	2	2
18	1	1	2	1	2	2	1	1	2	1	2	2	1	2	1	2	1
19	1	2	1	2	2	2	2	1	1	1	2	1	1	1	2	1	1
20	1	1	1	2	1	2	1	2	2	1	1	1	1	2	2	1	2
21	3	2	2	2	2	1	1	2	2	2	2	1	1	1	1	1	1
22	3	1	2	2	1	2	2	2	1	2	2	2	1	2	1	1	2
23	3	2	1	1	2	2	1	2	2	2	1	2	1	1	2	2	1
24	3	1	1	1	1	1	2	1	2	2	2	1	2	1	2	2	2

本章小结

本章主要介绍了在生产和科研设计中如何选择较优的试验方案，以达到使产品质量最好、消耗最少、成本最低的目的。

其中又分为单因素优选和多因素优选，在单因素优选中我们介绍了对分法、均分法、0.618法、分数法等几种常用的优选方法。本章重点介绍了多因素优选法，主要介绍正交试验设计。分别介绍了单指标的正交试验设计、多指标正交试验设计、水平不等的正交试验设计以及因素之间存在交互作用的正交试验设计。

试验设计方法是20世纪20年代英国的费歇（R. A. Fisher）提出的，到20世纪50年代，日本电讯研究所的田口玄一博士，又在此基础上开发了正交试验设计技术，应用一套规格化的正交表来安排试验和用一种程序化的计算方法来分析试验结果。由于这种方法试验次数较少，分析方法简便，重复性好，可靠性较高，适用面广，因而得到迅速普及，成为质量管理的重要工具。从20世纪50年代末至60年代初，我国数理统计学者研究了正交试验设计技术，在开发正交表、正交试验设计的理论研究与技巧方面，作出了积极的贡献，70年代末以来由于质量管理技术的大力推行，正交试验设计技术在纺织、化工、冶金、医药、机械等行业得到了广泛应用，并取得了丰硕成果。今后正交试验设计技术，在生产和科研中同样会得到广泛的应用。

复习思考题

1. 试述单因素优选几种方法各自的特点和应用范围。

2. 什么是正交表？正交表有何特点？

3. 某厂为确定钢材热处理适宜工艺参数，提高产品质量，选定因素水平表为：

因素水平表

因　素 水　平	淬火温度 ℃	回火温度 ℃	回火时间 分钟
1	840	410	40
2	850	430	60
3	860	450	80

现用 $L_9(3^4)$ 进行试验，试验计划及结果如下表：

列号 因素 试验号	淬火温度 (℃) 1	回火温度 (℃) 2	回火时间 (分) 3	4	硬度(结果) Hb
1	1	1	1	1	190
2	1	2	2	2	200
3	1	3	3	3	175
4	2	2	3	1	165
5	2	3	1	2	183
6	2	1	2	3	212
7	3	3	2	1	196
8	3	1	3	2	178
9	3	2	1	3	187

试确定因素的显著性次序及因素适宜水平结合。

说明：本题选的正交表第 4 列没有安排因素，但同时可以计算出极差，这个数字可以作为试验误差的估计值。道理是这样的，在同一时间同一条件下连续做 9 次试验，如果没有试验误差，那么 9 次试验指标的极差应该为零，但实际上不为零，说明试验存在着误差，如果误差小于这个没有安排因素的行的误差，说明这个因素水平对指标值影响不大，该因素出现的指标差异只是试验误差的影响，但如果空列误差太大，就要具体分析可能是因素水平取得不当，那么就不仅仅是试验误差了。

9

可靠性

本章要求

- ☐ 了解可靠性的含义及产品质量与可靠性的关系
- ☐ 掌握可靠性的主要指标
- ☐ 了解系统可靠性的结构模型及系统可靠度的计算
- ☐ 了解可靠性试验一般方法
- ☐ 掌握可靠性管理工作

9.1 可靠性概念及产品质量与可靠性的关系

9.1.1 可靠性的概念

可靠性是产品在规定的条件下和规定的时间内，完成规定功能的能力。可靠性的概率度量亦称可靠度。可靠度是利用概率明确地表示出产品的抽象的可靠性，在进行可靠性管理及产品交付中就有一个数量上的标准。这里的产品指的是硬件、软件和流程性材料等。它可以大到一个系统或设备，也可以小到一个零件。

可靠性概念中所说的规定的条件包括使用时间的应力条件、环境条件和贮存时间的贮存条件等。显然，规定的条件不同，产品的可靠性也不相同。例如，同一个半导体器件，在不同的负载下，就会有不同的可靠性，负载越大，可靠性越低。同样，同一设备或元器件在海上，在空中，在试验室等不同的环境条件下工作时，其可靠性也不相同。所以产品的可靠性与规定的条件密切相关。同时，它与规定的时间也密切相关。同一元器件或设备在同样的规定使用条件下使用时，随着时间的增长，可靠性逐渐下降。这里，时间的含义包括次数、周期、连续使用、长时间、短时间、瞬间等各种时间概念。可靠性概念中所说的"规定的功能"是根据使用要求，由技术标准规定的。例如，通讯设备的频率范围、通讯距离，计算机的字长、容量、指令数、速度等，它们按照使用要求与生产可能都有一定的技术指标。所谓完成规定的功能，指的是产品应具有的那些基本技术指标的全体，而不是完成其中的一部分。

元器件或系统的可靠性与这些元器件或系统的技术指标是分不开的。如果没有指标，可靠性问题也就无从谈起了。同样，即使元器件的各项指标是先进的，但却不可靠，也就没有使用价值了。

所谓可靠性，简单地说，就是在规定条件下，在规定的使用寿命周期内，产品成功地完成规定功能的能力。

9.1.2 产品质量与可靠性的关系

产品质量一般应包括功能、可靠性和有效性等。

1. 产品的功能

这就是指产品的适应性，其中重要的表现是它的技术指标。如前所述，如果产品没有或达不到规定的技术指标，可靠性就无从谈起。另一方面，如果产品的指标很先进，但产品的可靠性很低，先进的技术指标也就不能发挥作用。如一部电子设备，尽管各项技术指标都很先进，如果不可靠，那也没有实际使用价值。由此可见，产品的效能如何发挥，很大程度上取决于产品的可靠程度。

2. 产品的可靠性

它是描述产品在正常工作时间内的寿命状况。对可修复的产品来说，还包括可修复性的问题。一个好产品不但要求在单位时间内出现故障次数要少，即平均无故障时间要长；而且要求在出现故障后，能迅速发现故障，并在较短的时间内进行修复，即平均修复时间要短。

3. 产品的有效性

它是综合反映产品可靠性和可维修性的指标。它的定义是：可以维护的产品在某时刻维持其功能的能力。用公式来表示：

$$有效性 = \frac{可能工作时间}{可能工作时间 + 不能工作时间}$$

可靠性、可维修性和有效性是从 3 个不同的方面反映了产品的可靠性问题，对它们的衡量有一系列指标。

9.1.3 故障或失效

1. 故障的定义

在规定的环境条件和使用条件下，产品丧失所规定的功能称为故障。对规定的条件而言，故障是随机事件，因为故障的基本特征是在规定的条件下可能发生也可能不发生。对于不可修复的产品，故障亦可称为失效。如特性值改变的电阻、电容，断裂的弹簧，烧断了灯丝的灯泡等均为不可修复的产品，可称之为失效。

2. 故障的表现

故障是产品所处状态的一种表现。为了认识故障和寻找减少故障的途径，必须分析和了解产品发生故障时的表现，以便对产品可靠性进行控制。一般说，故障的表现有以下几种：

（1）间隙故障和永久性故障。间隙故障是指在某一时间内呈现故障状态，然后自然地恢复其功能，并且反复出现的一类故障。处于这种故障的产品，其零部件没有发生物理性损坏。这种故障可能是由于严重的干扰引起的；或者是由于零部件稳定性欠佳，如对温度、压力、湿度的稳定性差；或者是由于零部件之间连接不好造成。若仔细观察这种故障，可以发现它的规律性，并研究加以克服，可靠性的稳定性问题主要是研究这类故障。永久性故障是指由零部件发生物理性损坏而产生的故障，其原因可能是零部件的偶然失效或意外损坏，对于后者主要是由于保管不善和使用人员的操作错误引起的。即使是属于偶然失效，如果成为规律性的，总是在某一些固定的零部件上经常发生，也应检查设计是否合理，零部件的选用是否适当等。

（2）独立故障和从属故障。若一个零部件（元器件）发生故障，只是由于自身原因所引起的，并且当它发生故障后又不成为其他零部件（元器件）发生故障的原因，则这种故障称为独立故障。如果一个零部件（元器件）由于其他零部件（元器件）发生故障受到损害而发生故障，称为从属故障，即是指产品中由于其他故障所引起的相关故障。

（3）局部故障和整体故障。产品中某些部分发生故障而使系统内某一个部分（或几个部分）停止功能，而产品仍可继续完成其他功能者称为局部故障。而当产品某些局部发生故障后，使产品丧失全部功能时称为整体故障。如果只从发生或不发生故障这种简单概念而言，局部故障和整体故障都是相同的，然而区别这两种故障对于制定维修规划、组织维修工作和确定维修方式都是十分必要的。

（4）意外故障。意外故障包括未按规定使用条件运行而引起的误用故障；违反操作规程而引起的事故故障；由于对产品性能不充分理解或所收集的数据有错误而错误地作出"有故障"的判定的误判故障；自然的和人为的灾害所造成的灾害故障等。这一类故障主要是人为的，并不取决于产品所具有的特性。因此在估计产品的可靠性时，一般都不予考虑。但这并不说明与产品设计毫无关系，如产品操作方法、操作程序、操作条件合理，说明书明白晓畅，就可以减少某些因操作产品的错误而造成的故障。

（5）突然故障和退化故障。产品突然发生故障，它通常使产品完全丧失规定的功能，称突然故障。由于零部件（元器件）的原材料老化，致使其参数逐渐变化，称为退化故障。它通常使产品输出特性变坏，但产品继续保持其工作能力。在大多数情况下，突然故障和退化故障可以假定为独立事件。而实际上退化故障引发突然故障的情况也不少，这是因为一些零部件（元器件）的特性变坏常引起其他零部件（元器件）运行条件的变化，结果就增大了它们发生突然失效的概率。在可靠性理论中，把故障划分为突然故障和退化故障是十分重要的，使人们可以根据故障的性质来选择计算可靠性的方法和找出故障位置的方法。

产品的某些故障，如设备中某些元器件失效，并不总引起设备的不可靠。对于一个复杂的产品，总存在着一些零部件（元器件），它们的故障或失效并不会使系统或设备的基本特性超过容许限度之外，例如，指示灯、监测产品运行的仪表等，在讨论可靠性时，这些零部件（元器件）一般是不予考虑的。

9.2 可靠性主要指标

9.2.1 失效率和可靠度

产品在规定的条件下，在规定的时间内丧失规定的功能的概率叫做失效率，通常用 F 表示。在规定的时间内，未失效的产品数与开始工作时的产品总数之比叫做可靠度，用 R 表示。令产品总数为百分之百，其中包括可靠的和失效的，用公式表示可以写成 $R + F = 1$，或 $R = 1 - F$。例如，有 110 个电子管，在开始工作的 500 小时内，有 10 个失效，求电子管在这段时间内的可靠度。

$$失效率\ F = \frac{失控产品数}{开始工作时的总数} \times 100\% = \frac{10}{110} \times 100\% = 9.09\%$$

$$可靠度\ R = 1 - F = 1 - 9.09\% = 90.91\%$$

对某种产品做寿命试验，仍以电子管为例，取 700 个电子管做寿命试验，有的电子管试验到 160 小时就损坏了，有的 300 小时、500 小时，有的 1 000 小时、1 500 小时、2 000 小时，也有的长达 3 000 小时左右，这时 700 个电子管全部损坏了。若每次取 700 个电子管做寿命试验，记录每个电子管的失效时间，经过多次试验，就会积累大量数据。分析这些数据，可以发现，电子管的寿命虽然参差不齐，但失效时间的分布是有一定规律的。

设时间 t_i 时失效的电子管数为 n_i，N 为试验的电子管的总数，则可求出 t_i 时电子管的失效频率 $f_i = n_i/N$。图 9 – 1 是电子管的失效曲线，这条曲线表示电子管失效时间的理论分析，称为失效密度曲线。函数 $f(t)$ 称为失效密度函数。

由于 $f(t)$ 是频率，即频数占总数的百分数，因此，失效密度曲线与横坐标轴之间的面积应为 1。用积分表示是：

$$\int_0^\infty f(t)\,\mathrm{d}t = 1$$

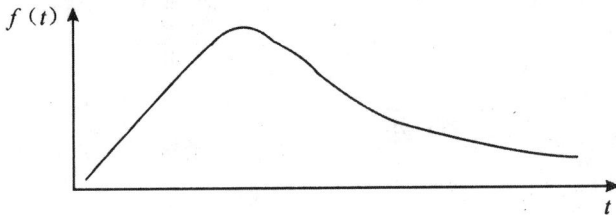

图 9-1 电子管失效曲线

如果将失效频率的累积数 $F(t)$ 当纵坐标，t 当横坐标，所得的曲线，称为累积分布曲线。如图 9-2 所示。

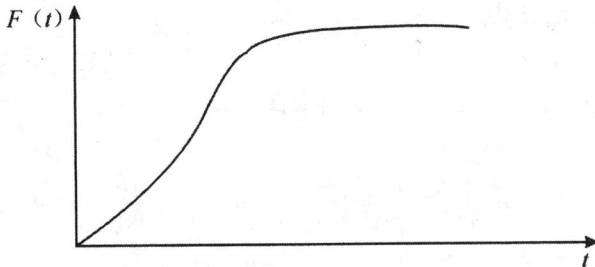

图 9-2 累积失效分布曲线

它的数学表达式称为累积失效分布函数。累积失效分布函数与失效密度函数之间的关系如下式：

$$F(t) = \int_0^t f(t)\,\mathrm{d}t$$

或

$$f(t) = \frac{\mathrm{d}F(t)}{\mathrm{d}t}$$

$R(t)$ 与 $f(t)$、$F(t)$ 之间的关系如下式：

$$R(t) = 1 - F(t) = \int_0^\infty f(t)\,\mathrm{d}t - \int_0^t f(t)\,\mathrm{d}t = \int_t^\infty (t)\,\mathrm{d}t$$

由此又可推得

$$f(t) = \frac{\mathrm{d}F(t)}{\mathrm{d}t} = -\frac{\mathrm{d}R(t)}{\mathrm{d}t}$$

设产品累积失效概率为 $F(t)$，失效概率密度函数为 $f(t)$，称为产品的瞬时失效率，简称为产品的失效率。

$$\lambda(t) = \frac{f(t)}{1 - F(t)} \quad (t \geqslant 0)$$

分析这个定义，$f(t)$ 为产品失效概率密度函数，它是在时刻 t 失效分布函数 $F(t)$ 的变化率。就微分意义上讲，是从 t 时刻开始 Δt 时间内单位时间的产品失效数。$1 - F(t)$ 表示了可靠度，是直到 t 时刻为止仍在正常工作的产品数。
所以

$$\lambda(t) = \frac{f(t)}{R(t)}$$

且有失效率估计值公式

$$\lambda(t) \approx \frac{[n(t+\Delta t) - n(t)]/\Delta t}{N - n(t)}$$

$$= \frac{n(t+\Delta t) - n(t)}{\Delta t\,[N - n(t)]}$$

式中 N 为产品数，$n(t)$ 为到时刻 t 为止的产品失效数，$n(t+\Delta t)$ 是到 $t+\Delta t$ 时刻为止的产品失效数。因为

$$f(t) = -\frac{\mathrm{d}R(t)}{\mathrm{d}t}, \quad \lambda(t) = \frac{f(t)}{R(t)}$$

得出
$$\lambda(t) = -\frac{\mathrm{d}R(t)}{R(t)\,\mathrm{d}(t)}$$

即

$$\frac{\mathrm{d}R(t)}{\mathrm{d}t} = -\lambda(t)\,\mathrm{d}t$$

由此得出可靠度与失效率关系公式

$$R(t) = \exp\left(-\int_0^t \lambda(t)\,\mathrm{d}t\right)$$

例：某种元器件共 100 个，工作 5 年失效 4 个，工作 6 年失效 7 个，求此种元器件在 $t=5$ 年时的失效率。

解：由失效率近似值公式

$$\lambda(t) = \frac{n(t+\Delta t) - n(t)}{\Delta t\,[N - n(t)]}$$

在此题中，$t=5$，$\Delta t=1$，$n(t)=4$，$n(t+\Delta t)=7$，$N=100$，
代入公式解出

$$\lambda(t=5) = 0.032\ 1/年 = 3.6 \times 10^{-6}/小时$$

失效率单位为 1/小时。

电子产品失效率采用 Fit 作单位。

$$1\mathrm{Fit} = 10^{-9}/小时 = 10^{-6}/10^{-3}小时$$

表示 10^9 个元器件在一小时内有一个失效，或在 1 000 小时内某元器件失效的可能性为百万分之一。

例：设某电子产品寿命分布服从指数分布，求该产品失效率。

解：产品寿命服从指数分布，即说明此产品失效概率密度函数为

$$f(t) = \lambda e^{-\lambda t}$$

式中 $t \geq 0$，λ 为常数。

由

$$F(t) = \int_0^t f(t) \, \mathrm{d}t, \ R(t) = 1 - F(t)$$

可得

$$R(t) = 1 - \int_0^t f(t) \, \mathrm{d}t = e^{-\lambda t}$$

$$\lambda(t) = \frac{f(t)}{R(t)} = \lambda$$

由此可见，寿命分布为指数分布的产品，它的失效率是一个常数，与时间 t 无关。

9.2.2　平均寿命 MTTF 与平均故障间隔 MBTF

从维修角度考虑，产品分为不可维修产品与可维修产品。研究产品寿命，就是分别对这两种不同类型进行研究。

对于不可维修产品，从使用开始到发生故障的寿命均值，称平均寿命，记为 MTTF（Mean Time To Failure）。

平均寿命利用求解连续随机变量的数学期望而得出。设产品可靠度和失效率分别为 $R(t)$ 和 $\lambda(t)$，则有以下关系式成立：

$$\mathrm{MTTF} = \int_0^\infty R(t) \, \mathrm{d}t$$

当 $\lambda(t)$ 为常数时，$R(t) = e^{-\lambda t}$，此时 $\mathrm{MTTF} = \int_0^\infty e^{-\lambda t} \mathrm{d}t = \frac{1}{\lambda}$

对于可修复产品，从这一次故障到下一次故障的时间均值，称为平均故障间隔，记为 MTBF（Mean Time Between Failure）。MTBF 和 MTTF 有同样的数学表达式：

$$MTBF = \int_0^\infty R(t)\,dt$$

当 $\lambda(t)$ 为常数时，$MTBF = \dfrac{1}{\lambda}$

例：某产品寿命分布服从指数分布，求平均寿命 MTTF。

解：前面已有例子指出，该类产品的失效分布密度为 $f(t) = \lambda e^{-\lambda t}$，可靠度为 $R(t) = t^{-\lambda t}$。所以

$$MTTF = \int_0^\infty e^{-\lambda t}dt = \frac{1}{\lambda}$$

这个例子说明，寿命分布服从指数分布的产品，它的平均寿命与此产品的失效率互为倒数。

9.2.3　维修度

这是可维修产品的维修性指标，它是指在规定条件下、规定时间内$(0, t)$按规定的程序和方法维修，使产品由故障状态改善到完成规定功能状态的概率，记为 $M(t)$。也就是说，维修度是指当维修时间 $t=0$ 时，产品处于故障状态。在从 0 开始到 t 的全部时间之内，经过维修后产品完全处于正常工作状态的可能性，或者当 $t=0$ 时，所有产品均处于完全故障状态。经过 t 时间段的维修，完全恢复正常功能的产品所占比例。

设维修时间随机变量 T 的分布密度函数为 $m(t)$，则

$$M(t) = P(T \le t)\int_0^t m(t)\,dt$$

维修度公式在形式上和不可靠度公式是一致的。

设产品在时刻 t 处于维修状态，在 t 时瞬时修复的概率称为产品的修复率，记为 $\mu(t)$。由定义可知

$$\mu\ (t)\ =\lim_{\Delta t \to 0}\frac{1}{\Delta t}P\ \{t < T \leq t+\Delta t \mid T > t\}$$

可以得到

$$\mu\ (t)\ =\frac{m\ (t)}{1-M\ (t)}$$

若维修时间 T 服从指数分布，它的分布密度函数 $m\ (t)\ =\mu e^{-\lambda t}$。式中 $t \geq 0$，μ 为常数。有分布函数

及

$$M\ (t)\ =1-e^{-\lambda t}$$
$$\mu\ (t)\ =\mu$$

平均修复时间应为维修时间 T 的数学期望，把平均修复时间记为 MTTR，有

$$\mathrm{MTTR} = E\ [T]\ =\int_0^\infty tm\ (t)\ \mathrm{d}t$$

若维修时间 T 服从指数分布，那么

$$\mathrm{MTTR} =\frac{1}{\mu}$$

9.2.4 有效度

设产品所处状态为 $x\ (t)$，且在任意时刻 t 只可能出现正常工作或故障两种可能性的任意一种，即对于 $t > 0$ 时

$$x\ (t)\ =\begin{cases} 0 & \text{产品处于正常工作状态} \\ 1 & \text{产品处于故障状态} \end{cases}$$

称产品在时刻 t 处于正常工作状态的概率为该产品的有效度，记为 $A\ (t)$。即

$$A\ (t)\ =P\ \{x\ (t)\ =0\}$$

该定义不考虑 t 时刻之前产品是否失效或是否经过维修，仅考虑 t 时刻所处状态，因此是一个瞬时概率问题。在实用中还有平均有效度和稳态有效度。事实上，我们经常关心的是产品在长期使用中的有效度 $\lim\limits_{t \to \infty} A(t)$，即稳态有效度。这个值是一个常数，记为

$$A = \lim_{t \to \infty} A(t)$$

9.3 常用寿命分布函数

寿命分布是可靠性研究和应用的基础，它的类型很多，随着可靠性工作的深入和扩展还会使寿命分布种类增加，我们这里只讨论最常用的几种。

9.3.1 指数分布

指数分布在可靠性领域中，特别是在电子技术领域中得到极其广泛的应用，是一种连续单参数分布。

设产品寿命为 τ，其密度分布函数为

$$f(t) = \begin{cases} \lambda e^{-\lambda t} & (t \geq 0) \\ 0 & (t < 0) \end{cases}$$

失效分布函数为

$$F(t) = \begin{cases} 1 - e^{-\lambda t} & (t > 0) \\ 0 & (t \leq 0) \end{cases}$$

其中 λ 为大于 0 的常数。

前面已经求出，寿命分布服从指数分布的产品可靠度

$$R(t) = e^{-\lambda t} \quad (t \geq 0)$$

失效率

$$\lambda \ (t) \ = \lambda$$

平均寿命（或平均故障间隔）

$$\text{MTTF}（或 \text{MTBF}）= \frac{1}{\lambda}$$

　　指数分布的一个重要性质是无记忆性。无记忆性是指产品在经过一段时间 t_0 工作之后的剩余寿命仍然具有原来工作寿命相同的分布，而与 t_0 无关。这个性质说明，寿命分布为指数分布的产品，过去工作了多久对现在和将来的寿命分布不发生影响。从实际意义上是指：如果确知产品在 t_0 时刻正常工作，产品寿命分布又服从指数分布，则不管该产品以前工作了多久都是不必更换的。不过从后面即将讨论的"浴盆曲线"将会看到，在一定的时间条件下，产品寿命不会总保持指数分布。

9.3.2　正态分布

　　机械系统可靠性设计中大量应用正态分布。
　　设产品寿命 τ 为服从正态分布的随机变量；它的密度分布函数

$$f \ (t) \ = \frac{1}{\sqrt{2\pi}\sigma} e^{-(t-\mu)^2/2\sigma^2}$$

失效分布函数

$$F \ (t) \ = \int_0^t \frac{1}{\sqrt{2\pi}\sigma} e^{-(t-\mu)^2/2\sigma^2} \mathrm{d}t = \phi \ (\frac{t-\mu}{\sigma}) \ - \phi \ (\frac{\mu}{\sigma})$$

可靠度

$$R \ (t) \ = 1 - F \ (t) \ = 1 - \ [\phi \ (\frac{t-\mu}{\sigma}) \ - \phi \ (-\frac{\mu}{\sigma})]$$

失效率

$$\lambda\ (t)\ =\frac{f\ (t)}{R\ (t)}=\frac{f\ (t)}{1-\left[\phi\ \left(\frac{t-\mu}{\sigma}\right)\ -\phi\ \left(-\frac{\mu}{\sigma}\right)\right]}$$

上述各式中 $\phi\ (t)$ 为标准正态分布函数。

9.3.3　威布尔分布

威布尔分布广泛应用于各工业领域。在可靠性方面，用于研究疲劳失效、真空失效、轴承失效等寿命分布。这是瑞典科学家威布尔于 1951 年在研究金属失效强度时推导出的，故而得名。

威布尔分布是用三个参数来描述的，这三个参数分别是尺度参数 t_0、形状参数 m、位置参数 r_0，它的概率密度函数是：

$$f\ (t)\ =\begin{cases}\dfrac{m}{t_0}\ (t-r_0)^{m-1}\cdot e^{-(t-r_0)m/t_0}\quad &(t\geqslant r_0)\\[2mm]0\quad &(t<r_0)\end{cases}$$

下面说明这三个参数对密度函数曲线的影响。当 m 和 r_0 不变时，威布尔分布曲线的形状不变。但随着 t_0 的增大，曲线由同一原点向右扩展，最大值减小，如图 9 - 3 所示。当 t_0 和 r_0 不变，m 变化时，曲线的形状随 m 变化。当 m 值约为 $3\frac{1}{2}$ 时，威布尔分布就接近正态分布，如图 9 - 4 所示。

268

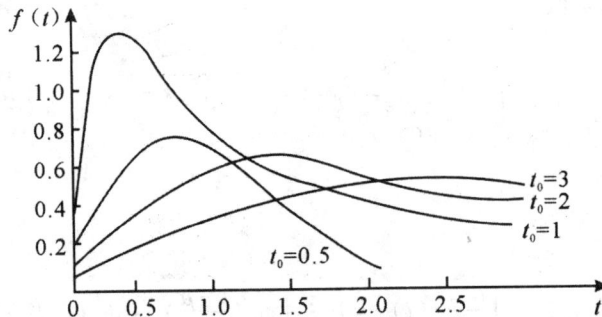

图 9 - 3　不同 t_0 值的威布尔分布 ($m = 2$，$r_0 = 0$)

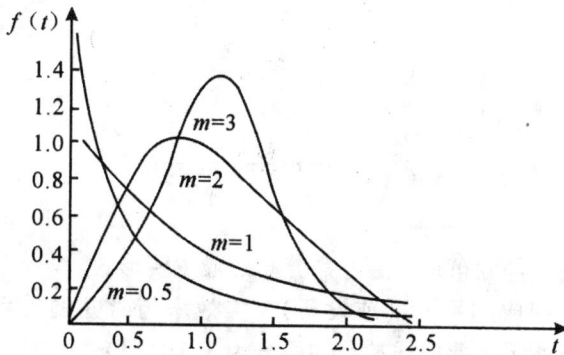

图9-4　不同 m 值的威布尔分布（$t_0=1$，$r_0=0$）

当 $m=1$，$r_0=0$ 时

$$f\ (t)\ =e^{-t/t_0}$$

这时威布尔分布成为指数分布。式中 t_0 是平均寿命，等于 $1/_\lambda$。当 t_0 和 m 不变时，威布尔分布曲线的形状和尺度都不变，它的位置随 r_0 的增加而向右移动，如图9-5所示。当 r_0 为负值时，一部分器件开始使用时就已损坏了。

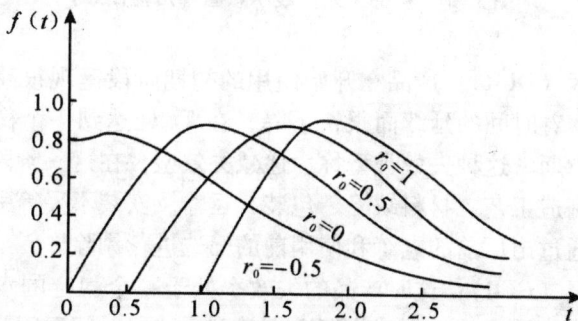

图9-5　不同 r_0 值的威布尔分布（$t_0=1$，$m=2$）

威布尔分布的特点是：$m>1$ 时，表示磨损失效；$m=1$ 时，表示恒定的随机失效，这时 λ 为常数；$m<1$ 时，表示早期失效。威布尔分布宜于采用图解法进行分析。

寿命分布服从威布尔分布的产品可靠度为

$$R\ (t)\ = e^{-(t-r_0)m/t_0}$$

失效率为

$$\lambda\ (t)\ = m\frac{(t-r_0)^{m-1}}{t_0}$$

上面讨论的几种分布是产品寿命分布的最主要形式。

由多数器件构成的系统（或设备），失效率与时间的关系构成"浴盆曲线"，如图9-6所示。此曲线按时间段分为3个区域：

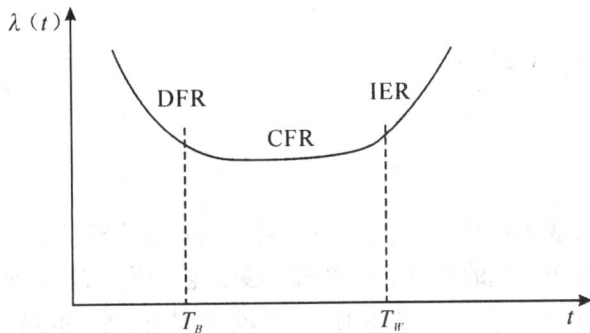

图9-6 产品失效曲线示意图（浴盆曲线）

早期故障区（DFR）：产品在开始使用的初期阶段呈现很高的失效率，但这个高失效率随着时间的延续而很快下降，在 T_B 处达到一个稳定值，这段时间称为早期故障期。这种失效类型称为递减失效型，在这一阶段失效率高的主要原因是由于制造工艺、材料缺陷、包装、运输及安装不妥等引起的。早期失效的产品可以通过出厂前的老练和使用前的筛选进行剔除。

偶然故障区（CFR）：这时产品的失效率处于一个稳定的水平，失效率为一个常数，所以这种失效类型称为恒定失效型。这段时间区间是产品的最佳使用区，也就是产品工作的实际使用阶段。

耗损故障区（IFR）：在产品使用的后期阶段（图9-6的 T_W 之后）失效率将迅速上升，这种失效类型称为递增失效型。由于产品在长期工作之后，构成设备的某些零部件（元器件）已经老化耗损，导致寿命终止。避免耗损失效的办法是提高零部件（元器件）的可靠性，尽可能推迟耗损期到来，或者进行预防性维修和更新。

9.4 系统可靠性

9.4.1 研究系统可靠性的目的

系统是指若干元器件（或部件、设备），为了完成规定的功能而构成复合体，它是一个具有一定输入和输出特性的工作总体。如一台机床、一台仪器、一台电子计算机等，都可构成一个系统。一个系统越复杂，组成元件（零部件）越多，则可靠性就越难保证。如组成某系统的元件的可靠度为99.9%，若由10个这样的元件串联组成一个系统，该系统的可靠度就下降到91%；若元件增加到80个，则该系统的可靠度就下降到48%，等等。我们研究元件的可靠性，目的是掌握元件寿命特征，提高系统的可靠性。研究系统的可靠性，其目的：一是如何在已有元件可靠性的基础上，提高系统的可靠性；二是在保证系统可靠性的条件下，如何分配可靠度，降低对元件可靠度的要求，使系统成本降低。

9.4.2 系统的结构模型

系统的结构模型分为3种类型：串联模型、并联模型和混合模型。

1. 串联系统

一个系统 S 由几个分系统 S_1，S_2，…，S_n 组成，如果系统中只要有一个分系统出故障，就导致整个系统出故障。或者说，只有当所有分系统都正常工作时，系统才能正常工作，我们就把系统 S 称为串联系统。图9-7是串联系统的可靠性方块图。

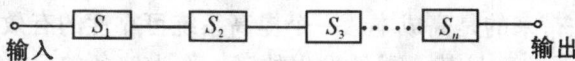

图9-7 可靠性串联系统模型

2. 并联系统

如果系统 S 的几个分系统 S_1，S_2，…，S_n 中，只要有一个分系统正常工作，系统 S 就正常工作。或者说，只有当所有分系统都出故障时，才使系统出故障，这样的系统就称为并联系统。图 9-8 是并联系统的可靠性方块图。

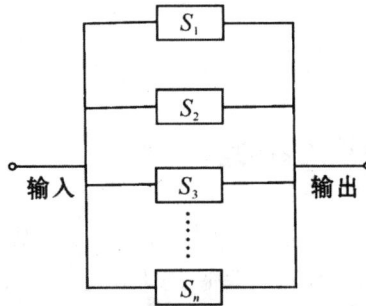

图 9-8　可靠性并联系统模型

在这里应指出，研究可靠性的串联与并联系统，不一定就是物理中的串联与并联。例如一个振荡回路，如图 9-9 所示，在物理学上是并联，但对可靠性模型来说是串联。因为电感 L 和电容 C 只要有一个失效，整个振荡回路就失效，所以这个振荡回路属可靠性串联模型。

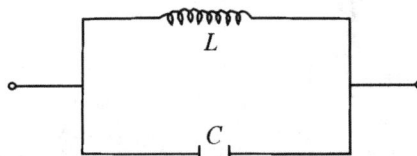

可靠性系统图

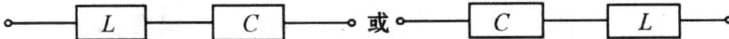

图 9-9　物理电路与可靠性系统模式的区别

为了提高串联系统的可靠性，一是简化设计，少用元件；二是提高元件的可靠性。然而任何一个高性能的复杂系统，元件不会太少，所以仅靠提高元件的可靠性，往往带来的是高成本。一个提高系统可靠性的有效措施就是"储备"。它的作用是：一旦某一元件发生故障，作为储备的元件就立刻接替工作，只有当系统中所储备的元件全部发生故障时，系统才会发生故障。这种系统称为工作储备系统，也称为并联冗余系统。按储备方式的不同还可以分为热、冷两种储备系统，这里不作详细介绍，详细内容可参阅有关书籍。

3. 混合系统

把若干串联系统或并联系统重复地再加以串联或并联，就得到更复杂的可靠性模型，这种模型称为混合系统，如图 9 – 10 所示。

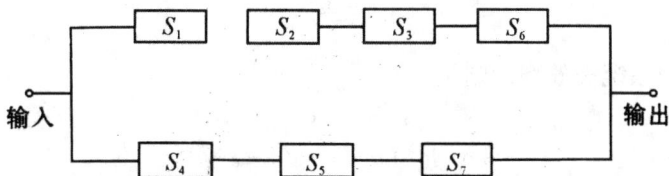

图 9 – 10　可靠性混合型系统模型

9.4.3　系统可靠度计算

1. 串联系统

由于串联系统只有当所有的分系统都正常工作时系统才正常工作，所以要使系统 S 的正常工作事件 μ 发生，就必须使各分系统的正常工作事件 μ_1，μ_2，…，μ_n 同时发生。用事件乘法表示为：

$$\mu = \mu_1 \cdot \mu_2 \cdot \cdots \cdot \mu_n$$

根据概率乘积法则，假如各分系统是互相独立的，则系统可靠度 R_s 为：

$$R_s = P(\mu) = P(\mu_1 \cdot \mu_2 \cdot \cdots \cdot \mu_n) = \prod_{i=1}^{n} P(\mu_i)$$

即
$$R_s = \prod_{i=1}^{n} P(\mu_i) = \prod_{i=1}^{n} R_i$$

式中 $P(\mu)$ 为系统 S 正常工作的概率，$P(\mu_i)$ 为第 i 分系统正常工作的概率，R_s 为系统可靠度，R_i 为第 i 分系统的可靠度。

若各分系统的故障分布是指数型分布，则

273

$$R\ (t)\ = R_1\ (t)\ \cdot R_2\ (t)\ \cdot \cdots \cdot R_n\ (t)$$
$$= e^{-\lambda_1 t} \cdot e^{-\lambda_2 t} \cdots e^{-\lambda_n t}$$
$$= e^{-\Sigma \lambda_i t}$$
$$= e^{-i \Sigma \lambda_i}$$

设 λ_s 为系统失效率，则

$$R_s\ (t)\ = e^{-\lambda_s t} = e^{-i \Sigma \lambda_i}$$

$$\therefore \lambda_s = \sum_{i=1}^{n} \lambda_i$$

由上式看出，独立串联系统的可靠度等于各分系统可靠度的连乘积；系统失效率等于各分系统失效率之和。

例：某个串联系统的分系统的可靠度分别为：$R_1 = 0.995$，$R_2 = 0.997$，$R_3 = 0.998$，计算系统可靠度。

解：系统可靠度

$$R_s = R_1 \cdot R_2 \cdot R_3$$
$$= 0.995 \times 0.997 \times 0.998 = 0.990\ 03$$

2. 并联系统

因为并联系统只有全部系统失效，系统才失效，所以对于独立并联系统 S 的失效事件 F，只有当各分系统的失效事件 F_1，F_2，$\cdots$，F_n 同时发生时才发生。用事件乘法表示为：

$$F = F_1 \cdot F_2 \cdots F_n$$

同样，系统发生失效的概率 $P\ (F)$ 等于各分系统失效概率的 $P\ (F_i)$ 连乘积。即

$$P\ (F)\ = P\ (F_1 \cdot F_2 \cdots F_n)\ = \prod_{i=1}^{n} P\ (F_i)$$

$$F_s\ (t)\ = F_1\ (t)\ \cdot F_2\ (t)\ \cdot \cdots \cdot F_n\ (t)\ = \prod_{i=1}^{n} F_i\ (t)$$

式中 $F_s(t)$ 为系统失效概率，$F_i(t)$ 为第 i 分系统失效概率。

$$\because \quad R_s(t) = 1 - F_s(t) \quad \cdot R_i(t) = 1 - F_i(t)$$

$$\therefore \quad R_s(t) = 1 - \prod_{i=1}^{n} [1 - R_i(t)]$$

如果各分系统的可靠度相同，即 $R_1(t) = R_2(t) = \cdots = R$，则

$$R_s(t) = 1 - (1 - R)^n$$

从上式可以看出，因为 $0 \leqslant R \leqslant 1$，所以并联系统的可靠度大于各分系统的可靠度。

3. 混合系统

现对前面已举例的混合系统（图 9 – 10）进行可靠度计算。

该系统由 7 个分系统（$n = 7$）组成，计算模拟过程用图 9 – 11 来说明。

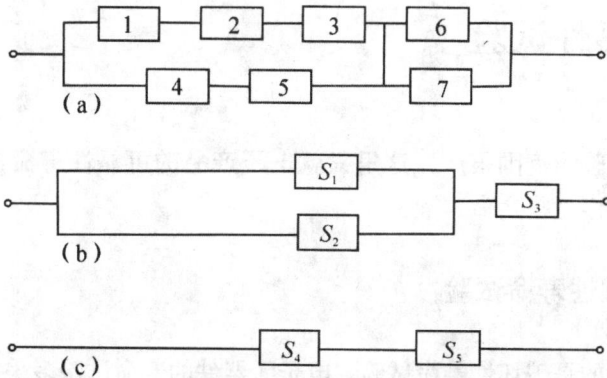

图 9 – 11 混合系统模式可靠度计算过程

第一步：计算串联系统的可靠度。

（1）1、2、3 分系统串联的可靠度为：$R_{s_1} = R_1 \cdot R_2 \cdot R_3$。

（2）4、5 分系统串联的可靠度为：$R_{s_2} = R_4 \cdot R_5$。

第二步：计算并联系统 6、7 的可靠度。根据公式

$$R_s(t) = 1 - \prod_{i}^{n} [1 - R_i(t)]$$

得

$$R_{s_3} = 1 - (1 - R_6)(1 - R_7) = R_6 + R_7 - R_6R_7$$

把以上计算画成图 9 – 11（b），它和图 9 – 11（a）是等价关系。

第三步：计算由 S_1 和 S_2 组成的并联系统的可靠度：

$$R_{s_4} = 1 - (1 - R_{s_1})(1 - R_{s_2}) = R_{s_1} + R_{s_2} - R_{s_1}R_{s_2}$$

第四步：计算整个系统的可靠度。

把 S_4 和 S_3 串联就可得到整个系统的可靠度，即

$$R_s(t) = R_{s_4} \cdot R_{s_3}$$

由此画出图 9 – 11（c），它和图 9 – 11（b）是等价关系。

9.5　可靠性试验

可靠性试验的范围很广，这里只就电子产品的可靠性寿命试验、环境试验、特殊试验作一些介绍。

9.5.1　可靠性寿命试验

这里介绍的是破坏性寿命试验，电子元器件的寿命试验多采用破坏性寿命试验。在规定的条件下，抽取一定数量的子样做寿命试验，并记录每件产品失效的时间，根据记录作统计分析，求出产品可靠性的各种指标，如累计失效分布、可靠度、平均寿命、失效率等，用以评价产品的可靠性水平。通过试验，分析产品失效的各种原因，提出改进可靠性的措施。所以可靠性试验是可靠性工程的基本环节。

1. 加速寿命试验

通过寿命试验，估计元器件在正常条件下的可靠性寿命特性，是通常采用的方法。但对于寿命长的元器件需要花费很长时间，因而现在逐步地采用加速寿命试验法。所谓加速寿命试验法，就是用加重负荷（或应力等），加快元器

件的失效，这样就可以在较短的试验时间内，测出使用条件下产品的寿命特征。具体做法是将一定数量的元器件置于几种不同工作条件下进行寿命试验。这些条件（如环境、温度等）在试验期间保持恒定不变，或是按一定的规律变化，在试验中定期地测定这批元件的特性数值。试验结束后分析测得的数据，推算出元器件在正常应力下的使用寿命，从而得出元件的可靠性数据。

加速寿命试验有 3 种方式：①恒定条件加速寿命试验。②步进负荷试验，所施加的负荷随着时间的变化以阶梯形式上升。③序进负荷试验，所施加的负荷随着时间的变化以等速直线形式上升。此外还有截尾试验法。因为在加重条件作用下，测试一批元器件的失效情况，若等到全部试样都失效，需要相当长的时间。因此，可以规定试验到某一阶段，就停止试验，不必等到试样全部都失效，这种方法叫截尾试验。

加速寿命试验就是对试样施加不同的负荷水平，通过试验得出不同条件下的寿命分布数据，根据这些数据，用概率纸和对数坐标纸绘出不同负荷下的寿命分布和加速寿命曲线，由此估算出产品的寿命特征值。做寿命试验后，可以在概率纸上用"图估计法"估计产品的寿命特征。下面简单介绍在威布尔概率纸上估计产品寿命特征值的方法（假设产品的失效分布服从威布尔分布）。具体步骤如下：

（1）配置分布直线。将产品失效的时间数据，按从小到大顺序排列，并计算出累计失效概率 $F(t_i)$，列出数据表（表 9－1）。

表 9－1

失效样品编号	样品失效时间	累计失效概率
1	t_1	$\frac{1}{n}$
2	t_2	$\frac{2}{n}$
3	t_3	$\frac{3}{n}$
⋮	⋮	⋮
n	t_n	1

然后将各点 $[t_i, F(t_i)]$ 绘在威布尔图纸上，如图 9－12 所示。如果图中各点大致分布成直线形，则可配置一条直线，使各点均匀地分布在直线的两侧，这条直线叫回归线，也就是产品的寿命分布直线。

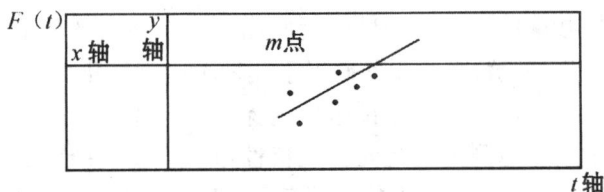

图 9-12 产品的寿命分布直线

（2）估计形状参数 m 值。通过 m 点作一条直线与寿命分布直线平行，此直线与 y 轴交于一点，再从交点引水平线与 y、R 相交于一点，这个交点就是 m 的估计值，如图 9-13 所示。

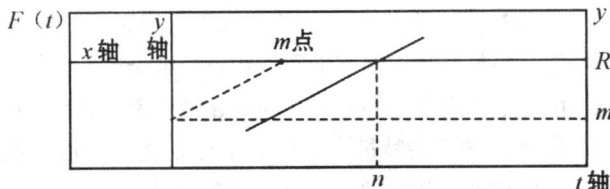

图 9-13 作图求解 m、n 的估计值

（3）估计特征寿命 n 值。寿命分布直线与 x 轴相交于一点，由此交点再作垂直线与 t 轴相交，这个交点在 t 轴上的刻度值就是 n 值。

（4）估计任意时刻 t_0 的累积失效概率 $F(t_a)$，从任意时刻 t_a 作垂线，与分布直线相交于一点。由此交点再作水平线与 $F(t_a)$ 轴相交，这个交点的刻度值就是累积失效概率 $F(t_a)$。

（5）估计可靠寿命 t_R。可靠度 R 是已定的，计算 F 值（$F=1-R$）。在 $F(t)$ 轴上，从 F 点作水平线与分布直线相交，从交点再作垂线与 t 轴相交，这个交点的刻度值就是 t_R 值，如图 9-14 所示。

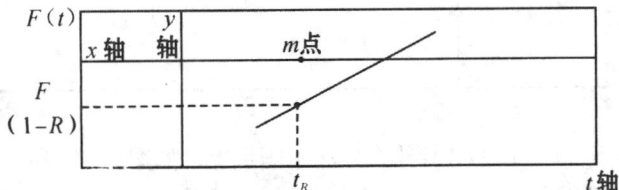

图 9-14 t_R 值的估计

278

（6）估计平均寿命 t_E。从 m 点作一条与分布直线平行的直线，如图 9-15 所示，与 y 轴相交，从交点作水平线与 $F(\mu)R$ 相交，交点 J，在 $F(t)$ 轴上找 J 的值。从 $F(t)=J$ 的一点作水平线与分布直线相交，再从交点作垂直线与 t 轴相交，这个交点的刻度值就是 t_E。

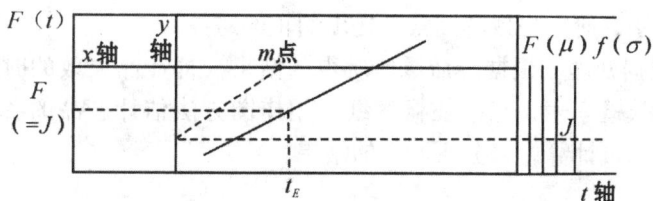

图 9-15　t_E 值的估计

2. 加速寿命试验应考虑的问题

（1）试验对象。电子元器件使用范围很广，使用要求和环境条件也不同。所以对特殊需要的元器件，做加速寿命试验，要能正确地模拟实际使用状态。对于通用设备中的元器件，其试验条件应符合规定的标准。试验的样品必须从筛选后的和例行试验合格的批量中选取。样品数量的决定，既要考虑试验的经济性，又要保证样品能够代表母体，保证统计分析的正确性。

（2）试验条件。在各种试验条件中，首先要选择的是加速变量。选择加速变量的目的就是要加速失效过程。如恶劣的环境条件和过重的工作条件都能促进元器件加快失效。选择加速变量时，要选那些对元器件失效起主导作用的因素。通常多选用由电功率转化成的温度和环境温度作为加速变量。其次，要确定加速变量的"应力"分级水平。如温度确定其水平为 85℃、100℃、120℃ 三级，一般不应少于三级，最好采用四个等级。由于环境条件中的各种因素都对失效起作用，所以做寿命试验时，要严格控制实验室的环境条件保持不变。

（3）试验停止时间。一般的可靠性寿命试验，按停止试验的方式可分为定数截尾试验和定时截尾试验两种。所谓定数截尾试验就是达到规定的失效数就停止的试验；定时截尾试验是指达到规定的试验时间就停止的试验。采取这两种试验方法都是为了省时间。但每一次寿命试验中失效的元器件数与全部试样数之比要达到 50%~60%。因此不论是定时或定数截尾试验，事先要对该产品的平均寿命有个大致的了解。

（4）测试要求。在试验过程中，要按一定周期测试样品。测试周期的选定，要使每个测试周期内，产品的失效数大致相同，不应过多，也不应过于集中在几个测试周期内。否则元器件失效时间的估计就会误差太大，以致影响分析的精确度。

（5）失效标准。它是指产品失效的技术标准。各种产品都有若干项技术指标。寿命试验中要规定哪项指标超出规定即为失效。

（6）在可靠性试验中，要统计并分析产品的失效形式，要作主次因素排列图和因果图，研究失效的因素，提出纠正的对策。

（7）数据处理。根据寿命试验所得的结果（即产品失效的时间和数量），列出积累失效概率表，然后在概率纸上用作图方法估计产品的各项可靠性指标，也可以通过计算，来分析所得的结果。

9.5.2 环境试验

环境试验的目的是研究各种环境条件对元器件的影响。环境条件有多种，如温度、湿度、雨、雪、风、沙、烟、雾、振动、冲击、失重、宇宙线辐射、核辐射、霉菌等。而通常的环境试验一般包括振动、冲击、离心、潮热、烟雾、热冲击、温度循环和霉菌等项目。

9.5.3 特殊试验

特殊试验多用于对元器件的可靠性筛选，主要方法是：

1. 红外线检查

对于有缺陷的元器件，利用红外线探测或照相，会产生局部的过热点或过热区。用这种方法可将有缺陷的元器件筛选出去。

2. x 射线检查

利用 x 射线可以查出半导体管和集成电路封装壳中的污点或金属微尘等缺陷。

3. 放射性示踪检漏

这种方法多用来检查元器件的漏气率。将元器件放在具有几个大气压的放射性示踪气体中，几小时或几十小时以后取出，吹去残余气体，再放入辐射探测器中，根据探测器的读数可以推算出元器件的漏气率。

9.6　可靠性设计与管理

9.6.1　可靠性设计

1. 可靠性设计的含义

可靠性设计就是通过设计，基本确定系统的固有可靠性。所谓"基本确定"，是因为在以后的生产过程中还会影响固有可靠性。其固有可靠性是系统所能达到的可靠性上限。一切其他因素，如维修性设计等，只能保证系统的实际可靠性尽可能地接受固有可靠性。不能把可靠性设计简单地理解为提高系统的可靠性，应理解为要在系统的性能、可靠性、费用等方面的要求之间进行综合权衡，从而得到最优的设计。

2. 可靠性设计方法

随着科学技术的发展，产品的结构也趋于复杂化，一件产品往往包括成千上万个零部件。其中有些零部件发生故障，会带来严重后果，但有些零部件的故障只会带来轻微的影响；有的零部件发生故障后会直接影响产品的使用功能，而另一些零部件发生故障后并不影响产品的使用功能。因此，在可靠性设计时，应根据产品及其组成部分对故障的敏感程度采取不同的设计方法。下面简单地介绍几种设计方法。

（1）预防故障设计法。

这是由经验积累产生的可靠性设计方法：首先，要有效地利用过去的经验与实验数据，如采取过去行之有效的结构设计、优化参数等；第二，尽量简化结构，减少产品组成环节，因为产品的结构越复杂，零部件越多，越容易发生故障；第三，多采用经过实践考验的标准化、通用化零件；第四，在设计中应力求使产品检修、调整、更换等作业方便易行，应防止误操作；第五，力求高度优化所用材料与关键零部件的可靠性；第六，充分运用故障分析获得的可靠性数据，并及时反映给有关部门，为可靠性设计和可靠性管理提供改进方向。

（2）冗余设计。

这是以功能的重复结构确保局部发生故障时整机不丧失功能的设计方法。也就是说，在产品结构中，并联的额外附加具有相同功能的备用部分，当主机工作部分发生故障时，用备用部分替换以继续维持整机功能的发挥。这种设计

281

可以提高产品的可靠性，但也会使产品的重量、体积和成本的增加，其维修性也变差。

（3）减荷设计。

这是指为了改进可靠性，减轻产品内部应力的设计方法。它是在通过加速寿命试验掌握了载荷极限之后，以此极限值为界限，将使用应力分成若干级进行减荷，以确保产品或系统的可靠性。

（4）耐环境设计法。

为保证产品规定的可靠性要求，应调查产品在寿命周期内的环境中，从而作出对环境有充分耐力的设计，以避免产品在未曾考虑的环境条件下工作时发生故障。影响可靠性设计的环境条件是广泛的，如温度、湿度、振动等，因此在这些环境下，进行耐环境设计：①耐温度设计。因为高温会使产品可靠性降低，要进行耐高温度设计。②耐湿度设计。湿度过大，机械产品会生锈，要进行防锈、防腐处理等。③耐振设计。振动会使产品或系统失效，要进行耐振设计。④进行人机工程设计。产品生产是由人来操纵的，因此要处理好人、机之间的关系。⑤安全设计。这是提高产品或系统固有可靠性和固有安全性的设计方法，常用的有异常警报装置、安全装置、故障检出或监测装置等。

3. 系统可靠性预计和分配

这是可靠性设计的重要任务之一，它在系统设计的各阶段需要反复进行多次。可靠性预计是根据组成系统的元件、部件和分系统的可靠性来推测系统的可靠性。这是一个由局部到整体、由小到大、由下到上的一种综合的过程。可靠性分配是把系统规定的可靠性指标赋予系统、元、部件，使整体和部分协调一致。它是由整体到局部、由大到小、由上到下的一种分解过程。

（1）系统可靠性预计的目的。

①审查设计任务中提出的可靠性指标能否达到。②进行方案比较，选择最优方案。③从可靠性观点出发，发现设计中的薄弱环节，加以改进。④为可靠性增长试验、验证试验及费用核算等研究提供依据。⑤通过预计为可靠性分配奠定基础。

系统可靠性预计的价值在于它可以作为设计手段，为设计决策提供依据。其计算方法有性能参数法、相似产品法、元件计数法、上下限法、故障率预计法等。

（2）系统可靠性分配。

系统可靠性分配，就是根据系统设计任务书中规定的可靠性指标，按一定的方法分配给组成系统的分系统、设备和元器件，并将它们写入与之相对应的设计任务书或技术经济合同中。其目的是使各级设计人员明确其可靠性设计的要求，并研究实现这些要求的可能性及办法。

要进行分配，必须首先明确设计目标、限制条件、系统下属各级定义的清晰程度及有关信息的多寡。随着具体情况不同，可靠性分配方法也不同。常用的方法有等分分配法、评分分配法、比例组合法等。在实际工程中，当注意到系统的重量、体积、价格以及由其他因素引起系统的限制时，就应从动态规划的角度，权衡系统中的各个因素，使系统虽然达不到最优解，但也要达到满意解。

9.6.2 可靠性管理

1. 可靠性管理与质量管理的关系

前面曾提到产品质量与可靠性有着十分密切的关系，可靠性是产品质量的重要特性之一，为了保障产品的可靠性，除了进行可靠性分析、设计之外，还要进行系统而周密的可靠性管理。产品可靠性管理是建立在健全的质量管理基础之上的。产品的可靠性只有借助于质量管理系统，才能进行有效的控制和管理。若质量管理系统的组织机构设置合理、健全，质量人员质量意识很强，技术熟练，就为确保产品预期的可靠性提供了条件，否则便会因质量管理系统控制能力弱而引起故障隐患或发生故障。由此可见，可靠性管理应寓于质量管理之中，是质量管理的一个重要组成部分。

2. 可靠性数据管理

可靠性数据，是可靠性分析、设计、研究和管理工作的依据，没有准确、及时的数据就无法定量地进行可靠性分析、研究和管理工作。

（1）可靠性数据的来源。

企业内部的可靠性数据主要来自企业各个部门，如开发设计、工艺、质量、生产、采购、销售、销后服务、试验测量等部门都有责任收集并提供有关数据。企业外部的可靠性数据，主要通过市场、用户消费者，以及有关信息渠道进行收集。企业的产品在市场上流通，在用户现场使用。用户现场是产品实际运行状况和使用条件的基地，产品在长期运行中才能产生大量可靠性数据。因而通过用户提供的数据是最真实的，最能反映实际问题，所以从用户中收集可靠性数据能较真实地反映产品的可靠性水平。

（2）可靠性数据的特点。

首先，可靠性数据是一种特殊类型的数据，需要在一定的理论指导下，采取一定的数学手段才能获得。同时，可靠性数据是一种高价数据，因为故障时间内的数据只有在产品发生故障后才能取得。可靠性试验时间越长，耗费就越

283

大，因而取得数据的代价就越大。因此在可靠性数据收集工作开始之前，一定要制定严密的计划，考虑周到，避免遗漏和浪费。

（3）可靠性数据的分类。

可靠性数据的分类没有固定的模式，总的原则是数据要齐全、准确。一般将可靠性数据分为七类：产品可靠性分析原始数据、产品可靠性分析基础数据、环境条件数据、使用条件数据、质量数据、产品故障数据、可靠性信息数据等。

（4）可靠性数据的管理和交换。

可靠性数据来源广泛，内容丰富，它的有效管理和利用可以降低产品成本，缩短产品研制周期，提高系统可靠性，对产品的可靠性工程具有重大意义。目前世界各工业发达国家都十分注意可靠性数据的有效管理和交换。现在可靠性数据管理和交换工作是基于计算机网络和公用数据库进行，人们通过计算机网络，能最大限度地利用现有技术知识和经验数据，减少或避免企业或社会人力、财力和时间消耗，并且还可以不断地自动交换可靠性数据和其他技术信息。

3. 可靠性标准化

（1）可靠性标准。

可靠性标准是可靠性工程与管理的基础之一。可靠性标准可以使可靠性设计和管理工作更加规范化，为可靠性的最优化提供依据和保证。严格按照可靠性标准进行工作，可以提高可靠性管理的科学性，减少盲目性，并能以最少的人力、物力和时间实现既定的可靠性目标。因此，不论是管理者还是工程技术人员，都应认真地学习和贯彻可靠性标准。

（2）可靠性标准体系。

可靠性标准体系分为三个层次：对可靠性工程与管理具有广泛指导意义的可靠性基础标准、某一大类产品共享的专业可靠性基础标准和各种有可靠性指标要求的具体产品标准。

各种可靠性标准从级别上分，可分为国家可靠性标准（GB）、国家军用可靠性标准（GJB）和行业可靠性标准。从内容上分，可分为管理、采购、研制、生产、试验、分析、安装、储运、使用、维修等方面的可靠性标准。从形式上分，则有以规范、标准、手册等方式表达的可靠性标准。

在实践中企业应采用可靠性国际先进标准（ISO）、国际电工委员会标准（IEC）、美国国家标准（ANSI）、美国军用标准（MIL）、日本工业标准（JIS）等。采用这些标准有利于迅速提高我国可靠性工程与管理水平，是大幅度提高我国产品可靠性的重要途径，对推动我国可靠性工程与管理的深入发展起着重要的作用。

4. 可靠性过程管理

可靠性管理活动通常是按产品寿命周期的各个阶段划分的。

（1）开发设计过程的可靠性管理。

开发设计过程的可靠性管理的首要问题是明确产品的可靠性要求。全面分析用户的需要，提出产品的基本性能、主要特点、主要技术指标及应达到的可靠性指标，并进行可靠性论证。在论证基础上提出正式的技术要求。其中有关可靠性要求一般包括产品的基本功能、特征和性能指标；规定可靠性、可维护性及安全性指标的要求；规定设计生产过程中的元器件、原材料的控制方法；规定产品的维修方法；说明产品寿命周期全过程的环境条件；规定产品使用手册可靠性数据的收集与分析要求；规定技术文件的管理制度及其他特殊要求。

设计过程可靠性的工作内容。产品设计过程是产品可靠性的首要环节，其可靠性在很大程度上取决于设计过程中所开展的可靠性保证工作，这些工作主要包括两方面的内容：即保证产品可靠性的技术手段及有关设计措施；可靠性目标的实现，是要采取提高可靠性的设计措施来实现的，因此在产品设计过程中，应广泛采用故障模式影响及分析（FMEA）以及有关设计方法（前面已谈过的有关可靠性设计方法），来保证产品的可靠性。同时要做好保证产品可靠性的组织与管理工作，而且应有专门机构从事可靠性技术和管理工作，有关部门要明确其任务和责任，做到可靠性工作事事有人管，人人有专责。

（2）生产过程的可靠性管理。

设计为产品可靠性奠定基础，生产制造过程是保证可靠性的实现，两者共同决定了产品的可靠性。生产过程应最大限度地排除和控制各种不可靠因素，最大限度地检测出不可靠因素造成的缺陷并及时加以排除。在生产过程中，影响产品可靠性的因素主要有人、机、物、法、环境等。这些因素是对产品可靠性发生综合作用的过程，也就是可靠性退化或增长的过程。其可靠性管理主要是加强对人、机、物、法、环境等因素进行严格的控制和管理，对工序质量进行严格控制，加强检测，排除制造缺陷，防止可靠性退化，通过试验筛选出可能发生故障的材料、零件，并排除可以导致故障的原因。

（3）销售服务过程的可靠性管理。

销售和服务是直接面对用户的窗口，在生产和使用之间起桥梁作用，主要可靠性工作是了解用户对产品的质量要求、不满、故障等情报；掌握产品可靠性状况，使用户了解产品正确的使用方法；操作使用说明书应详尽，规定的使用条件和环境应明确，对发生故障的责任范围以及处理办法等都应该写明。

售后服务的责任是在产品故障发生之前要经常对产品的状态进行检查，发生故障后能迅速处理。销售和售后服务是一致的，在可靠性管理中占有重要地位。除了要及时向有关部门反馈有关质量和可靠性信息数据外，还要处理索赔、编写维修报告和各种故障报告，同时还要承担新产品现场试用跟踪检测等工作。

（4）使用和维修过程的可靠性管理。

使用维修过程是维持产品的可靠性水平，这是产品寿命周期可靠性工程的重要特点。由于各种因素的影响，在运输、使用、维修过程中会使设计、制造中赋予产品的可靠性发生退化，使产品的使用可靠性下降，因此，必须进行严格的管理，防止或减弱这种退化。当然，随机故障和耗损故障是一些产品不可避免的，但通过周到的维修服务和正常的工作状态，特别是周到的服务和指导，可以防止或减少故障，充分发挥产品的功能，并且还能提高产品和企业的信誉，扩大市场占有率，使企业持续发展。

产品使用阶段的可靠性与维修性和人机工程等多种因素有关，要保证产品使用的可靠性，应特别重视操作管理、维修管理及资料的收集与反馈等工作。

本章小结

产品的可靠性程度，是衡量产品质量优劣的一个重要方面。企业推行全面质量管理，采用国际标准和先进技术及先进标准等，其目的是为了不断提高产品质量，使用户得到满意的产品，扩大市场占有率，提高企业的经济效益。产品除了性能优良，使用安全、简便，外形美观，价格合理以外，还有一个重要的要求就是工作可靠，经久耐用。人们在日常生活中，使用的产品性能好，美观大方，价格便宜，但使用时间很短，很快就报废了。这样的产品人们叫它为"样子货"，不可靠，消费者是不会满意的，也不会有市场，更没有回头客，当然也被认为是质量低劣的产品。由此看来，产品质量是与可靠性有着不可分割的密切关系，可靠性是衡量产品质量的一个重要的指标。

本章从可靠性的概念，可靠性与质量的关系进行了论述；并且对可靠性的几个主要指标的含义及计算方法进行了讨论；同时对常用寿命分布函数中的指数分布、正态分布、威布尔分布进行了介绍；对系统可靠性和可靠性试验等作了简要的介绍；最后对可靠性设计与管理作了一般介绍。可靠性问题涉及的面很广，技术性、专业性很强，我们这里只从一般情况，而且着重从电子产品方面作一些介绍。如对可靠性问题进行比较深入的研究，则还要参阅有关专业技术及各个行业特点的有关可靠性的专门书籍。

复习思考题

1. 什么是可靠性，可靠性与产品质量的关系如何？
2. 可靠性的主要指标包括哪些，如何计算？
3. 系统可靠性的系统结构模型一般有哪些类型，各包括什么内容？
4. 串联系统和并联系统的可靠度如何计算？
5. 什么是加速寿命试验，试简述在威布尔概率纸上估计产品寿命特征值的方法。
6. 试简述可靠性设计的含义及其设计方法。
7. 试简述可靠性过程管理分哪些阶段，各阶段的可靠性管理包括什么内容。

10

质量检验

本章要求

- [ ] 了解质量检验的概念、分类及意义
- [ ] 掌握抽样检验的基本原理
- [ ] 掌握计数标准型抽样检验的方法
- [ ] 掌握计数调整型抽样检验的方法

10.1 质量检验概述

10.1.1 质量检验的基本概念

在质量管理中，一方面要对生产过程进行质量控制，保证生产的稳定性；另一方面还要对生产出来的产品进行严格的质量检验。对产品的质量检验是保证产品质量的主要环节之一。产品质量检验的目的，一是决定已经生产出来的产品是否合格，二是当制造产品过程一旦不稳定时，可通过检验及时地发现问题，以便采取措施使生产过程保持稳定，以确保产品质量。

国际标准《ISO9000: 2000 质量管理体系　基础和术语》中对检验的定义是："通过观察和判断，适当时结合测量、试验所进行的符合性评价。"产品质量检验是通过观察和判断并采用测量、试验、检查等方法，将单个产品与技术要求相比较的过程。通过质量检验，可以决定已生产出来的产品是否合格，投产的原材料是否符合要求，有助于及时发现生产过程中产品质量不稳定的苗头，从而做到"成品不合格不出厂，原材料不合要求不投产，在制品不合格不流入下道工序"，起到提高和保证产品质量的作用。

10.1.2 衡量产品质量的方法

1. 单位产品的质量

对于制成品而言，一件产品就是一个单位产品。单位产品就是构成产品总体的基本单位，有些产品的单位产品可以自然地划分，如一批灯泡中的每个灯泡，一批电视机中的每台电视机都可以叫做一个单位产品；有时则不能自然地划分，要按照需要的不同而变更，如在不同的需要之下，一公尺布、一尺布、一丈布以至一匹布都可以作为一个单位产品。单位产品的质量可以用不同的方法来衡量，常用的方法有计数和计量两种。但在实际工作中为了节省人力、物力和时间，往往采用计数方法，只将单位产品分为合格与不合格来衡量产品的质量。

判断单位产品质量是否合格，主要依靠产品质量标准，产品不符合质量标准中的任何一项要求，就构成了产品的一个缺陷。按照缺陷的严重程度可分为

3 级：

（1）致命缺陷。对使用产品的人带来危险、不安全以及对产品性能带来根本影响的缺陷。

（2）严重缺陷。严重缺陷是指能造成故障或大大降低单位产品预定的使用性能，但还不致引起不安全情况的那种缺陷。

（3）轻缺陷。轻缺陷是指产品性能或其他技术指标虽然不符合产品技术指标的要求，但是不影响产品的有效使用的那种缺陷。

一个单位产品如果有缺陷则为不合格品，无缺陷则为合格品。对于精密的产品或对产品性能及其他技术指标要求很高的产品，这样划分就不够了，对这类产品，常常根据单位产品缺陷的检查及影响的大小，把缺陷划分得更细一些，以便对产品质量进行判定。

2. 一批产品的质量

一批产品是指需要检验的一组单位产品，通常称为检验批，或简称批。批中所包含的单位产品的总数称为批量。构成一个批的所有单位产品，应当尽可能一致，即批内的产品必须是相同生产条件下生产出来的。一批产品在检验过程中常常被看成是一个总体。检验一定涉及到双方，即提供产品的一方和接受产品的一方。在实际中，他们可以是供应方与使用方、生产方与消费方、卖主与买主、厂家与用户、上道工序与下道工序等。构成的检验批就在这样的双方交流，如供方将产品组成批，经检验交使用方使用，上道工序加工后的产品可以组成批，经检验交下道工序继续加工等。

衡量一批产品质量的方法，常用的有以下几种：

（1）批中不合格的单位产品所占的比例。即

$$批不合格产品率\ P = \frac{批中不合格品个数}{批\ 量} \times 100\%$$

例：有一批灯泡，批量 $N = 1\ 000$ 个，已知其中 998 个是合格的，则不合格品数 $= 1\ 000 - 998 = 2$ 个。

$$P = \frac{2}{1\ 000} \times 100\% = 0.2\%$$

（2）批中每百个单位产品平均包含的缺陷个数。即

$$每百单位产品平均缺陷个数\,\mu = \frac{缺陷个数}{批\quad 量} \times 100$$

例：有一批保温瓶，批量 $N = 1\,000$ 个，已知其中有 30 个各有一个缺陷，有 20 个各有两个缺陷。

则

$$缺陷个数 = 30 + 20 \times 2 = 70$$

$$\mu = \frac{70}{1\,000} \times 100 = 7\,（每百个单位产品平均缺陷个数为 7 个）$$

（3）批中所有单位产品的某种质量指标的平均值 μ。如电灯泡的平均使用寿命。

（4）批中所有单位产品的某种质量指标的标准差 σ。

（5）过程平均不合格品率 $\bar{P}$。

一个稳定的生产过程在一般适当长的时间内所生产的产品质量，可以用在这段时间内生产的一批批产品的不合格品率的平均值——过程平均不合格品率 $\bar{P}$ 来衡量。

过程平均不合格品率是指数批产品的初次（不包括第一次被判为合格经过返修两次提交的批）检查时发现的平均不合格品率。

$$\bar{P} = \frac{D_1 + D_2 + \cdots + D_K}{N_1 + N_2 + \cdots + N_K} \times 100\% = \frac{\sum_{i=1}^{k} D_i}{\sum_{i=1}^{k} N_i} \times 100\%$$

式中 N_i 为第 i 批产品的批量；D_i 为第 i 批产品中的不合格品数；k 为批数。

过程平均不合格品率 $\bar{P}$ 通常无法得到，一般可以用最近接连生产出的若干批产品的抽样检查结果，算出样本的过程平均不合格品率 $\bar{P}$。它是过程平均不合格品率 $\bar{P}$ 的一个良好的估计值。

$$\bar{P} = \frac{d_1 + d_2 + \cdots + d_k}{n_1 + n_2 + \cdots + n_k} \times 100\% = \frac{\sum_{i=1}^{k} d_i}{\sum_{i=1}^{k} n_i} \times 100\%$$

式中 n_i 为第 i 批产品中抽取样本的含量大小；d_i 为第 i 个样本中出现的不合格品个数；k 为批数。

10.1.3 产品质量检验的分类

产品质量检验是为了保证产品质量，检验的方法有各种各样，并可按不同情况进行分类：

1. 根据检验的数量分类

（1）全数检验。全数检验是对批中每一个产品逐一进行检验，以确定每一个产品的质量是否符合标准。

（2）抽样检验。抽样检验是按照统计方法从每一批产品中抽取适当数量的部分产品作为样本，对样本中的每个样品进行检验，通过这样的检验来判断整个一批产品是否符合标准。

2. 根据流程分类

（1）购入检验。从厂外购入的原材料、标准件、半成品和工具等都要进行检验，以防止不合格品入厂。通过检验还可以了解供货单位的质量情况，以便采取相应的措施。

（2）中间检验。即在生产过程中进行检验，特别是对于影响最终产品主要质量特性的工序应作检验。另外，当需要了解生产过程的情况时也需作中间检验。其目的是为生产过程的状态提供情报。

（3）成品检验。成品检验也称最终检验，即对作为成品是否合格也进行检验。

（4）出厂检验。它是产品交给购货方时所作的检验，常常是根据购货方的要求进行某些特别重要的质量特性的检验，也对产品存在的重大缺陷及贮藏过程中有变化的特性进行检验。

（5）库存检验。它是对长期在仓库中贮藏时所作的检验。根据期限不同，决定应检验哪些质量特性。特别对一些化学产品以及会引起安全问题的产品更有重要的意义。

（6）监督检验。检验在上述的过程中质量保证工作是否真正按标准要求进行，即对检验的检验。

3. 根据检验的内容分类

（1）试制品的检验。它是产品大量投产前对试制品的检验。这是检验设计的质量和生产过程的工程能力。

（2）性能检验。它是对能否达到设计时对产品所要求的性能的检验。

（3）可靠性检验。经过一定时间使用后，还能否达到对产品所要求的性能的检验，即耐久性的检验。按规定的标准中的级别来判定。

（4）苛刻检验。在苛刻条件下进行检查，如对光学仪器在不同温度、湿度的极限情况下进行检验，以适应不同情况的需求。

（5）分解检验。对所有样品的所有特性进行检验称为分解检验。这种检验常常用于样品发生少量特性不符合标准或少量样品不合格的情况下，为了对生产过程进行分析而作的检验。

4. 根据检验差别的方法分类

（1）计数检验。将产品与标准规格作比较后把产品分为合格、不合格，或者分为一级、二级、三级品等进行判定的检验，即用计数值作为判定检验。

（2）计量检验。它是用计量值作为判定的检验。

另外，根据检验后产品是否可供使用来分类，可以分为破坏性检验和非破坏性检验；根据检验的地点分类，可分为集中检验和巡回检验等。以上的分类并不是绝对的，它们之间常常互相相关。

10.1.4 全数检验

前面已介绍了什么是全数检验，但在什么情况下可以进行全数检验呢？常常处于以下的情况可以进行全数检验：

（1）检验是非破坏性的。

（2）检验的项目少，而且检验的数量不多。

（3）检验费用少。

（4）影响产品质量的重要特性项目。

（5）生产中尚不够稳定的又比较重要的特性项目。

（6）单件、小批生产的产品和零部件。

（7）昂贵的、高精度或重型的产品以及有特殊要求的产品和零部件。

（8）能够应用自动化检验方法的产品和零部件。

产品和零部件是否要进行全数检验，首先考虑的是检验后是否为破坏性，如电灯泡的寿命试验，棉布的拉力试验，一经试验产品就被破坏了，当然就不能进行全数检验，此外还应全面地综合地考虑，即从检验后产品检验的效果以及经济性如何来确定。如对一些螺钉、螺帽、垫圈等不很重要、价值低、数量大的产品，如果要全数检验就会消耗大量的人力、物力和时间，增加了成本，经济效益差，所以最好不要采用全数检验的方法。当然对于那些重要的关键的质量特性，为了保证产品质量，即使费用大也要进行全数检验。

对于经过全数检验的产品，是否就一定不会漏过不合格品呢？这要根据具体情况而定。使用自动化检验的场合，误差会小一些，而对于不使用自动化检验的场合，往往是会发生一定误差的。

影响全数检验误差的大小与下列几个因素有关系：

(1) 产品批量的大小。

(2) 不合格率的高低。

(3) 检验工作的性质。

(4) 检验工具的使用方法。

(5) 检验人员的技术水平和责任心。

当产品批量非常大，不合格品率很低，检验工作单调，检验工具使用方法复杂，检验人员技术水平低和责任心不强的时候，全数检验的误差就大，相反就小。

10.2　抽样检验的基本原理

10.2.1　抽样检验的概念

从一批产品中随机抽取一小部分样本单位进行检验，然后根据不合格品的多少或质量特性，按一定规则对产品总体（或产品批）的质量状况作出判断，就称为抽样检验。在生产实践中工序与工序、库房与车间、生产者与使用者之间进行产品交换时，要把产品划分为批。一个产品批总是由一定数量的产品构成，抽样检验就是从产品批量里抽取一部分产品进行检验，然后根据样本不合格品数，或质量特性的规定界限，来判断整批产品是否合格。因为抽样检验不是检验批的全部产品，所以即使判定为合格的产品批，其中也可能含有一定数量的不合格品。如果我们允许批量中有一定比率的不合格品，从经济上考虑是有利的，那么检验的目的就是保证这批产品里的不合格品数不超过这个限制比率。在这种情况下，利用抽样检验就可以使检验的数量少、费用少、时间省、成本低。检验时只要严格执行抽检方案，它比全数检验具有更大的优越性。

抽样检验适合于破坏性的检验、测量对象是连续体、产品数量多、希望检验费用少以及需要促使供应方加强质量管理等情况下采用。

抽样检验的缺点就是存在着犯两类错误的可能，即把合格批误判为不合格批，或把不合格批误判为合格批的可能。但从统计检验的原理可知，这两类错误都可以被控制在一定的概率以下。

10.2.2 抽样检验方案

一个批的产品数量即批量用 N 表示，对这个产品批规定一个不合格品率，如果批不合格品率超过这个规定值，该批产品将被拒收，这个不合格品率就称为"批允许不合格品率"，以 P_1 表示。抽样检验就是从批 N 里抽取一小部分单位产品作为样本进行检验，用样本的质量对产品批质量进行推断。样本中所包含的单位产品数称为样本大小，或叫样本容量，用 n 来表示，样本中的不合格品用 d 表示，样本的不合格品率为 d/n。因为是抽样检验，我们无法保证样本的不合格品率 d/n 恰恰等于批不合格品率 D/N，所以只有用 d/n 与 P_1 比较而作出是接收还是拒收的决定。对计数值抽样检验，实际做法并不是直接用 d/n 与 P_1 作比较，而是规定一个合格判定数 Ac 和一个不合格判定数 Re，若样本不合格品数 d 小于或等于这个合格判定数 Ac，就接收该批产品；若 d 等于或大于不合格判定数 Re，则拒收该批产品。这个抽样检验过程就称为计数型抽样检验方案。由此看出，抽样方案就是为了决定样本大小和判定检验批是否合格而规定的一组规则。

在一个最简单的抽样方案中要确定两个参数，一个是抽取的样本大小 n，一个是判定数 Ac 和 Re，通常用（n, Ac）表示一个抽样方案，简写为（n, c）；有了 n 和 Ac 之后就能够很容易地进行抽样检验了。

抽样方案中简单的抽样方案是一次抽样方案，较复杂的抽样方案有二次抽样及多次抽样方案，一次抽样方案的实施过程，是从批量 N 的一批产品中抽取样本大小为 n 的一个样本，规定一个合格判定数 Ac，对样本进行检验，若样本中不合格品数 $d \leqslant Ac$，则接收该产品；若 $d \geqslant Re$，则拒收该批产品。

二次抽样方案就是从批量为 N 中最多抽查两次样本之后，就应作出合格与否的判断。由于二次抽样方案是抽两次，这样就有两个样本大小，分别记为 n_1 和 n_2，有两个合格判定数，分别为 Ac_1 和 Ac_2，所以这个抽样方案由四个参数来决定，用 $n_1 n_2 Ac_1 Ac_2$（简写为 n_1, n_2, c_1, c_2）表示。二次抽样方案的实施过程，是第一次从批量 N 中抽取样本大小 n_1 的第一个样本，若检验不合格品数 $d_1 \leqslant Ac_1$，则判定该批合格，予以接收；若不合格品数 $d_1 \geqslant Re_1$，则拒收该批产品；若 d_1 超过 Ac_1，但小于 Re_1，则继续抽取样本大小为 n_2 的第二个样本。设第二个样本的不合格品数为 d_2，若 $d_1 + d_2 \leqslant Ac_2$，仍判定该批合格；若

$d_1 + d_2 \geq Re_2$，则判定该批不合格。多次抽样方案和二次抽样方案过程相似，只是抽取样本个数增多，规定的合格判定数也相应增多而已。

10.2.3 批接收概率 $L(P)$

根据规定的抽检方案 (n,c)，把交检的批判断为合格而接收的概率，称为接收概率，即样本 n 中，不合格品数 $d \leq c$ 的概率。它是批不合格品率 P 的函数，记 $L(P)$。

批接收概率又叫抽检方案 (n,c) 的抽检特性函数。

$$L(P) = P(d \leq c) = P(d=0) + P(d=1) + \cdots + P(d=c)$$
$$= \sum_{d=0}^{c} P(x=d)$$

1. 当采用超几何分布计算时

对于有限批量 N，不合格品率 P_1 采用方案 (n,c) 验收的批合格概率为：

$$L(P) = P(x=0) + P(x=1) + \cdots + P(x=c)$$
$$= \frac{C_{NP}^0 C_{N-NP}^{n-0}}{C_N^n} + \frac{C_{NP}^1 C_{N-NP}^{n-1}}{C_N^n} + \cdots + \frac{C_{NP}^n C_{N-NP}^{n-c}}{C_N^n}$$
$$= \sum_{d=0}^{c} \frac{C_{NP}^d C_{N-NP}^{n-d}}{C_N^n}$$

例：设有一批产品，批量 $N=50$，批不合格品率为 $P=10\%$，采用方案 $(5,1)$ 进行验收，求批合格概率（接收概率）。

对方案 $(5,1)$ 来说，在抽取的 5 个样品中出现的不合格品数不超过 1 就判定该批合格。令 x 代表这 5 个样品中的不合格品数，则批合格的概率 $L(P)$ 就是"$x=0$"、"$x=1$"的概率之和，按以上公式代入

$$L(P) = P(x=0) + P(x=1)$$
$$= C_{NP}^0 C_{N-NP}^{d-0}/C_N^n + C_{NP}^1 C_{N-NP}^{d-1}/C_N^n$$
$$= C_5^0 C_{45}^5/C_{50}^5 + C_5^1 C_{45}^4/C_{50}^5$$
$$= \frac{5!}{0!\,5!} \cdot \frac{45!}{5!\,40!}/\frac{50!}{5!\,45!} + \frac{5!}{1!\,4!} \cdot \frac{45!}{4!\,41!}/\frac{50!}{5!\,45!}$$

$$= 0.58 + 0.35$$
$$= 0.93$$

所谓批合格概率 0.93，就是在 100 次抽检中，约有 93 次判为合格批，约 7 次判为不合格批。

用超几何分布计算批合格概率虽然精确，但当 N 与 n 值较大时，计算很烦琐，一般可用二项分布或泊松分布近似计算。

2. 应用二项分布计算 $L(P)$

$$L(P) = \sum_{d=0}^{c} C_n^d P^d (1-P)^{n-d}$$

3. 采用泊松计算 $L(P)$

$$L(P) = \sum_{d=0}^{c} \frac{(Pn)^d}{d!} e^{-nP}$$

10.2.4 抽检特性曲线——OC 曲线 (Operating Characteristic)

1. OC 曲线

一个抽检方案对产品质量高低的辨别能力称为该抽检方案的抽检特性。抽检特性可以采用这一抽检方案对不合格率为 P 的交检批检验时，用对该批产品的接收概率来表示。我们把接收概率 $L(P)$ 与批不合格率 P 的这种函数关系用曲线表示出来，这曲线就称为抽检特性曲线，简称 OC 曲线。如图 10-1 所示。

297

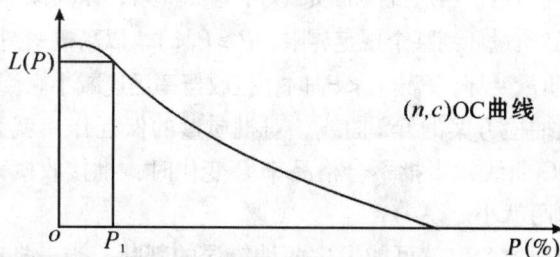

图 10-1 抽检特性曲线

一个抽检方案就对应着一条 OC 曲线，而每条 OC 曲线又反映了它所对应的抽检方案的特性，它定量表示了产品质量状况和被接收可能性大小之间的关系，可以告诉我们采用该抽检方案时，具有某个不合格率的批，被判为合格的可能性有多大。或者要使检查批以某种概率合格，该批应有多大的批不合格品率。还可以比较不同的 OC 曲线，从而比较它们对应的抽检方案对产品质量的辨别能力，选择合适的抽检方案。

2. 理想的 OC 曲线

如果我们规定，当批不合格品率 P 不超过 P_1 时，这批产品是合格的，那么一个理想的抽检方案应当满足：当 $P \leq P_1$ 时，接收概率 $L(P) = 1$；当 $P > P_1$ 时，接收概率 $L(P) = 0$。对应的理想 OC 曲线如图 10 – 2 所示。

图 10 – 2   理想的 OC 曲线

这样，理想的抽检方案其实就是准确无误的全数检验。实际抽检方案的 OC 曲线不可能是这样的。

3. 实际的 OC 曲线及可能发生的两类错误

实际的 OC 曲线如图 10 – 1 所示，只有当 $P = 0$ 时，才有 $L(P) = 1$；只有当 $P = 100\%$ 时，才有 $L(P) = 0$，在 $0 < P < 100\%$ 的一般情况下，$0 < L(P) < 1$。一个好的抽检方案应当是：当这批产品质量好，$P \leq P_0$ 时，以高概率判断它合格，予以接收；当批产品质量坏到某个规定界限，$P \geq P_1$ 时，以高概率判断它不合格，予以拒收；当产品质量变坏，$P_0 < P < P_1$ 时，接收概率迅速减小。

接近于理想抽检方案的 OC 曲线，对批质量的保证作用就大。而倾斜度较小、较平缓的 OC 曲线，当批不合格品率 P 变化时，批接收概率变化较小，对批质量的保证作用就小。

只要采用抽样检验，就可能发生两种错误的判断。当一批产品质量比较好（$P \leq P_0$）时，如果采用抽样检验，就不可能 100% 的接收（只有当 $P = 0$ 时，$L(P) = 1$），只能要求高概率接收，也就是说，还有小概率拒收这批产品。这种由于抽检原因把合格批错判为不合格批而予以拒收的错误称为第一类错误。这种错判给生产者带来损失。这个拒收的小概率，叫做"第一类错判概率 α"，又称为"生产者风险率"。它反映了把质量较好的批错判为不合格批的可能性大小。

$$\alpha = 1 - L\ (P_0)$$

另一方面，当采用抽样检验不合格品率很高的劣质批（$P > P_1$）时，也不能肯定 100% 的拒收（只有当 $P = 100\%$ 时，才有 $L\ (P) = 0$），还得有小概率接收，也就是说，这样的劣质批仍有被接收的可能。这种由于抽检原因把不合格批错判为合格批而接收的错误称为"第二类错误"。这种错判使用户蒙受损失。这个接收的小概率叫做"第二类错判概率 β"，又称为"使用者的风险率"。它反映了把质量差的批错判为合格批的可能性大小。

$$\beta = L\ (P_1)$$

一个较好的抽检方案应该由生产方和使用方共同协商，对 α 和 β 的通盘考虑，使生产者和使用者的利益都受到保护。通常 α = 1%，5%，10%，β = 5%，10%，20%。

P_0、P_1 分别是与 α、β 相对应的批不合格品率。P_0、P_1、α、β 的关系如图 10 - 3 所示。

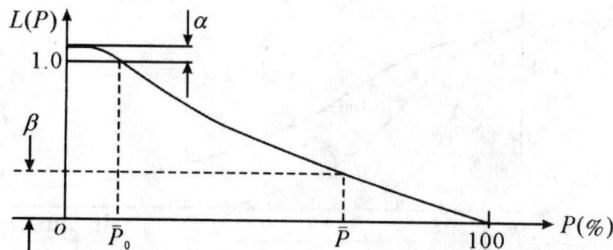

图 10 - 3

4. 对 OC 曲线的讨论

OC 曲线是由抽检方案确定的，所以 OC 曲线与批量 N，样本大小 n，以及合格判定数 c 有关，下面分别进行讨论。

（1）抽检方案一定，批量 N 对 OC 曲线的影响。

图 10 - 4 是抽检方案一定（$n = 20$，$c = 0$）时，用批量 $N = 1\,000$，100，50，作出的 A、B、C 三条 OC 曲线，见图 10 - 4。

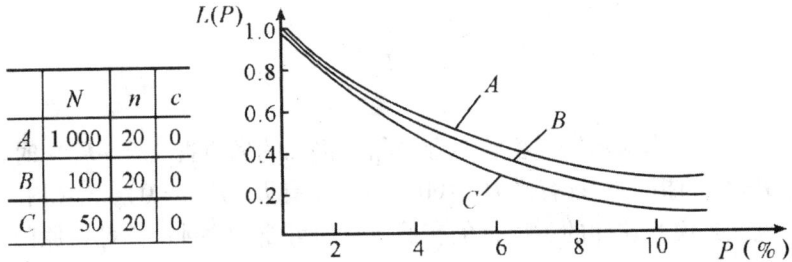

图 10 - 4　n、c 不变，N 对 OC 曲线的影响

从图 10 - 4 上看出，批量大小对 OC 曲线影响不大，所以当 $N/n \geqslant 10$ 时，就可以采用不考虑批量影响的抽检方案，但这决不意味着抽检批量越大越好。因为抽样检验总存在着犯错误的可能，如果批量过大，一旦拒收，则给生产方造成的损失就很大。

（2）合格判定 c 一定，样本大小 n 对 OC 曲线的影响。

图 10 - 5 为合格判定数 $c = 2$，样本大小分别为 50，100，200 时的 OC 曲线。

从图 10 - 5 看出，当 c 一定时，样本大小 n 越大，OC 曲线越陡。同时，对同一个批不合格品率 P_0，n 越大，抽样方案越严。

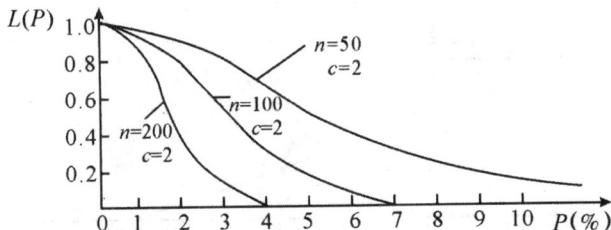

图 10 - 5　c 不变，n 变化的 OC 曲线

（3）样本大小 n 一定，合格判定数 c 对 OC 曲线的影响。

图 10 -6 是 $n = 100$，c 分别为 1，2，3，4，5 时的 OC 曲线。从图中看出，当 n 一定时，合格判定数 c 比较小，则 OC 曲线倾斜度就大，这表示批不合格品率稍有变动，接收概率就有很大的变化。当合格判定数 c 比较大时，$L(P)$ 对不合格品率 P 的敏感性较小，表示抽检方案较宽。

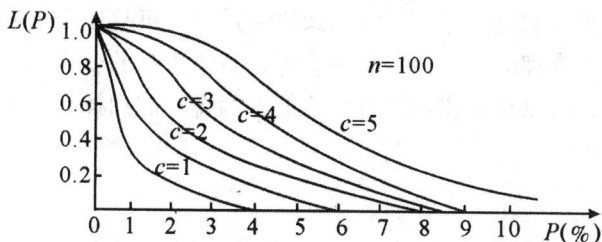

图 10-6　n 不变，c 变化的 OC 曲线

（4）百分比抽检方案的不合理性。

百分比抽检就是从批中按一定的比例抽取样本进行检验，然后按某一合格判定数进行判定。这种百分比抽检方案有一个错误的认识，就是认为"只要样本大小与批量比不变，则通过抽样方案对用户所得到的保护程度也不变"，这种认识是错误的。下面通过实例来说明百分比抽样的弊端。

例如，按 5% 抽取样本，并规定样本中不允许有不合格品（即 $c=0$）的 5 个抽检方案及其接收概率的计算列于表 10-1 中，它们的抽检特性曲线（OC 曲线）见图 10-7 所示。

表 10-1

计算公式	接收概率 P（%） 抽检方案	2	4	6	8	10
$L(P)=$ $\dfrac{C_{NP}^0 C_{N-NP}^{n-0}}{C_N^n}$	I $\begin{array}{c} N=100 \\ (5,\ 0) \end{array}$	0.902	0.812	0.729	0.653	0.584
	II $\begin{array}{c} N=200 \\ (10,\ 0) \end{array}$	0.813	0.658	0.531	0.426	0.340
	III $\begin{array}{c} N=400 \\ (20,\ 0) \end{array}$	0.661	0.433	0.281	0.181	0.115
	IV $\begin{array}{c} N=600 \\ (30,\ 0) \end{array}$	0.573	0.285	0.149	0.077	0.039
$L(P)=(1-P)^n$	V $\begin{array}{c} N=2\,000 \\ (100,\ 0) \end{array}$	0.133	0.016 9	0.002 1	0.000 24	0.000 027

从图 10-7 直观看出，第 V 个方案比第 I 个方案要严得多。如 $P=2\%$ 时，方案 I 的接收概率为 90.2%，而方案 V 的接收概率仅为 13.3%；又如 $P=$ 10% 时，即批中已有 1/10 的不合格品，方案 I 的接收概率仍可达 58.4%，而

方案 V 的接收概率已很小很小（0.002 7%）了。可见百分比抽检是大批严，小批宽，是很不合理的。从以上分析看出，由于批量的变化将影响到对产品质量的保护程度，所以百分比抽检方案不能作为合理的抽样方案来使用。

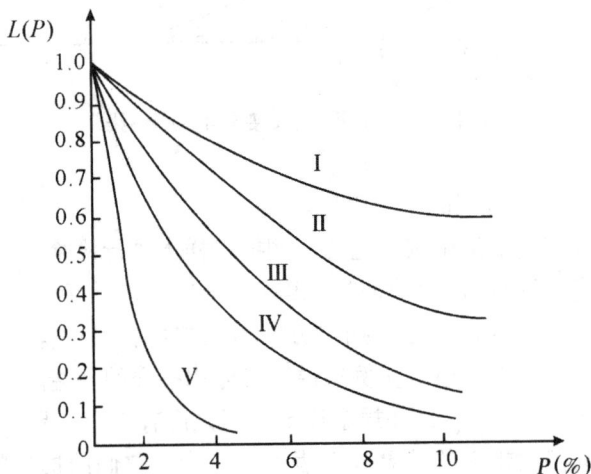

图 10 - 7

10.3　计数标准型抽样检验

10.3.1　计数标准型抽样检验方案的概念和特点

计数标准型抽检方案是最基本的抽检方案。所谓标准型，就是同时严格控制生产方与使用方的风险，按供需双方共同制订的 OC 曲线的抽检方案抽检。它能同时满足生产方和使用方的质量保护要求。对生产方的保护，是通过限定对不合格品率 P_0 的优质批的拒收概率来进行，常用 α 表示，即错判合格批为不合格批的概率限定为 α。对使用方的保护则通过确定不合格品率 P_1（$P_1 > P_0$）的接收概率 β 来提供，即错判不合格批为合格批的概率定为 β。常取 $\alpha = 0.05$，$\beta = 0.10$，于是标准型抽检方案要通过两个点，这两个点是 $[P_0, L(P_0) = 1 - \alpha]$ 和 $[P_1, L(P_1) = \beta]$，这就是标准型抽样检验方案 OC 曲线的特征。

标准型抽样检验方案可用于任何供检验的产品批，它不要求提供检验批制造过程的平均不合格品率，因此，它适合于对孤立批的验收。

10.3.2　标准型抽检方案的构成

标准型抽检方案的 OC 曲线图如图 10-8 所示。

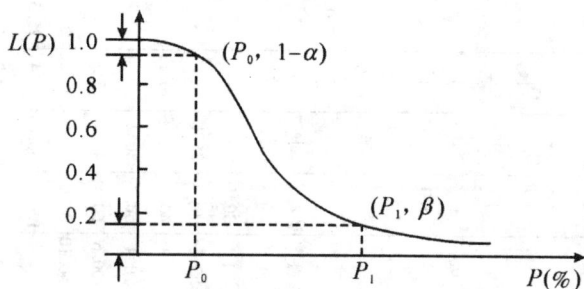

图 10-8

通过选择适当大小的 α、β 值，来对生产方和使用方同时都提供保护。

$$\begin{cases} L\ (P)\ \geqslant 1-\alpha\ (当\ P\leqslant P_0\ 时) \\ L\ (P)\ \leqslant \beta\quad (当\ P\geqslant P_1\ 时) \end{cases}$$

由此可得

$$\begin{cases} L\ (P_0)\ =1-\alpha \\ L\ (P_1)\ =\beta \end{cases}$$

标准型抽检方案的 OC 曲线应通过 $(P_0,\ 1-\alpha)$ 和 $(P_1,\ \beta)$ 两点。解联立方程可解出样本大小 n 和合格判定数 c。在实际工作中采用查表方法得到抽检方案 $(n,\ c)$。

下面以日本工业标准 JISZ 9002 检查表为例，介绍标准型一次抽检表的用法。

JISZ 9002 抽检表包括"计数标准型一次抽样检验表"（表 10-2）和"抽检设计辅助表"（表 10-3）。只要给定批不合格率 P_0 和 P_1，就可以利用表 10-2 求出样本大小 n 和合格判定数 c，从而得到了满足生产方和使用方要求的标准型抽检方案。

303

表 10－2　计数标准型一次抽样检验表

栏内左边数字为 n，右边数字为 c，$\alpha \approx 0.05$，$\beta \approx 0.10$

$P_0(\%)$ ＼ $P_1(\%)$	0.71~0.90	0.91~1.12	1.13~1.40	1.41~1.80	1.81~2.24	2.25~2.80	2.81~3.35	3.56~4.50	4.51~5.60	5.61~7.10	7.11~9.00	9.01~11.2	11.3~14.0	14.1~18.0	18.1~22.4	22.5~28.0	28.1~35.5
0.090~0.112	→	400.1	→	→	→	→	→	60.0	50.0	→	→	→	→	→	→	→	→
0.113~0.140	*	→	300.1	→	→	→	→	→	→	40.0	→	→	→	→	→	→	→
0.141~0.180	*	500.2	→	250.1	→	→	→	→	→	→	30.0	→	→	→	→	→	→
0.181~0.224	*	*	400.2	→	200.1	→	→	→	→	→	→	25.0	→	→	→	→	→
0.225~0.280	*	*	500.3	300.2	→	150.1	→	→	→	→	→	→	20.0	→	→	→	→
0.281~0.355	*	*	*	400.3	250.2	→	120.1	→	→	→	→	→	→	15.0	→	→	→
0.356~0.450	*	*	*	500.4	300.3	200.2	→	100.1	→	→	→	→	→	→	→	→	→
0.451~0.560	*	*	*	*	400.4	250.3	150.2	→	80.1	→	→	→	→	→	→	10.0	→
0.581~0.710	*	*	*	*	500.6	300.4	200.3	120.2	→	60.1	→	→	→	→	→	→	→
0.711~0.900	*	*	*	*	*	400.6	250.4	150.3	100.2	→	50.1	→	→	→	→	→	7.0
0.901~1.12	*	*	*	*	*	*	300.6	200.4	120.3	80.2	→	40.1	→	→	→	→	5.0
1.10~1.40	*	*	*	*	*	*	500.10	250.6	150.4	100.3	60.2	→	30.1	→	→	→	→
1.41~1.80	*	*	*	*	*	*	*	400.10	200.6	120.4	80.3	50.2	→	25.1	→	→	→
1.81~2.24	*	*	*	*	*	*	*	*	300.10	150.6	100.4	60.3	40.2	→	20.1	→	→
2.25~2.80	*	*	*	*	*	*	*	*	*	250.10	120.6	80.4	50.3	30.2	→	15.1	→
2.81~3.55	*	*	*	*	*	*	*	*	*	*	200.10	100.6	60.4	40.3	25.2	→	10.1
3.56~4.50	*	*	*	*	*	*	*	*	*	*	*	150.10	80.6	50.4	30.3	20.2	→
4.51~5.60	*	*	*	*	*	*	*	*	*	*	*	*	120.10	60.6	40.4	25.3	15.2
5.61~7.10	*	*	*	*	*	*	*	*	*	*	*	*	*	100.10	50.6	30.4	20.3
7.11~9.00	*	*	*	*	*	*	*	*	*	*	*	*	*	*	80.10	40.6	25.4
9.01~11.2	*	*	*	*	*	*	*	*	*	*	*	*	*	*	*	60.10	30.6

表 10 - 2 中的 P_0（表中左边或右边纵栏内）范围为 0.090% ~ 11.2%，共分 21 组，第一组为 0.090% ~ 0.112%，第二组为 0.113% ~ 0.140%……第 21 组为 9.01% ~ 11.2%；P_1（表中上边或下边的横行内）的范围为 0.71% ~ 35.5%，共分 17 组，第一组为 0.71% ~ 0.90%，第二组为 0.91% ~ 1.12%……第 17 组为 28.1% ~ 35.5%。

表中各栏数值是抽样方案的 n，c 值，栏内左边是 n 值，右边是 c 值。与 P_0 对应的 α 值，与 P_1 对应的 β 值，基本上都控制在 $\alpha = 0.03 ~ 0.07$，$\beta = 0.04 ~ 0.13$ 的范围内，其中心值为 $\alpha = 0.05$，$\beta = 0.10$。

表 10 - 2 是用二项分布计算出来的，所以适用于样本大小远小于批量 N 的情况，即 $n/N \leq 0.1$，如果 $n/N > 0.1$，则抽检方案最好用超几何分布计算。当在表 10 - 2 中遇到 * 时，就用表 10 - 3 抽检设计辅助表，该表是用泊松分布计算出来的，使用时按 P_1/P_0 的值求抽检方案 n，c，α 和 β 的值仍是 $\alpha = 0.05$，$\beta = 0.10$，此表只适用于 $P_1 < 10\%$，$n/N \leq 0.10$ 的场合。

表 10 - 3　抽检设计辅助表

P_1/P_0	c	n
17 以上	0	$2.56/P_0 + 115/P_1$
16 ~ 7.9	1	$17.8/P_0 + 194/P_1$
7.8 ~ 5.6	2	$40.9/P_0 + 266/P_1$
5.5 ~ 4.4	3	$68.3/P_0 + 334/P_1$
4.3 ~ 3.6	4	$98.5/P_0 + 400/P_1$
3.5 ~ 2.8	6	$164/P_0 + 527/P_1$
2.7 ~ 2.3	10	$308/P_0 + 770/P_1$
2.2 ~ 2.0	15	$502/P_0 + 1\,065/P_1$
1.99 ~ 1.86	20	$704/P_0 + 1\,350/P_1$

注：求得 n 值不是整数时，应取其近似的整数。

10.3.3　标准型抽检步骤

1. 指定 P_0 和 P_1 的值

P_0 和 P_1 需由生产方和接收方协商确定。作为限定 P_0 和 P_1 的依据，通常

305

取生产方风险 $\alpha = 0.05$，接收方风险 $\beta = 0.10$。

决定 P_0 和 P_1 要综合考虑生产能力、制造成本、质量要求，以及检验的费用等因素。接收方是将允许的批量最大不合格品率定为 P_1，对应的接收概率 $\beta = 0.10$，生产方是将希望尽可能判定批合格的不合格品率定为 P_0，对应的接收概率为 0.95，误判率 $\alpha = 0.05$。

P_1/P_0 最好大于3，通常多数取 $P_1 = （4 \sim 10）P_0$，但也不能太大，太大会增加接收方的风险率。

2. 划分检验批

划分检验批的原则是同一批内的产品，应是在同一制造条件下生产出来的。通常的生产批、交验批或按包装条件及贸易习惯组成的批，不能直接作为检验批。如果生产批量过大，须将生产批划分成几个检验批来处理。

3. 确定抽检方案 $（n, c）$

根据给定的 P_0 和 P_1 值，在表 10-2 中找到 P_0 所在的行和 P_1 所在的列，行列相交栏里的数字就是 n 和 c。相交栏是箭头时，应沿箭头指向找到出现数字为止。遇到 * 号用表 10-3 计算 n 和 c。表 10-2 的左下方是空栏表示没有抽检方案。这是因为抽检要求 $P_0 < P_1$，而空栏则满足不了这个条件。

下面通过一些实例来说明确定抽检方案 $（n, c）$。

例：给定 $P_0 = 2\%$，$P_1 = 12\%$，求出抽检方案 $（n, c）$。

查表 10-2，P_0 所在的行为 [1.81% ~2.24%]，P_1 所在的列为 [11.3% ~14.0%]，行与列相交栏中，左侧数字是40，右侧数字是2，故得样本大小 $n = 40$，合格判定数 $c = 2$，抽检方案为 $（40, 2）$。

例：求 $P_0 = 0.5\%$，$P_1 = 10\%$，求所对应的抽检方案 $（n, c）$。

查表 10-2，P_0 所在的行为 [0.451% ~0.560%]，P_1 所在的列为 [9.01% ~11.2%]，行与列相交栏为↓号，沿箭头指向看下面一栏，见符号←，再沿箭头指向看左边一栏，见符号↓，继续沿箭头方向看下面一栏，得到数值 [50, 1]，则得 $n = 50$，$c = 1$。

例：求 $P_0 = 0.4\%$，$P_1 = 1.2\%$ 的抽检方案 $（n, c）$。

查表 10-2，P_0 所在的行为 [0.356% ~0.450%]，P_1 所在的列为 [1.13% ~1.40%]，行与列相交栏为 * 号，应采用表 10-3 计算 n 和 c。

先求出 P_1/P_0 值，$P_1/P_0 = 1.2/0.4 = 3.0$，然后在表 10-3 中找到 $P_1/P_0 = 3.0$ 的行为 [3.5 ~2.8]，该行所对应的 $c = 6$，$n = 164/P_0 + 527/P_1 = 164/0.4 + 527/1.2 = 850$，最后得到抽检方案 $（850, 6）$。

10.4 计数调整型抽样检验

10.4.1 计数调整型抽检方案

前一节谈到的计数标准型抽样检验方案是针对孤立的单批产品的验收，验收时不必考虑产品与验收质量的历史情况。调整型抽检方案则要根据生产过程的稳定性来调整检验的宽严程度。当生产方提供的产品批质量较好时，可以放宽检验；如果生产方提供的产品批质量下降，则可以用加严检验。这样可以鼓励生产方加强质量管理，提高产品质量的稳定性。这是调整型抽样检验方案的主要特点。计数调整型抽样检验方案主要适用于大量的连续批的检验，是目前使用最广泛、理论上研究得最多的一种抽样检验方法。

1974 年，国际标准化组织（ISO）在美国军用标准 MIL－STD－105D 的基础上，制定、颁发了计数调整型抽样检验的国际标准，代号为 ISO2859。我国在 1981 年颁发了 GB2828—81 "逐批检查计数抽样程序及抽样表" 和 GB2829—81 "周期检查计数抽样程序及抽样表" 两个计数抽样的国家标准。

ISO2859 是国际公认较好的一个计数型抽样方案，已为各国采用。该方案是由一套抽样方案组成，其中包括正常抽样方案、加严抽样方案和放宽抽样方案，通过一组转换规则将这三个方案联系起来，形成一个方案系统。

下面主要介绍 ISO2859 抽样方案的基本内容。

10.4.2 关于可以接收的质量水平（AQL）

1. AQL 的含义和作用

可以接收的质量水平 AQL（Accept-able Quality Level）就是生产方和接收方共同认为满意的不合格品率（或每百单位的缺陷数）的上限，它是控制最大过程平均不合格品率的界限，是 ISO2859 抽样方案的设计基础。

过程平均不合格品率，用 P 表示，是指若干批产品初次（不包括第一次不合格经过返修再次提交检验的批次）检验的不合格品率的平均值。计算公式为：

$$\bar{P} = \frac{D_1 + D_2 + \cdots + D_k}{N_1 + N_2 + \cdots + N_k} \times 100\%$$

式中 N_i 和 D_i 分别是第 i 批的批量和不合格品数，k 为批数。

AQL 是可接收和不可接收的过程平均不合格品率的界限。当生产方提供的产品批过程平均不合格品率 $\bar{P}$ 优于 AQL 值时，抽样方案则以高概率接收产品批；如果交验批的 $\bar{P}$ 稍坏于 AQL 时，则转换用加严检查；若拒收比例继续增加则要停止检查验收。当然，只规定 AQL 并不能完全保证接收方不接收比 AQL 质量坏的产品批，因为 AQL 是平均质量水平。该抽样方案是通过转换抽检方案的措施来保护接收方利益的。

2. AQL 的确定

（1）按用户要求的质量来确定。当用户根据使用的技术、经济条件提出了必须保证的质量水平时，则应将该质量要求定为 AQL。

（2）根据过程平均来确定。此种方法大多用于少品种、大批量，而且质量信息充分的场合，AQL 值确定一般稍高于过程平均。

（3）按缺陷类别和产品等级指定。对于不同的缺陷类别及产品等级，分别规定不同的 AQL 值。越是重要的项目，验收后的不合格品造成的损失越大，AQL 值就越小。这种方法多用于小批量生产和产品质量信息不充分的场合。

（4）考虑检验项目来决定。同一类检验项目有多个（如同属严重缺陷的检验项目有 3 个）时，AQL 的取值应比只有一个检验项目时的取值要适当大一些。

（5）同供应者协商决定。为使用户要求的质量同供应者的生产能力协调，双方共同协商合理确定 AQL 值。这样可减少由 AQL 值引起的一些纠纷。这种方法多用于质量信息不充分（如新产品）的场合。

3. AQL 在抽检表中的设计

AQL 在抽检表中是这样设计的：AQL 在 10 以下时，可表示为不合格品率，如 10%、6.5%、4.0% 等，也可以表示每百单位缺陷数，但在 10 以上它只表示每百单位缺陷数。所以在抽检表的设计上，例如下面表 10 - 7，不合格品率是 0.015% ~ 10%，共分 16 级；每百单位缺陷数则是 0.010 ~ 1 000，共分 26 级。在确定 AQL 时，应从这些级中找其近似值。批中每百单位缺陷数可按公式 $P = \dfrac{100c}{N}$ 计算。

10.4.3 检查水平

ISO2859 规定了 7 个检查水平，有一般检查水平 I、II、III 和特殊检查水平 S-1、S-2、S-3、S-4。检查水平与检查宽严程度无关。

检查水平级别反映了批量与样本大小之间的关系。ISO2859 的原则是，如果批量增大，样本大小也随之增大，但不是成比例地增大，而是大批量中样本大小的比例比小批量样本大小的比例要小，表 10-4 给出一般水平的批量与样本大小之间的关系。

一般检查水平中，Ⅱ级为正常检查水平。检查水平Ⅰ适合于检查费用较高的情况；检查水平Ⅲ适合于检查费用较低的情况。

特殊检查水平一般用于破坏性检查，或费用较高的检查。因为特殊检查所抽取的样本大小较少，所以又称小样本检查。

表 10-4　检查水平的批量与样本大小的关系（一次正常检查）

n/N（%）	水平Ⅰ	水平Ⅱ	水平Ⅲ
	N	N	N
≤50	≥4	≥4	≥10
≤30	≥7	≥27	≥167
≤20	≥10	≥160	≥625
≤10	≥50	≥1 250	≥2 000
≤5	≥640	≥4 000	≥6 300
≤1	≥2 500	≥50 000	≥80 000

10.4.4　抽样表的构成

ISO2859 主要由抽样本字码表（表 10-6）、抽样方案表（表 10-7 和表 10-8）、放宽抽样界限表以及转换规则所组成。抽样方案中，凡 AQL > 10% 的适用于每百单位缺陷数的检查，AQL≤10% 的抽样方案，既适用于不合格品率的检查，也适用于每百单位缺陷数的检查。

样本字码表的用途是，当已经知道批量大小并确定了检查水平时，由样本字码表给出相应的字码，然后按样本字码和 AQL 值，从抽样方案表中查得正常、加严和放宽的抽样方案。

ISO2859 的抽样方案包括一次、两次和多次抽检表，它所对应的正常、放宽和加严抽样方案也是由多个抽样方案所组成。通常是用一次和两次抽样方案为例来介绍该抽样表的应用。

10.4.5 抽样方案的确定

确定抽样方案就是选定 n，Ac 和 Re。进行步骤如下：

1. 根据批量 N，确定样本字码

利用表 10－6 找到批量大小 N 所在的行，指定检查水平所在的列，行列相交栏可得样本字码。

2. 选定主检表

如表 10－5 所示。

表 10－5

抽检形式	检查的宽严度	主检查表
一次抽检	正常检查 加严检查 放宽检查	表 10－7A 表 10－7B 表 10－7C
二次抽检	正常检查 加严检查 放宽检查	表 10－8A 表 10－8B 表 10－8C

3. 选取抽样方案

（1）一次抽样。利用主检查表（表 10－7（A）、（B）、（C）），按样本字码确定对应的样本大小 n，再从样本字码所在的行与 AQL 所在列的相交栏，找到合格判定数 Ac 和不合格判定数 Re。

（2）二次抽样。利用主检查表（表 10－8（A）、（B）、（C）），按样本字码确定对应的第一样本大小 n_1 和第二样本大小 n_2，再从样本字码所在的行与 AQL 所在列的相交栏，找到第一合格判定数 Ac_1，第一不合格判定数 Re_1，第二合格判定数 Ac_2，以及第二不合格判定数 Re_2。

例：采用 ISO2859 对某产品进行抽样验收，按条件：AQL ＝1.5%，N＝1 500，检查水平为 Ⅱ，确定一次正常、加严和放宽抽样方案。

步骤如下：

第 1 步，正常检查方案的确定。从表 10－6 找到包含批量大小 N＝1 500 的行是 1 201~3 200，从这一行与检查水平 Ⅱ 所在列的相交栏，找到样本字码为 K。因为是一次正常抽检，所以用表 10－7（A）的检查表。查表可知 K 对

应的样本大小 $n=125$，该行与 AQL $=1.5\%$ 列的相交栏为 $Ac=5$，$Re=6$，由此得抽样方案：$N=1\,500$，$n=125$，$Ac=5$，$Re=6$。

检验过程是：从 1 500 个产品中随机抽取 125 个产品为样本进行测试，如果不合格品数 $d\leqslant Ac=5$，则接收该产品批；如果 $d\geqslant6$，则拒收该产品批。

如果用每百单位缺陷数进行质量的衡量，那就将样本中的缺陷数（一个不合格品可能不只有一个缺陷）与 Ac 及 Re 进行比较。

第 2 步，加严检查和放宽检查方案的确定。这两个方案除所用的主检表与正常检查不同外，其他步骤和正常检查方案的确定过程一样。

加严检查用表 10 - 7（B）查得抽样方案结果为：$n=125$，$Ac=3$，$Re=4$。

放宽检查用表 10 - 7（C）查得抽样方案结果为：$n=50$，$Ac=2$，$Re=5$。

对于放宽检查有个特殊情况，就是当样本中的不合格数 $Ac<d<Re$ 时，（如本例 $d=3$ 或 4 时）仍可判该批合格。但从下一批起就恢复正常检查，并称此批为附条件合格。

例：试求与上例同样条件的二次正常、加严及放宽检查方案。

二次正常、加严及放宽检查方案的确定，是分别利用表 10 - 8（A）、（B）、（C）进行的，步骤和上例的检查步骤一样。

$N=1\,500$，水平Ⅱ，字母为 K，二次正常查表 10 - 8（A），$n=80$，AQL $=1.5\%$，$Ac_1=2$，$Re_1=5$，$Ac_2=6$，$Re_2=7$。加严检查和放宽检查的判定过程和正常检查一样，只是判定标准不同而已。

二次抽样方案列表如下：

检查类型	批量 N	样本	样本大小 n	累计样本大小	合格判定数 Ac	不合格判定数 Re
正常检查	1 500	第 1 第 2	80 80	80 160	2 6	5 7
加严检查	1 500	第 1 第 2	80 80	80 160	1 4	4 5
放宽检查	1 500	第 1 第 2	32 32	32 64	0 3	4 6

二次正常检查判定过程如图 10 - 9，二次放宽检查判定过程如图 10 - 10。

$N=1\ 500$

$n_1=80$

若 $d_1 \leqslant Ac_1=2$ 若 $d_1=3$ 或 4
$n_2=80$

若 $d_1+d_2 < Ac_2=6$

若 $d_1+d_2 \geqslant Re_2=7$

判定批合格   判定批不合格

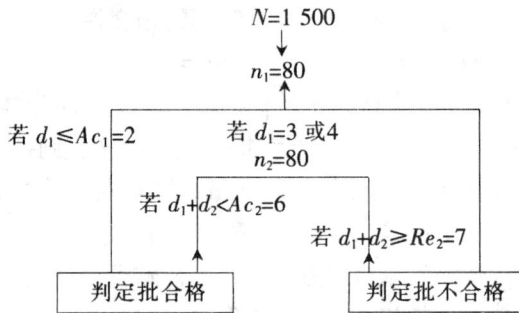

图 10 - 9   二次正常检查判定过程图

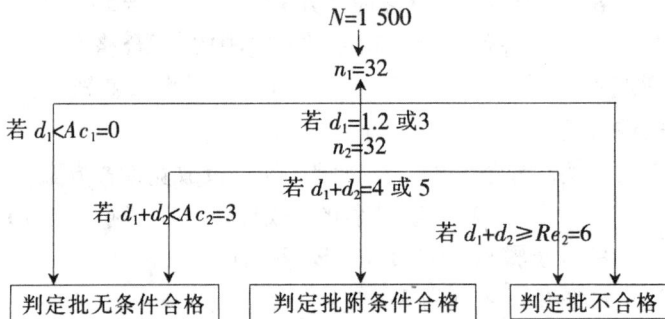

$N=1\ 500$

$n_1=32$

若 $d_1 < Ac_1=0$ 若 $d_1=1.2$ 或 3
$n_2=32$

若 $d_1+d_2 < Ac_2=3$

若 $d_1+d_2=4$ 或 5

若 $d_1+d_2 \geqslant Re_2=6$

判定批无条件合格   判定批附条件合格   判定批不合格

图 10 - 10   二次放宽检查判定过程图

10.4.6 转移规则

ISO2859 属于调整型抽样检查，它是通过检查的宽严程度，要求供货方提供符合规定质量要求的产品批，ISO2859 的抽样方案与转移规则必须一起使用，两者是不可分割的有机整体。

ISO2859 规定可以采用 3 种不同的抽样方案：当一批批产品不合格率处在 AQL（可接收质量水平）时，采用正常检验；当一批批产品的不合格率高于 AQL 时，希望很快转移到加严检验；当一批批产品的不合格品率低于 AQL 时，则以适当的速度转移到放宽检验。每种检验所对应的抽样方案不同。所谓"加严"主要是使样本大小加大，或者使样本中合格判定数减少。为了实施满足上述要求的转移，ISO2859 采用了如下一些转移规则：

1. 正常转加严

当进行正常检验时，如果不多于连续与批中有 2 批经初次检验（不包括再次提交检验批）不合格，则从下一批检验转到加严检验。例如，若检验批是用自然数顺序连续编号的，并开始执行正常检验，在检验过程中，发现第 i 批不合格，之后又发现第 j 批不合格，若 $j-i<5$，则从第 $j+1$ 批开始执行加严检验。

2. 加严转正常

当进行加严检验时，如果连续 5 批经初次检验（不包括再次提交检验批）合格，则从下一批检验转到正常检验。

3. 正常转放宽

当进行正常检验时，如果下列 4 个条件同时得到满足：①连续 10 批（不包括再次提交检验批）正常检验合格；②在此连续 10 批或要求多于连续 10 批所抽取的样本中，不合格品（或缺陷）总数小于或等于放宽检验的界限数表所列的界限数；③生产正常；④质量部门同意，则转到放宽检验。

4. 放宽转正常

在进行放宽检验时，如果出现下列 4 种情况之一，则从下一批检验转到正常检验：①有一批放宽检验不合格；②有一批"附条件合格"；③生产不正常；④质量部门认为有必要回到正常检验。

5. 加严转暂停检验

加严检验开始后，如果接连 10 批进行加严检验仍不能转回正常检验，则暂时停止按本标准进行的检验。

6. 暂停检验转加严

暂停检验后，如果质量确有改进，质量部门认为可以恢复到加严检验。

10.4.7　ISO2859 与 GB2828 的主要区别

GB2828 主要是参照 ISO2859 而制定的，但对有些内容作了合理修改。这些修改的内容，部分已得到国际上的认可，部分还有待于实践中进一步验证，现将 ISO2859 与 GB2828 的主要区别分述如下：

1. 适用范围

ISO2859 适用于连续提交检验批，也可用于孤立提交检验批，但在后一种情况，使用者应仔细分析抽检特性曲线，找出具有要求的保护能力的方案。

GB2828 只适用于连续提交检验批，不适用于孤立提交检验批的检验。

2. 抽样方案

（1）正常抽样方案，ISO2859 与 GB2828 的二次正常抽样方案有两列判断数组不一样，与 ISO2859 的 $\begin{bmatrix} 1 & 4 \\ 4 & 5 \end{bmatrix}$，$\begin{bmatrix} 3 & 7 \\ 8 & 8 \end{bmatrix}$ 相对应，GB2828 分别改为

$\begin{bmatrix} 1 & 3 \\ 4 & 5 \end{bmatrix}$，$\begin{bmatrix} 3 & 6 \\ 9 & 10 \end{bmatrix}$。

（2）加严抽样方案，ISO2859 与 GB2828 的二次加严抽样方案有两列判断数组不一样，与 ISO2859 的 $\begin{bmatrix} 1 & 4 \\ 4 & 5 \end{bmatrix}$，$\begin{bmatrix} 3 & 7 \\ 8 & 9 \end{bmatrix}$ 相对应，GB2828 分别改为 $\begin{bmatrix} 1 & 3 \\ 4 & 5 \end{bmatrix}$，$\begin{bmatrix} 4 & 7 \\ 10 & 11 \end{bmatrix}$。

（3）放宽检验方案。ISO2859 只有一个放宽检验方案表，它含有"无条件"和"附条件"检验两部分。

GB2828 放宽检验方法表将 ISO2859 放宽检验方案表一分为二，增设了特宽检验的抽样方案，即由放宽检验方案表和特宽检验方案表组成。它分别与 ISO2859"无条件"和"附条件"放宽检验抽样方案相对应。

（4）多次抽样方案。ISO2859 的多次抽样方案为"七次"，GB2828 的多次抽样方案为"五次"。

3. 转移规则

（1）加严检验到暂停检验的规则：ISO2859 的规则为"连续 10 批停留在加严检查"，GB2828 的规则为"加严检验后累计 5 批不合格"。

（2）放宽检验界限数法。放宽检验抽样方案是为刺激生产方而设计的，它对保证产品质量并无积极作用，特别对于我国目前的产品质量现状更是如此。使用放宽检验并非强制性的，必须采取慎重态度。比较 ISO2859 与 GB2828 放宽检验界限表，GB2828 的放宽检验界限数比较严格，这符合我国的实际情况。

GB2828 对放宽检验界限表的使用条件也与 ISO2859 不同。GB2828 规定转入放宽检验中的一个条件"在此连续 10 批或多于 10 批所抽取的样本中不合格品总数要小于或等于放宽检验界限数表所列的界限数"，这比 ISO2859 规定的增加了"多于连续 10 批"这几个字。

4. 抽样特性曲线（OC 曲线）

ISO2859 的 OC 曲线是按样本字码为序，按正常检验每个 AQL 给出 OC 曲线，横坐标 n，P 表示。

GB2828 是按合格判定数表示的，均以质量比 K_p（$= P/AQL$）为横坐标，并与正常检验相对应的加严、放宽、特宽抽样特性曲线在一起。

5. 计算接收概率 $L(P)$

ISO2859 在 AQL≤10%，n≤80 范围内采用二项分布公式计算 $L(P)$，其余情况采用泊松分布计算 $L(P)$。GB2828 在所有范围都采用泊松分布计算 $L(P)$。

表 10-6 样本大小字码

批量范围	特殊检验水平				一般检验水平		
	$S-1$	$S-2$	$S-3$	$S-4$	I	II	III
2~8	A	A	A	A	A	A	B
9~15	A	A	A	A	A	B	C
16~25	A	A	B	B	B	C	D
26~50	A	B	B	C	C	D	E
51~90	B	B	C	C	C	E	F
91~150	B	B	C	D	D	F	G
151~280	B	C	D	E	E	G	H
281~500	B	C	D	E	F	H	J
501~1 200	C	C	E	F	G	J	K
1 201~3 200	C	D	E	G	H	K	L
3 201~1 000	C	D	F	G	J	L	M
10 001~35 000	C	D	F	H	K	M	N
35 001~150 000	D	E	G	J	L	N	P
150 001~500 000	D	E	G	J	M	P	Q
500 001 以上	D	E	H	K	N	Q	R

表 10 - 7 （A） 一次正常检查抽样方式（主表）

合格质量水平（AQL）（正常检查）

试样字码	试样大小	0.010		0.015		0.025		0.040		0.065		0.10		0.15		0.25		0.40		0.65		1.0		1.5		2.5		4.0		6.5		10		15		25		40		65		100		150		250		400		650		1000	
		Ac	Re	Ac	Re	Ac	Re	Ac	Re	Ac	Re	Ac	Re	Ac	Re	Ac	Re	Ac	Re	Ac	Re	Ac	Re	Ac	Re	Ac	Re	Ac	Re	Ac	Re	Ac	Re	Ac	Re	Ac	Re	Ac	Re	Ac	Re	Ac	Re	Ac	Re	Ac	Re	Ac	Re	Ac	Re
A	2	↓		↓		↓		↓		↓		↓		↓		↓		↓		↓		↓		↓		↓		↓		↓		↓		0	1	1	2	2	3	3	4	5	6	7	8	10	11	14	15	21	22	30	31
B	3	↓		↓		↓		↓		↓		↓		↓		↓		↓		↓		↓		↓		↓		↓		↓		0	1	1	2	2	3	3	4	5	6	7	8	10	11	14	15	21	22	30	31	44	45
C	5	↓		↓		↓		↓		↓		↓		↓		↓		↓		↓		↓		↓		↓		↓		0	1	1	2	2	3	3	4	5	6	7	8	10	11	14	15	21	22	30	31	44	45	↑	
D	8	↓		↓		↓		↓		↓		↓		↓		↓		↓		↓		↓		↓		↓		0	1	1	2	2	3	3	4	5	6	7	8	10	11	14	15	21	22	30	31	44	45	↑		↑	
E	13	↓		↓		↓		↓		↓		↓		↓		↓		↓		↓		↓		↓		0	1	1	2	2	3	3	4	5	6	7	8	10	11	14	15	21	22	30	31	44	45	↑		↑		↑	
F	20	↓		↓		↓		↓		↓		↓		↓		↓		↓		↓		↓		0	1	1	2	2	3	3	4	5	6	7	8	10	11	14	15	21	22	30	31	44	45	↑		↑		↑		↑	
G	32	↓		↓		↓		↓		↓		↓		↓		↓		↓		↓		0	1	1	2	2	3	3	4	5	6	7	8	10	11	14	15	21	22	30	31	44	45	↑		↑		↑		↑		↑	
H	50	↓		↓		↓		↓		↓		↓		↓		↓		↓		0	1	1	2	2	3	3	4	5	6	7	8	10	11	14	15	21	22	30	31	44	45	↑		↑		↑		↑		↑		↑	
J	80	↓		↓		↓		↓		↓		↓		↓		↓		0	1	1	2	2	3	3	4	5	6	7	8	10	11	14	15	21	22	30	31	44	45	↑		↑		↑		↑		↑		↑		↑	
K	125	↓		↓		↓		↓		↓		↓		↓		0	1	1	2	2	3	3	4	5	6	7	8	10	11	14	15	21	22	30	31	44	45	↑		↑		↑		↑		↑		↑		↑		↑	
L	200	↓		↓		↓		↓		↓		↓		0	1	1	2	2	3	3	4	5	6	7	8	10	11	14	15	21	22	30	31	44	45	↑		↑		↑		↑		↑		↑		↑		↑		↑	
M	315	↓		↓		↓		↓		↓		0	1	1	2	2	3	3	4	5	6	7	8	10	11	14	15	21	22	30	31	44	45	↑		↑		↑		↑		↑		↑		↑		↑		↑		↑	
N	500	↓		↓		↓		↓		0	1	1	2	2	3	3	4	5	6	7	8	10	11	14	15	21	22	30	31	44	45	↑		↑		↑		↑		↑		↑		↑		↑		↑		↑		↑	
P	800	↓		↓		↓		0	1	1	2	2	3	3	4	5	6	7	8	10	11	14	15	21	22	30	31	44	45	↑		↑		↑		↑		↑		↑		↑		↑		↑		↑		↑		↑	
Q	1250	↓		↓		0	1	1	2	2	3	3	4	5	6	7	8	10	11	14	15	21	22	30	31	44	45	↑		↑		↑		↑		↑		↑		↑		↑		↑		↑		↑		↑		↑	
R	2000	↓		0	1	1	2	2	3	3	4	5	6	7	8	10	11	14	15	21	22	30	31	44	45	↑		↑		↑		↑		↑		↑		↑		↑		↑		↑		↑		↑		↑		↑	

↓=用箭头下面的第一抽样方式，如果试样大小等于或超过批量则进行全数检查。

↑=用箭头上面的第一抽样方式。

Ac=合格判定数。

Re=不合格判定数。

表 10－7（B） 一次加严检查抽样方式（主表）

合格质量水平（AQL）（加严检查）

（Ac＝合格判定数；Re＝不合格判定数）

试样字码	试样大小	0.010	0.015	0.025	0.040	0.065	0.10	0.15	0.25	0.40	0.65	1.0	1.5	2.5	4.0	6.5	10	15	25	40	65	100	150	250	400	650	1000
A	2	↓	↓	↓	↓	↓	↓	↓	↓	↓	↓	↓	↓	↓	↓	↓	↓	0 1	1 2	2 3	3 4	5 6	8 9	12 13	18 19	27 28	41 42
B	3	↓	↓	↓	↓	↓	↓	↓	↓	↓	↓	↓	↓	↓	↓	↓	0 1	1 2	2 3	3 4	5 6	8 9	12 13	18 19	27 28	41 42	↑
C	5	↓	↓	↓	↓	↓	↓	↓	↓	↓	↓	↓	↓	↓	↓	0 1	1 2	2 3	3 4	5 6	8 9	12 13	18 19	27 28	41 42	↑	↑
D	8	↓	↓	↓	↓	↓	↓	↓	↓	↓	↓	↓	↓	↓	0 1	1 2	2 3	3 4	5 6	8 9	12 13	18 19	27 28	41 42	↑	↑	↑
E	13	↓	↓	↓	↓	↓	↓	↓	↓	↓	↓	↓	↓	0 1	1 2	2 3	3 4	5 6	8 9	12 13	18 19	27 28	41 42	↑	↑	↑	↑
F	20	↓	↓	↓	↓	↓	↓	↓	↓	↓	↓	↓	0 1	1 2	2 3	3 4	5 6	8 9	12 13	18 19	27 28	41 42	↑	↑	↑	↑	↑
G	32	↓	↓	↓	↓	↓	↓	↓	↓	↓	↓	0 1	1 2	2 3	3 4	5 6	8 9	12 13	18 19	27 28	41 42	↑	↑	↑	↑	↑	↑
H	50	↓	↓	↓	↓	↓	↓	↓	↓	↓	0 1	1 2	2 3	3 4	5 6	8 9	12 13	18 19	27 28	41 42	↑	↑	↑	↑	↑	↑	↑
J	80	↓	↓	↓	↓	↓	↓	↓	↓	0 1	1 2	2 3	3 4	5 6	8 9	12 13	18 19	27 28	41 42	↑	↑	↑	↑	↑	↑	↑	↑
K	125	↓	↓	↓	↓	↓	↓	↓	0 1	1 2	2 3	3 4	5 6	8 9	12 13	18 19	27 28	41 42	↑	↑	↑	↑	↑	↑	↑	↑	↑
L	200	↓	↓	↓	↓	↓	↓	0 1	1 2	2 3	3 4	5 6	8 9	12 13	18 19	27 28	41 42	↑	↑	↑	↑	↑	↑	↑	↑	↑	↑
M	315	↓	↓	↓	↓	↓	0 1	1 2	2 3	3 4	5 6	8 9	12 13	18 19	27 28	41 42	↑	↑	↑	↑	↑	↑	↑	↑	↑	↑	↑
N	500	↓	↓	↓	↓	0 1	1 2	2 3	3 4	5 6	8 9	12 13	18 19	27 28	41 42	↑	↑	↑	↑	↑	↑	↑	↑	↑	↑	↑	↑
P	800	↓	↓	↓	0 1	1 2	2 3	3 4	5 6	8 9	12 13	18 19	27 28	41 42	↑	↑	↑	↑	↑	↑	↑	↑	↑	↑	↑	↑	↑
Q	1250	↓	↓	0 1	1 2	2 3	3 4	5 6	8 9	12 13	18 19	27 28	41 42	↑	↑	↑	↑	↑	↑	↑	↑	↑	↑	↑	↑	↑	↑
R	2000	↓	0 1	1 2	2 3	3 4	5 6	8 9	12 13	18 19	27 28	41 42	↑	↑	↑	↑	↑	↑	↑	↑	↑	↑	↑	↑	↑	↑	↑
S	3150	0 1	1 2	2 3	3 4	5 6	8 9	12 13	18 19	27 28	41 42	↑	↑	↑	↑	↑	↑	↑	↑	↑	↑	↑	↑	↑	↑	↑	↑

↓＝用箭头下面的第一个抽样方案，如果试样大小大于或等于批量，进行全数检查。

↑＝用箭头上面的第一个抽样方案，如果试样大小大于或等于批量，进行全数检查。

Ac＝合格判定数。

Re＝不合格判定数。

317

表10-7（C） 一次放宽检查抽样方式（主表）

合格质量水平（AQL）（放宽检查）

每个单元格为「Ac Re」（合格判定数 合格判定数）；↓＝向下箭头，↑＝向上箭头。

试样字码	试样大小	0.010	0.015	0.025	0.040	0.065	0.10	0.15	0.25	0.40	0.65	1.0	1.5	2.5	4.0	6.5	10	15	25	40	65	100	150	250	400	650	1000
A	2	↓	↓	↓	↓	↓	↓	↓	↓	↓	↓	↓	↓	↓	↓	↓	0 1	0 2	1 2	1 3	1 4	2 3	2 4	2 5	3 4	3 5	3 6
B	2	↓	↓	↓	↓	↓	↓	↓	↓	↓	↓	↓	↓	↓	↓	0 1	0 2	1 2	1 3	1 4	2 3	2 4	2 5	3 4	3 5	3 6	5 6
C	2	↓	↓	↓	↓	↓	↓	↓	↓	↓	↓	↓	↓	↓	0 1	0 2	1 2	1 3	1 4	2 3	2 4	2 5	3 4	3 5	3 6	5 6	5 8
D	3	↓	↓	↓	↓	↓	↓	↓	↓	↓	↓	↓	↓	0 1	0 2	1 2	1 3	1 4	2 3	2 4	2 5	3 4	3 5	3 6	5 6	5 8	7 8
E	5	↓	↓	↓	↓	↓	↓	↓	↓	↓	↓	↓	0 1	0 2	1 2	1 3	1 4	2 3	2 4	2 5	3 4	3 5	3 6	5 6	5 8	7 8	7 10
F	8	↓	↓	↓	↓	↓	↓	↓	↓	↓	↓	0 1	0 2	1 2	1 3	1 4	2 3	2 4	2 5	3 4	3 5	3 6	5 6	5 8	7 8	7 10	10 11
G	13	↓	↓	↓	↓	↓	↓	↓	↓	↓	0 1	0 2	1 2	1 3	1 4	2 3	2 4	2 5	3 4	3 5	3 6	5 6	5 8	7 8	7 10	10 11	10 13
H	20	↓	↓	↓	↓	↓	↓	↓	↓	0 1	0 2	1 2	1 3	1 4	2 3	2 4	2 5	3 4	3 5	3 6	5 6	5 8	7 8	7 10	10 11	10 13	14 15
J	32	↓	↓	↓	↓	↓	↓	↓	0 1	0 2	1 2	1 3	1 4	2 3	2 4	2 5	3 4	3 5	3 6	5 6	5 8	7 8	7 10	10 11	10 13	14 15	14 17
K	50	↓	↓	↓	↓	↓	↓	0 1	0 2	1 2	1 3	1 4	2 3	2 4	2 5	3 4	3 5	3 6	5 6	5 8	7 8	7 10	10 11	10 13	14 15	14 17	21 22
L	80	↓	↓	↓	↓	↓	0 1	0 2	1 2	1 3	1 4	2 3	2 4	2 5	3 4	3 5	3 6	5 6	5 8	7 8	7 10	10 11	10 13	14 15	14 17	21 22	21 24
M	125	↓	↓	↓	↓	0 1	0 2	1 2	1 3	1 4	2 3	2 4	2 5	3 4	3 5	3 6	5 6	5 8	7 8	7 10	10 11	10 13	14 15	14 17	21 22	21 24	30 31
N	200	↓	↓	↓	0 1	0 2	1 2	1 3	1 4	2 3	2 4	2 5	3 4	3 5	3 6	5 6	5 8	7 8	7 10	10 11	10 13	14 15	14 17	21 22	21 24	30 31	30 31
P	315	↓	↓	0 1	0 2	1 2	1 3	1 4	2 3	2 4	2 5	3 4	3 5	3 6	5 6	5 8	7 8	7 10	10 11	10 13	14 15	14 17	21 22	21 24	30 31	30 31	↑
Q	500	↓	0 1	0 2	1 2	1 3	1 4	2 3	2 4	2 5	3 4	3 5	3 6	5 6	5 8	7 8	7 10	10 11	10 13	14 15	14 17	21 22	21 24	30 31	30 31	↑	↑
R	800	0 1	0 2	1 2	1 3	1 4	2 3	2 4	2 5	3 4	3 5	3 6	5 6	5 8	7 8	7 10	10 11	10 13	14 15	14 17	21 22	21 24	30 31	30 31	↑	↑	↑

↓＝用箭头下面的第一个抽样方案，如果试样大小大于或等于批量，进行全数检查。
↑＝用箭头上面的第一个抽样方案。
Ac＝合格判定数。
Re＝不合格判定数。
如果试样中的不合格品数超过了合格判定数而未达到不合格判定数时，判定该批合格，但从下批开始恢复正常检查。

表 10-8（A） 二次正常检查抽样方式（主表）

合格质量水平（AQL）（正常检查）

试样字码	累计试样大小	试样大小	0.010	0.015	0.025	0.040	0.065	0.10	0.15	0.25	0.40	0.65	1.0	1.5	2.5	4.0	6.5	10	15	25	40	65	100	150	250	400	650	1000
			Ac Re	Ac Re	Ac Re	Ac Re	Ac Re	Ac Re	Ac Re	Ac Re	Ac Re	Ac Re	Ac Re	Ac Re	Ac Re	Ac Re	Ac Re	Ac Re	Ac Re	Ac Re	Ac Re	Ac Re	Ac Re	Ac Re	Ac Re	Ac Re	Ac Re	Ac Re
A	2, 4	2, 2	↓	↓	↓	↓	↓	↓	↓	↓	↓	↓	↓	↓	↓	↓	↓	↓	↓	↓	↓	↓	↓	↓	↓	↓	↓	↓
B	3, 6	3, 3	↓	↓	↓	↓	↓	↓	↓	↓	↓	↓	↓	↓	↓	↓	↓	↓	0 2; 1 2	0 3; 3 4	1 4; 4 5	2 5; 6 7	3 7; 8 9	5 9; 12 13	7 11; 18 19	11 16; 26 27	17 22; 37 38	25 31; 56 57
C	5, 10	5, 5	↓	↓	↓	↓	↓	↓	↓	↓	↓	↓	↓	↓	↓	↓	↓	0 2; 1 2	0 3; 3 4	1 4; 4 5	2 5; 6 7	3 7; 8 9	5 9; 12 13	7 11; 18 19	11 16; 26 27	17 22; 37 38	25 31; 56 57	↑
D	8, 16	8, 8	↓	↓	↓	↓	↓	↓	↓	↓	↓	↓	↓	↓	↓	↓	0 2; 1 2	0 3; 3 4	1 4; 4 5	2 5; 6 7	3 7; 8 9	5 9; 12 13	7 11; 18 19	11 16; 26 27	17 22; 37 38	25 31; 56 57	↑	↑
E	13, 26	13, 13	↓	↓	↓	↓	↓	↓	↓	↓	↓	↓	↓	↓	↓	0 2; 1 2	0 3; 3 4	1 4; 4 5	2 5; 6 7	3 7; 8 9	5 9; 12 13	7 11; 18 19	11 16; 26 27	17 22; 37 38	25 31; 56 57	↑	↑	↑
F	20, 40	20, 20	↓	↓	↓	↓	↓	↓	↓	↓	↓	↓	↓	↓	0 2; 1 2	0 3; 3 4	1 4; 4 5	2 5; 6 7	3 7; 8 9	5 9; 12 13	7 11; 18 19	11 16; 26 27	17 22; 37 38	25 31; 56 57	↑	↑	↑	↑
G	32, 64	32, 32	↓	↓	↓	↓	↓	↓	↓	↓	↓	↓	↓	0 2; 1 2	0 3; 3 4	1 4; 4 5	2 5; 6 7	3 7; 8 9	5 9; 12 13	7 11; 18 19	11 16; 26 27	17 22; 37 38	25 31; 56 57	↑	↑	↑	↑	↑
H	50, 100	50, 50	↓	↓	↓	↓	↓	↓	↓	↓	↓	↓	0 2; 1 2	0 3; 3 4	1 4; 4 5	2 5; 6 7	3 7; 8 9	5 9; 12 13	7 11; 18 19	11 16; 26 27	17 22; 37 38	25 31; 56 57	↑	↑	↑	↑	↑	↑
J	80, 160	80, 80	↓	↓	↓	↓	↓	↓	↓	↓	↓	0 2; 1 2	0 3; 3 4	1 4; 4 5	2 5; 6 7	3 7; 8 9	5 9; 12 13	7 11; 18 19	11 16; 26 27	17 22; 37 38	25 31; 56 57	↑	↑	↑	↑	↑	↑	↑
K	125, 250	125, 125	↓	↓	↓	↓	↓	↓	↓	↓	0 2; 1 2	0 3; 3 4	1 4; 4 5	2 5; 6 7	3 7; 8 9	5 9; 12 13	7 11; 18 19	11 16; 26 27	17 22; 37 38	25 31; 56 57	↑	↑	↑	↑	↑	↑	↑	↑
L	200, 400	200, 200	↓	↓	↓	↓	↓	↓	↓	0 2; 1 2	0 3; 3 4	1 4; 4 5	2 5; 6 7	3 7; 8 9	5 9; 12 13	7 11; 18 19	11 16; 26 27	17 22; 37 38	25 31; 56 57	↑	↑	↑	↑	↑	↑	↑	↑	↑
M	315, 630	315, 315	↓	↓	↓	↓	↓	↓	0 2; 1 2	0 3; 3 4	1 4; 4 5	2 5; 6 7	3 7; 8 9	5 9; 12 13	7 11; 18 19	11 16; 26 27	17 22; 37 38	25 31; 56 57	↑	↑	↑	↑	↑	↑	↑	↑	↑	↑
N	500, 1000	500, 500	↓	↓	↓	↓	↓	0 2; 1 2	0 3; 3 4	1 4; 4 5	2 5; 6 7	3 7; 8 9	5 9; 12 13	7 11; 18 19	11 16; 26 27	17 22; 37 38	25 31; 56 57	↑	↑	↑	↑	↑	↑	↑	↑	↑	↑	↑
P	800, 1600	800, 800	↓	↓	↓	↓	0 2; 1 2	0 3; 3 4	1 4; 4 5	2 5; 6 7	3 7; 8 9	5 9; 12 13	7 11; 18 19	11 16; 26 27	17 22; 37 38	25 31; 56 57	↑	↑	↑	↑	↑	↑	↑	↑	↑	↑	↑	↑
Q	1250, 2500	1250, 1250	↓	↓	↓	0 2; 1 2	0 3; 3 4	1 4; 4 5	2 5; 6 7	3 7; 8 9	5 9; 12 13	7 11; 18 19	11 16; 26 27	17 22; 37 38	25 31; 56 57	↑	↑	↑	↑	↑	↑	↑	↑	↑	↑	↑	↑	↑
R	2000, 4000	2000, 2000	↓	↓	0 2; 1 2	0 3; 3 4	1 4; 4 5	2 5; 6 7	3 7; 8 9	5 9; 12 13	7 11; 18 19	11 16; 26 27	17 22; 37 38	25 31; 56 57	↑	↑	↑	↑	↑	↑	↑	↑	↑	↑	↑	↑	↑	↑

↓ = 用箭头下面第一抽样方式。如果试样大小等于或超过批量，进行全数检查。
↑ = 用箭头上面第一抽样方式。
Ac = 合格判定数。 Re = 不合格判定数。 * = 采用对应的一次抽样方式。

表 10 - 8 (B)　二次加严检查抽样方式（主表）

↓＝用箭头下面第一抽样方式。如果试样大小等于或超过批量，进行全数检查。
↑＝用箭头上面第一抽样方式。
Ac＝合格判定数，Re＝不合格判定数。*＝采用对应的一次抽检方式。

表 10 – 8（C）　二次放宽检查抽样方式（主表）

合格质量水平（AQL）（正常检查）

试样字码	试样大小	累计试样大小	0.010 Ac Re	0.015 Ac Re	0.025 Ac Re	0.040 Ac Re	0.065 Ac Re	0.10 Ac Re	0.15 Ac Re	0.25 Ac Re	0.40 Ac Re	0.65 Ac Re	1.0 Ac Re	1.5 Ac Re	2.5 Ac Re	4.0 Ac Re	6.5 Ac Re	10 Ac Re	15 Ac Re	25 Ac Re	40 Ac Re	65 Ac Re	100 Ac Re	150 Ac Re	250 Ac Re	400 Ac Re	650 Ac Re	1 000 Ac Re
A																											*	*
B																										*		
C																								17 / 30	11 / 26, 17 / 30			
D	第1 2 第2 2	2 / 4															0 0 / 2	0 0 / 2	0 0 / 3	0 0 / 3	0 0 / 4	1 1 / 4	5 2 / 6	7 3 / 8	8 5 / 12	10 / 16		
E	第1 3 第2 3	3 / 6														0 0 / 2	0 0 / 2	0 0 / 3	0 0 / 4	1 1 / 4	1 1 / 5	2 4 / 6	3 5 / 7	8 / 9	5 12 / 16			
F	第1 5 第2 5	5 / 10												0 0 / 2	0 0 / 3	0 0 / 4	1 1 / 4	1 1 / 5	2 4 / 6	3 5 / 7	7 3 / 9	8 5 / 12	10 / 16				
G	第1 8 第2 8	8 / 16										0 0 / 2	0 0 / 3	0 0 / 4	1 1 / 4	1 1 / 5	2 4 / 6	3 5 / 7	7 3 / 9	8 5 / 12	10 / 16					
H	第1 13 第2 13	13 / 26									0 0 / 2	0 0 / 3	0 0 / 4	1 1 / 4	1 1 / 5	2 4 / 6	3 5 / 7	7 3 / 9	8 5 / 12	10 / 16						
J	第1 20 第2 20	20 / 40								0 0 / 2	0 0 / 3	0 0 / 4	1 1 / 4	1 1 / 5	2 4 / 6	3 5 / 7	7 3 / 9	8 5 / 12	10 / 16							
K	第1 32 第2 32	32 / 64							0 0 / 2	0 0 / 3	0 0 / 4	1 1 / 4	1 1 / 5	2 4 / 6	3 5 / 7	7 3 / 9	8 5 / 12	10 / 16								
L	第1 50 第2 50	50 / 100						0 0 / 2	0 0 / 3	0 0 / 4	1 1 / 4	1 1 / 5	2 4 / 6	3 5 / 7	7 3 / 9	8 5 / 12	10 / 16									
M	第1 80 第2 80	80 / 160					0 0 / 2	0 0 / 3	0 0 / 4	1 1 / 4	1 1 / 5	2 4 / 6	3 5 / 7	7 3 / 9	8 5 / 12	10 / 16										
N	第1 125 第2 125	125 / 250				0 0 / 2	0 0 / 3	0 0 / 4	1 1 / 4	1 1 / 5	2 4 / 6	3 5 / 7	7 3 / 9	8 5 / 12	10 / 16											
P	第1 200 第2 200	200 / 400			0 0 / 2	0 0 / 3	0 0 / 4	1 1 / 4	1 1 / 5	2 4 / 6	3 5 / 7	7 3 / 9	8 5 / 12	10 / 16												
Q	第1 315 第2 315	315 / 630		0 0 / 2	0 0 / 3	0 0 / 4	1 1 / 4	1 1 / 5	2 4 / 6	3 5 / 7	7 3 / 9	8 5 / 12	10 / 16													
R	第1 500 第2 500	500 / 1 000	*																								

↓=用箭头下面第一个抽样方式。如果试样大小等于或超过批量，进行全数检查。
↑=用箭头上面第一个抽样方式。
Ac=合格判定数。Re=不合格判定数。*=采用对应的一次抽样方式。

322

表 10-9　放宽检验的界限数

合格质量水平(AQL)

最近10批的样本大小之和	0.010	0.015	0.025	0.040	0.065	0.10	0.15	0.25	0.40	0.65	1.0	1.5	2.5	4.0	6.5	10	15	25	40	65	100	150	250	400	660	1 000
20-29	※	※	※	※	※	※	※	※	※	※	※	※	※	※	※	0	0	2	4	8	14	22	40	68	115	181
30-49	※	※	※	※	※	※	※	※	※	※	※	※	※	※	0	0	1	3	7	13	22	36	63	105	178	277
50-79	※	※	※	※	※	※	※	※	※	※	※	※	※	0	0	2	3	7	14	25	40	63	110	181	301	
80-129	※	※	※	※	※	※	※	※	※	※	※	※	0	0	2	4	7	14	24	42	68	105	181	297		
130-199	※	※	※	※	※	※	※	※	※	※	※	0	0	2	4	7	13	25	42	72	115	177	301	490		
200-319	※	※	※	※	※	※	※	※	※	※	0	0	2	4	8	14	22	40	68	115	181	277	471			
320-499	※	※	※	※	※	※	※	※	※	0	0	1	4	8	14	24	39	68	113	189						
500-799	※	※	※	※	※	※	※	※	0	0	2	3	7	14	25	40	63	110	181							
800-1 249	※	※	※	※	※	※	※	0	0	2	4	7	14	24	42	68	105	181								
1 250-1 999	※	※	※	※	※	※	0	0	2	4	7	13	24	40	69	110	169									
2 000-3 149	※	※	※	※	※	0	0	2	4	8	14	22	40	68	115	181										
3 150-4 999	※	※	※	※	0	0	1	4	8	14	24	38	67	111	186											
5 000-7 999	※	※	※	0	0	2	3	7	14	25	40	63	110	181												
8 000-12 499	※	※	0	0	2	4	7	14	24	42	68	105	181													
12 500-19 999	※	0	0	2	4	7	13	24	40	69	110	169														
20 000-31 499	0	0	2	4	8	14	22	40	68	115	181															
31 500-49 999	0	1	4	8	14	24	38	67	111	186																
50 000 以上	2	3	7	14	25	40	63	110	181	301																

※表示对于此 AQL,前首只用最近 10 批的样本不足以决定是否采用放宽检验,需要用更多的批来计算。

本章小结

在生产和营销过程中，对产品质量进行检验是必不可少的，是保证质量的重要一环。本章介绍了质量检验的含义和衡量产品质量的方法以及产品质量检验的分类等。其中着重讨论了抽样检验。特别在大量生产条件下，由于受到人力、物力、时间和经济上的限制，或者由于产品经过检验，其功能便被破坏的情况，不可能采用全数检验，只有采用抽样检验的方法。所以抽样检验被广泛采用，而且在国际上有一整套比较成熟的抽检方法，我们可以直接采用。因此，本章介绍了抽样检验的基本原理对计数标准型抽样检验和计数调整型抽样检验的构成，对确定抽样方案的具体步骤、操作过程等都作了比较详细的介绍。

本章主要介绍 SIO2859 抽样方案的基本内容，对于 GB2828 抽样方案只是与 ISO2859 抽样方案的不同之处作了几点比较。因为 GB2828 抽样方案是在 ISO2859 抽样方案的基础上制定的，与 ISO2859 基本相同，因此本章没有对 GB2828 作全面介绍。

复习思考题

1. 试述质量检验的含义及衡量产品质量的方法。
2. 什么是抽样检验，抽样检验适用于什么情况？
3. 什么是抽样特性曲线（OC 曲线），它与抽检方案有什么关系？
4. 甲、乙双方商定 $P_0 = 0.35\%$，$P_1 = 4.6\%$，求抽检方案 n、c。
5. 甲、乙双方商定 $P_0 = 2.5\%$，$P_1 = 5.5\%$，求抽检方安 n、c。
6. 在购入产品检查中，指定 AQL 为 1.5%，批量大小 $N = 7\,300$，检查水平 Ⅱ，根据 ISO2859 采用一次抽样检查时求正常、放宽、加严三个抽样方案。
7. 某厂购入某产品，采用 ISO2859 二次抽样方案，指定批量的大小 $N = 1\,000$，AQL = 4%，试求检查水平 Ⅱ 的正常、加严、放宽三个抽样方案。

11

顾客满意度

11.1 顾客满意及顾客满意度的含义

11.1.1 顾客满意度的提出

质量管理发展到今天，经历了几个阶段，在 20 世纪 60 年代建立全面质量管理，到 80 年代全面质量管理成为企业界讨论的热门话题，使质量管理工作从产品的制造扩展为整个企业生产经营的全过程。到了 20 世纪 90 年代，世界各国企业界开始热衷于顾客满意研究和尝试。经过不断的探求，形成了共识。顾客满意是汇集全面质量管理的交点，也是企业制定标准的重要依据。这是由于质量观念和服务方法的变化，经营和竞争环境的变化，以及顾客消费观念和消费形态的变化所产生的。事实上，企业界的思维模式随之也产生了变化，顾客满意的内涵是顾客价值观的实现，明确"顾客希望怎样，我就怎么做"，是以顾客为中心的价值取向。就经营理念而言，这展示出以顾客为关注的焦点，以顾客的利益为重的真诚。至此，顾客满意已经形成一种全新的大质量观。由于市场竞争日益激烈，而市场竞争的本质事实上就是占领市场，争夺顾客。因此企业在生产经营领域，企业以顾客为导向，极力满足顾客的需求，在追求顾客满意的经营理念指导下，质量的概念和质量管理的理念都发生了变化。这一点已体现在 2000 版国际质量管理体系中，ISO9000—2000 质量管理体系标准同 1994 版最显著、最重要的改进在于明确提出，组织实施该标准的目的是建立一种寻求使顾客满意的持续改进的过程，它要求把"以顾客为关注焦点"作为首要的管理原则，并要求"组织必须监测顾客的满意程度"。

325

11.1.2 顾客及顾客满意的含义

1. 顾客的含义

根据《ISO9000:2000 质量管理体系基础和术语》对顾客的定义是：接受产品的组织或个人。示例：消费者、委托人、最终使用者、零售商、受益者和采购方。[注：顾客可以是组织内部的或外部的。]

2. 顾客满意（Consumer Satisfaction，简称 CS）的含义

根据《ISO9000:2000 质量管理体系基础和术语》对顾客满意的定义是：

顾客对其要求已被满足的程度的感受。[注1：顾客抱怨是一种满意程度低的最常见的表达方式，但没有抱怨并不一定表明顾客很满意。注2：即使规定的顾客要求符合顾客的愿望并得到满足，也不一定确保顾客很满意。]

顾客对产品或服务的期望和需求是千差万别的，但通常可归纳为下列质量特性：性能、可靠性、便用性、安全性、环保性、美观性、价格、附加服务、文化性、社会性等。顾客对产品或服务的满意程度与其所接受产品或服务的质量特性满足需求的程度密切相关。有专家认为，从顾客的角度看，产品或服务的质量可以分为当然质量、期望质量和兴趣点质量三个类型。当然质量是指产品或服务应当具有的最基本的质量特性，顾客通常认为具有这种特征是理所当然的，往往对它不作明确表达，它的充分实现也不会带来顾客满意水平的提升。但是如果产品或服务缺少这种当然质量却会招致顾客的强烈不满。期望质量是指顾客对产品或服务质量的具体要求，它的实现程度与顾客满意水平同步增长。兴趣点质量是指能激发顾客进一步满意的附加质量，是属于顾客期望质量之外的部分，如果具有这种质量，则会带来顾客满意程度的大幅度上升。

一般来说，顾客满意是指顾客在消费了特定的商品或服务后所感受到满足程度的一种心理体验，不仅受商品或服务本身状态的影响，还会受到顾客的观念、心理、经济等方面自身因素的影响。因此，顾客满意是一种综合折射了特定经济和社会现象的复杂的心理感受。

11.1.3 顾客满意度的含义及其特征

1. 顾客满意度的概念

顾客满意度是指顾客对其消费过的特定商品或服务所感受到的满足程度。它是在对这种心理体验过程进行归纳分析后所形成的一种态度。我们知道，要购买一种商品或接受服务的人，必然抱有一种期望，希望所获得的商品或服务具有一定的功能，能够为自己解决某些事情。这种期望有些是清楚的想法，有些是潜意识的，这些都可以说是一种"事先期望"。顾客在使用这种商品或接受服务后，如果其效果达到或超过"事先期望"，即可称为满意，否则就是不满意。应该注意的是：①顾客满意度应该是以全体（或大多数）顾客为出发点。顾客千差万别，需求各有不同，但作为企业应满足大多数顾客的需求，而不是某一个顾客的特殊要求。②顾客的需求是相对的。顾客的满意不可能是绝对的，其满意度是会随着时间、地点及其他条件的变化而发生改变的。如顾客对住宿服务的需求，在其收入低时，他需要的是简单的、便宜的服务；而当其收入提高后，需要的则是高档的服务。③企业应努力提供个性化的、有差异的服务，以满足不同顾客的不同需求。

2. 顾客满意度的特征

顾客满意度概括地说具有以下特征：

（1）社会客观性。顾客对某类商品或服务的满意程度不是固有的或与生俱有的，而是在顾客经过一定的社会实践活动后，特别是在对该类商品或服务的消费实践活动中逐步形成的。它的存在以及它对企业产生的作用都是客观的，不以提供商品或服务的企业的主观意愿为转移的。

（2）个体主观性。对于每一个顾客而言，关于满意与否以及满意的程度如何评价，又是建立在各个不同个体消费经历的基础上，并受个人的各种主观因素的影响。如不同的文化修养、不同的价值观、不同的经济地位、生活背景等，都会影响顾客的评价。因此，不同顾客对同一商品或服务的满意度评价可能是完全不同的。

（3）动态可变性。随着市场环境、经济、科学技术的发展，社会生活的变化，会导致顾客对原有的满意程度的变化，即使原来对某一商品或服务是满意的，而这一商品或服务的水平没有变，但顾客的满意评价不会一成不变，而是会随着市场环境、经济、科技发展的变化而变化的。

11.2 顾客满意度战略

11.2.1 顾客满意度战略的内涵

顾客满意度战略是指企业以顾客满意为最高战略目标的一种经营战略，实际上是一种质量经营战略，在这种经营战略指导下，企业开展各项经营活动都是以顾客的利益为核心，目的是通过顾客的持续长期满意，获得顾客的忠诚，进而实现企业的长期生存和发展。

顾客满意度战略是 20 世纪 80 年代以后，世界经济发达国家的企业，为了适应世界经济形势的变革而提出的一种新的经营战略。顾客满意度战略是顾客对企业的理念满意、行为满意、视听满意三个方面因素的协调运用，全方位促使顾客满意的整合结果。这三个方面不仅有密切的关联性，而且有很强的层次性，从而形成了一个有序的、功能耦合的顾客满意系统结构，是一项复杂的系统工程，它的价值取向是以顾客为中心。因此也可以把它们归纳为产品满意、服务满意和社会满意三个层次：

（1）产品满意。它是指企业产品带给顾客的满足状态，包括产品质量、价格、包装、时间等方面的满意。产品的质量满意是构成顾客满意的基础，没有过硬的产品质量就谈不上顾客满意。因此，企业必须树立质量意识，强化质量管理，运用先进的科学技术，生产出优质上乘、功能独特的产品，以获得顾客的青睐与赞许。同时企业应努力降低成本，减少消耗，提高经济效益，以合理的价格，使顾客获得实惠，令其满意。

（2）服务满意。这是使顾客满意的一项重要内容。对提供产品的企业来说，服务满意要求企业在产品售前、售中、售后以及产品生命周期的不同阶段采取相应的服务措施，并以服务质量为中心实施全方位、全过程的服务。在每一个环节上都能设身处地地为顾客着想，做到有利于顾客、方便顾客。如在售前为顾客提供有关产品信息，正确引导顾客购买最适合于自己的产品；在销售过程中热情接待顾客，对顾客的态度要真诚坦率，并帮助其掌握使用方法。产品出库要认真进行质量检验，发货做到准确、齐全、清楚。产品卖出后进行安装调试、维修、选送零部件方面的服务要及时有效，消除顾客的后顾之忧。

（3）社会满意。这是指顾客在对企业产品和服务的消费过程中，所体验到的社会利益的维护，主要指顾客整体社会满意，要求企业的经营活动要有利于维护社会稳定，促进社会进步，保护生态环境。在现代市场营销观念指导下实施顾客满意度战略，需要进行顾客消费心理分析和顾客满意情况调查，为此可以通过顾客满意级度和顾客满意指标来测量和评价。在实施顾客满意度战略时，通过广泛的顾客满意指标和顾客满意度调查，重新对企业的目标进行市场定位，并建立科学的顾客满意程度跟踪衡量标准，目的是通过这种活动推进顾客满意度战略的有效实施。

这里应该注意的是，随着经济全球化的加快，以及顾客满意度战略深入实施，时至今日，如果只把顾客满意度战略作为营销战略则是远远不够的。也就是说，如果只抓住了企业营销，而没有抓住企业运行的全过程，是达不到目的的。让顾客满意不仅仅取决于企业的营销方面，还主要地取决于企业全部运行过程及其质量。因为顾客满意指的是对企业所提供的产品或服务的满意程度，而产品或服务的质量是企业整体运行的结果，两者是相互统一不可分离的。因此仅仅把顾客满意度战略理解为营销战略是太狭隘了，而应当把它作为企业整个系统的一个质量战略。

11.2.2　顾客满意度战略的指导思想

顾客满意度战略的指导思想，是建立顾客至上的服务，使顾客获得百分之百的满意，使企业的效益倍增。因此，顾客满意度战略的实施：

第一，必须以顾客导向为基础，把顾客的需要作为企业经营活动的起点，实实在在地为顾客着想，要做到想顾客之所想，急顾客之所急。因为企业所提供的产品或服务，不是由卖主决定的，而是由买主决定的，也就是由顾客决定需要什么样的产品或服务。为此企业必须首先了解顾客的需要，对顾客的购买行为进行研究，才能够确定顾客需要的真正内涵。这样企业必须与顾客进行交流和沟通，才能真正捕捉到满足顾客的真正要求。

第二，要真正做到满足顾客的要求，企业要全面考虑企业的整体经营，一方面要求企业内部的开发、技术、生产、采购、营销、质量、财务等各部门必须以顾客为中心，各部门协调一致，通力合作，才能够为顾客提供满意的产品，优质的服务。反之，若各部门各自为政，互不合作，就很难发挥整体合力的作用，也就不会令顾客满意。

第三，从社会心理学方面考虑，人们之间存在着互换行为和心理，当人们给他人以帮助或关怀后，也会得到他人的回报。当顾客得到企业提供满意的产品或服务后，就会实行回报行为，不仅他自己会当回头客，而且他还会介绍他的亲属、朋友、同事来购买这种产品。据有关资料介绍：美国汽车业的一项调查表明，一个满意的顾客会引发 8 笔潜在的生意；如果有一个不满意的顾客会影响 25 个人的购买意愿。由此可见，顾客满意与否不仅影响到顾客一方，同时也必然会影响到企业一方。企业只有让顾客满意，才会不断扩大市场占有率，才会长盛不衰，兴旺发达。

11.2.3　实施顾客满意度战略的策略

实施顾客满意度战略的策略，就是要做到顾客需要什么，企业就生产什么，实质是一个"投其所好"的过程。因此准确地取得顾客满意需求的信息，就成为达到顾客满意的前提条件。

第一，获取顾客满意的信息是很重要的，而顾客满意信息获得的途径有许多，如从顾客处直接获取信息。其一般的做法是企业以问卷的形式对顾客进行调查，而问卷的设计一定要有针对性、简练且容易回答。同时，问卷的发放要选择自己的市场，这样才能获取到比较准确的信息。但有时候顾客会拒绝无偿提供其满意需求的信息，因为提供信息要花费时间和精力，所以会产生一种期待回报的需求。那么企业只有满足这一要求，给顾客以一定的回报，才能有效地获取顾客满意需求信息。另外通过分析顾客消费行为，可以间接地获取顾客满意需求信息。企业的员工自身也是消费者，这就可以设身处地地设想、分析顾客消费过程各个环节可能产生的各种需求，不仅对产品的功能、品位、质量、价格等方面的需求进行研究，而且从顾客开始意识到需要消费某种产品一直到用完这种产品的整个过程的需求，包括付款方式、运货、安装、退换货、维修、储藏等各个环节都有个性化需求。企业要全面、细致地注意到全过程各个环节的需求都能满足，这样企业才能获得更多的成功机会。

第二，了解了顾客的满意要求后，如何满意地实现其要求，这又是一个要解决的问题。就顾客对企业产品的要求而言，要满足这种需求，企业必须有优秀的技术设计队伍、优秀的技术人才，才能够将顾客的需求融入产品设计之中，生产出符合顾客需要的产品；另外顾客对其他各种需求，如前面提到的付款方式、运货、退换货、维修、安装等需求比较容易满足，但这里涉及到满足顾客需求所支出的成本与顾客满意需求满足后企业收益的比较问题，所以企业在选择如何满足顾客这些要求时，还应考虑成本与收益的核算。

顾客满意需求是个性化的，企业应接受这种事实，并不断探索满足顾客需求的途径。顾客满意策略，在国际上兴起是近10多年的事，在我国是个新鲜概念。我国企业要走向世界，产品要打入国际市场，国内企业与产品面临来自世界各国优秀企业先进产品的挑战。因此，我国企业采用顾客满意度策略有着极其重要的意义。

第三，采取顾客满意度策略有助于创造名牌。名牌对一个企业的重要性在我国已形成共识，而我们缺少的是自己的名牌，特别是世界名牌。因为要占领国际市场，关键是提高产品的价值。这里说的价值，不仅是技术、质量的硬指标，还包括名牌效应等软指标。名牌作为一种无形资产，时时为企业创造收入。企业通过实施顾客满意度策略，提供令顾客满意、认可的产品或服务，产品自然成为名牌。因此，导入顾客满意度策略，是我国企业创造国际名牌的有效举措。同时顾客满意度策略有助于提高企业产品的市场占有率，因为顾客对你的产品满意，会一传十，十传百，这是企业梦寐以求的"口碑效应"，满意顾客的宣传与企业自己的宣传相比，既省成本，效果又好。

第四，顾客满意度策略能加速我国企业市场经营管理水平的提高升级，有利于参与国际市场竞争，改变旧的经营管理观念，给我国企业带来最先进的市场营销指导思想，使我国企业走向国际舞台。

11.2.4　实施顾客满意度战略的意义

（1）实施顾客满意度战略，企业能根据自身的特点，把所有的各个被割裂开来的战略有机地联系起来，建立全新的顾客满意度战略，这有利于制定企业的方针目标。因为顾客满意度战略，不仅仅是企业经营战略，而且是企业运行全过程的质量战略。因此不仅要求产品质量、服务质量让顾客满意，而且要求全过程质量让顾客满意，这样的顾客满意具有乘数效应，从而大大地提高顾客对企业的忠诚度。

（2）实施顾客满意度战略，能促进企业根据 2000 版 ISO9000 族质量管理体系标准，建立自己的质量管理体系，制定质量方针目标，加强质量意识，为达到顾客满意打下坚实的基础，而且促进企业与国际接轨，按国际质量标准提供产品和服务，有利于国内外市场竞争。我国已加入世界贸易组织数年，国内的企业面临着越来越激烈的外来竞争。只有实施这种顾客满意度战略，才能增强顾客满意度，加强我国企业在国际市场上的竞争能力，使企业立于不败之地。

（3）实施顾客满意度战略，有利于企业文化的建立，提高企业的信誉，有利于实现企业目标利润，增加收益。企业多一个顾客满意，就会多出售一个产品的机会，就多一份利润的可能性。因此，顾客满意就成为企业获利能力的重要内容。

（4）实施顾客满意度战略，促使企业注意市场及其变化的研究。由于消费者知识水平的提高，价值观念的变化，现有产品或服务的内涵已难令其顾客满意，而且随着社会环境的变化，经济、科学技术的发展，企业要不断更新产品或服务，创新出更能使顾客满意的创新产品或服务，进一步提高顾客的满意程度。

（5）实施顾客满意度战略，促进企业建立知识、技术库，促进企业技术进步和管理水平的提高，表现为创造出更多的知识和技术，以及先进的管理手段和方法，提高满足顾客需求的能力，使企业持续向前发展。

11.3 顾客满意度测评概述

11.3.1 顾客满意度测评的类型

顾客满意度测评分为两种类型:

(1)专用型。这种测评是专门为某一特定行业、企业或品牌所设计的,其特点是测评的针对性强,获得的信息或数据比较具体,咨询功能强,常被企业采用。

(2)通用型。这种测评获得的信息或数据综合性和系统性强,基本构架普遍适用,测评的结果能进行跨行业、跨地域比较。但针对某一行业或某一品牌来说,它所获得的信息或数据就不如专用型测评详细具体和针对性强。目前比较流行的顾客满意度测评过程模型就属于这类测评模型。

11.3.2 顾客满意度过程模型的特点

(1)建立统一的顾客满意度的测评模型,评价项目全面化、规范化,各国普遍采用。

(2)对各种重要程度不一的细化评价项目,采用计量经济的统计方法,客观地测量出顾客对它们的关注程度,避免主观性缺陷。

(3)顾客满意度测量,可采用10评价标度法,它的测量精度能充分合理地显示出顾客满意的差异程度。

(4)由于顾客满意度测评采用统一的测评模型、方法、技术和测评项目,使其测评结果具有广泛的可比性。

(5)测评结果不仅能定量地全面体现顾客的满意程度,而且还可以定量地显示每一测评项目同“顾客满意度”的相关程度;可以比较科学地为企业指出改进重点,并预测出这种改进与提高“顾客满意度”之间的关联程度。

11.3.3 顾客满意度测评的指标

1. 顾客满意度测评的指标设计应遵循的原则

（1）全面性。指标应全面地包括与顾客的基本需求和差别化需求所对应的产品特性项目。

（2）代表性。在各个已确定的产品特性项目中，每一个项目都会存在多个反映因素，要找出其中顾客比较关注的代表因素。

（3）独特性。每一个用于评价的代表因素，应是能从评价项目中分解出来的，并且是能够独立存在的，能与其他代表因素相区分的。

（4）效用性。各个用于评价的代表因素应当使顾客比较容易理解并表达其实际的满意程度。

2. 评价指标的结构

顾客满意度测评使用的调查问卷具有层次性的结构。由于测评对象复杂程度的差别，以及测评深度的不同选择，结构可以不同，以三层结构为例，其示意见图 11-1。

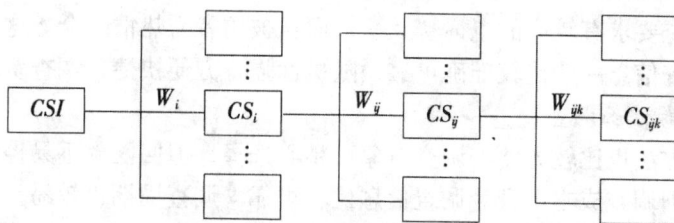

图 11-1 调查问卷层次结构

评价指标从右向左方向逐级加权平均得到，其中：

CSI：测评对象（产品或服务）顾客满意度。

结构指标 CS_i：第 i 个结构变量满意度。

测评指标 CS_{ij}：第 i 个结构变量的第 j 个测评变量的满意度。

个性化指标 CS_{ijk}：第 i 个结构变量的第 j 个测评变量的第 k 个个性化指标（问题）的顾客平均分。

W_i，W_{ij}，W_{ijk} 为各级指标的权重。

除上述系统性指标外，为了满足顾客满意咨询的需要，还经常使用下列辅助性指标：

（1）满意率类指标：满意率、高满意率、不满意率、高不满意率。

（2）相关系数类指标：各结构变量（或测评变量）和满意度或忠诚度的相关系数。

（3）频数和频率类指标：在测评中，常设置一些问题来调查顾客特征、故障特征等，此时需要频数或频率指标。

（4）排序类指标：对指标平均分或频数（频率）进行排序，以突出典型指标。

（5）弹性类指标：可用于表达降价吸引力和涨价承受力以反映忠诚度高低。

各类指标可以数据、图形、表格等形式表示。

11.3.4　顾客满意度测评的调查方法

顾客满意度测评调查方法选择的原则是可靠性、经济性和方便容易进行调查。在实际工作中可根据各企业产品或服务的特点以及顾客分布的情况来选择，以下介绍几种常用的调查方法。

1. 电话采访

这首先要求有较高的电话普及率，而且被访者需热情配合。这种方法常被采用，调查信息一般比较准确可靠、随机性强、方便快捷、调查费用不高。

2. 问卷信函调查

这种方法也比较方便，调查对象可精心选择，但回函率不易控制。如果回函率低，则调查成本上升。调查信息比较可靠，调查周期也较易控制。

3. 现场随访调查

这种方法调查对象代表性强，有效样本量容易控制，方便快捷，但对调查人员有较高要求，费用较大。

无论采用哪种调查方法都应该注意，被调查的对象必须是在近期内曾经消费过并受测评的品牌的自然人。所谓近期是指从调查时起向前追溯的一定时期，这一时间的限定对不同类型的消费品有不同的要求。通过时间来限定调查顾客的方法，可以使受调查的顾客对于产品或服务的购买和使用过程有一个清晰的回忆，避免了顾客根据模糊的记忆来接受调查，从而导致调查数据失真；同时也保证获取的是顾客对市场上目前正在销售的产品或服务的反映。另外调查对象的样本设计应根据被测评产品或服务的顾客总体分布的实际情况，采用分层定比和随机抽样相结合的方法。被调查对象要具有代表性，因为他将会影响到调查测评结果的科学性和可靠性。所以在确定调查对象时要尽可能地考虑到具有不同特征的顾客群体都列入调查范围，而且要有一定的数量。

11.4 顾客满意度测评基本模式

在顾客满意度测评过程中，由于评价的出发点不同，采用的测评模式也不同，其结果也不大一样。一般来说主要有三种基本测评模式。

11.4.1 直接绩效测评模式

简单地说，顾客的满意反映了他购买产品或享受服务所获得的收益，收益越大当然就越满意。因此可以采用直接绩效测评方式度量顾客的满意程度。若顾客的评价记为 P，则顾客对第 i 项属性的直接绩效评分为 P_i。这一结果可以采用量表直接测度得到。若考察顾客对某产品或某项服务的满意程度，可以对各项直接评分相加和计算得到总分 P_i，也可以进行加权平均，公式为：

$$Y = \sum_{i=1}^{n} W_i P_i$$

式中：Y 是顾客总满意度。W_i 是权数，表明第 i 项属性的重要程度。n 是属性的项数。P_i 是第 i 项的直接评分。Y 值越大，表明顾客越满意。

这种直接测评的方式很容易使用，顾客通常也容易明白。目前的顾客满意度调查经常采用这种方式。

11.4.2 直接差异测评模式

采用直接绩效测评模式能直观、简便，顾客容易理解并能很快给出评价，这是它的优点。但由于顾客个体之间存在差异，而且这种直接测评的模式没有统一的标准，不同的个体所给的分数没有可比性，这样对测评的结果很难进行深入的分析。事实上，顾客满意程度不仅仅取决于其获得的收益，而且更重要的是其所获得的收益与预期的比较。例如，顾客购买汽车，原来有汽车者和原来没有汽车者购车时的期望（预期）会有所不同，即使购买了完全相同的汽车，享受了相同的服务，满意程度也会有差别的。因此，衡量顾客的满意程度，可以采用与期望的直接比较形式。这种测评模式，是将顾客使用产品或享受服务后的感觉与期望进行比较，因而个体之间的测评结果可以比较。

这种直接差异测评模式在进行问卷问题设计时，不是直接问顾客的评价，而是问感受与期望比较后的评价。例如，欲了解居民对医院医疗服务态度的满意程度，如果直接测评，问题为：请问你对医院医护人员的服务态度满意吗？很满意的给 10 分（或 100 分）……很不满意的给 1 分（或 10 分）。采用 10 制或 100 分制都可以。若采用直接差异测评，问题为：请将你在医院实际感受到的医护人员的服务态度与你去医院之前的预期加以比较，给出评价。比你的预期高很多的给 10 分（或 100 分），比预期低很多的，给 1 分（或 10 分）。

运用这种直接差异测评模式进行数据采集后，除可以进行各种描述统计分析外，还可以运用一般的参数统计方法进行研究，较之直接测评对数据有较深入的剖析。

11.4.3 绩效与期望差距测评模式

直接差异测评模式反映了顾客所期望的产品或服务的获益实现程度，但没有考虑到顾客为获得收益所作的付出，因而所反映顾客的满意度尚不完善。绩效与期望差距测评模式是建立在这样一种认识上：顾客满意是一种购买与使用产品或享受服务的结果，是由顾客比较预期结果的收益与投入成本所产生。其模式包括四个基本变量：顾客期望、产品绩效、不一致、顾客满意。

（1）顾客期望。它反映顾客预期的产品或服务绩效。顾客在购买前的所有经验，形成对产品或服务绩效的预期。

（2）产品绩效。它被视为一种比较的标准。顾客在购买产品或享受服务后，会以实际的绩效与购买前的期望进行比较。

（3）不一致。它被视为一种主要的中介变量。一个人的期望与实际感受会出现三种情况：①被确认，产品或服务的绩效与他的预期相一致；②产品正向的一致，产品或服务的绩效比他预期的好；③产品负向的一致，产品或服务的绩效比他预期的差。

（4）顾客满意。它被视为一种购买产品或享受服务后的产出。若实际的绩效大于或等于事前的预期，顾客会感到满意；若实际绩效小于事前的预期，顾客会感到不满意。

根据以上四个方面的变量，可以建立如图 11 – 2 的潜变量关系模式。

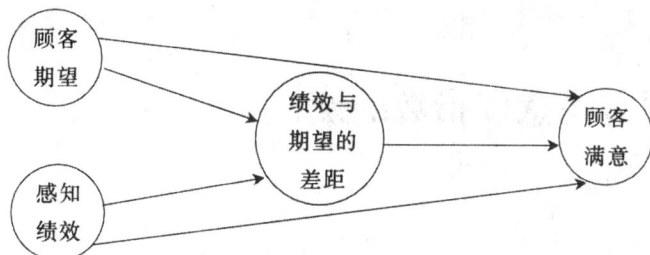

图 11-2 潜变量关系模型

其中，感知绩效就是上述的产品绩效；绩效与期望的差距就是一致性，以顾客购买产品或享受服务后的"实际感知绩效"减"顾客期望"测量。这四个变量中的"期望"与"绩效"包含哪些内容，是与所要研究的问题有关。如果是研究医疗服务的满意度，首先应考虑影响顾客或称患者满意的因素，将这些因素分析后构成测量的方面，比如有服务内容、价格、便利性、医院形象、服务设备、服务人员和服务过程等方面。以上这些是无法直接测量的，因而被称为潜变量或隐变量，它们通常和一些可以直接观测的变量相关。可以直接观测的变量称为可测变量或显变量，一个潜变量常常对应几个可测变量。可测变量是衡量、计算满意度的基础，其选择合适与否对最后的结果影响较大，因而要在充分考虑各种因素的基础上确定，并保证可测变量与潜变量密切关系。一般来说，其确定性与所研究的问题有关。如在研究医疗服务满意度的便利性变量时，对患者来说，便利性主要体现在地点的便利、办理各项手续的便利以及排队等候的时间不长等方面，那么以上这些因素可以作为可测变量。采集数据时，在问卷中设计适当的问题，包括期望和实际感受，由患者分别给出评价。根据图 11-1 模式细化得到的数据，可以进行验证性因素分析和线性结构关系模型分析，并可以在此基础上建立顾客满意度综合指标，将其标准化即称为顾客满意度指数。

不同的测评模式，结果不尽相同，作用也不完全一样，它是根据所要研究的问题和所要达到的目的的选择方法，无论对于宏观企业管理还是微观企业管理，都是非常重要的。顾客满意度测评的目的在于了解顾客、了解企业自己，特别是了解企业自己在顾客心目中的地位、作用，以通过不断满足顾客的需要，提高企业的竞争力，使企业获得最佳效益，同时使全社会的资源得到最佳配置和最有效的利用。然而，无论采用何种模式，顾客满意度的测评都不应是一次性的，而应是不断进行的。通过跟踪变化，可以得到更多的有价值的信息，特别是前面谈到的绩效与期望差距测评模式，不仅能够测评现实的顾客满意度，还可以预测顾客的需求，为企业的发展提供决策依据。

11.5 顾客满意度指数的测评

11.5.1 顾客满意度指数测评的意义

1989 年，瑞典第一个正式拥有用来评估服务质量，跨企业、跨行业的国家顾客满意度调查工具（Swedes Customer Satisfaction Barometer，简称 SCSB）。1994 年 SCSB 被美国引入并加以改造，用于构建美国顾客满意度指数（Americam Customer Satisfaction Index，简称 ACSI）。近年来其他国家也在进行探索，包括日本、韩国、新加坡、加拿大以及德国等欧洲一些国家，我国也在最近几年引入。

根据美国《财富》杂志对"全球 500 强企业"的跟踪调查，企业的顾客满意度指数同"经济增值"和"市场增值"呈明显的正比关系。企业的顾客满意度指数若每年提高一个百分点，则 5 年后该企业的平均资产收益率将提高 11.33%。

顾客满意度指数是目前许多国家积极开展研究和使用的一种新的质量经济指标，它的意义在于对经济产出的质量进行评价。这一指数是由顾客直接根据购买和使用产品或服务的体验，对其质量作出主观评价后，再经过数学模型计算后得出的，因而它更加全面、精确，更具有指导意义。顾客满意度指数是一种基于市场业绩的产出质量指标，通过它，我们可以对复杂多变的市场了如指掌，发现企业运行中的薄弱环节和发展战略中的缺陷等，因此，它是企业制定政策的基本依据。

顾客满意度指数测评的实际意义可概略地归纳为以下几个方面：

1. 顾客满意度指数测评对企业的意义

（1）企业建立并采用顾客满意度指数模型，便可以持续地进行顾客满意度指数的测评活动，滚动发布顾客满意度测评的结果，这些结果随时间推移追踪绩效，从而改进企业经营管理反馈的情报系统，这种情报系统可以预测企业未来的发展前景，是顾客未来购买行为的指示器。因此，创建在企业中运用顾客满意度指数的方法来构建早期的预警技术并改善企业的报告系统，将能够建立质量、满意度、忠诚度和企业经济发展的通用理论。它将作为顾客满意度指数测评在企业层次上运用的指南。

（2）顾客满意度指数通过提供本企业的产品同竞争者的产品的水平对比的基准，可以帮助企业了解顾客对自己的产品或服务的评价，从中找出不足，并有针对性地加以改进，以提高竞争力。在实际的经营活动中，企业往往都是根据自己对产品质量的技术指标的理解来进行产品质量改进的；不理解顾客或潜在顾客是根据产品或服务是否能为其提供较高的满意度来进行采购决策，高的技术指标仅仅是顾客满意的因素之一。而企业在市场竞争中的成败往往取决于顾客对产品或服务的接受程度。

（3）顾客满意度指数模型为我们提供了诊断不同质量创新的效果的方法和工具。顾客满意度指数模型揭示了顾客满意度的决定因素，并给出了这些因素影响企业经营绩效的路径，企业可以从中发现不同质量创新效果和提高顾客满意度的有效途径。

（4）高的顾客满意度是企业健康发展的保证。反之，即使企业当前的经济指标如市场占有率、利润率等良好，但顾客满意度较低，企业也会在不久的将来面临潜在的危机。高的顾客满意度还可以作为企业的一项无形资产。如果企业通过自身的努力，在行业中脱颖而出，并保持较高的顾客满意度，会对企业形象和产品形象产生积极的影响。这样，在与其他企业的经济往来和在资本市场上进行融资时，也会处于有利的地位。

（5）通过顾客满意度指数测评，使企业员工了解顾客对产品或服务的需求和期望，了解竞争对手与本企业所处的地位，感受到顾客对产品或服务的不满和抱怨，这使员工更能融入企业文化氛围，增强责任感，塑造新型的企业文化，提高员工的整体素质。对企业内部顾客满意度测评，使员工的需求和期望被企业管理层了解，可以建立更科学、更完善的激励机制和管理机制，最大限度地发挥员工的积极性和创造性，营造和谐的企业氛围，增强企业的凝聚力。

2. 顾客满意度指数测评对顾客的意义

（1）有利于顾客获取真实可靠的产品或服务质量的信息。顾客可以从定期发布的顾客满意度指数中获取产品或服务的质量信息，由于这种信息是经过第三方的科学、公正的测量和评价所得到的，因此，远比顾客从企业在各种媒体上所发布的广告中所得到的产品或服务的质量信息要真实可靠。顾客满意度指数的高低，可以作为顾客选购产品或服务的决策依据，从而降低顾客的决策风险。

（2）顾客满意度指数测评，使顾客通过他们对购买和使用产品或服务的评估发言来增加其利益。对产品质量的衡量和评价，传统上都是由政府官员、研究人员、企业人员等非个人消费者来进行的，与顾客没有关系。而顾客满意度指数测评中的"顾客",是指迄今短期内（一般为三年时间内）有购买被测评产品的经历的人。因此，被测评的产品在顾客使用期间的状态，是由顾客根据自己的经历直接参与评价的。如果顾客在产品使用期间内发现产品有缺陷，就可以在顾客满意度指数测评中直接表达出来。产品的制造者或销售供应者将会十分重视这种信息，会迅速采取措施加以弥补和纠正，加大对产品研究与开发的投入和管理，使产品日趋完善可靠，力争使顾客从不满意转向满意。所以通过顾客满意度测评让顾客参与有利于满意度提高。

（3）通过顾客满意度测评，有利于顾客需求的满足。随着社会消费从数量向质量的转变，顾客需求从低层次的生理需求向高层次需求转变，促使人们心目中的产品质量概念和价值观念都发生了很大的变化。通过顾客满意度测评，企业能够较准确地把握顾客明示的和隐含的需求，并将这些需求及时地转化成产品质量需求。随着顾客满意度指数测评的广泛深入的开展，产品质量将越来越接近顾客的需求，进而达到顾客的期望。这种产品质量不断提高的受益者，无疑是广大的顾客。

此外，在宏观方面，顾客满意度指数测评，对分析评价国民经济系统有着重要意义。如果顾客满意度指数上升，说明经济系统向着健康、稳定、持续的方向发展；反之则朝相反方向发展。由于我们这里着重讨论企业、产品或服务方面的顾客满意度指数测评问题，对宏观方面的问题未能加以详细讨论。

11.5.2 顾客满意度测评体系

顾客满意度应为多层次指标体系，层次及具体指标内容取决于测评目的。顾客满意度指数是目前许多国家积极开展研究和使用的一种新的经济指标，它的意义在于对经济产出的质量进行评价。与过去的质量评价通常采取的管理部门进行评比、检测等方式不同，顾客满意度指数是由顾客直接根据购买和使用产品或服务的经验对其质量作出评价后，再经过数学模型计算得出的，这样更加全面、精确，因而更有指导意义。目前我国借鉴国外经验，结合国情，提出了我国顾客满意度指数测评体系应有五个层次结构：①国家的满意度指数；②地区（省、市）的满意度指数；③部门的满意度指数；④行业的满意度指数；⑤企业、事业单位的满意度指数。国家、地区（省、市）的满意度指数每年公布一次，部门、行业、企业、事业单位的满意度指数每个季度测量公布一次。

在顾客满意度指数的五级测评体系中，顾客对具体企业、事业单位提供的产品或服务的满意度指数是基础指标。这是因为有了企业、事业单位的满意度指数后，行业的满意度指数由能够代表行业的，即在国内本行业中市场份额高的若干大企业、事业单位的满意度指数，通过销售额加权求和计算出来。部门的满意度指数同样可以通过该部门内被调查的行业的满意度指数对行业的销售额加权求和得到。地区（省、市）的满意度指数除了对各部门的满意度指数按销售额加权求和，还要对最近四期的结果求平均值后得到。在计算国家的满意度指数时，对各地区（省、市）的满意度指数按 GDP 加权求和得到。

下面介绍一般的行业顾客满意度指数测评体系图，如图 11 – 3。

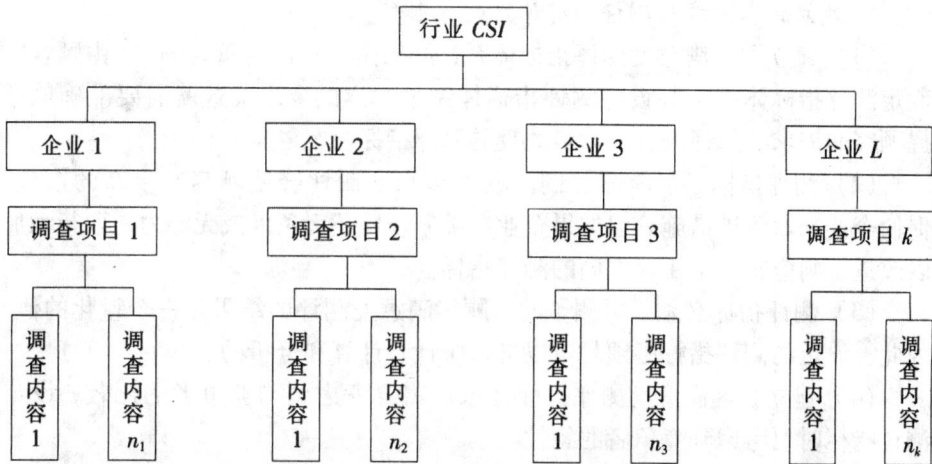

图 11 – 3 行业顾客满意度指数测评体系

在实际中，由于企业、事业单位常常向顾客提供多种产品或服务，因此需要精心选择有代表性的品牌或服务项目进行测评，以顾客对他们的满意度水平来代表对整个企业、事业单位的满意度。具体地说，企业、事业单位满意度指数这一基础指标是通过问卷方式，调查顾客在产品或服务购买和使用过程中的一系列主观感受的量化值，并加以数学处理得到的。但采用什么样的数学处理才能得到科学合理的顾客满意度指数，这里有一个方法论问题。采用不同的方法会得到不同的顾客满意度指数。目前有许多书籍介绍各种各样的数学方法，在实际工作中可根据本身的具体情况选择采用。我们将在下面介绍一些比较简便的数学处理方法。

11.5.3 顾客满意度指数测评的指标体系

建立顾客满意度测评指标体系是顾客满意度测评的核心部分，在很大程度上决定了测评结果的有效性和可靠性。顾客满意度测评指标中的顾客期望、顾客对质量的感知、顾客对价值的感知、顾客满意度、顾客抱怨和顾客忠诚均为隐变量，都是不可以直接测评的。需要对稳变量进行逐级展开，直到形成一系列可以直接测评的指标，这些逐级展开的测评指标就构成了顾客满意度测评指标体系。

1. 建立顾客满意度测评指标体系的原则

（1）建立顾客满意度测评指标体系，必须是顾客认为重要的。"由顾客来确定测评指标体系"是设定测评指标体系最基本的要求。这就需要准确地把握顾客的需求，选择顾客认为最关键的测评指标。

（2）测评指标必须能够控制。顾客满意度测评会使顾客产生新的期望，促使企业采取改进措施。但如果企业在某一领域还无条件或无能力采取行动加以改进，则应暂不采用这方面的测评指标。

（3）测评指标必须是可测量的。顾客满意度测评的结果是一个量化的值，因此，设定的测评指标必须是可以进行统计、计算和分析的。

（4）建立顾客满意度测评指标体系还需要考虑到与竞争者的比较，设定测评指标时要考虑到竞争者的特性。

2. 顾客满意度测评指标体系的构成

顾客满意度测评指标体系是一个多指标的结构，运用层次化结构设定测评指标，能够由表及里、深入清晰地表述顾客满意度测评指标体系的内涵。通过长期的实践总结，将测评指标体系划分为四个层次较为合理。每一层次的测评指标都是由上一层测评指标展开的，而上一层次的测评指标则是通过下一层的测评指标的测评结果反映出来的。顾客满意度指数测评指标体系共分为四个层次：

第一层次：总的测评目标"顾客满意度指数"为一级指标。

第二层次：顾客满意度指数模型中的六大要素——顾客期望、顾客对质量的感知、顾客对价值的感知、顾客满意度、顾客抱怨、顾客忠诚，为二级指标。

第三层次：由二级指标具体展开而得到的指标，符合不同行业、不同企业、不同产品或服务的特点，为三级指标。

第四层次：三级指标具体展开为问卷上的问题形成四级指标。

测评体系中的一级和二级指标适用于所有产品和服务，实际上我们要研究的是三级和四级指标。顾客满意度测评指标体系中的二、三级指标，如表11 -1所示。

表11 -1　顾客满意度测评体系（二、三级指标）

二级指标	三级指标
顾客期望	顾客对产品或服务的质量的总体期望 顾客对产品或服务满足需求程度的期望 顾客对产品或服务质量可靠性的期望
顾客对质量的感知	顾客对产品或服务质量的总体评价 顾客对产品或服务质量满足需求程度的评价 顾客对产品或服务质量可靠性的评价
顾客对价值的感知	给定价格条件下顾客对质量级别的评价 给定质量条件下顾客对价格级别的评价 顾客对总价值的感知
顾客满意度	总体满意度 感知与期望比较
顾客抱怨	顾客抱怨 顾客投诉情况
顾客忠诚	重复购买的可能性 能承受的涨价幅度 能抵制的竞争对手降价幅度

在表11 -1中，共有16项三级测评指标。这些三级指标是一个逻辑框架，在各行业原则上都是可以运用的。对某一具体产品或服务的顾客满意度测评的实际操作中，应该根据顾客对产品或服务的期望和关注点具体选择，灵活运用。测评指标体系的四级指标是由三级指标展开而来的，是顾客满意度测评中直接面对顾客的指标，它是和顾客满意度测评问卷中的问题相对应的。图11 -4是以顾客对自来水供应质量感知的实例，具体说明如何将三级指标展开为四级指标。

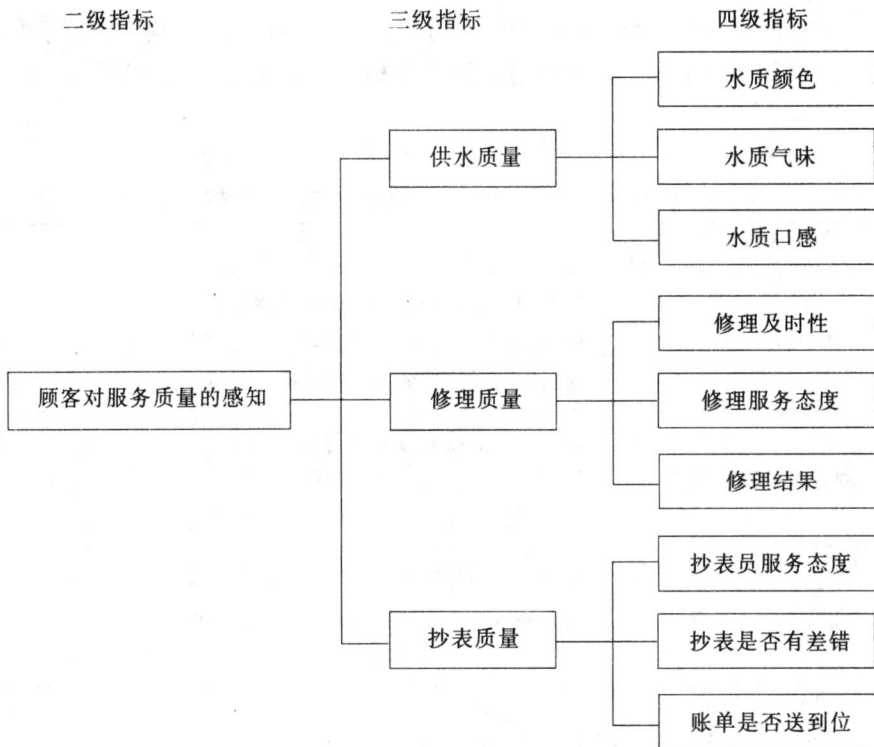

二级指标　　　　　　　三级指标　　　　　　　四级指标

图 11-4　顾客对自来水供应质量感知测评指标

11.5.4　顾客满意度测评的步骤

344

1. 测评指标的量化

（1）使用态度量表。

　　顾客满意度测评的本质是一个定量分析的过程，即用数字去反映顾客对测量对象的属性的态度，因此需要对测评指标进行量化。顾客满意度测评了解的是顾客对产品、服务或企业的看法、偏好和态度，通过直接询问或观察的方法来了解顾客态度是困难的。利用某些特殊的态度测量技术进行量化处理，将会使那些难于表达和衡量的"态度"既客观又方便地表示出来，这种态度测量技术所运用的基本工具，就是所谓的"量表"。量表的设计包括两步：第一步是"赋值"，根据设定的规则，对不同的态度特性赋予不同的数值；第二步是"定位"，将这些数字排列或组成一个序列，根据受访者的不同态度，将其在这一序列上进行定位。量表中用数字表征态度是出于两个目的：首先是数字便于统计分析；其次是数字使态度测量活动本身变得容易、清楚和明确。

顾客满意度测评中使用了五级李克特量表，采用的五级态度是：满意、较满意、一般、较不满意、不满意，相应赋值为5、4、3、2、1。

在顾客满意度测评中，我们常常会遇到许多定量的测评指标，而这些指标又不能直接用于李克特量表，为方便数据信息的搜集和统计分析，必须将这些指标转化成李克特量表所要求的测评指标。其转化的方法是，将指标的量值恰当地划分为五个区间，每个区间对应于李克特量表的五个赋值，这样就实现了指标的转化。

（2）确定测评指标权重。

顾客满意度测评指标体系反映测评对象的质量水平状况和特征，而每一测评指标的变化对顾客满意指数变化的影响程度有所不同。反映影响程度的重要性尺度是权重。为了明确各项指标在测评指标体系中所具有的不同的重要性程度，需要分别赋予各项指标以不同的权重数。权重的确定与分配是测评指标体系设计中非常关键的一个步骤，对于能否客观、真实地反映顾客满意度起着至关重要的作用。

确定权重，要求测评人员对顾客满意度测评、企业经营规律、产品服务的特性和社会心理学都应有较深刻的了解，并具有丰富的实践经验。由于顾客对测评指标的看法和评价不同，因而它们对顾客满意度影响也不同，如一辆汽车的安全性能要比车身的油漆重要得多。同时也应认识到，即使是同一个测评指标，由于测评对象不同，对于顾客满意度的重要性也有可能不同。对于耐用品的产品质量和服务质量顾客都是极为重视的，但是对于日常用品顾客考虑更多的则是产品质量的好坏，而不太重视甚至忽视服务质量。测评人员可以根据经验和对测评指标体系各项指标重要程度的认识来确定权重。常用的方法有直接比较法、对偶比较法、德尔菲法、层次分析法、主观赋权法、客观赋权法等，企业可以依据测评人员的经验和专业知识选择适用的方法。

层次分析法是运用美国著名运筹学家塞迪给出的1—9标度法，它根据各测评指标的相对重要性来确定权重。层次分析法可以通过测评指标两两比较，使复杂、无序的定性问题能够进行量化处理。表11-2为层次分析法对重要程度的划分情况。

该表反映了两个测评指标相对重要程度的得分，设测评指标 i 相对测评指标 j 的比较得分为 α_{ij}，则指标 j 相对 i 的比较得分为 $\alpha_{ij}=1/\alpha_{ij}$。如一个测评指标 A 相对另一个测评指标 B 确实重要，则测评指标 A 相对测评指标 B 的比较得分为7，测评指标 B 相对测评指标 A 的比较得分为1/7。

表 11 - 2　层次分析法重要程度划分表

相对重要程度	得　分	说　明
同等重要	1	两者对目标贡献相同
略为重要	3	重要
基本重要	5	确认重要
确实重要	7	程度明显
绝对重要	9	程度非常明显
相邻两程度之中间	2、4、6、8	需要折中时使用

为了便于计算，在没有显著性差异的情况下，我们可以用层次分析法近似求解的方法求得权重，步骤如下：

①利用1—9标度法确定测评指标两两之间的相对重要性。若顾客满意度测评中将测评指标"产品质量"分解为"特性"、"经济性"、"可信（靠）性"、"安全性"四个指标，然后将这几个测评指标进行两两比较："特性"与"经济性"相比，指标"特性"相对重要程度"略为重要"，则取值 $\alpha_{21}=3$，而"经济性"与"特性"相比，"经济性"相对重要程度取值 $\alpha_{12}=1/3$。依次类推，得到四个下一级测评指标的比较矩阵，见表 11 - 3。

表 11 - 3　测评指标的比较矩阵

测评指标	特　性	经济性	可信性	安全性
特　性	1	3	4	2
经济性	1/3	1	2	1/2
可信性	1/4	1/2	1	1/3
安全性	1/2	2	3	1

②利用层次分析法的运算表，对上述矩阵进行计算，运算过程见表11 - 4。

这样，四个测评指标对产品质量这一指标就得出了分别的权重："特性"的权重为 0.466 8，"经济性"的权重为 0.160 3，"可信性"的权重为 0.095 3，"安全性"的权重为 0.277 5。当然这四个指标的权重是否合理，还可以通过统计检验进一步加以证明。

表 11 - 4 　层次分析法的运算表

测评指标	相　乘	开　方	权　重
特　性	$1 \times 3 \times 4 \times 2$	$\sqrt[4]{1 \times 3 \times 4 \times 2} = 2.2134$	$2.2134/4.7410 = 0.4669$
经济性	$\frac{1}{3} \times 1 \times 2 \times \frac{1}{2}$	$\sqrt[4]{\frac{1}{3} \times 1 \times 2 \times \frac{1}{2}} = 0.7598$	$0.7598/4.7410 = 0.1603$
可信性	$\frac{1}{4} \times \frac{1}{2} \times 1 \times \frac{1}{3}$	$\sqrt[4]{\frac{1}{4} \times \frac{1}{2} \times 1 \times \frac{1}{3}} = 0.4518$	$0.4518/4.7410 = 0.0953$
安全性	$\frac{1}{2} \times 2 \times 3 \times 1$	$\sqrt[4]{\frac{1}{2} \times 2 \times 3 \times 1} = 1.316$	$1.316/4.7410 = 0.2775$
合　计		4.7410	1.00

在确定了顾客满意度测评指标体系之后，有必要邀请有关专家和具有一定代表性的顾客，对确定的测评指标体系和评价标准进行论证，在认真听取意见的基础上，对确定的测评指标体系进行修改，以保证顾客满意度测评结果的公正性和有效性。

2. 确定被测评对象

顾客可以是企业外部的顾客，也可以是内部顾客。识别和确定顾客具体见表 11 - 5。

表 11 - 5 　识别和确定顾客

组织的内部顾客	组织的外部顾客
组织内部的受益者（全体员工）	组织外部的受益者
·上下级关系顾客	·供应商
·平行职能关系顾客	·投资者
·流程关系顾客（前后的过程或上下道工序关系）	·经销者
	·消费者
	·最终使用者

对外部顾客可以按照社会人口特征（性别、年龄、文化程度、职业、居住地等）、消费行为特征（即心理和行为特征）、购买经历进行分类。所以应

该先确定要调查的顾客群体，以便有针对性地设计调查问卷。

3. 抽样设计

一般进行随机抽样，可根据企业实际情况选用简单随机抽样、分层抽样、整群抽样、多级抽样、等距抽样和多级混合抽样等不同的抽样方法。较常用的是简单随机抽样，它是各种抽样方法的基础。

4. 问卷设计

按照已经建立的顾客满意度指数测评指标体系，把三级指标展开，成为问卷上的问题。问卷设计是整个测评工作中的关键环节，测评结果是否准确、有效，很大程度上取决于此。下面简单说明问卷的设计方法和步骤：

（1）问卷的设计思路。

首先，明确顾客满意度指数测评目的，主要有：①了解顾客的需求和期望，调查顾客对质量、价值的感知，制定质量标准；②计算顾客满意度指数，识别顾客对产品的态度；③通过与竞争者比较，明确本组织的优势和劣势。

第二，将四级指标转化为问卷上的问题。

第三，对设计好的问卷进行预调查，一般抽取 30 ~ 50 个样本，采用面谈或电话采访等形式，除了了解顾客对产品或服务的态度外，还可以了解其对问卷的看法，并对问卷进行修改。

（2）问卷的基本格式。

问卷一般包括介绍词、填写问卷说明、问题和被访者基本情况。

①介绍词。如：尊敬的用户：您好！我们是×××公司，于本月开展用户满意度的调查，目的是获得大家对公司产品和服务的客观评价，以便我们持续改进，使用户真正满意。

感谢您的参与和配合！对于每份有效问卷，我们将赠送一份实用的礼品给答题者。

②填写问卷说明。为了使答卷规范，便于整理和统计，一般提出答题的要求，如：请在您认为合适的项目方框内打"√"，或在画横线处填写文字。

③问题。问卷中的问题可分为封闭式、开放式和半开半闭式。

第一种是封闭式的，有是非题，一般采用"是"或"否"，"有"或"无"的答题方式。还有多选题，给出多个答案，被访者可选一个或多个。

第二种是开放式的，不给出答案，由被访者自由发表意见。

第三种是半开半闭式的，常见的是在封闭式的选择后面，增加开放式的回答问题。

下面介绍"美国某航空公司问卷调查表"，见表 11 - 6。

表 11-6 美国某航空公司问卷调查表

感谢您搭乘本次班机，为了提供给您更佳的服务，请协助完成这份调查。谢谢您的合作。

I 班机方面

Q1 您搭乘的舱位是
　　1. 头等舱　　　2. 商务舱　　　3. 经济航

Q2 机票费用由谁支付
　　1. 自己　　　2. 公司　　　3. 亲戚、朋友　　　4. 其他

Q3 本次旅行的目的是
　　1. 业务　　　2. 观光　　　3. 其他

Q4 本次旅行可否搭乘其他航空公司的班机
　　1. 不可以　　2. 可以（请说明您选择本公司的理由）
　　a. 价格　　　b. 时段方便　　c. 服务品质　　d. 特别优待服务　　e. 其他

II 服务方面

Q5 请针对我们所提供的服务加以评分。
　　5. 优　　　4. 良　　　3. 尚可　　　2. 差　　　1. 不知道
　　a. 预约
　　　柜台效率　　　　　　　　　　　　　　　　5 4 3 2 1
　　　柜台态度　　　　　　　　　　　　　　　　5 4 3 2 1
　　b. 机场
　　　柜台效率　　　　　　　　　　　　　　　　5 4 3 2 1
　　　柜台态度　　　　　　　　　　　　　　　　5 4 3 2 1
　　　搭乘顺序　　　　　　　　　　　　　　　　5 4 3 2 1
　　　行李处理　　　　　　　　　　　　　　　　5 4 3 2 1
　　c. 机舱
　　　空服人员效率　　　　　　　　　　　　　　5 4 3 2 1
　　　空服人员态度　　　　　　　　　　　　　　5 4 3 2 1
　　　机内整洁　　　　　　　　　　　　　　　　5 4 3 2 1
　　　机内舒适程度　　　　　　　　　　　　　　5 4 3 2 1
　　　餐饮服务　　　　　　　　　　　　　　　　5 4 3 2 1
　　　音响服务　　　　　　　　　　　　　　　　5 4 3 2 1
　　　影视服务　　　　　　　　　　　　　　　　5 4 3 2 1

Q6 您对本公司的印象?
　　1. 值得信赖　　2. 高效率　　3. 富有亲切感　　4. 革新
　　5. 便利　　　　6. 收费低　　7. 有能力　　　8. 负责

Q7 您认为所支付票价的价值程度?
　　5. 优　　　4. 良　　　3. 尚可　　　2. 差　　　1. 劣

Q8 您对搭乘本次班机的总体评价是?
　　5. 优　　　4. 良　　　3. 尚可　　　2. 差　　　1. 劣

（续上表）

Q9 与其他航空公司相比，本公司： a. 整体服务　　　　3. 较佳　　2. 相同　　1. 较差 b. 相对机票价值　　3. 较佳　　2. 相同　　1. 较差 Q10 如果所有航空公司采取统一票价、统一班机制度时，您将会优先选择哪一家航空公司？ 　　　　　　　　　　　　　　　（公司名）_____ Ⅲ 旅客资料 Q11 您从事的行业： 　　　　　　　　　　　　　　　　　　　　　　　　　_____ Q12 您的学历是： 　　　　　　　　　　　　　　　　　　　　　　　　　_____ Q13 您的年龄？ 1. 未满 18 岁　　　2. 18～24 岁　　　3. 25～34 岁 4. 35～49 岁　　　5. 50～60 岁　　　6. 61 岁以上 Q14 性别 1. 男　　　2. 女   非常感谢您的合作。如有其他方面的意见，请填写在空白处。

5. 实施调查

（1）选择调查方。

企业可选择第一方、第二方或第三方进行顾客满意度调查，但这三种方式的客观性、可靠性、经济性存在差异，相对来说，委托第三方进行顾客满意度调查比较客观、科学、公正，可信度较高，但费用也高，大多数企业采用第一方调查方式。

（2）选择调查方法。

内部顾客满意的调查方法常见的有：

①问卷调查。②不记名意见箱（可以是实物的信箱，也可以是电子邮件信箱）。③面谈访问。

对外部顾客满意度的问卷调查，较常用的方法是：

①可以与一个被访者面谈，也可以与几个被访者集体面谈。这种调查比较深入，但人力成本高，调查面不够广泛，而且容易受调查人员的素质水平影响。②邮寄问卷调查。这种调查范围较广，但回收率低，而且时间拖得很长。

③电话调查。这种调查比较直接、快捷，但受时间限制，调查不够深入。④电子邮件调查。把问卷以附件的形式发送给用户，让顾客在电脑上填写回复邮件，或打印出来，填写后传真回来。⑤Internet 网上调查。在公司主页上放置调查问卷，访问者直接填写，提交就可以了。其他还有留置问卷调查（即上门访问，留下问卷，过一段时间再回收）、秘密顾客调查等。还可以通过消费者协会的信息、各种媒体的报道、行业协会的研究结果、订单编号分析等方法来实施调查。

6. 调查数据汇总整理

收集问卷后，应统计每个问题的每项回答的人数（频数），及其所占被访者总数的百分比（频率），并以图示方式直观地表示出来。如果没有统计软件，一般可以直接用 Excel 中的柱形图或饼图等表示出来。

另外，还应了解问卷设置的测评指标对总体评价的影响程度。如果设定总体评价≥80 的为满意评价，<80 的为非满意评价，可以分析单项测评指标（如产品耐用性）的频数和频率对总体评价有何影响。如产品耐用性测评频率高时，是否总体评价偏向"满意"，反之，偏向"不满意"。也可以用 Excel 的柱形图或饼图等表示。

7. 计算顾客满意度指数分析评价

（1）顾客满意度指数的数学模型。

顾客满意度指数模型，如表 11-7 所示。

表 11-7　满意度指数模型

变　量　名	调查问卷中测评指标含义	潜变量（二级指标）
x_1	顾客对质量的总体期望	顾客期望 ξ
x_2	顾客对质量可靠性的期望	
x_3	顾客对质量满足需求程度的期望	
y_1	顾客对产品质量可靠性的评价	顾客对质量的感知 η_1
y_2	顾客对产品质量满足需求程度的评价	
y_3	顾客对服务质量的评价	
y_4	顾客对价格价值比的评价	顾客对价值的感知 η_2
y_5	顾客对产品质量的总体评价	顾客满意度 η_3
y_6	顾客对服务质量的总体评价	
y_7	顾客投诉或抱怨	顾客抱怨 η_4
y_8	顾客重复购买的可能性	顾客忠诚 η_5

（2）顾客满意度指数模型的检验度量模型。

反映潜变量的结构模型为

$$\begin{pmatrix}\eta_1\\ \eta_2\\ \eta_3\\ \eta_4\\ \eta_5\end{pmatrix}=\begin{pmatrix}0&0&0&0&0\\ \beta_{21}&0&0&0&0\\ \beta_{31}&\beta_{32}&0&0&0\\ 0&0&\beta_{43}&0&0\\ 0&0&\beta_{53}&\beta_{54}&0\end{pmatrix}\begin{pmatrix}\eta_1\\ \eta_2\\ \eta_3\\ \eta_4\\ \eta_5\end{pmatrix}+\begin{pmatrix}\gamma_{11}\\ \gamma_{21}\\ \gamma_{31}\\ 0\\ 0\end{pmatrix}\xi+\begin{pmatrix}\zeta_1\\ \zeta_2\\ \zeta_3\\ \zeta_4\\ \zeta_5\end{pmatrix}$$

式中，ξ 为顾客期望；η_1 为顾客对质量的感知；η_2 为顾客对价值的感知；η_3 为顾客满意度；η_4 为顾客抱怨；η_5 为顾客忠诚；β_{ij} 为 η_j 对 η_i 的系数，表示作为起因的变量 η_j 对作为效应的变量 η_i 的直接影响程度；γ_{ij} 为顾客期望 ξ 对 η_i 的系数，表示作为起因的变量 ξ 对作为效应的变量 η_j 的直接影响程度；ζ 为模型的误差。

潜变量与观测变量的关系模型为

$$\begin{pmatrix}x_1\\ x_2\\ x_3\end{pmatrix}=\begin{pmatrix}\lambda_1\\ \lambda_2\\ \lambda_3\end{pmatrix}\xi+\begin{pmatrix}\delta_1\\ \delta_2\\ \delta_3\end{pmatrix}$$

$$\begin{pmatrix}y_1\\ y_2\\ y_3\\ y_4\\ y_5\\ y_6\\ y_7\\ y_8\end{pmatrix}=\begin{pmatrix}\lambda_{11}&&&&\\ \lambda_{21}&&&&\\ \lambda_{31}&&&&\\ &\lambda_{42}&&&\\ &&\lambda_{53}&&\\ &&\lambda_{63}&&\\ &&&\lambda_{74}&\\ &&&&\lambda_{85}\end{pmatrix}\begin{pmatrix}\eta_1\\ \eta_2\\ \eta_3\\ \eta_4\\ \eta_5\end{pmatrix}+\begin{pmatrix}\varepsilon_1\\ \varepsilon_2\\ \varepsilon_3\\ \varepsilon_4\\ \varepsilon_5\\ \varepsilon_6\\ \varepsilon_7\\ \varepsilon_8\end{pmatrix}$$

（3）顾客满意度指数的计算。

我们可以采用加权平均的方法计算顾客满意指数。公式为：

$$CSI=\sum\lambda_i x_i$$

式中，CSI 为顾客满意度指数；λ_i 为第 i 项指标的加权系数；x_i 为顾客对第 i

项指标的评价。

测评指标	加权系数 λ_i	x_i 均值
质量可靠性	0.3	85.3
产品性能	0.25	92.4
耐用性	0.2	82.5
价格	0.15	87.6
服务	0.1	90.7

$$CSI = \sum \lambda_i x_i$$
$$= 0.3 \times 85.3 + 0.25 \times 92.4 + 0.2 \times 82.5 + 0.15 \times 87.6 + 0.1 \times 90.7$$
$$= 87.4$$

8. 编写顾客满意度指数测评报告

顾客满意度测评报告的一般格式是：题目、报告摘要、基本情况介绍、正文、改进建议、附件。正文内容包括：测评的背景、测评指标设定、问卷设计检验、数据整理分析、测评结果及分析。

本章小结

顾客满意度是当今衡量企业经营状况的一个重要尺度，它于20世纪90年代在经济发展的国家首先提出并进行探索和实施，经过多年的研究和实践，目前已被世界各国所采用。本章对顾客满意、顾客满意度的含义及其特点进行了论述，并提出了企业实施顾客满意度战略的重要性、指导思想以及实施顾客满意度战略的策略等。同时介绍了顾客满意度测评的类型、顾客满意度过程模型的特点、顾客满意度测评的指标、评价指标的结构以及测评的调查方法等。

本章还介绍了顾客满意度测评的基本模式，一般有三种，即直接绩效测评模式、直接差异测评模式、绩效与期望差距测评模式。介绍了顾客满意度指数的测评，讨论了顾客满意度指数测评对企业和对顾客的意义，提出建立顾客满意度测评体系和建立顾客满意度指数测评的指标体系。最后介绍了顾客满意度测评的步骤和方法。

复习思考题

1. 试述顾客满意和顾客满意度的含义。

2. 什么是顾客满意度战略？企业实施顾客满意度战略的指导思想以及实施顾客满意度战略的意义是什么？

3. 简述顾客满意度的基本测评模式。

4. 简述顾客满意度测评指标体系的原则。

5. 简述顾客满意度测评指标体系的构成。

6. 简述顾客满意度测评的步骤与方法。

12

质量管理"新七种工具"

本章要求
- ☐ 了解质量管理"新七种工具"的来源、特点和使用
- ☐ 了解质量管理"新七种工具"中每一种的含义、类型和应用范围
- ☐ 掌握质量管理"新七种工具"的主要作图方法

12.1 质量管理"新七种工具"概述

12.1.1 质量管理"新七种工具"的由来

企业的质量管理工作，正面临着前所未有的挑战和制约，而且不断增加多元目标的要求，以及日益严峻的市场竞争形势。在这种情况下，为了能主动适应和控制各种制约条件，实现多目标评价，赢得市场、顾客和效益，加重了企业各项管理工作的责任，要求用较高的管理效率迎接瞬息万变的市场竞争的挑战。这样企业质量管理不应只是从一个产品、一个方面的得失考虑问题，而应着重于提高和发展企业解决质量问题的能力、开发新产品的能力、市场营销能力以及质量保证能力，掌握系统地进行工作的方法，包括善于发现问题、重视计划、加强预测，善于抓住关键问题，积极发动全员参加管理，不断提高企业的应变能力，以较高的企业素质参加竞争。这样才能克服各种不利因素，克服各种困难，使企业保持长期持续发展的势头，在竞争中立于不败之地。

20世纪70年代末80年代初，日本科学技术联盟的"质量管理研究会"，经过多年的研究和实践，提出了"质量管理新七种方法"，简称"新七种工具"。其内容是：①关联图法；②亲和图法（KJ法）；③系统图法；④过程决策图法（PDPC法）；⑤矩阵图法；⑥矩阵数据分析法；⑦箭头图法。

质量管理"新七种工具"是把统计方法和思考过程结合起来，充分体现全面质量管理（TQM）的全过程、全员参加和以预防为主的特点。建立了思考型的TQM和"老七种工具"结合起来的方法，在作用上相互补充，相辅相成。可以说"老七种工具"偏重于统计分析，进行工序质量控制，而"新七种工具"偏重于思考分析过程。

12.1.2 质量管理"新七种工具"的特点与作用

1. "新七种工具"的特点

"新七种工具"的特点在于：在复杂的事物中，由各种因素整理出思路，把语言和数据等信息，用图表的形式加以整理，成为各有关人员可以共同使用的情报，便于相互协调和合作；同时通过使用"新七种工具"，锻炼自己的思考能力，对问题进行深入、全面地分析研究，抓住实质，较好地找出新的计划或方案，并对实施结果进行预测，从而对现状的问题点或系统积极地进行改善，防止遗漏和差错，减少失误，使开发计划圆满地完成。而且由于采用语言图表形式，将开发过程详细记录下来，可使上级或今后从事开发的人员清楚地了解具体情况。

2. "新七种工具"的具体作用

（1）整理语言资料。一般来说，企业管理人员所思考的问题，例如想到的方案、措施、决策、计划等，用语言资料表达总是多于用数值资料表达，把语言资料有序地整理出来，"新七种工具"提供了科学的方法。

（2）可以开拓思路。人们在思考问题时，把构思的问题用卡片记录下来，然后应用"新七种工具"把卡片集中、分类、连接而形成新的概念或评价尺度，从而开拓人们的思路，提高管理水平。

（3）可以避免顾此失彼、考虑不周的情况，使计划更完整，措施更有效。在 PDCA 循环中的 P（计划）阶段需要考虑各种因素，从不同的方面提出问题和可能出现的结果，然后采取措施以保证预期目标的实现。要想达到这样的目的，在计划（P）阶段就应该将大量的实施项目进行综合考虑，制定出较完善的计划和若干实施方案，"新七种工具"为我们提供了有益的工作手段。

（4）可以通俗地表达事物发展的过程，使执行计划心中有数，做到有的放矢。应用"新七种工具"可以把事物的发展过程或预想的过程表示出来，使我们新编制的计划和制定的实施方案更能符合事物的发展规律和现实状态，从而增加计划的有效性和方案的可靠性。

12.1.3　质量管理"新七种工具"的应用范围

"新七种工具"主要用于企业的方针目标管理、计划的实施、质量设计、新产品开发、质量保证、成本管理、安全生产、质量改进、QC 小组活动等方面。

12.2 关联图与亲和图法（KJ法）

12.2.1 关联图法

1. 关联图的含义

为了揭示事物的本质联系，在逻辑上把质量问题各因素之间原因→结果、手段→目的关系，用箭头连接起来，暴露和展开其各个侧面，最终从综合角度来处理问题的图表叫关联图。关联图不是浅近地分析问题的表面原因，而是追根究底，探究原因的子原因，以抓住问题的实质，找到解决问题的根本要害。

2. 关联图的形式

关联图的形式比较灵活，大体可分为4种类型。

（1）中央集中型。把应解决的问题或重要项目安排在中央位置，从和它们最近的因素开始，把有关的各因素排列在它的周围，如图12-1所示。

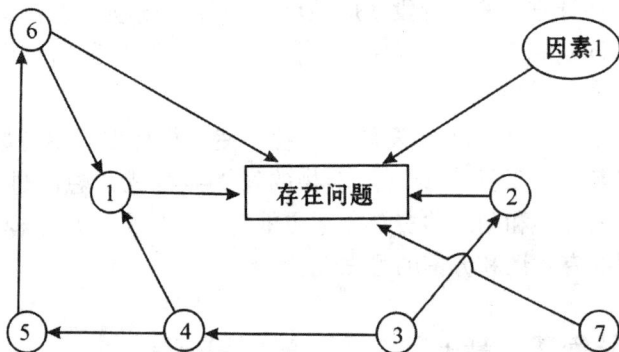

图 12-1

（2）单向汇集型。把应解决的问题或重要项目安排在左（或右）侧，按各因素的因果关系尽量从左向右（或从右向左）侧排列，如图12-2所示。

（3）关系表示型。用以表示项目之间或因素之间的因果关系，因此，在排列上比较自由灵活，如图12-3所示。

（4）应用型。以上述3种类型关联图为基础进行综合利用的图称为应用型关联图。如图12-4所示。

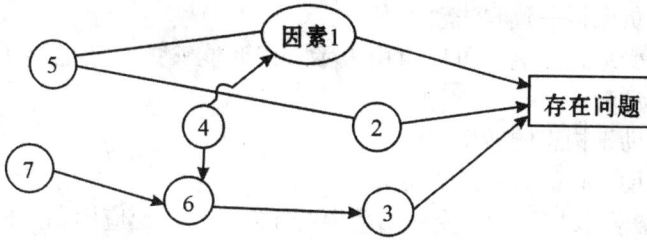

图 12 - 2

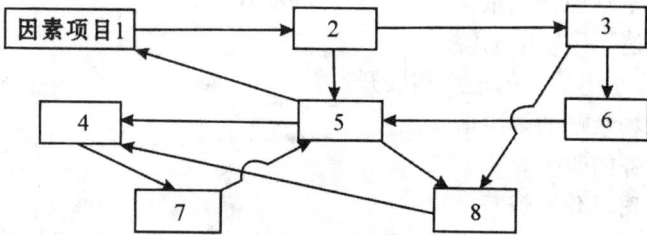

图 12 - 3

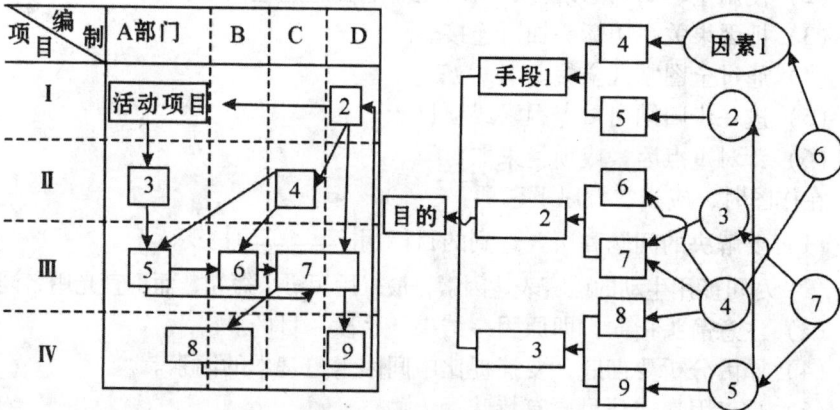

图 12 - 4

3. 关联图法的特征和适用范围

关联图法是从因果关系入手，经过整理，运用语言资料表达的一种方法，其主要特征有：

（1）适用于整理各种因素复杂地交织在一起的问题。

（2）可以从计划阶段就开展在广泛范围内观察和展望问题。

（3）能够准确地抓住重点项目。

359

（4）成员取得一致看法较为容易。

（5）不受形式限制，可以自由表示，因此能够更好地把存在的问题和有关因素联系起来。

（6）有助于构思的转换和展开。

（7）有助于打破固有的成见。

关联图法不仅用于解决企业活动中的问题，也广泛应用在分析社会现象等领域中。在质量管理中可应用在以下几个方面：

（1）全面质量管理的推行活动。

（2）质量管理、质量保证方针目标的展开。

（3）制造工序缺陷的解决。

（4）QC 小组活动的推广和展开。

（5）市场索赔的解决措施。

（6）业务的改善。

4. 关联图的作图程序

（1）以所要解决的质量问题为中心展开讨论，分析原因及其子原因，以及各因素的因果或目的与手段关系，顺藤摸瓜，列出全部因素。

（2）使用生动贴切的语言，简明扼要地表达这些因素。

（3）把因果关系用箭头加以连接。

（4）通过全图掌握全貌。

（5）进一步归纳出重点因素或项目。

（6）针对重点因素或项目采取对策。

在作图时，应当掌握以下事项：

（1）要解决的问题和所要达到的目标用 ▭ 表示。

（2）尽可能用生动的语言表达因素，最好用短语、短句，而不宜光用名词。

（3）注意箭头指向，即原因→结果，手段→目的。

（4）原因分析要彻底，要捕捉比中间因素更基本的因素。

（5）重点因素或项目要有特殊标记。

（6）为了归纳重点项目，应反复修改图形，以达到满意。

12.2.2 亲和图法（KJ 图法）

亲和图法也叫 KJ 法，是由日本的川喜田二郎（Kawaklda Jiro）首创的一种方法，故名 KJ 法。

1. KJ 法的含义

KJ 法是对未来的问题、未知的问题、未经验领域的问题的有关事实、意见、构思等语言资料收集起来，利用其相互内在的思想联系（所以又叫亲和性 Affinity）加以整理归类，从复杂的现象中整理出思路，以便抓住实质，找出解决问题的一种方法。

2. KJ 法的用途

（1）用于认识事实。在未知和无经验的情况下，事物是杂乱无章的，必须弄清每一个有关的事实，冷静分析掌握实际资料，绝不可以从既定的概念和假设出发看问题。

（2）用于形成构思。对于未知和无经验的领域，必须收集与课题有关的事实资料，收集他人意见和自己片断见解的资料进行归纳，系统地形成自己的看法。在接受完全不熟悉的任务和总结推行工作方针时，均属这种情况。

（3）用于打破现状。这种情况与用于形成构思相同，但前者是从一无所有的状态出发，后者是以打破现状出发。只有冲破陈旧体系，才能摆脱思想上的杂乱状态，进行再一次构思。

（4）用于彻底更新。在学习和仿效前人构成的思想体系的基础上来归纳自己的思想体系和理论体系。阅读前人的著作和论文，融会贯通后用 KJ 法归纳出新的文章，形成自己独立的论点。

（5）用于筹划组织工作。单纯把各方面的人员集中还不能解决问题，必须使他们相互了解，相互理解，促进工作。

（6）用于彻底地贯彻方针。领导者要使自己的观点和方针得到贯彻，可以根据讨论所得到的语言资料，以口头发表形式向下级传达自己的方针，并可反复进行，以达到彻底贯彻的目的。

3. KJ 法的作图程序

（1）确定课题。一般选择下列范围的题目：①澄清事实。事物表象处于杂乱无章的状态，希望进行系统整理，了解其规律性。②形成构思。思想处于混乱状态，希望理出头绪，明确思路。③变革现状。④创立新体系。⑤筹划组织方法的课题。⑥贯彻方针方面的课题等。

（2）收集语言文字资料。亲自到现场了解，取得直接的第一手资料。也可以倾听别人的意见，阅读有关文献资料取得第二手材料。还可以根据自己的思考提出新的设想，以及通过集体讨论，互相启发取得资料。

（3）语言资料卡片化。收集到的语言资料按内容逐个分类，并分别用独立的意义、确切的词汇和短语扼要地综合制成卡片。

（4）汇合卡片。将所有卡片汇合在一起，把内容相近的归在一类，按顺序排列和进行编号。

（5）作标题卡。同一类卡片放在一起，经编号后集中。把该类的本质内容用简单语言归纳出来，并记录在一张卡片上，叫标题卡。

（6）作图。无法归类的卡片为孤立卡片，自成一组。把最终汇集好的卡片，按照比较容易寻找的相互位置进行展开排列，并按照既定的位置，把卡片贴在纸上，用适当的记号勾画出其相互关系。

（7）口头发表。按照已勾画出的图的内容，进行讲解，说明卡片的内容和自己的理解。

（8）写调查报告。按照构思的内容写成文章。

4. 应用实例

KJ 法适用于横向协调较多、范围比较广泛的工作，例如研究开发、质量保证、市场调查、推行 TQM、开展 QC 小组活动等（图 12－5 是应用 KJ 法开展 QC 小组活动的实例）。

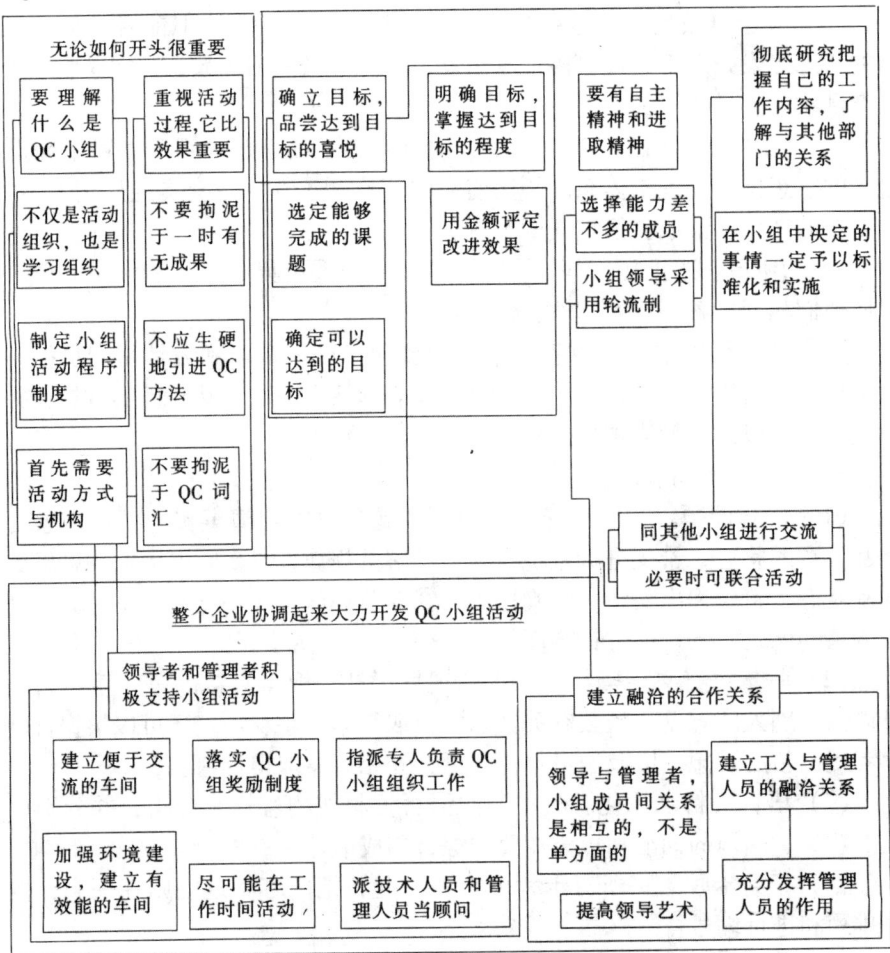

图 12－5　如何搞好 QC 小组活动（KJ 法）

12.3 系统图与过程决策图法（PDPC 法）

12.3.1 系统图法

1. 系统图的含义

系统图法是把为了达到目的、目标所必需的手段、方法系统地展开，并绘制成系统图，以便纵观全局、明确重点、寻求实现目的或目标的最佳措施和手段的方法。如图 12 – 6 所示。

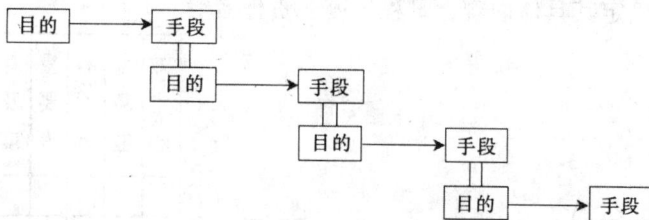

图 12 – 6

为了达到目的，就要采取手段，而上一级的手段，又是下一级的目的。

系统图在质量管理活动中还可以对企业管理人员进行目的——手段思考训练方面发挥作用，通过系统图，可以减少明确目的与手段的困难。

2. 系统图的主要用途

在质量管理中，系统图应用范围很广，主要有以下几个方面：

（1）在发展新产品中，把用户要求具体化为设计质量，并将设计质量目标进行展开。

（2）质量保证活动的展开，建立质量管理体系。

（3）可作为因果图灵活使用。

（4）用以解决企业内质量、成本、产量等各种问题的新设想的展开。

（5）目标、方针、实施事项的展开，用于方针目标管理。

（6）探求部门职能、管理职能和提高效率的方法等。

3. 系统图法的作图程序

（1）明确目的或目标。把要求最终达到的目的或目标记录下来，并安排在明显的位置，使人一目了然。对达到目标过程中存在的相互制约的事项，也应加以明确。

（2）提出手段和措施。一般可通过 3 种方法进行：①从所要达到的目的或目标开始，依次提出下一水平的手段和措施，一般叫目标展开；②从最基础、初级的手段和措施开始，逐级向上提出高一级的手段和措施，直至达到目的；③当分辨不清高、初级时，就针对具体目标，进行分析思考，依靠集体智慧，提出手段措施。

（3）手段和措施的评价。所提出的手段和措施，在实际应用中不一定可行。为了实用起见，应对其可行程度进行评价。

（4）使手段、措施系统化。即制成互相连接、顺序排列的系统图。

（5）核查目的。逐级检查所用手段能否保证各级目的或目标，直至最终目的或目标的实现。

（6）制定实施计划。系统图中最末一级的手段（措施），必须逐项制定出实施计划，确定其具体内容、日程进度、责任者等。

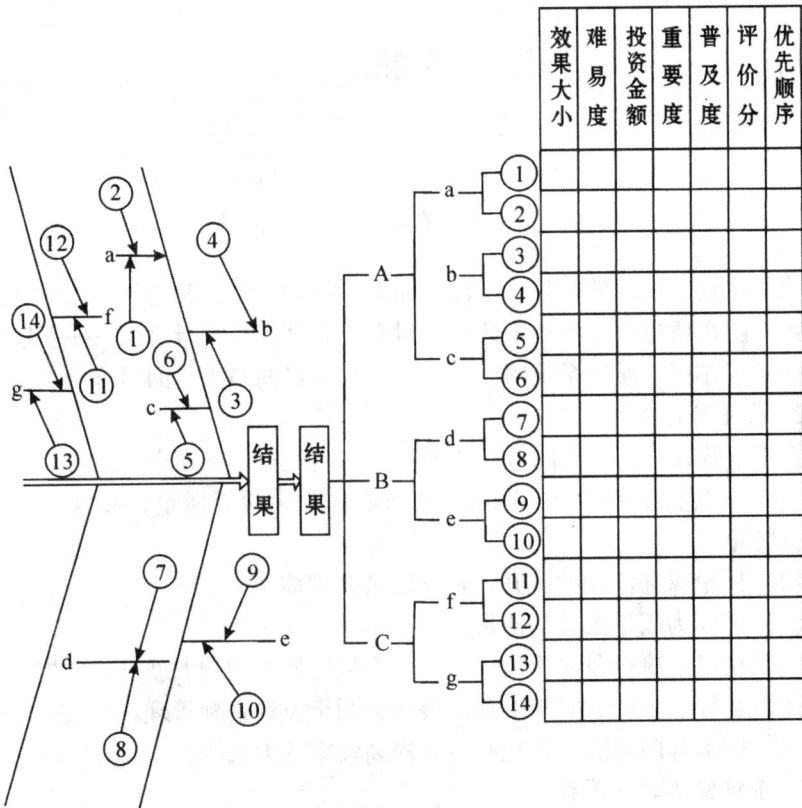

图 12 - 7

4. 系统图的应用

这里仅举一例。在改进质量方面应用系统图作因果分析图（不良品原因、制造误差等原因），如果同一级因素之间互相比较评价时，各因素对质量特性的影响程度数量化，就可以将质量部署与展开的末端因素联系起来，用系统图代替因果图，这时就称之为因果分析系统图，见图12-7所示。

12.3.2 过程决策程序图法（PDPC 法）

1. 过程决策程序图法的含义

过程决策程序图又叫 PDPC 图法（Process Decision Program Chart）。在进行质量管理时，为了达到预定目标和解决问题，事先进行必要的计划或设计，预测可能出现的问题，分别确定每种情况下的对策和处理程序，以便把事物引向理想的结果。但是，在事物的过程中可能发生意料不到的重大事故，根据现有知识，提出解决问题的依据尚不充分，或考虑到环境变化以及无法估计到的事态发生，在现阶段根本不能预测解决。这样，在发生新事态或出现新情报时，就需要经常把解决问题的步骤推向完成目标的方向。即每当新情报出现时，就必须预测并探索按过去的计划进行是否可以，有无其他更佳方案可行，并找出解决措施。为了解决质量管理中所遇到的这种问题，就要引入运筹学中的PDPC法来应用。

PDPC 法是为了实现研究开发目标，在制定计划或进行系统设计时，预测事先可以考虑到的不理想事态或结果，把过程的特性尽可能引向理想方向的方法。此外，PDPC 法也有效地利用在过程进行中，当发生没有预测到的问题时，应以最终目标为标准，不断地、尽可能地修正计划和措施。也可以说，PDPC 法是随着事态的进展对能够导致各种结果的问题，确定一个过程使之达到理想结果的方法。

2. PDPC 法的特征

（1）PDPC 法是一种动态展开方法，即按时间顺序排列的方法。一般可分为两个步骤：

第一阶段：在计划阶段，根据已有的资料提出所想到的可能会发生的各种问题，不存侥幸心理，尽量不要遗漏，并准备好解决它的措施，以提高达到目标的准确度。

例如图12-8，目前 A_0 点不合格率很高，欲降到不合格率较低的理想状态 Z。在第一步设计时，制定出 A_0 到 Z 的手段为 A_1、A_2、$A_3 \cdots A_p$ 的一系列活动，如果这能顺利完成，当然理想。但是一般较难的质量问题未必如此顺利，还得慎重研究。有关人员集体讨论，认为无论从技术上或管理上看，实现 A_2 有很大困难。再考虑从 A_2 转经 B_1、$B_2 \cdots B_s$ 到达 Z 的第二手段系列。如果上述系列行不通，还得准备虽然费用多些，但能达到目标的 C_1、$C_2 \cdots C_r$，或者从 C_1、C_2、C_3 转到 D_1、$D_2 \cdots D_e$ 的另外两个系列活动。因此在第一阶段不能只考虑达到目标的一种手段系统，而是要预先考虑能达到目标可能性的其他许多系列，提高实现目标的可靠程度。在实施时可按难易、费用大小、效果大小等排出优先次序，逐个实施。在交货期紧迫时，也可以考虑几个系列同时并进。

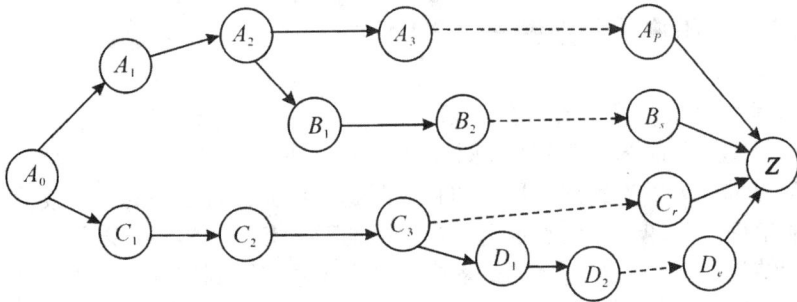

图 12 - 8

第二阶段：对于潜在的质量问题，第一阶段的所有判断未必适用，可能会出现意想不到的问题。假定上述系列并行推进，达到 A_3、B_1、C_3 等阶段，这时如果课题开始后已过了 2～3 个月，就可以比较明确地估计出经过 A_p、B_s、C_r、D_e 达到 Z 的各系列成功的可能性，以及存在的问题。可能上述所有系列都不行，这时就要综合各种信息，判断是否需要补充另外的系列，如再增加一个 E 系列或 F 系列等。也就是说，第二阶段就是每隔一定时间，以所得情报为基础，为提高达到目标 Z 的成功的可能性而采取进一步措施的阶段。

（2）PDPC 法兼有预见性和随机应变性。它是以事件或现象为中心，掌握系统的输入和输出的关系，故可较为准确地提出可能导致的"不良状态"，找到其发生的原因，事先予以消除。而且它所采取的是沿多方向发展的方式，便于指出意料之外的重要问题。

3．PDPC 法的应用范围

（1）常用于产品设计中安全性、可靠性设计，对有关安全的重大事故进行预测，并相应采取预防性措施，也有用于保障交通运输安全的预防性措施等。

（2）制定目标管理中的实施计划。

（3）制定研制项目的实施计划。

（4）制定预防制造工序中出现不良因素的措施。

（5）找出或选择谈判过程中的对策等。

4．PDPC 法的作图程序

（1）首先确定课题，然后召集有关人员进行讨论问题的所在。

（2）从讨论中提出实施过程中各种可能出现的问题，并一一记录下来。

（3）确定每一个问题的对策或具体方案。

（4）把方案按照其紧迫程度、难易情况、可能性、工时、费用等分类，确定各方案的优先程序及有关途径，用箭头向理想状态连接。

（5）在实施过程中，根据情况研究修正路线。

（6）决定承担者。

（7）确定日期。

（8）在实施过程中收集信息，随时修正。

12.4 矩阵图与矩阵数据分析法

12.4.1 矩阵图

1. 矩阵图的含义

矩阵图法是在复杂的质量问题中，找出成对的质量因素，分别排列成行和列，在其交点处表示其关系程度，据此可以找出存在哪些问题和问题的形态，从而找到解决问题的思路。

矩阵图是用于分析质量因素复杂关系的图表，是在多维坐标上用各坐标的交点来表示各种因素的关联程度的图形。只要把坐标图上各因素的交点，视为"构思"的着眼点，就有可能找到解决问题的方法。矩阵图形式如图 12-9 所示。

		R		
	$R_1 R_2 R_3 R_4 \cdots$	R_j	$\cdots R_m$
	L_1			
L	L_2			
	L_3			
	L_4			
	$\vdots$			
	L_i	● （着眼点）		
	$\vdots$			
	L_n			

图 12-9

2. 矩阵图的类型

（1）L型矩阵图。这是一种基本的矩阵图，它是把若干成对的事项（目的→手段，结果→原因）用行和列排列的二元表的形式表示的矩阵图。如图12−10所示。

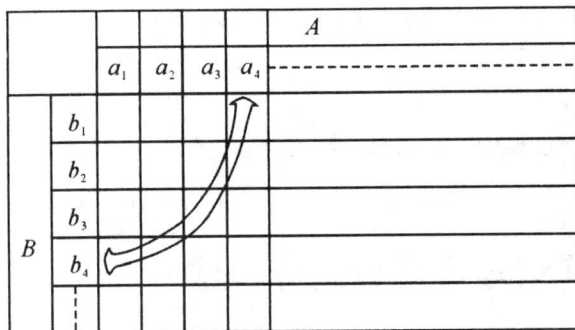

图 12 −10　L 型矩阵图

（2）T型矩阵图。它是由A因素和B因素、A因素和C因素的两个L型矩阵图（其中A因素共用）组合起来的，如图12−11所示。

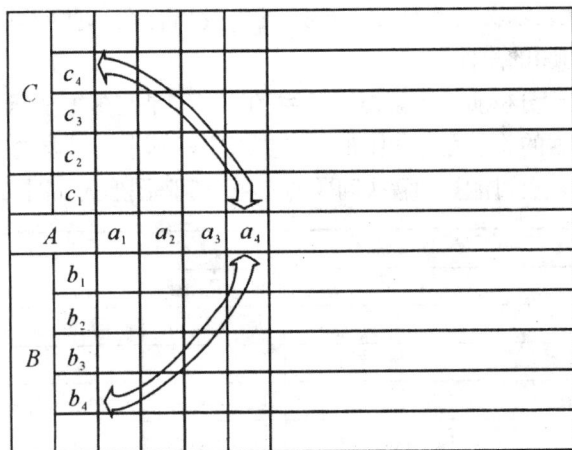

图 12 −11　T 型矩阵图

（3）Y型矩阵图。Y型矩阵图是由A和B因素、B和C因素、C和A因素三个L型矩阵组成的，即它是表示A和B、B和C、C和A三对因素分别对应的矩阵图。如图12−12所示。

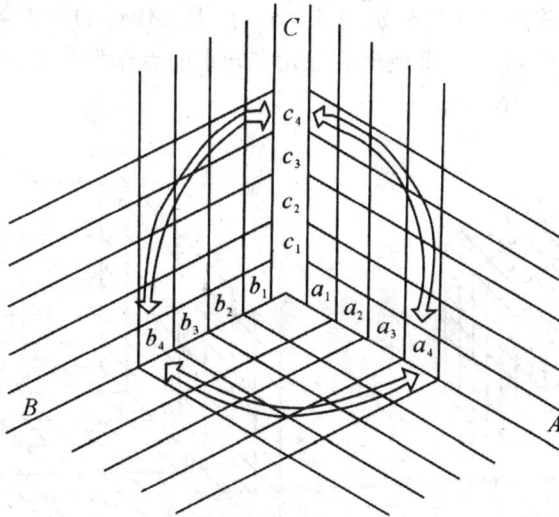

图 12 – 12 Y 型矩阵图

（4）X 型矩阵图。它是由 A 和 B、B 和 C、C 和 D、D 和 A 因素四个 L 型矩阵组合而成，是四对因素分别对应情况的矩阵图。如图 12 – 13 所示。

369

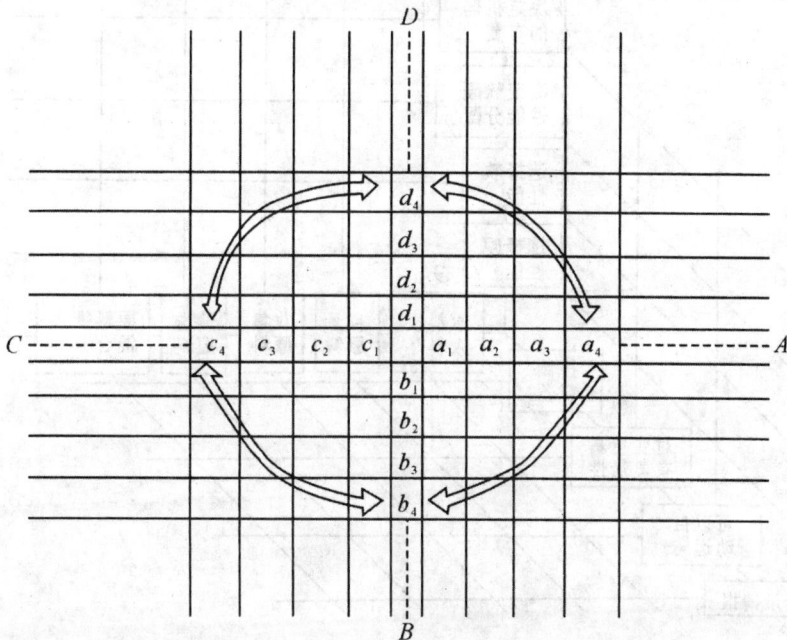

图 12 – 13 X 型矩阵图

（5）C 型矩阵图。这是分别用 A、B、C 因素作边的立方体型矩阵图。它的特征是以 A、B、C 各因素规定的三元空间上的点作为着眼点。如图 12 - 14、图 12 - 15、图 12 - 16 所示。

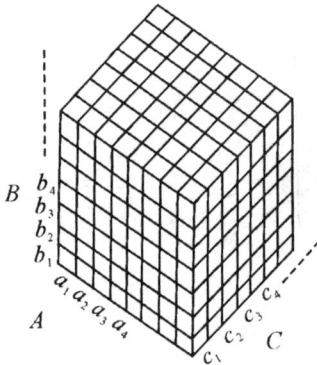

图 12 - 14 C 型矩阵图

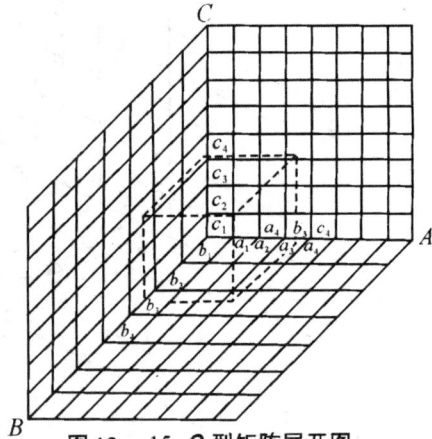

图 12 - 15 C 型矩阵展开图

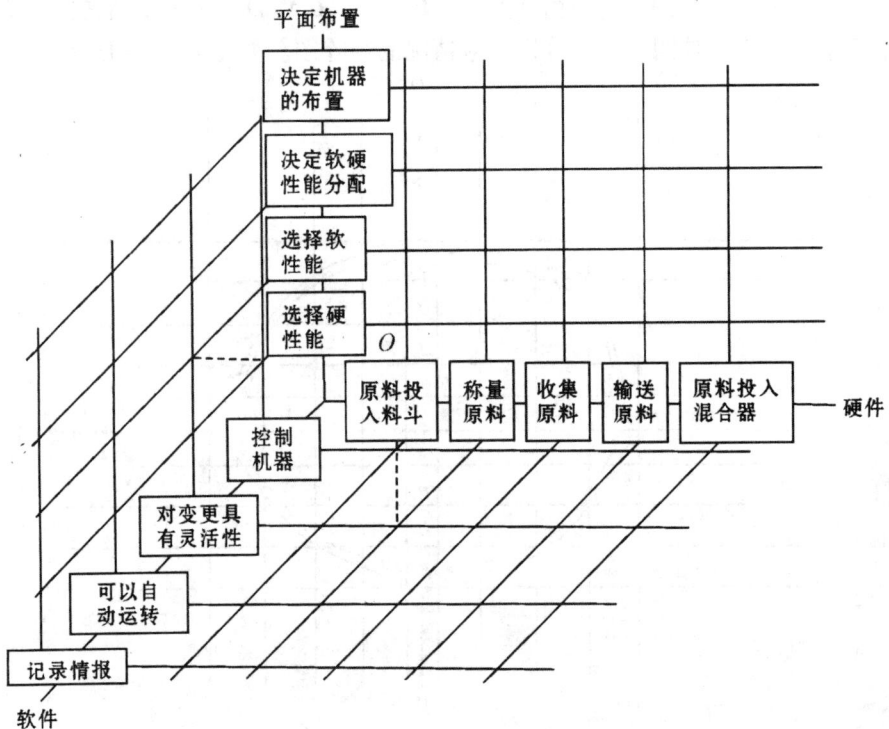

图 12 - 16 C 型矩阵粉粒体称量配制系统的性能系统矩阵图

把这 5 种矩阵图组合起来，就可以进一步组合成各种矩阵图，也可以把系统图与矩阵组合起来使用，等等。

3. 矩阵图的用途

矩阵图在质量管理中应用，主要有以下几个方面：

（1）给定开发改进系列产品的着眼点。

（2）以产品的质量保证和管理机构的联系，确定加强质量保证体系。

（3）加强质量评价机构，提高其效率。

（4）探求生产工序产生不良品的范围，分析不合格现象——原因分析——工序（发生源）之间关系。

（5）制定产品打入市场的战略等。

4. 矩阵图作图程序

（1）列出质量因素。

（2）把成对因素排列成行和列，表示其对应关系。

（3）选择合适的矩阵图类型。

（4）在成对因素交点处表示其关系程度。一般由经验进行定性判断，可分三种，即关系密切、较密切、一般（或可能有关系），并用不同符号表示出来。

（5）根据关系密切程度，确定必须控制的重点因素。

（6）针对重点因素作对策表。

12.4.2　矩阵数据分析法

1. 矩阵数据分析法的含义

把矩阵图中各因素之间的关系用一定量来表达，即在其交点上可以标出数值资料，把多种质量因素或多个变量之间的对应关系，定量地加以表达，从而对大量数据进行预测、计算整理分析的方法。这种方法所用的主要计算方法叫做"主成分分析法"。它是多参量解析法的一种方法。这种"主成分分析法"在预测课程中对其原理一般都进行较详细的介绍，因此这里从略。

2. 矩阵数据分析法的主要用途

矩阵数据分析法可以应用于市场调查、预测新产品开发、规划、研究，以及工序分析等方面。只要存在一定的数据，就可以使用这种方法，它的主要用途有以下几个方面：

（1）用于预测。如用于服装流行周期的预测。若选定 53 种代表各年度的服装设计款式，由 45 位专家使用 20 种评价尺度，经过主成分分析，发现时代因素为第一主成分，女性因素为第二主成分，独特因素为第三主成分。

（2）可以在服装定型分类中应用。如为了解决男子服装定型，某厂曾对256个成年男子进行体形测定，每个人测16项指标，为了验证观察结果重复性，又将样品分为 I、II 两组，每组128人，然后对以上数据求均值、标准差、相关系数、特征值、特征向量，得出三个主成分，即尺寸大小、形状因素和体形因素，据此可为服装定型提供依据。

（3）用于工序质量分析。如某汽车厂，加工汽车左右前挡泥板时，右挡泥板易出现折皱。后来在钢板上任选39处画上 $\phi20$ 的圆，测定冲压后的圆的变形度，取左挡泥板18个，右挡泥板27个，一共45个样品，得到 45×39 的计量值数据。经过主成分分析，发现影响折皱发生者不是折皱处本身的圆变形，而是偏离折皱处的某特定位置的变形度，找到其机械、材料方面的影响因素，予以消除，建立了工序质量管理标准。这是专业技术与管理技术相结合的范例。

（4）用于了解某种产品的设计受欢迎程度的分析。如对某种汽车的车型受欢迎程度的分析。如对10种汽车车型由 1 041 个人对12个项目进行评价，结果公认 A 车好。其原因是"车室宽敞"，又对包括 A 车在内的29种车型车室各测26处，得到 26×29 个数据，经过主成分分析证明，A 车的宽度仅相当于评价车型的平均值，之所以受到好评，是重视了后排坐席的布置。

（5）用于探索新产品材料的用途以及荧光灯的光谱分析等。

下面通过一个具体实例来说明此方法的具体应用及其计算分析过程。

3. 矩阵数据分析法的应用实例

现用日本户田氏曾开展过"食品嗜好"的社会调查的实例，用矩阵数据进行计算，并分析计算结果，其过程如下：

表 12 - 1 　各组评价者对各种食品的平均嗜好

各组评价者			食品 1	食品 2	食品 3……	食品 100
男	1	15 岁以下	7.8	4.6	……	3.1
	2	16 ~ 20 岁	5.4	3.8	……	2.8
	3	21 ~ 30 岁	3.9	4.4	……	3.3
	4	31 ~ 40 岁	3.5	4.0	……	3.0
	5	41 岁以上	3.0	3.5	……	2.5
女	6	15 岁以下	8.1	6.2	……	3.9
	7	16 ~ 20 岁	6.0	7.2	……	3.5
	8	21 ~ 30 岁	5.4	7.5	……	3.0
	9	31 ~ 40 岁	3.8	7.0	……	2.8
	10	41 岁以上	2.5	9.0	……	3.0

（1）调查、收集数据。调查过程所收集的部分数据如表 12－1 所示。表 12－1中的矩阵数据是日本人民生活中的 100 种主要食品（包括主食 19 种、汤菜 4 种、肉菜 10 种、鱼菜 11 种、其他副食 3 种、饮料 14 种、糕点 11 种等）。分 10 个男女年龄段嗜好程度评价得分。以最喜欢的食品评为 9 分，最讨厌的食品评 1 分，即评分从 1~9 共分 9 级。表中的数据是各年龄组 50 人以上的评分平均值。表 12－1 的数据是由 10×100＝1 000 个数据形成的矩阵。如果粗略地看这些数据，很难看出男、女之间及各年龄组之间对各种食品的喜爱程度的差异。而用主成分分析法就能够探讨每个年龄组对各种食品是否喜爱，而且还能求出每个年龄组所喜爱的代表食品，以达到研究改进食品的目的。

（2）计算均值、标准差和相关系数。例见表 12－2（各年龄组间的相关系数矩阵）。

表 12－2

食品种类 \ 评价者	男					女				
	15岁以下 1	16~20岁 2	21~30岁 3	31~40岁 4	41岁以上 5	15岁以下 6	16~20岁 7	21~30岁 8	31~40岁 9	41岁以上 10
1	1									
2	0.871	1								
3	0.516	0.759	1							
4	0.370	0.604	0.852	1						
5	0.172	0.402	0.728	0.874	1					
6	0.936	0.821	0.517	0.358	0.208	1				
7	0.811	0.836	0.658	0.488	0.354	0.889	1			
8	0.615	0.709	0.698	0.620	0.523	0.746	0.894	1		
9	0.500	0.647	0.701	0.721	0.710	0.621	0.768	0.852	1	
10	0.330	0.457	0.558	0.632	0.748	0.493	0.624	0.773	0.911	1

注：表中对角线 1 以上右半部因对称而省略。

（3）根据相关系数矩阵求特征值和特征向量。由于计算量很大，要用到 10 次方程，方程的计算可用电子计算机来完成。计算结果见下表 12－3。

（4）求贡献率。由于变量为 10，可以求出 10 个特征值，故将每个特征值除以 10，可得其贡献率（贡献率＝特征值/变量数×100%），贡献率代表主成分的影响程度。数值越大代表性就越大。本例可见表 12 - 3 所示。

表 12 - 3

评价年龄组			第一主成分	第二主成分	第三主成分
			特性向量	特性向量	特性向量
男	1	15 岁以下	0.286	0.446	0.194
	2	16 ~ 20 岁	0.331	0.240	0.336
	3	21 ~ 30 岁	0.323	- 0.166	0.442
	4	31 ~ 40 岁	0.299	- 0.359	0.375
	5	41 岁以上	0.261	- 0.507	0.128
女	6	15 岁以下	0.300	0.408	- 0.084
	7	16 ~ 20 岁	0.344	0.253	- 0.171
	8	21 ~ 30 岁	0.348	0.032	- 0.290
	9	31 ~ 40 岁	0.346	- 0.164	- 0.322
	10	41 岁以上	0.303	- 0.267	- 0.522
特征值			6.83	1.76	0.075
贡献率%			68.3%	17.6%	7.5%
累计贡献率%			68.3%	85.9%	93.4%

（5）分析计算结果：

①第一、二、三主成分的贡献率分别为 68.3%，17.6%，7.5%，三者累计达 93.4%，已代表所有变量的绝大部分。把注意力集中到特征值大的方面来。

②每个主成分对应于各观测组有 10 个数据，此为特征向量，表示观测组同该主成分的关系。第一主成分下的数值相近，且符号相同，表示这是共同性嗜好，不论哪一年龄或性别组都同样爱好。第二主成分，特征值从第一观测组向第五观测组降低；第六至第十观测值也是下降趋势。这里，观测组 1 ~ 5 为男性，6 ~ 10 为女性。这说明，特征向量随男女年龄的不同而有正负变化，这说明第二主成分表示年龄差异对食品嗜好的影响，其贡献率在整个食品嗜好中占 17.6%。第三主成分，男性特征向量为正值，女性为负值，表示男女食品嗜好的差别，其贡献率为 7.5%。

③上述评价的各种食品可按各种嗜好类型进行排列，计算其主成分得分（ $W_{mj} = \sum_{i=1}^{10} LmiZij$ ）。

Lmi 为第 m 个主成分的第 i 个观测组对应的特征向量值，见表 12 - 3。可

374

就 $m=1$, 2, 3 的各主成分, 求食品 $j=1$, 2, $\cdots$, 100 时的主成分, 若将第一主成分得分和第二主成分得分分别表示在横、纵坐标上。横坐标向右表示越来越喜欢吃的食品, 纵坐标向上表示年轻人爱吃的食品, 向下表示老年人喜爱的食品, 由此可表示年龄嗜好与一般嗜好的关系。如果就第一主成分与第三主成分的得分打点, 还可以得到一般嗜好与男女嗜好之间的关系。

由于上述的主成分分析, 找到了今后从事食品研究的方向与情报。

12.5 箭条图法

箭条图法是制定最佳日程计划、高效率管理进度的方法。在质量管理活动中不仅是质量, 时间也是不可缺少的重要管理项目。例如, 新产品开始生产的时机、产品的交货期、工程项目的推行计划及其进度等。为了在规定的日程里达到并拿出所要求的质量, 日程计划及其进度管理是极其重要的管理活动。

箭条图法是一种进行时间的计划管理方法。它通过绘制和运用工序流程图, 对生产、科研、技术改造等工程项目进行必要的统筹安排和合理调度, 以达到缩短工期、节约资源、保证时间要求的目的。

在制定最佳计划、高效率地进行进度管理的方法中, 有 PERT (Program Evaluation Review Technique) 即计划评估复审法或称计划评审技术, 和 CPM (Critical Path Method) 即临界路线法, 也称关键路线法。在这种 PERT 或 CPM 中表示日程计划的图就是"箭条图"。箭条图就是把推行工程项目时所必需的各种作业按其从属关系以网络表示的"箭头图"。其原理和作图等完全与网络计划技术分析相同。由于网络计划技术分析在运筹学中和在企业生产管理中都有详细介绍, 因此在这里从略。

本章小结

在质量管理活动中, 运用属于运筹学、系统工程等方法来处理质量管理上的问题。经过实践和研究, 日本的质量管理研究会在质量管理活动中运用到这些方面的有关方法, 归纳整理出七种, 叫质量管理"新七种工具", 也就是本章所介绍的七种方法。

质量管理"新七种工具"主要是以图形的形式来归纳整理语言文字资料, 从而获取有效的情报, 帮助人们理清思路, 在 PDCA 循环中的"P"阶段, "新七种工具"用得最多。

所谓"新七种工具",作为方法本身不是什么新的发明创造,其中任何一种方法,在质量管理以外的领域都可以找到它的应用,不过将这类方法通俗化和标准化,并在质量管理活动中得到系统应用,这就给它们赋予了新的意义,从而形成了质量管理的"新七种工具"。

当前我国正在建立社会主义市场经济体制,企业要面向市场,在确定生产什么产品前要进行市场调查和市场预测,要开发新产品,制定质量计划、质量管理体系,以及售后服务等各方面发展。"新七种工具"在这些方面运用是很合适的,因此,"新七种工具"可供我们学习和借鉴。

复习思考题

1. 质量管理"新七种工具"是指哪七种,他们的作用归纳起来有哪几个方面?

2. 什么叫关联图,它有哪几种类型,主要在哪些范围中应用?

3. 什么叫 KJ 法,它有什么用途?

4. 什么叫系统图法,有何用途?

5. 什么叫 PDPC 法,它在哪些范围中应用?

6. 什么叫矩阵图法,它有哪些类型?

13

六西格玛（Six Sigma）管理

本章要求

- ☐ 了解六西格玛管理的由来
- ☐ 了解六西格玛的内涵
- ☐ 掌握实施六西格玛管理的条件
- ☐ 掌握实施六西格玛管理的方法步骤

13.1 六西格玛管理的由来与发展

质量管理的方法是多种多样的，随着科学技术的进步和经济的发展，新的质量管理方法也不断出现。20 世纪 90 年代在美国摩托罗拉、通用电气公司等企业又提出一种新的质量管理——"六西格玛管理"。六西格玛（也称 6σ 或 6sigma）管理，是近年来世界级企业追求卓越的一种先进质量管理方法。实践证明，美国摩托罗拉、通用电气等企业推行这一方法后，取得了很好的效果，因而引起了世界各国的高度关注，发达国家各大企业纷纷仿效引进和推行，从而全球掀起了一场"六西格玛管理"的浪潮。对此下面作一些介绍。

13.1.1 六西格玛管理产生于摩托罗拉公司

摩托罗拉公司创建于 1929 年，罗伯特 W. 盖尔温继承其父业，1964 年成为首席执行官（CEO）兼董事长。目前，摩托罗拉公司已发展成为一个生产电子设备和电子零部件的大型跨国公司。

1985 年摩托罗拉通讯部门的质量水平约为四个西格玛的水平，而日本已达到五个西格玛的水平。为此，摩托罗拉首席执行官罗伯特 W. 盖尔温带领其高层管理人员到日本进行访问调研，对日本过程性能优于摩托罗拉大约 1 000 倍的现实，留下深刻的印象。因此，决定改进摩托罗拉的过程水平至六西格玛，并定下在五年内弥补他们与日本的差距。

西格玛 "σ"（Sigma）是希腊字母的译音，在统计学常用来表示数据的离散程度，对连续可计量的质量特性值，可用 σ 度量质量特性总体上对目标值的偏离程度，称之为标准差。六西格玛（6σ）是一个衡量业务流程能力的指标。从市场营销观点出发，摩托罗拉首席执行官盖尔温先生，利用新奇事物来吸引人们的注意力，所以将改进摩托罗拉的过程水平至六西格玛命名为"六西格玛"，这就是六西格玛管理的由来。

13.1.2 六西格玛管理的发展

摩托罗拉公司在首席执行官盖尔温先生的倡导下，于 1986 年首先在他们公司的通讯部门启动其"六西格玛方案"，并在 1987 年将这项新颖的具有远见的战略行动推广到全公司，为了保证其总目标的实现，他们十分重视高级管理层的表率作用，自上而下说服员工严肃认真地推行"六西格玛方案"。为了贯彻"六西格玛方案"所需要的人才，还在公司内专门建立了"摩托罗拉大学"，进行了大规模的六西格玛培训计划，对所有各级员工都分层进行培训。经过一年多后，到1988年，摩托罗拉公司推行六西格玛管理已取得可观的成绩：①在92亿美元的营业额中，通过"六西格玛方案"，估计节约了4.8亿美元，而且这些部门员工的六西格玛奖金竟达到工资的20%。②1988年摩托罗拉成为第一家获得美国国家质量奖——波多里奇奖。③1991年节约成本7亿美元，推行六西格玛到1991年共节约24亿美元。④到1992年摩托罗拉大部分部门已经达到六西格玛水平。

摩托罗拉公司取得如此突出的成绩，引起了各方面的关注。于是许多顶级大企业都纷纷仿效，特别是美国通用电气公司，在杰克·韦尔奇的领导下，于1996年开始把六西格玛作为一种管理战略在全公司推行。六西格玛的流程变革方法取得了显著效益，他们仅用了5年时间完成了10年计划，而杰克·韦尔奇也因此而名满天下，被誉为全球第一CEO（他已于2002年退休）。此外，联讯、德仪等公司推行六西格玛管理也获得了很大的成功，我国也在20世纪90年代末引入六西格玛管理，目前正在推行之中。

13.2　六西格玛基本理论

13.2.1　六西格玛与质量

前面已经提到西格玛"σ"是希腊字母的译音，在统计学中常用来表示数据的离散程度。六西格玛（6σ），具有多种含义。首先它是一个统计测量基准。它告诉我们目前自己的产品、服务和工序的真实水准如何。六西格玛方法可使我们与其他类似或不同的产品、服务和工序进行比较，通过比较，我们可以知道自己处于什么位置。最重要一点是可以使我们知道自己的努力方向，以及如何才能达到目的。也就是说，六西格玛帮助我们建立了目标和测试顾客满意度的标尺。例如，当我们说一个工序具有六西格玛能力时，我们可以肯定它是世界范围内最好的，这种能力意味着在生产100万件产品中，只有3.4件不良品出现的机会。当我们说一个工序具有五西格玛能力时，意味着在生产100

万件产品中，有 233 件不良品出现的机会。当我们说一个工序具有四西格玛能力时，意味着在生产 100 万件产品中，有 6 210 件不良品出现的机会。当我们说一个工序具有三西格玛能力时，意味着在生产 100 万件产品中，有 66 807 件不良品出现的机会。当我们说一个工序只具有二西格玛能力时，意味着在生产 100 万件产品中，有 308 770 件不良品出现的机会。由此可以看出，六西格玛测量标尺提供给我们一个精确测量自己产品、服务和工序的"微型标尺"。

其次，六西格玛是一种工作策略，它极大地帮助我们在竞争中占取先机，原因十分简单，当改进了工序的西格玛值，产品质量改善，成本下降，顾客满意度自然上升。

另外，六西格玛是一种处世哲学，要求做到精益求精，它总结出一套业务方法，特别是它能使工作更精简而不是更费力。它使我们在做任何事时，都能将失误降到最低程度，从采购直到完成生产，因为避免了不利因素的影响，工序能力改善，不良品减低以至于消除，质量水平大大提高。

13.2.2　百万次机会不合格数（DPMO）

在六西格玛管理中，通常采用下列统计单位：

1. 单位不合格数（Defects Per Unit，简称 DPU）

在摩托罗拉，单位不合格数（DPU）是一个通用的度量单位，它是将不合格数除以单位数，其中每个数字都是从某个特定的控制点而来的。DPU 的公式如下：

$$DPU = \frac{\text{不合格数（在某个控制点发现的）}}{\text{单位数（经过该控制点处理的）}}$$

例如：在某个控制点检查了 1 000 件产品，发现有 3 件不合格，于是：

$$DPU = \frac{3}{1\ 000} = 0.003$$

2. 百万次机会不合格数（Defects Per Million Opportunities，简称 DPMO）

摩托罗拉在 20 世纪 80 年代末，采用了百万次机会不合格数（DPMO）作为比较的指标，它定义为：

$$DPMO = \frac{DPU \times 1\,000\,000}{每单位出错机会数}$$

将 DPU 算式代入 DPMO 式中，立即可知上式的正确性。这里乘以 1 000 000不过是为了去掉小数点。采用 DPMO 的优点是无论在生产部门、服务部门或一般办公室，都可以加以应用，这是一个统一的指标。

例如：求上例的 DPMO。由题设知，DPU = 0.003，于是代入 DPMO 算式得：

$$\frac{0.003 \times 1\,000\,000}{1} = 3\,000DPMO$$

应该注意的是，不合格率为 0.003（千分之三），从传统管理来看，似乎已经很不错了，但将不合格率 0.003 换算成 3 000DPMO 后，会使人有一种"改进空间"还很大的感觉，从而有利于督促改进。

3. 均值偏移以及将 DPMO 换算为西格玛水平

在目前的科技水平下，过程均值平均有 1.5σ 的偏移，见下图 13－1：

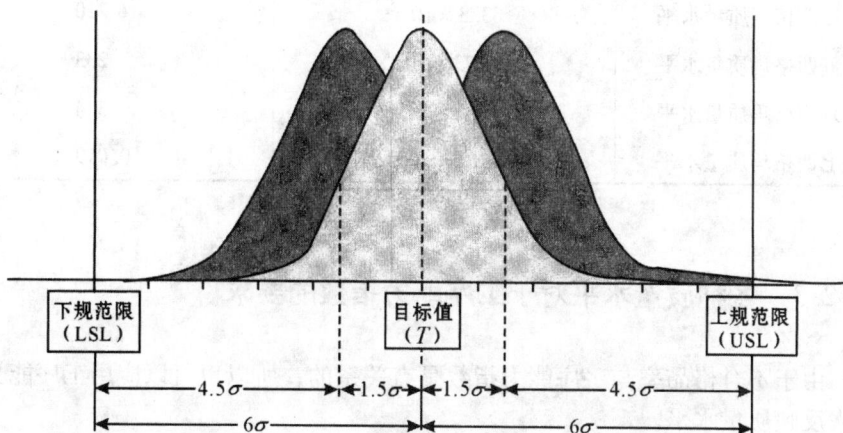

图 13－1　在六西格玛情况下均值平均有 1.5σ 的偏移

考虑图 13－1 所示存在的事实，在六西格玛情形下，无论是左偏或右偏 1.5σ（我们不妨以右偏 1.5σ 为例，参见图 13－1 中最右侧的正态分布曲线），都可以得到其超出规范界限的部分，即其不合格品率 P 为：

$$P = P\ (4.5)\ + P\ (7.5)\ = 3.4 \text{DPMO}$$

式中 P（4.5）表示正态分布曲线右偏 1.5σ 超出上公差的概率，P（7.5）表示正态分布曲线右偏 1.5σ 超出下公差的概率；而在正态分布无偏移的情况下的不合格品率为：

$$2 \times P\ (6)\ = 2 \times 10^{-9} = 0.002 \text{DPMO}$$

式中 P（6）表示在六西格玛水平，正态分布曲线超出上公差和下公差的概率。而将 6σ 换算为 3.4DPMO 是在有 1.5σ 偏移的条件下加以换算的。参见表 13 – 1。

表 13 – 1　L 西格玛质量水平与均值偏移 1.5 σ 情形的 DPMO 数的换算

L 西格玛质量水平	均值无偏移情形的不合格品率	均值偏 1.5σ 情形的 DPMO
一西格玛质量水平	31.7×10^{-2}	697 670
二西格玛质量水平	4.55×10^{-2}	308 770
三西格玛质量水平	2.70×10^{-3}	66 807
四西格玛质量水平	63.3×10^{-6}	6 210
五西格玛质量水平	0.573×10^{-6}	233
六西格玛质量水平	$0.002 \times 10^{-6} = 2 \times 10^{-9}$	3.4
七西格玛质量水平	$0.0^{11}25596 \approx 0.003 \times 10^{-9}$	0.019

13.2.3　各种质量水平对于工序能力指数的要求

由于不合格品率与工序能力指数是有关系的，所以也可以应用工序能力指数来反映质量水平。

（1）三西格玛水平（实际上为四西格玛水平）提出下列质量要求：

$$C_P \geq 1.0$$

$$C_{P_K} \geq 0.5$$

事实上，从 $C_P \geq 1.0$

知 $C_P = 1.0 = \dfrac{6\sigma}{6\sigma} = \dfrac{T}{6\sigma}$

即 $T = 6\sigma$。若通常均值的偏移为 1.5σ，则偏移度 $K = \dfrac{1.5\sigma}{T/2} = \dfrac{1.5\sigma}{6\sigma/2} = \dfrac{1}{2}$

故 $C_{P_K} = (1-K) \, C_P = \left(1 - \dfrac{1}{2}\right) \times 1.0 = 0.5$

从而有上式 $C_P \geq 1.0$

$\qquad\qquad\quad C_{P_K} \geq 0.5$

（2）与此类似地可得到表 13 – 2。

表 13 – 2　各种西格玛水平对工序能力指数的要求

西格玛水平	对工序能力指数的要求		备　注
一西格玛水平			在此情形下，由于偏移 1.5σ，分布中心偏移至规范界限之外，偏移度 $K>1$，在工程上无意义，故未列出。
二西格玛水平	$C_P \geq 0.67$	$C_{P_K} \geq 0.17$	
三西格玛水平	$C_P \geq 1.0$	$C_{P_K} \geq 0.5$	
四西格玛水平	$C_P \geq 1.33$	$C_{P_K} \geq 0.833 \approx 0.9$	
五西格玛水平	$C_P \geq 1.67$	$C_{P_K} \geq 1.17$	
六西格玛水平	$C_P \geq 2.0$	$C_{P_K} \geq 1.5$	
七西格玛水平	$C_P \geq 2.33$	$C_{P_K} \geq 1.83 \approx 1.9$	

13.3　企业实施六西格玛管理的条件及准备工作

13.3.1　企业实施六西格玛管理应具备的条件

六西格玛管理是一项比较复杂的新的工作，西格玛水平的高低已经成为衡量一个企业综合实力与竞争能力的重要指标之一。企业引入六西格玛管理，要取得成功，是要具备一定条件的。一般来说，不论是工商企业、服务部门或办公室单位，只要具备下列条件的，都可以尝试引入六西格玛管理。

（1）企业（单位）高层领导对六西格玛管理有足够认识，并有决心推广六西格玛管理。因为六西格玛管理是一项从根本上对组织进行变革，进行流程重组与优化的工作。如果企业高层领导对此没有认识，没有决心，不能全力支持这一工作，是无法开展六西格玛管理，更谈不上取得成功。

（2）企业（单位）已通过 ISO9000 标准的认证，取得合格证书（注册）。这是企业进行科学管理的基础，如果企业质量管理基础很差，有关企业管理一些最基础的工作都不具备，实施六西格玛管理是很困难的，所以先要有科学管理的基础，才能进行六西格玛管理。

（3）须有能够担任六西格玛管理过程的负责人和"黑带大师"，或称六西格玛管理教练的人才，而且还要有一群具有六西格玛管理知识并热衷于这一工作的骨干人才。

（4）企业（单位）各部门的主要负责人，要统一认识，进行互相协作，支持六西格玛管理的实施，并积极参与。如果企业各部门各自为政，对六西格玛管理的实施不支持、不协作，那么六西格玛管理是不可能进行下去的。

（5）企业（单位）要具有足够启动六西格玛管理活动的资金，否则六西格玛管理也无法开展。

13.3.2　实施六西格玛管理的准备工作

六西格玛管理不只是在统计学领域的计算过程，它涵盖全面管理理念、义务，卓越的见解，以顾客为中心，过程改进以及度测的规则等，而不是一切凭感觉。六西格玛管理的主要内容，是使组织内的每一个领域都能更好地满足顾客、技术、市场的不断变化的需求，为顾客、社会、企业和员工带来更大的利益。因此要达到成功，实施六西格玛管理要做好各项准备工作：

1. 成立一个实施六西格玛管理领导小组（或委员会）

我国在推广全面质量管理多年来，总结出一条重要的经验是"领导是关键"，人们有句口头禅，叫"头头抓，抓头头"。因此在实施六西格玛管理首先也应该是抓领导，成立"六西格玛管理领导小组（或委员会）"，这个领导小组的成员中要有企业的主要领导者，领导小组要负起六西格玛管理的诸多领导责任。主要是由他们来讨论确立实施六西格玛管理初始阶段的各种职位和基本组织结构；选择具体项目、分配资源；定期评定各种项目的进程；帮助形成六西格玛管理对企业底层影响的定量分析；评估获得的成绩，指出改进中的长处和缺点；在企业内部进行经验交流，在合适的时候，也可以与供应商和顾客进行交流等。

对于领导小组中的总负责人，是对改进项目全面监控的高层管理者，这是一个非常重要的职位，需要由具有较强的平衡协调能力的人来担任，他的职责主要包括：在他的监控之下为改进项目设置和维护的广泛目标，包括创建新"项目理念"，并且确信该项目与其他机构优先考虑事项保持一致；有必要时为项目设定和修改方向或范围；为项目寻找资源；在领导集体中他代表行动小组，并且是该小组的支持者；帮助解决小组之间的纠纷，或小组与组外其他人员的纠纷；协调"流程总负责人"的工作；在改进项目结束时平稳地做好移交工作；将"流程改进"中得到的知识应用于管理任务中。

2. 实施六西格玛管理的组织结构

前面谈到实施六西格玛管理首先要确定领导，成立六西格玛管理领导小组（或委员会），在领导小组的领导下要进行一系列的组织工作。

（1）除非现任高层领导当中有一位计划将六西格玛管理改进的管理任务加入到自己的职责当中，否则一定要有专门的资源用于六西格玛管理的日常进程和后勤管理，这就需要设一个"执行领导"或设一个助手，帮助处理以下任务：在行动当中，支持领导小组的工作，包括沟通方案选择、项目监管；确定担任关键角色的个人（团队），包括外部咨询和培训支持部门；准备和执行培训计划，包括课程选择、安排及后勤工作；帮助负责人履行他们作为支持者和帮助者的职责；记录全面的进程和提出需要注意的事项；执行六西格玛管理的推广计划。这个执行领导（或助手）需要有很强的能力，而且精力充沛，并且是个多面手，他对于整个过程成功的影响比其他任何人都大。

（2）教练。教练是个技术专家，在不同的企业中，其专业水平会由于他所在企业里的位置和需要其解决问题的复杂性的不同而有所不同。教练是真正的咨询师，其关键的作用就是界定清楚每个人所扮演的角色以及他们参与项目和流程的程度。在通常情况下，一个教练应提供如下指导：与项目负责人和领导集团沟通；建立和严格监督项目进度表；处理企业内部抵制或缺乏协作的行为；估计并实现潜在的结果（消除缺陷，节省费用等）；解决小组成员之间的分歧和冲突等；收集和分析小组活动的数据；帮助小组促进并加速成功。

（3）项目小组领导人。项目小组领导人是对六西格玛管理项目工作负主要责任的个体。他不仅应该关注流程改进或设计/再设计方面，还应该同时关注顾客意见反馈系统、流程评估及流程管理等方面的工作。他对于保证项目正常持续地运转起着关键作用。其具体职责包括：与负责人一起评估或理清项目理念；制定和更新项目章程及实施计划；选择或帮助选择项目小组成员；辨别和寻找资源和信息；帮助其他有关人员运用合适的六西格玛管理工具及小组管理技巧；保证项目的进度，确保项目向最终的结果与目标迈进；协助总负责人或部门主管工作时，支持新的方案或流程向实践的转换；记录最终结果创建项目的"进度公告栏"。

（4）项目小组成员。大多数企业都用项目小组作为其实施改进的主体单位。在项目的评估、分析、改进的背后，项目小组成员付出了额外的脑力和体力劳动，同时，他们还帮助进行六西格玛管理工具和流程的推广，并且成为未来的"改进项目"的后备力量。

实施六西格玛管理组织结构看示意图 13-2。

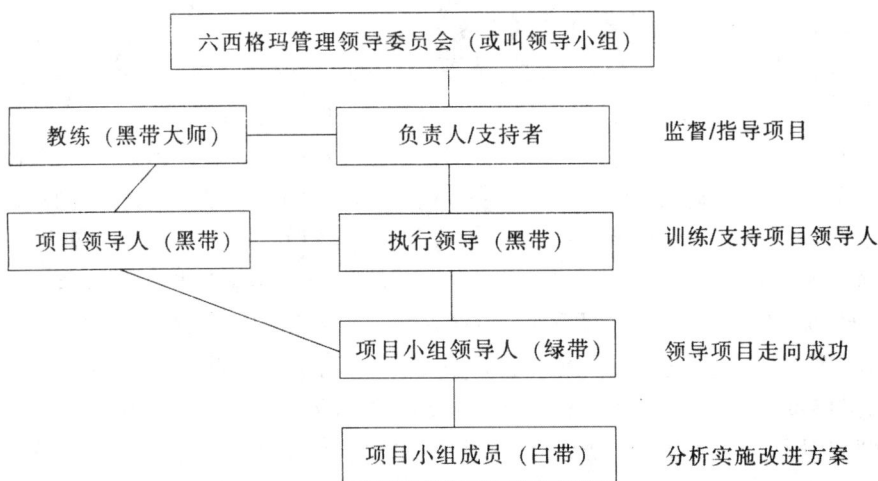

图 13-2　实施六西格玛管理组织机构图

3. 确定目标

在实施六西格玛管理开始就必须确定企业要达到的目标。提高产品质量与顾客满意度是企业愿景与目标的重要组成部分，也对形成企业文化有重大影响。例如在 20 世纪 90 年代初，摩托罗拉公司提出其最终目标要达到：使顾客完全满意（TCS）作为每位员工业务工作的目标、中心与工作业绩评价的最终标准，要求做到百分之百的顾客满意。为此，他们制定了三个战略目标：增加全球市场的占有份额；达到世界一流、最好的人才、技术、营销、产品、制造与顾客服务水平；获得更高的利润与收益。在这一企业愿景与战略的要求下，他们提出了实施六西格玛管理的全套要求：①公司的主要处世信念是：必须遵循以礼待人，忠诚不渝。②主要的工作目标是：必须达到同业之冠（包括员工素质、市场推广、先进技术、优质产品——软硬件与系统、制造工艺、优良服务），增长全球市场占有量，卓越的财务成果。③主要的进取精神是：必须坚持六西格玛的品质；缩短总的运转期；成为产品、制造工艺及环境保护的领导者；增进企业利润；人人有权参与，发挥集体协作，鼓励创新工作环境。

在目标计划方面：所谓目标计划指的是统一所有员工的工作目标和行为的企业战略目标的方法。最有代表性的是摩托罗拉公司的六西格玛管理法，把六西格玛作为总体要求、质量标准和最终业绩评价标准：①公司所有的员工都要逐步达到六西格玛（3.4ppm）的工作质量，要求工作、产品与服务的缺陷以每两年10倍的速度压缩；②公司所有的员工都要逐步达到总运转周期的压缩，要求所有工作、产品与服务的流程总时间以每5年10倍的速度压缩；③压缩库存周转期。

以上是摩托罗拉公司在实施六西格玛管理时的目标要求，我们可以根据本企业的具体情况制定自己的目标。

4. 培训工作

培训是实施六西格玛管理的重要环节。从领导到专家、技术人员、管理人员、工人都要掌握六西格玛管理的知识。要求他们能把概念、理论、方法工具运用到直接操作中去时，才能得到好的结果。理论上这些需要动手做的工作包括要实施到实际流程、项目、过程改进活动中去的所有措施。要想公司员工从心底里领会六西格玛管理在公司的运作，就要与公司的实际相联系，强调动手式的学习，而且要分别不同的培训对象，采用不同的学习方式，使他们掌握六西格玛管理的内容、方法工具和步骤，才能够更好地投入到这一工作中去，并取得成功。下面介绍一个六西格玛管理培训课程表范例，如表13-3，供参考选用。

表13-3 6σ管理法培训课程表范例

培训项目	核心内容	受训者	课时
6σ管理法概念导论	6σ管理法基本原则；评估业务需求；简明操作和模拟；评估职责和期望值	所有成员	1~2天
6σ管理法措施的领导和发起	领导小组成员和发起人的职责要求和技巧；项目选择；评估小组项目	业务领导；执行领导人	1~2天
领导所需的6σ管理法操作步骤和工具	经缩减改编的关于6σ管理法评估、分析流程/工具的介绍	业务领导；执行领导	3~5天

（续上表）

培训项目	核心内容	受训者	课时
领导变革	设定方向的概念和实施方法，促进和领导组织的变革	业务领导；执行领导；教练/黑带大师；小组领导人/黑带	2～5天
6σ管理法改进活动的基本技巧培训	程序改进，设计/再设计，核心评估和改进工具	小组领导人/黑带；经理/绿带；小组成员；发起人	6～10天
协作和小组领导技巧	取得一致意见，领导讨论，开会，处理分歧的技巧和方法	业务领导；教练/黑带大师；小组领导人/黑带；经理/绿带；小组成员	2～5天
6σ管理法活动中期的评估和分析工具	解决更多项目难题的技术性技巧：样本选取和数据收集；统计过程控制；统计显著性检验；相关和回归；实验的基本设计等	教练/黑带大师；小组领导人/黑带	2～6天
高级6σ管理法工具	专用技巧和工具的组件：质量功能分解高级统计分析；高级实验设计（DOE, Design Of Experiment）；塔古奇（Taguchi）方法等	教练/黑带大师；内部顾问	课时随专题变化
程序管理的原则和技巧	设定一个核心或支持程序；分析关键结果、要求和评估措施；监测反馈方案	过程总负责人；业务领导；职能经理	2～5天

13.4 实施六西格玛管理方法步骤

六西格玛管理实质上包括两个重要的方面，即"六西格玛设计（DFSS, Design Fer Six Sigma）"和"六西格玛改进"。前者一般指全业务流程重组与优化，也即全局优化；后者一般指DMAIC改进流程，也即局部优化，它具体包括定义（Define，D）、测量（Measure，M）、分析（Analyze，A）、改进（Improve，I）、控制（Control，C）五个阶段。

13.4.1　DMAIC 改进流程

1. 定义 D（Define）

它是确定顾客的关键需求并识别需要改进的产品/过程，将改进项目奠定在合理的基础上。

（1）目标。为了使小组能够辨识与确认小组的改进项目，说明其商务过程，定义顾客需求，自行准备有效的项目小组。

（2）主要活动。①识别与确认商业机遇。②确认与开发小组许可证。③辨识与描画过程/流程。④辨识"快速获胜"与精练过程/流程。⑤把顾客的需要变换成企业的标准要求。⑥建立与开发小组指南及运行规则。

（3）潜在工具与方法。①顾客呼声的流程。②流程图。③通过小组辨识过程/流程改进项目所有相关因素（包括供应商输入、过程/流程、输入和顾客）。④因果图。⑤头脑风暴法。⑥QFD（顾客需求分析技术）。⑦横向对比等。

2. 测量 M（Measure）

它是测量现有过程，确定过程的底线与期望值，并对测量系统的有效性进行评价。

（1）目标。为了辨识关键的测度，必须评价成功满足关键顾客的需求和进行一种有效搜集测度流程业绩数据方法的开发。为了理解六西格玛管理法计算的要素和建立流程/过程的基准，应该进行小组分析。

（2）主要活动。①辨别输入过程与输出指示器。②开发运作定义与测量计划。③数据绘图与分析。④确定是否存在特殊原因。⑤确定六西格玛的业绩。⑥搜集其他基准业绩数据。

（3）潜在工具与方法。①测量计划。②R 过程控制图。③柏拉图。④数据检测表。⑤直方图。⑥控制图。⑦雷达图等。

3. 分析 A（Analyze）

它是在数据分析的基础上，确定关键因素。

（1）目标。为了分析机遇与划分层次，必须辨识一个特定的问题，定义易于了解的问题表达，为识别与确认根本的原因，必须确认它是真正的原因，并要求小组以它为中心。

（2）主要活动。①划分流程/过程。②分解数据层次与辨识特定的问题。

③开发问题的陈述。④识别根本原因。⑤设计原因来源的验证与分析。⑥确认根本的原因。⑦增进小组的创新性。

（3）潜在工具与方法。①因果分析图。②FMEA（风险分析技术）。③柏拉图。④头脑风暴法。⑤直方图。⑥控制图。⑦雷达图。⑧仿真。⑨SPC。⑩DOE（田口方法）。

4. 改进 I（Improve）

它是减少过程的缺陷或变异。

（1）目标。为了辨识、评价与选择正确的改进解决方案，应该开发帮助组织适应由于导入解决方案的实施而引发变化的管理方法。

（2）主要活动。①构思通用解决的办法。②确定解决办法的影响及好处。③评价与选择解决的办法。④开发过程图和高水平的计划。⑤开发与介绍情节。⑥与所有受益者沟通了解。

（3）潜在工具与方法。①柏拉图。②因果图。③头脑风暴法。④直方图。⑤雷达图。⑥项目规划工具。⑦力场图。⑧多次表决。⑨优先矩阵。

5. 控制 C（Control）

它是将改进后的过程标准化，并加以监控，以保持改进的成果。

（1）目标。为了了解规划与理解实施对计划的重要性，确定达到规定目标的结果。为了了解如何传播学习、辨识重复与标准化机遇/过程，必须开发相关的计划。

（2）主要活动。①开发领航计划与领航解决方案。②核实六西格玛管理改进的结果。③辨识是否需要附加达到目标所必要的附加解决办法。④辨识和开发重复与标准化的机遇。⑤按每天的工作流程集成与管理。⑥集成已经学过的课程。⑦辨识为保持机会的小组下一阶段和计划。

（3）潜在工具和方法。①FMEA（风险分析技术）。②柏拉图。③数据检测表。④因果图。⑤头脑风暴法。⑥直方图。⑦控制图。⑧SPC。⑨ISO9000族标准。

六西格玛管理就是通过一系列的六西格玛设计或六西格玛改进项目来实现的，这实质上是系统工程的做法。

13.4.2　企业推行六西格玛管理的具体实施步骤

企业推行六西格玛管理，目前也没有一个固定的、统一的实施步骤。而且有些内容在前两节也作了一些介绍，现在将归纳为实施步骤，在内容上有些交叉。在推行六西格玛管理的过程中，可参考成功企业的做法，大致可以归纳为以下的"七步骤法"。

（1）企业在进行可行性研究的基础上，统一认识，确定是否可以推行六西格玛管理。如果确定推行，企业最高领导者要表态支持，并参与领导。

（2）成立六西格玛管理工作委员会或领导小组，以领导这一工作的开展。

（3）选择和任命开展六西格玛管理的各层次的领导和技术骨干：

①总负责人，即委员会主任或领导小组负责人。

②教练，即黑带大师（黑带大师负责培训黑带人员）。

③黑带人员。黑带人员一般应具备以下条件：ⓐ具有大学或大学以上的学历。ⓑ精力充沛，积极肯干，在群众中有威信。ⓒ允诺在本公司继续工作几年。ⓓ黑带是专职从事六西格玛管理工作的。

④绿带，即项目负责人。

⑤项目小组成员。

一般来说，一个黑带带领 100 位员工，一个绿带带领 20 位员工。

（4）培训。培训是推行六西格玛管理的一项重要的经常性的工作。在准备工作中要进行培训，在实施过程中也要不断地进行培训工作。下面介绍一个培训课程内容表，见表 13-4。

表 13-4   培训课程内容

课程名称	黑带课程	绿带课程	项目小组人员	管理课程
黑带的作用与任务	√	√	√	√
质量管理老七种工具	√	√	√	√
质量管理新七种工具	√	√		√
标杆比较法	√	√		√
头脑风暴法	√	√	√	√
质量成本分析	√	√	√	√
概率与统计	√	√	√	√
回归分析	√	√		√
方差分析	√			√
实验设计	√			√
田口方法	√			√
质量机能展开	√			√
统计过程控制（SPC）	√	√	√	√
统计过程诊断（SPD）	√			√
接近零不合格过程的质量控制	√			√

（续上表）

课程名称	黑带课程	绿带课程	项目小组人员	管理课程
过程波动—DPMO 及其度量与评估	√	√	√	√
六西格玛管理介绍及其案例	√	√	√	√
抽样检验	√	√		√
可靠性、维修性及产品安全性	√	√		
公差设计	√	√	√	
顾客满意度分析	√	√		√

　　黑带培训一般需要 3～4 个月的脱产学习，每个月由教师课堂讲授学习一周，其余三周则在企业操作质量改进项目，理论联系实际，培训与解决质量改进项目交替进行。尽量精选适用实用教材。

　　（5）过程实绩评估。在实绩评估中应注意以下几个方面：①选择本公司最重要的产品或服务，以及其过程和统计量。②上述统计量同时必须是对顾客重要的并且是便于度量的。③过程实绩评估是个综合性度量，内容包括：设计过程、制造过程、运输、售后服务以及对供应商等的评估。④把上述度量结果综合到六西格玛度量体系中，成为一个统一的数值，以便于进行比较。⑤在度量波动或变异时取 DPMO（百万次机会缺陷或不合格数）作为度量单位。

　　（6）确定改进项目（目标），并坚持得出其改进结果。根据 DPMO 评估结果，提出 DPMO 的六西格玛长远目标，以及把其分解到按年度的改进率；确定目标后，必须落到实处，得出结果，决不放任自流，对于这点高层领导需要亲自过问，并坚持到底；所有六西格玛管理的成果都必须向整个单位通报，以促进全单位六西格玛管理的推进；把有效方法制度化，当方法证明有效后，便制定为工作守则，各员工必须遵守。

　　（7）持续改进。改进工作不可能一劳永逸，必须持续改进。检讨成效，发展新目标，与时俱进，持之以恒。在制造部门取得成功以后，还要扩大到非制造部门以及公司其他方面。在这里企业的高层领导的决心与恒心起着决定性的作用。

本章小结

六西格玛管理是 20 世纪 80 年代中期由摩托罗拉公司电子部门首先提出，获得成功后在摩托罗拉全公司推广，随后在美国企业界掀起学习与应用的热潮，并发展到世界各地，一直延至今日。我国于 20 世纪末 21 世纪初开展宣传和学习。

六西格玛管理，能大幅度地提升产品与服务的质量合格率，以 3.4ppm 作为替代原来的废次品率，执行高标准的质量测度指标。

推行六西格玛管理，要认真进行知识与组织管理的准备，因为六西格玛管理法的成功应用所涉及的知识比较渊博，若没有较渊博的知识和强有力的组织支持，要获得六西格玛管理的成功是很困难的。

六西格玛管理是一项系统工程，是一种近乎完美的管理策略。六西格玛管理是统计度量、管理战略、质量文化三位一体化，通过统计度量质量水平可以使我们了解产品、服务或过程的真实水平；通过这种新的管理战略，在高层领导下，发起质量创新并使顾客满意。六西格玛管理是一种新的管理理念，新的质量文化，它要求全体员工对产品、服务或全部业务工作负责，统一企业对所有员工提出以高质量公差限作为其工作与生产的评价标准；把员工培养成具有"一丝不苟"的工作精神，做任何事情都追求"尽善尽美"与达到"完美无缺"质量的产品与服务，和一次成功的多面手；形成不断学习、不断更新知识、不断提高技能与技艺和团结奋斗的企业文化；使企业不同工作的每一个员工协同努力，共同追求"使顾客完全满意的"更加完美无缺的质量水平，创造新的更高的业绩。所以说，六西格玛管理法，不能只理解为某种质量控制限的质量管理方法，也不能停留于包容所有不同高质量控制限的全面质量管理法，而应该把它理解为现代管理科学和企业追求的新一代的精益、量化与柔性的系统管理及系统工程的哲理、理念、战略、技术和方法学。

复习思考题

1. 通过学习，请用你自己的语言表述什么是六西格玛管理？
2. 企业需具备什么条件才能推行六西格玛管理？
3. 企业开展六西格玛管理要做好哪些准备工作？
4. 什么是 DMAIC，其含义和内容是什么？
5. 通过本章的学习，你对六西格玛管理有什么新的见解？

14

质量经济分析与质量法制

本章要求

- ☐ 了解质量经济分析的含义和任务
- ☐ 掌握设计与制造过程质量经济分析的内容和方法
- ☐ 掌握销售和销后服务过程质量经济分析的内容和方法
- ☐ 掌握质量成本的含义、内容及其分析方法
- ☐ 了解质量法制的含义、内容和作用

14.1 质量经济分析的概念和任务

14.1.1 质量经济分析的概念

我们这里所说的质量经济分析，主要是对企业的质量经济分析，也就是对企业的质量和质量管理进行经济性分析和经济效益评价，以达到在改善质量的同时为企业创造最佳的经济效益。

所谓质量经济分析，就是从经济和经济效益的角度，应用经济分析的方法，对不同的质量水平和不同的质量管理措施进行分析和评价，从中挑选出能使质量和经济效益达到最佳结合的质量管理方案，并用以指导日常的质量管理工作。

14.1.2 质量经济分析的任务

质量经济分析的任务，概括地说就是力求做到最经济地改善和提高质量，而不是片面地追求不切实际的所谓"高质量水平"。按照质量经济分析的观点，任何过高或过低的质量水平，都是不可取、不经济的，都会导致企业成本增加，企业经济效益下降。开展企业的质量经济分析，就是要确定产品设计、制造、销售和销后服务等各个环节、各道工序的最经济质量水平，然后分别按照这种最经济的质量水平来组织生产，以保证企业在产品设计、制造、销售及售后服务全过程，取得最好的经济效益。

14.1.3 质量经济分析的内容

质量经济分析的内容包括从产品设计、制造到产品的销售和售后服务的全过程，对质量和质量管理进行全面系统的经济分析，具体包括以下几个方面：

1. 产品设计过程的质量经济分析

产品设计是整个产品质量形成的关键环节，设计过程的质量经济分析，就是要做到使设计出来的产品既能满足规定的质量要求，又能使产品的寿命周期成本最小。它应该包括质量等级水平的经济分析、产品质量的三次设计（系统设计、参数设计和容差设计）、质量改进的经济分析、工序能力的经济分析和可靠性的经济分析。

2. 产品制造过程的质量经济分析

产品制造过程的质量经济分析就是力求以最小的生产费用，生产出符合设计质量要求的产品。在生产过程中出现高于或低于设计要求的产品，都是不经济的。高于设计要求，就会增加原设计成本；低于设计要求，又会使产品的不合格率上升，废次品、返修品多，损失大。所以要求确定出适合设计水平的最佳制造水平，使生产出来的产品质量水平既能满足设计要求，又能使制造中发生的成本最低。其主要分析内容包括不合格品率的经济分析、返修的经济分析、质量检验的经济分析以及工序诊断调节的经济分析和生产速度的经济分析等。

3. 产品销售及售后服务的质量经济分析

这里主要是研究产品质量与产品销售数量和售后服务费用之间的关系。其中主要包括产品质量与市场占有率和销售利润的综合分析、产品质量与产品销售及售后服务费用的关系、最佳保修期和最佳保修费用分析、交货期的经济分析、广告费用与提高质量的对比分析等。

4. 质量成本分析

质量成本分析涉及的面较广，以上所谈到的 3 个方面都涉及到质量成本。所以质量成本分析是一个全面综合的质量经济分析问题，它往往是作为一个专门的问题加以讨论研究，本书也只能从其主要方面加以介绍。

14.2 产品设计和制造过程的质量经济分析

14.2.1 产品设计过程的质量经济分析

产品设计过程的质量经济分析的内容是多方面的，我们这里着重介绍两点，即适质点的选择和设计过程成本的考虑。

设计过程是产品生产过程和质量经济分析的首要环节（是起点）。在这一阶段，质量经济分析的原则是：从用户与生产者的共同利益出发，从产品性能与产品成本的结合上，以最低的产品寿命周期成本，取得产品的最佳质量水平，给用户、生产者、社会带来综合的经济效益。因此，在设计时要从用户、生产者及社会等方面进行质量经济分析和评估，以实现质量与效益的最佳结合。

在现代产品设计过程中，应当使设计质量参数和成本之间取得平衡。这就得从产品设计开始直到使用寿命周期结束的全过程中，考虑参数与成本的关系。这也就是产品的价值（$V = \dfrac{F}{C}$，式中：V—价值，F—功能，C—成本）。产品适用性参数的选择，应以适当的成本所能提供的最高功能为基准，亦就是"最适质量水平"。

所谓"最适质量水平"，是指质量功能和质量经济性的统一，优质和低耗的统一。为此，在设计时，既要从产品的适用性出发，反对粗制滥造，使用户蒙受损失的"不足质量"；另一方面也要反对不考虑经济效益的"过剩质量"。因此提出了最适合的质量水平。

最适合的质量水平在设计时要着重解决的问题是：既要考虑用户对产品的使用功能是否满意，是否买得起；同时也要考虑企业的成本和效益。因此，要找出质量的变化与成本、价格、利润之间的关系，即质（Q）—本（C）—利（P）的关系，见图 14 - 1。

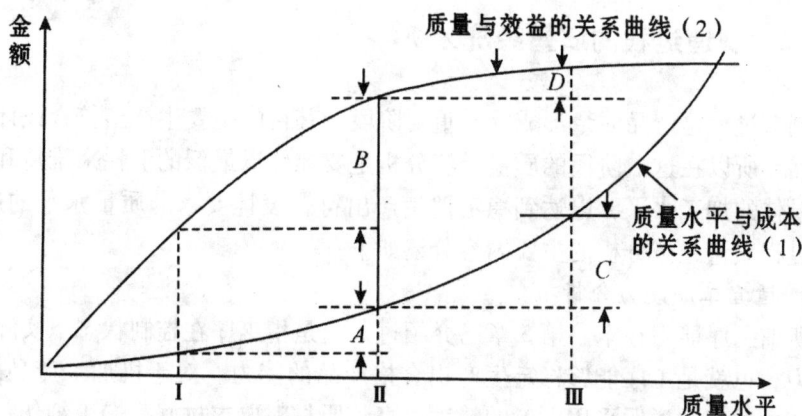

图 14 - 1

设计的最适合质量水平，从图 14 - 1 中所示的曲线（1）与曲线（2）距离最大的一点即点Ⅱ。曲线（1）表示质量与成本的关系，在一般情况下，产品成本是随着质量水平的提高而增加，因为产品质量等级的提高，要求技术工艺和管理水平、原材料的等级要求提高，设计和制造成本相应增加，总成本随之而提高；曲线（2）表示质量与收益的关系，实质是销售收入，因此，销售收入 - 总成本 = 利润。所以从图 14 - 1 上看，曲线（2）与曲线（1）距离最大的点也就是利润最大的点，我们称为最适合的质量点，图 14 - 1 为点Ⅱ。

另外，从点Ⅰ、点Ⅱ、点Ⅲ的比较来看，当质量水平从点Ⅰ提高到点Ⅱ时，成本增加了 A，收益增加了 B，$B > A$。当质量水平从点Ⅱ提高到点Ⅲ时，成本增加了 C，收益增加了 D，$C > D$。收益的增加低于成本的增加，点Ⅲ不可行，所以以点Ⅱ为最好，其应该是选定的"适质点"。

在产品设计过程中，除确定最适合的质量水平外，还要考虑设计阶段的成本。其内容包括：

（1）产品规划成本。如市场调查、技术经济分析费用等。

（2）正式设计成本。如结构组合费用、设计评审费用等。

（3）试制试验成本。如试制费、试验费、鉴定评审费用等。

（4）技术管理成本。如情报管理费用、设计管理费用等。

在设计过程中应对这些费用加强管理，并及时进行分析，以实现设计的最佳经济效益。

此外，在设计经济分析中还应包括对合适的原材料的等级水平的选择，代用材料的选择，适用技术标准的制定等。

14.2.2 制造过程的质量经济分析

制造过程是产品质量形成的最重要阶段，其目的是要生产出符合设计要求的产品，所以在这一阶段的质量经济分析是要抓住以最低的消耗来维持和保证获得最佳的加工水平，以达到稳定地生产出符合设计要求的质量水平的产品。制造过程质量经济分析的主要内容分述如下：

1. 适宜工序能力分析

所谓工序能力在本书第 5 章已介绍过，它是指工序在控制状态下实际加工的能力，也就是工序能够稳定生产出合格产品的能力。对于机加工产品来说，工序能力过高，说明采用设备的精度过高，原材料要求过好，慢工细作，这对于发挥设备能力，提高工作效率，降低成本，提高效益都是不利的。工序能力过低，说明加工能力满足不了产品技术标准要求，会产生大量废品，造成大量浪费，质量不好，也不利于企业提高经济效益，所以一般要求 C_p 值在 1.2 ~ 1.33 之间，这是机加工行业的要求，其他行业要看具体情况而定。总之，要能发挥设备的潜力，提高生产效率；同时也要求废品率较低，兼顾质量和经济效益两个方面的要求，这是我们所要追求的适宜的工序能力。

2. 适宜的不合格品率分析

生产过程中的不合格品率，一般来说越低越好。质量管理便是致力于将不合格品率控制在尽可能低的范围内，但不合格品率的高低受到许多条件的制约。在有些情况下，过严地控制不合格品率，可能会降低生产率，反而影响到经济效益也会降低。这时可暂时维持一定的不合格品率，而将生产能力充分发挥出来，提高生产效益，视情况还可以将不合格品进行返修或回炉，因此而获得较好的经济效益。然后在此基础上，不断加强质量控制，逐步降低不合格品率。所以从经济效益的角度来考虑，对不合格品率的情况需要进行具体分析，不可以笼统地断定"不合格品率越低越好"。那么到底多高为宜，用经济效益作为衡量标准，确定不同条件下合理的不合格品率。但必须坚持的一条原则是不合格品决不能流入顾客手中，以免造成不应有的损失。下面举一实例说明以上分析。

例：某产品的日产量 $N = 500$ 件，不合格品率 $b = 10\%$，每件产品的售价 $j = 40$ 元，其成本构成是固定总成本 $F = 4\,000$ 元，单位产品变动成本 $V = 20$ 元，现对生产组织作了改进，使产量提高了 20%，不合格品率由原来的 10% 提高到 13%，不合格品全部不能流入顾客手中（即不合格品不许出厂），试问不合格品率的增加，对企业的收益发生什么影响，生产组织的改进是否可取？

设原来的生产方法为方案 I，生产组织改进后的生产方法为方案 II，其分析过程如下：

方案 II 的不合格品率虽比方案 I 高出 3%，但利润比方案 I 每日增加 880 元，从企业增加收入的角度来讲，方案 II 是有利的，见表 14 - 1。

表 14 - 1

方案 I	方案 II
日产量 $N_1 = 500$ 件	$N_2 = 500 \times (1 + 20\%) = 600$ 件
不合格品数 $B_1 = 500 \times 10\% = 50$ 件	$B_2 = 600 \times 13\% = 78$ 件
合格品数 $H_1 = 500 - 50 = 450$ 件	$H_2 = 600 - 78 = 522$ 件
销售收入 $R_1 = 450 \times 40 = 18\,000$ 元	$R_2 = 522 \times 40 = 20\,880$ 元
变动费用 $V_1 = 500 \times 20 = 10\,000$ 元	$V_2 = 600 \times 20 = 12\,000$ 元
总费用 $C_1 = 10\,000 + 4\,000 = 14\,000$ 元	$C_2 = 12\,000 + 4\,000 = 16\,000$ 元
利润 $P_1 = 18\,000 - 14\,000 = 4\,000$ 元	$P_2 = 20\,880 - 16\,000 = 4\,880$ 元
$P_2 > P_1$，即 $4\,880$ 元 $> 4\,000$ 元	

399

但是，是否可以无限地提高不合格品率都是有利的呢？不是的，是有个最大限度的，下面作进一步的分析。

（1）要保证合格品增量与产量增量的比值大于变动费用率，不合格品增大才是有利的。其公式推导过程如下：

$$P = R - C = Nhj - NV_i - F = Hj - NV_i - F \quad (\text{式中 } h \text{ 为合格率})$$

$$P_2 > P_1$$

即

$$N_2 h_2 j_2 - N_2 V_i - F > N_1 h_1 j_1 - N_1 V_i - F$$
$$(N_2 h_2 - N_1 h_1) j > (N_2 - N_1) V_i$$
$$\frac{N_2 h_2 - N_1 h_1}{N_2 + N_1} > \frac{V}{j}$$

设 $\dfrac{V_i}{j} = A$，A 为变动费用率

则

$$\frac{\Delta H}{\Delta N} > A, \quad (\text{其中 } \Delta H = N_2 h_2 - N_1 h_1 \text{ 为合格品增加量})$$

证明合格品增量与产量增量的比值大于变动费用率。

（2）要达到不合格品率不超过 b_{max}（即 b_2）增加产量对企业增加经济效益才是有意义的。

400 当

$$\frac{\Delta H}{\Delta N} = A \text{ 时}$$

则有

$$\frac{N_2 h_2 - N_1 h_1}{\Delta N} = A$$
$$N_2 h_2 - N_1 h_1 = A\Delta N$$
$$h_2 = \frac{A\Delta N + N_1 h_1}{N_2}$$

$$不合格品率 \ b_2 = 1 - h_2$$

$$b_2 = 1 - \frac{A\Delta N + N_1 h_1}{N_2}$$

（此式为不合格品率所允许的最大不合格品率）

产量提高的前提是不合格品率不允许超过此值，否则产量的提高是不可取的。

在本例中为

$$A = \frac{V_i}{j} = \frac{20}{40} = 0.5$$

$$h_2 = \frac{A\Delta N + N_1 h_1}{N_2} = \frac{0.5 \times 100 + 500 \times 0.9}{600} = 0.833$$

$$b_2 = 1 - 0.833 = 0.167 \quad （允许最大不合格品率为 16.7\%）$$

方案Ⅱ的不合格品率为13%，小于允许最大不合格品率16.7%，可见方案Ⅱ是可取的。

3. 返修分析

在生产过程中，总会出现一些不合格品，但有的不合格品通过返修后达到合格，对可以返修的不合格品，通常都要进行返修。但返修要付出人力、物力和时间，造成损失。从经济上考虑，一个是减少返修，另一个是不返修（或暂时不返修），而集中在扩大生产能力，对提高效益则是有好处的。这主要取决于市场的需求量、生产能力和返修率。一般来说，在市场滞销、生产能力过剩时，应及时对不合格品进行返修；在市场畅销、生产能力不足时，暂时不进行返修而将不合格品聚积起来，在市场淡季或生产能力富裕时再集中返修。现举例说明：

例：某企业某车间有 30 名工人，每天工作 8 小时，某产品每 10 分钟生产一件，单位可变费用为 70 元，固定总费用为 30 000 元，产品单价为 120 元，返修率5%，每个不良品返修时间为 20 分钟，返修费用为 50 元，若每天销售分别为 1 000 件和 1 500 件时，是返修有利还是不返修有利？

（1）销售量每天 1 000 件时的情况分析：

若返修，

产量 $N_1 = 1\ 000$ 件

可变费用 $V_1 = 1\,000 \times 70 = 70\,000$ 元

返修费用 $j_1 = 1\,000 \times 5\% \times 50 = 2\,500$ 元

总费用 $C_1 = 70\,000 + 2\,500 + 30\,000 = 102\,500$ 元

总收入 $R_1 = 1\,000 \times 120$ 元 $= 120\,000$ 元

利润 $P_1 = 120\,000 - 102\,500 = 17\,500$ 元

若不返修，

产量 $N_2 = 1\,000 \div (1 - 5\%) = 1\,052.6 \approx 1\,053$ 件

总费用 $C_2 = 1\,053 \times 70 + 30\,000 = 103\,710$ 元

总收入 $R_2 = 1\,000 \times 120 = 120\,000$ 元

利润 $P_2 = 120\,000 - 103\,710 = 16\,290$ 元

$P_1 > P_2$

返修有利。

（2）销售量每天达到 1 500 件时的情况分析：

由于该车间全天总生产时间为

$$30 \times 8 \times 60 = 14\,400 \text{ 分钟}$$

$$\text{最大生产能力为 } 14\,400 \div 10 = 1\,440 \text{ 件}$$

即需求大于生产能力，供不应求。

若返修，

最大可以生产的数量为

$10N_1 + 0.05N_1 \times 20 = 14\,400$

$N_1 = 1\,309$ 件

总费用 $C_1 = 1\,309 \times 70 + 1\,309 \times 0.05 \times 50 + 30\,000 = 124\,902$ 元

总收入 $R_1 = 1\,309 \times 120 = 157\,080$ 元

利润 $P_1 = 157\,080 - 124\,902 = 32\,178$ 元

若不返修，

$N_2 = 14\ 400 \div 10 = 1\ 440$ 件

合格品 $H_2 = 1\ 440 \times (1 - 0.05) = 1\ 368$ 件

总收入 $R_2 = 1\ 368 \times 120 = 164\ 160$ 元

总费用 $C_2 = 1\ 440 \times 70 + 30\ 000 = 130\ 800$ 元

利润 $P_2 = 164\ 160 - 130\ 800 = 33\ 360$ 元

$P_2 > P_1$

不返修有利。

通过以上分析可得出结论：是否返修要根据市场的需求情况及本企业的生产能力情况而定，一般情况下，供大于求时进行返修有利，若需求大于供应时，暂不返修有利。当然有时也可以进行部分返修，另一部分暂不返修等，这些情况的具体分析从略。

4. 质量检验分析

工序质量检验分析的内容包括：需要不需要进行质量检验；如果需要，采用全数检验还是抽样检验；抽取的样本数多少为最好；采用何种抽检方式；在多工序情况下，在哪些工序检查最为有利等。

（1）经济检查点。从经济的角度来考虑，是否需要进行质量检查，取决于检查所带来的效益是否大于检查所需的费用。进行检查，需要检查费用；不进行检查，废次品进入下道工序或用户手中，就要发生损失，这种损失将随不合格品率的增大而增大。如图 14 - 2 所示。

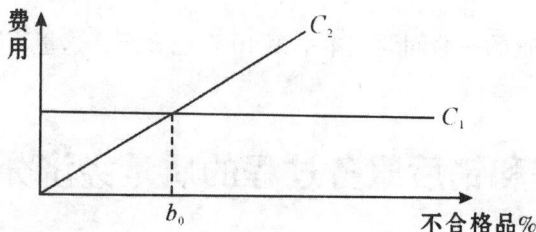

图 14 - 2

C_1 表示检查费用，C_2 为不检查的损失费用，两者的交点所对应的不合格品率为 b_0。若一批产品的不合格品率为 b，显然当 $b > b_0$ 时进行检查，$b < b_0$ 时不进行检查。b_0 称为经济检查点。

（2）经济抽样点。在本书第 10 章关于质量检验有关问题已作了介绍。检验从数量上可分为全数检验和抽样检验。在产品可能具有致命缺陷或严重缺陷时应进行全数检查；要进行破坏性试验时自然应进行抽样检查。此外，还应取决于不合格率和检查费用。

假设批中产品数为 N，每件产品的检查费用为 L，则全数检查费用为 NL，抽样的样品为 n，批不合格率为 b_1，一个不合格品未被检验出来所产生的损失为 G，则抽样检验的费用及损失费为 $nL + b_1 G (N-n)$。

若全数检查费用和抽样检查费用（包括损失）相等，则有：

$$NL = nL + b_1 G (N - n)$$

即
$$b_1 = \frac{(N-n)}{(N-n)} \frac{L}{G} = \frac{L}{G}$$

显然，当 $b > b_1$ 时，应作全数检查有利；当 $b < b_1$ 时，应作抽样检查。b_1 称为经济抽样点，如图 14-3 所示。

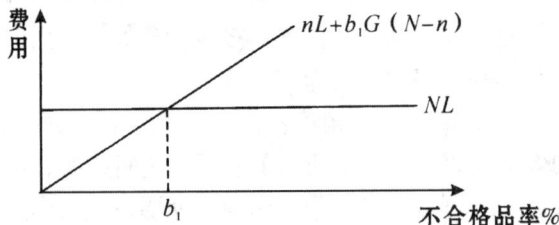

图 14-3

有关抽样检查的一些问题在本书第 10 章已介绍，这里不再赘述。

404

14.3 销售和销后服务过程的质量经济分析

销售和销后服务过程是指企业出售自己的产品，满足市场和用户需要，实现产品的价值和使用价值的过程。销售和销后服务过程的质量经济分析是以最经济、最合理的销售费用，有效地宣传产品和积极地为用户服务，使企业取得好的信誉。其主要内容有两个方面，即广告费用分析和信誉费用分析。

14.3.1 广告费用分析

广告宣传是向消费者提供商品信息，宣传产品的特性和使用知识的手段，是联系生产者与消费者之间的桥梁。因此，广告宣传对于吸引消费者、扩大产品销售量、提高市场占有率具有重大的意义。因而在销售过程中，花费必要数量的广告宣传费用，对扩大产品销售量是不可少的。但如何使广告费用产生最佳的效果，则要根据市场情况和本企业的生产能力与销售量来确定，一般有以下几种情况：

（1）不做广告。当生产能力低于市场最低需要量，即为卖方市场时，产品供不应求，可不做广告。

（2）最大广告费用。广告费用所带来的利润正好等于广告费用。

（3）最佳广告费用。单位广告费用的利润最高。

例：假定某产品在市场竞争中占有绝对优势，或者有较高的信誉，市场最低需要量为 1 000 件，广告费用 Y_2 与销售量 X 的关系为

$$Y_2 = 1.6\ (X - 1\ 000)^{\frac{3}{2}} \quad (X > 1\ 000)$$

该产品的变动成本为 68 元，固定费用为 25 600 元，销售单价为 100 元，试问这种情况需不需要做广告，最大的广告费用和最佳广告费用各为多少？

解：盈亏平衡点为

$$\frac{25\ 600}{100 - 68} = 800\ 件$$

当生产能力低于 1 000 件而高于 800 件时，市场供不应求，无需进行广告宣传。

当生产能力大于 1 000 件时，广告费用所带来的销售利润为 Y_1，则：

$$Y_1 = (100 - 68) \times (X - 1\ 000) = 32\ (X - 1\ 000)$$
$$Y = Y_1 - Y_2\ （Y\ 为广告费用所获得的效益）$$

$Y_1 = Y_2$ 时，则效益为零，所需的广告费用最大。

本例中，

$$32(X-1\,000)=1.6(X-1\,000)^{\frac{3}{2}}$$

解此方程得：

$$X=1\,400 \text{ 件} \quad Y_2=12\,800 \text{ 元}$$

即最大的广告费用为 12 800 元。

我们称最大的广告费用点为极限点，而市场实际需要量为广告起始点。当销售量低于起始点时，不需做广告；当销售量等于极限点时，不能再增加广告费用（见图 14-4），再增加就亏本了。

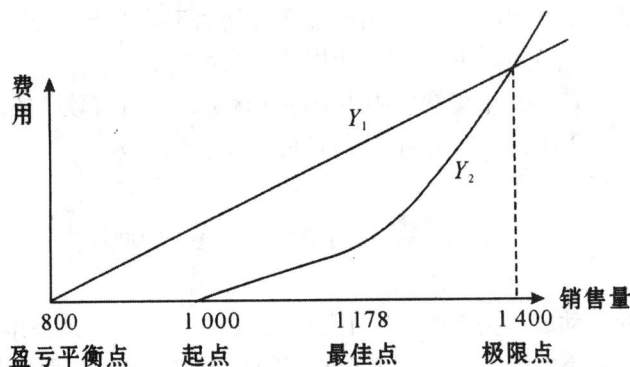

图 14-4

位于起始点至极限点之间的销售量为广告区域，在此区域中，Y 取得最大值时为最佳广告费用，对 X 求导，并使其为零，可求得 Y 的极限点：

$$\frac{\mathrm{d}Y}{\mathrm{d}X}=\frac{\mathrm{d}(Y_1-Y_2)}{\mathrm{d}X}$$

$$=\frac{\mathrm{d}\left[32(X-1\,000)-1.6(X-1\,000)^{\frac{3}{2}}\right]}{\mathrm{d}X}$$

$$=0$$

解之得：

$$X = 1\ 178\ \text{件}$$

$$Y_2 = 3\ 800\ \text{元}$$

$$Y_1 = 32\ (1\ 178 - 1\ 000)\ = 5\ 696\ \text{元}$$

$$Y = Y_1 - Y_2 = 5\ 696 - 3\ 800 = 1\ 896\ \text{元（广告利润）}$$

即广告费用为 3 800 元，所获得的利润最高，此时广告利润率可达 0.5 元/元
（$\frac{1\ 896}{3\ 800} = 0.5$），即广告利润率为 50%。

14.3.2 信誉费用分析

产品销售信誉包括包修期限、维修服务点的设置密度、交货期等。一般来
说，包修期限越长，维修服务点越多，用户接受服务的覆盖面越大，交货期越
准确，产品在市场上的信誉越高，销售量越大，市场占有率越高，此时企业付
出的费用也会相应地增大。但如果包修期过短，服务维修点过少，交货期不能
保证，信誉费用是少了，但产品销量将受到影响。因此，信誉费用也有个最优
化的选择问题。

1. 最佳包修期的确定

产品在使用过程中，其故障规律一般服从"浴盆曲线"，如图 14 - 5 中的
虚线 a' 所示。开始为早发故障期，故障率较高，随后下降。到偶发故障期，
故障比较稳定。而到衰耗期，故障率逐渐升高直至失效。维修费用相应地呈现
浴盆曲线如图 14 - 5 中的实线 a。销售收入与包修期的关系如图 14 - 5 中的 s，
s 与 a 交于 A、B 两点。包修期应确定在区域（A，B）间。最佳包修期通常确
定在产品进入故障衰耗期的 C 点，或在 C 点稍前一段时间上。

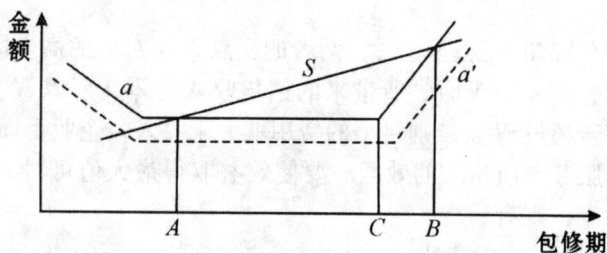

图 14 - 5

2. 维修服务点的设置

维修服务点设置也就是对技术服务费用的分析。技术服务是指产品在使用或消费过程中对用户进行消费指导，帮助提高产品的使用效能，或在发生故障时进行维护修理，恢复产品的使用性能。那么技术服务网点设置越多，越方便用户，用户满意，销售量自然增大。但过多的维修服务点，也必然使厂家投入较多的费用。到底设置多少维修服务点才最为经济合理，这就是我们要考虑的经济问题。

每建立一个维修服务点，就要设置维修服务人员和维修器材、设备等。若每个维修服务点的费用 $C_n = nj$（n 为维修服务点数，j 为每个维修服务点的费用）。维修服务点设立越多，用户接受服务的覆盖面越大，销售收入随之增加，维修服务费也相应增加。若销售收入 s 与维修服务点 n 的函数关系为：

$$s = b + f(n) \qquad （b 为不设置维修服务点的销售收入）$$

那么为表示维修服务而建立的费用 C 和销售收入 s 与维修服务点的关系，如图 14-6 所示。

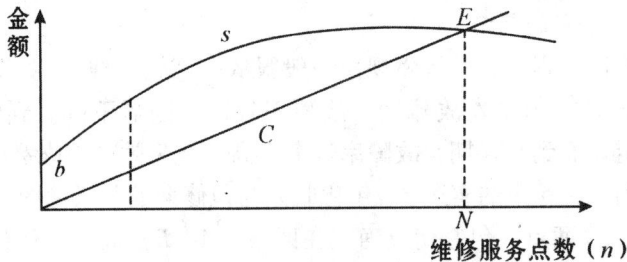

图 14-6

由图 14-6 可知，当 $s = C$ 时，两者的交点 E 所对应的横坐标为 N。

当维修服务点等于 N 时，所带来的销售收入为零，所以 N 为最大的可设置的服务点。若超过 N 点，则付出的费用就大于收入，企业受损失，s 与 C 的差值，为维修服务点所带来的效益。要使效益取得最大值可对 $s-C$ 关于 n 求导，并使其为零，则有

$$\frac{d(s-C)}{dn} = \frac{d[b+f(n)-nj]}{dn} = 0$$

对上式求解可得最佳维修服务点。

3. 交货期分析

交货期分析主要考虑以下两种情况：即用户提出的交货期在经济上是否有利，以及对提前交货或紧急订货是否接受。

交货期的兑现，除了原材料供应外，关键是生产速度问题。为了讨论问题方便，我们不考虑原材料供应，即在保证原材料供应的条件下，只考虑生产速度问题。

正常交货期的确定。若用户提出的订货为 N，交货期为 T，则单位时间内的交货速度为

$$D = \frac{N}{T}$$

设企业的正常生产速度为 x。如果 $x \geq D$，则接受订货；如果 $x < D$，这时就要考虑提高生产速度，即提高单位时间的产量。若产量提高可能导致不合格品率的升高，但只要保证不合格品率低于最大允许不合格品率，或者保证 $\Delta H/\Delta N > A$ 就可以接受订货，否则不予接受。

提前交货或紧急订货的确定。当用户需要提前交货或紧急订货，并愿意每件付出追加价格 k。这时也需要比较由于提前交货或紧急订货可能造成的不合格品率的提高，是否低于最大允许的不合格品率。如果低于最大允许的不合格品率，则应接受提前交货或紧急订货。但应当注意，此时公式 $\Delta H/\Delta N > A$ 中的 A 并不等于 V_i/j，而应等于 $V_i/(j+k)$。

409

14.4 质量成本分析

14.4.1 质量成本的概念与项目

1. 质量成本的概念

ISO8402：1994 对质量成本的定义是：为了确保和保证满意的质量而发生的费用以及没有达到满意的质量所造成的损失。[注 1：组织根据各自的准则对质量成本进行分类。注 2：某些损失可能难以定量，但很重要，如丧失

信誉。]

2. 质量成本项目

从质量成本的定义中可看出质量成本的总体轮廓，但我们分析质量成本的目的在于具体实施，这就有必要把质量成本的概念具体化，明确哪些成本属于质量成本的范畴，一般认为应由预防成本、鉴定成本、内部故障成本和外部故障成本 4 个二级子目构成。这 4 个二级子目中又包括多项具体三级细目。但到底有多少项三级细目尚未有一个统一的规定，只是按具体情况而定，下面根据有关资料对 4 个二级子目和 20 个三级细目分述如下：

（1）预防成本。预防成本的费用包括：①质量工作费。质量工作费是指企业质量体系为预防、保证和控制产品质量，开展质量管理所发生的办公宣传、收集情报、制订质量标准、编制质量手册、质量计划、进行质量审核、工序能力研究、开展质量管理活动等所支付的费用。②质量培训费。为达到质量要求提高人员素质，对有关人员进行质量意识、质量管理、检测技术、操作水平等的培训费用。③质量奖励费。为确保和改进产品质量而支付的各种奖励费用，如 QC 小组成果奖、产品升级创优奖、质理管理先进奖及有关质量合理化建议奖等符合国家规定的奖励支出。④产品评审费。新产品设计方案的评审、试制产品质量的评审所发生的费用。⑤质量改进措施费。建立质量体系，提高产品质量及工作质量，改进产品设计、调整工艺、开展工序控制、进行技术改进的措施费用（属成本开支的范围）。⑥工资及福利基金。质量管理科室及车间从事专职的质量管理人员的工资及福利基金。

（2）鉴定成本。为评定是否符合质量要求而进行的试验、检验和检查的费用包括：①检测试验费。对进厂的材料、外协外购件、配套件、工量具以及生产过程中的在制品、半成品、产成品，按质量要求进行检查、测试、试验、检测及对设备的检测维修、校正所发生的费用。②工资及福利基金。这是指专职检验和计量人员的工资及福利基金。③办公费。为检验、试验所发生的办公费。④检测设备折旧费。

（3）内部故障成本。交货前因产品未能满足质量要求所造成的损失包括：①废品损失。这是指无法修复或经济上不值得修复的在制品、半成品、产成品报废而造成的净损失。②返修损失。对不合格的产成品、在制品及半成品进行返修所耗用的材料和人工费用。③停工损失。这是指由于质量问题而引起的停工损失。④事故分析处理费。对质量问题进行分析处理所发生的直接损失。⑤产品降级损失。这是指产品因外表或局部的质量问题达不到质量标准，又不影响主要性能而降级处理所造成的损失。

（4）外部故障成本。交货后因产品未能满足质量要求所发生的费用包括：

①保修费用。按合同规定在保修期内为用户提供修理服务所发生的费用。②退货损失。产品出厂后由于质量问题而造成的退货、换货所发生的损失。③索赔费用。产品出厂后由于质量缺陷而赔偿用户的费用。④诉讼费。这是指用户认为产品质量低劣，提出申诉要求索赔，企业为处理申诉所支付的费用。⑤产品降价损失。产品出厂后因低于质量标准而进行降价所造成的损失。

以上关于质量成本的4个二级子目和20个三级细目，是质量成本的基本内容，可供我们在开展质量成本工作时参考。

14.4.2　质量成本统计

质量成本统计工作是开展质量成本管理和分析的最基础工作，但目前的会计统计账目，基本上不能反映质量成本的情况，与质量成本管理不相适应，主要有以下几个方面。

（1）从质量成本所包含的范围来看，在过去的会计工作中，只统计和核算可修复废品和不可修复废品的损失，这远远小于质量成本应该包括的范围。

（2）从质量成本统计的时间来看，过去只统计事后的废品损失，而对设计、试制和对用户进行质量指导、质量调查、维修服务等费用，没有单独列出，只统计生产过程发生的部分，而生产过程之前之后的质量成本没有统计。

（3）从质量成本计算的作用来看，过去只是事后的单纯的废品成本计算和分析，现在要做到事前的质量成本决策，事中的质量成本控制，事后的质量成本分析和信息反馈。

因此，要开展质量成本分析和管理有必要对目前的会计和统计工作做一些补充；针对质量成本的特点，建立一套统计方法和统计制度。根据国内外的实践经验，应做好以下几个方面：

（1）质量成本统一归口。如设置质量成本一级账户。在一级账户下按"预防、鉴定、内部故障、外部故障成本"设二级账户，下面再设若干明细项目进行统计和核算。或者设置账外记录，由各工序各质量成本控制网点进行登记，然后由专人汇总核算，试行一段时间后逐步过渡到一、二级账目上来加以反映。

（2）分产品、分工序建立质量成本账册，按明细项目登记质量成本，并由专人负责。

（3）定期编制和填写产品质量成本报告表。

（4）定期计算有关产品质量的技术指标和有关质量成本的指标，如产

411

品合格率、产品等级率、废品率、停工工时、返修工时，各部分质量成本在质量成本总额中所占的比例，质量成本在总成本和销售总额中所占的比例等。

质量成本数据的具体统计可通过以下渠道收集：

（1）使用现成数据，现成会计科目中的数据。

（2）使用现有报表中的数据。

（3）设置专门的质量成本调查表收集数据。

（4）建立临时报表来收集数据。

（5）对目前确实很难准确计算的费用，可以采用估计、测算分摊等办法来获得。

14.4.3　质量成本比例与分析

由于各个企业的产品性能、服务对象、规模以及人数等不同，质量成本总额是不可能相同的，即便是情况大致相近的企业，质量成本总额也可能相差甚远，但这也不是说就没有共同的规律了。根据大量研究，发现下面几组数据对一般企业来说都有指导意义。

（1）在简单的低公差的工业部门，质量成本的总额一般不超过销售总额的 2%。

（2）在异常情况下，如在高精密度、高可靠性、高复杂性的情况下，质量成本总额可能超过销售总额的 25%。

（3）如果把内部故障损失成本与外部故障损失成本统称为质量损失成本，那么在消费品工业中，质量损失成本一般是几倍于鉴定成本。

（4）预防成本一般不到全部质量成本的 10%，普遍认为接近 10% 较好。

（5）质量损失成本的较理想比例是占质量成本总额的 50% 左右。

图 14-7 表示 4 个质量成本项目之间存在的关系。其中 C_1 表示预防成本和鉴定成本之和，它随着合格率的增加而增加，C_2 表示内部、外部损失成本之和，随着合格品率的增加而减少，C 是 C_1 与 C_2 之和，即为质量总成本曲线，C 曲线有一个极小值 M 点，M 点所对应的合格率 Q_M，就是企业进行生产时应当控制的经济的制造质量水平（适宜的质量水平），其所对应的质量成本是适宜的质量成本。现将质量总成本曲线 C 的最低点附近放大。如图 14-8 所示。

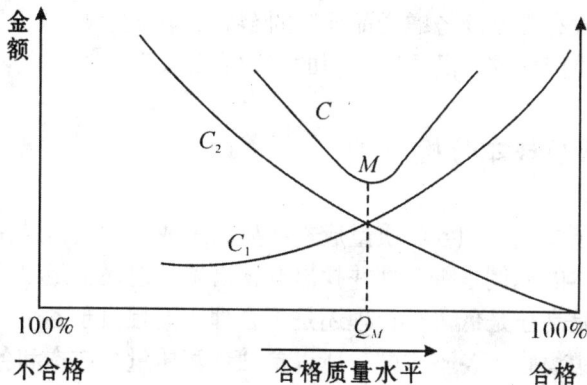

图 14-7

根据各质量成本项目在质量总成本额中所占的比例，可以把 C 曲线分为 3 个区域。

区域Ⅱ是比较理想的区域。从图 14-8 中可以看出，质量成本总额曲线存在着一个最小值，我们进行质量成本分析和管理，正是要使质量成本总额达到这一最小值。区域Ⅱ基本处于或接近质量成本总额的最小值，所以是比较理想的区域。这一区域的特点是，质量损失成本占质量成本总额的一半左右，而预防成本约占全部质量成本的 10% 左右。当质量成本总额处于这一区域时，应尽量保持这一理想水平，严格控制各项质量成本，以免偏离这一区域。

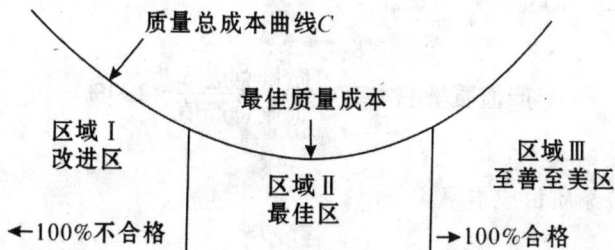

图 14-8

区域Ⅰ的特点是质量损失成本占质量成本总额的 70% 以上，而预防成本低于总额的 10%，鉴定成本和预防成本偏低，在此情况下，应设法降低质量损失成本，工作的重点应放在增加鉴定成本和提高预防成本。

区域Ⅲ的特点是预防成本和鉴定成本超过了质量损失成本，且占质量成本总额一半以上，出现这种情况，一般是因为对合格率和产品质量提出了过分高的要求，而又没有很好地考虑产品质量的经济性。此时要减少质量成本总额，力求发现并消除因要求产品质量所谓的"尽善尽美"而带来的不必要成本。

14.4.4　质量总成本分析

只计算质量总成本和各项质量成本在质量总成本中所占的比例，虽可以说明各项质量成本的比例是否合理并找出改善措施，但还不足以说明企业所支出的质量总成本是高还是低，是合理还是不合理。而且由于各个时期企业的总成本、总产值和销售收入各不相同，所以单独计算质量总成本和各项质量成本的数值，在不同的时期便不具备可比性。因此，应该以企业的总成本、总产值和销售总收入作为比较的基数，将质量总成本和各项质量成本与这些基数进行比较，建立一系列的分析比较指标，通过这些指标来分析不同时期企业的质量管理工作和改善产品质量对企业经济效益所作的贡献，以及由于产品质量问题给企业带来的经济损失。

分析比较质量总成本的指标主要有以下几个：

（1）质量成本率。

$$质量成本率 = \frac{质量总成本}{企业总成本} \times 100\%$$

（2）产值质量成本率。

$$产值质量成本率 = \frac{质量总成本}{企业总产值} \times 100\%$$

（3）销售额质量成本率。

$$销售额质量成本率 = \frac{质量成本总额}{销售收入总额} \times 100\%$$

（4）质量损失成本率。

$$质量损失成本率 = \frac{内部损失成本 + 外部损失成本}{企业总成本} \times 100\%$$

（5）产值质量损失成本率。

$$产值质量损失成本率 = \frac{内部损失成本 + 外部损失成本}{企业总产值} \times 100\%$$

（6）销售额质量损失成本率。

$$销售额质量损失成本率 = \frac{内部损失成本 + 外部损失成本}{企业销售收入总额} \times 100\%$$

14.5　质量法制

　　质量法制是指国家的质量法律、法规和制度，其中质量法律、法规既包括以规范性文件形式出现的成文法，也包括经国家机关认可的不成文法（如判例、惯例等）；质量制度包括依法建立起来的，为提高工业产品质量、建筑工程质量、交通运输质量、服务质量等方面的规定。同时也指国家实施依法管理质量的方法，使质量管理的各项工作制度化、法律化、规范化。

　　加强质量法制管理，把质量管理纳入法制管理轨道，既是实施质量宏观管理的必要手段，也是中国质量管理的一个特征。国家通过立法制定有关质量的法律、法规，而这种法律、法规是体现国家意志，代表人民整体利益的带强制性的行为规范，必须无条件地认真贯彻执行，否则就是违法行为。质量管理，首先必须明确质量责任，而没法或法不齐备，就难以确认责任；质量管理必须具有足够的权威性，而只有法制才具备这种强制功能；质量管理需要稳定性和连续性，只有健全法制才能达到这个目的；质量管理需要各部门、各方面的配合，而只有法律、法规才能成为全社会的行为准则；质量管理需要足够的严肃性，而法律、法规的威力更能维护其严肃性。

　　在我国整个法制建设中，有关质量管理的法规受到一定的重视。为了加强法制管理，全国人大常委会 1993 年 2 月通过《中华人民共和国产品质量法》并在 2000 年 7 月进行了修改并颁布，以及先后通过发布了《标准化法》、《计量法》、《食品卫生法》等与质量相关的重要法规。但是，我国在质量管理方面的法制建设还很不健全，而且往往有法不依，执法不严，人们的法制观念淡薄，主管部门不善于用法制推进质量管理工作，用户和消费者不懂得用法律保护自己的权益，这些仍是比较普遍的事情。

随着改革开放的深入，建立社会主义市场经济体制，更需要加快质量管理方面的法制建设，以保护公平竞争，保障市场的健康发展，创造质量管理的良好外部环境；同时促进企业经营机制转换，强化内部能力，为质量管理注入强大生命力。执法部门要严格执法，做到有法必依，执法必严，违法必究。此外还要加强质量法制方面的宣传，各级政府、各部门、各企业及生产者、经营者都要认真学法、守法，用法约束自己；广大用户、消费者也要懂得用法来保护自己的权益。

从党的十一届三中全会以来，我国颁布了许多有关质量的法律、法规以及规章制度。择其主要内容简介如下。

14.5.1　产品质量法规体系

产品质量法规体系是由调整关于产品质量方面的权利、义务、责任关系的法律、行政法规、部门规章和地方性法规所构成的一个有机的法规群体，是质量法制的一个重要组成部分。产品质量法规体系以全国人大常委会通过颁布的《中华人民共和国产品质量法》为基本准则，包括国务院依据《产品质量法》制定的一系列行政法规，以及国务院技术监督行政部门制定的产品质量方面的部门规章，还包括地方人大制定的地方性法规和地方政府制定的政府规章。这些法规群体构成了产品质量法规体系，它们既有其内在的联系，又有其各自独立的调整对象和层次逻辑。它们具体地规范了国家对产品质量所采取的一系列的管理制度以及对违法者的法律责任。

《产品质量法》主要调整在中华人民共和国境内（包括领土、领海、领空），从事产品的生产、销售及对其监督管理等活动中所发生的权利、义务、责任关系；只调整生产、销售两个环节，不调整仓储、运输环节以及服务、劳务等非实物产品的质量问题；调整经过加工、制作，用于销售的产品。《产品质量法》适用的主体是在中国境内的所有类型的企业，包括国有企业、集体所有制企业以及中外合资、中外合作、外商独资企业、事业单位和社会组织、个体工商业经营者。对于进出口产品的质量要求，订立合同的，应当首先履行合同，但合同约定的质量要求不得与《产品质量法》等法规规定的默示担保条件相违背。在与相关法律的关系上，特别法优先适用于一般法，后法优先适用于前法。

在《产品质量法》颁布以前我国也曾颁布过一些法规条例：

（1）《工业企业全面质量管理暂行办法》（国务院1980年3月颁布）。

（2）《工业产品质量责任条例》（国务院 1986 年 4 月颁布）。

（3）《质量管理小组活动管理办法》（1983 年原国家经委颁布，1987 年修改）。

（4）《国家优质产品评选条例》以及《国家质量管理奖评审办法》（原国家经委颁发）。

这些条例和办法的实施对提高产品质量，生产优质产品，推动企业积极开展全面质量管理，起到了积极、良好的导向作用。

14.5.2   国家质量监督

国家质量监督是根据政府法令、法规，对产品、服务质量和企业保证质量所具备的条件进行监督。我国质量监督经过多年的建设发展，目前已初步形成了由质量技术监督系统与法定的专业监督系统组成的监督网络，分工进行国家质量监督。

1. 技术监督系统

1980 年依据《中华人民共和国标准化管理条例》的规定逐步在全国开展了质量监督工作。1985 年国务院批准《产品质量监督试行办法》，1986 年国务院颁布《工业产品质量责任条例》之后，逐步在全国建立了质量监督体系。1993 年全国人大常委会通过颁布了《产品质量法》，2000 年 7 月进行了修改。国家质量技术监督局（2001 年与商检局合并，升格为正部级，改称国家质量监督检验检疫总局）负责全国质量监督的统一管理和组织协调，制定质量监督的方针、政策、规划，组建国家质量监督检测中心。各级地方质量技术监督机构负责对本地区的质量监督管理，组织协调和监督检验机构的建立。近十多年来开展了多种形式的质量监督，促使企业加强质量管理，提高产品质量。

417

2. 专业监督系统

专业监督系统是我国 20 世纪 50 年代到 60 年代，由国务院批准逐步建立的，是由国家授权的专业监督检验机构，分工承担对指定产品进行监督检查。

（1）卫生系统。根据《中华人民共和国药品管理法》和《中华人民共和国食品卫生法》，建立药品和食品卫生监督机构，对药品质量和食品卫生进行检验和监督。

（2）劳动系统。根据《锅炉压力容器安全监督暂行条例》设立锅炉压力容器安全监督机构，负责锅炉压力容器的安全监察工作（该职能后归口到质监局）。

（3）公安消防系统。根据《消防产品质量监督检验暂行管理办法》，设立消防产品质量检验中心，对消防产品质量进行监督检验。

（4）船舶系统。根据《中华人民共和国船舶和船用产品监督检验条例》，在有关地区设立船检机构，负责对船舶和船用产品进行监督检验。

（5）商检系统。根据《中华人民共和国进出口商品检验法》（1989年全国人大常委会通过颁布），由进出口商品检验局负责对进出口商品的检验、公正鉴定、监督管理工作。

（6）城市建设系统。根据《建筑工程质量监督条例》，设立建筑工程监督检测中心，对建筑工程质量进行监督检验。

（7）国家纤维检验局和各地的纤维检验机构负责对棉、麻、毛、化纤等纤维产品实施监督检查。

（8）农林牧系统。根据《兽药管理条例》和《种子管理条例》，分别设立兽药监督机构和种子检验机构，负责对兽药质量和种子质量进行监督检验。

此外，还有各企业主管部门所进行的行政监督检查；社会群众团体用户委员会、消费者协会和新闻舆论机构所进行的社会监督和广大人民群众的监督。

14.5.3　实行产品质量责任的法制管理

1.产品责任

产品责任是指产品存在缺陷，致使用户、消费者遭受了人身伤害和财产损失，缺陷产品的生产者、销售者应当依法承担的民事侵权赔偿责任。实行产品责任制对于促进企业提高产品质量，发展生产，稳定社会秩序，以及保护消费者权益都有重大意义。

2.产品质量责任

根据我国《产品质量法》，产品质量责任是指产品的生产者、销售者，违反了《产品质量法》的规定，对其作为或者不作为应当依法承担的法律后果。产品质量责任与产品责任既有联系又有区别：

（1）制定责任的依据不同。判定产品责任的依据是产品存在缺陷，也就是产品存在危及人身、财产安全的不合理的危险。判定产品质量责任的依据包括：默示担保（指国家法律、法规规定的产品质量要求）、明示担保（指生产者、销售者以明示采用的产品标准、产品说明、实物样品等方式，对其产品质量作出的保证和承诺）、产品缺陷（指产品存在危及人身、财产安全的不合理的危险）。判定产品质量责任的依据较产品责任更宽一些，意义更广泛。

（2）承担责任的条件不同。承担产品责任的充分必要条件是产品存在缺陷，并且造成了他人人身伤害、财产损失，两者缺一不可，而且侧重于损害后果这一前提。承担产品质量责任的条件是只要产品质量不符合默示担保条件或明示担保条件之一的，无论是否造成损害后果，都应当承担相应的责任。

(3) 责任性质不同。产品质量责任是一种特殊的民事责任，也是一种综合责任，包括行政责任、民事责任和刑事责任；产品责任仅指产品侵权损害赔偿责任。

根据《产品质量法》和有关规定，在我国凡属产品质量责任问题，由国家技术监督部门负责查处，工商行政管理部门予以配合；在市场管理和商标管理中发现生产、经销掺假产品、冒牌产品的违法行为，由工商行政部门查处，技术监督部门予以配合；在市场上倒卖、骗卖劣质商品的行为，工商行政管理机关、技术监督部门谁发现的由谁查处，另一部门予以配合协助。但同一问题，不得重复处理。

14.5.4　实行标准化与计量的法制管理和监督

标准是评价和衡量产品质量、工程质量、服务质量的尺度，是生产技术活动和各项管理工作的依据，也是宏观质量控制的手段。标准化是质量管理的一项重要基础工作，它为质量管理体系的建立和健全创造了条件。1988 年全国人大常委会通过颁布的《中华人民共和国标准化法》规定："标准化工作的任务是制定标准，组织实施标准和对标准的实施进行监督。"标准化的各项要求以法律形式固定下来，增强了宏观质量管理的广度、深度和力度。

计量工作是现代社会的一项重要技术基础，也是质量管理的一项重要基础工作，是宏观质量管理的一项重要手段。在现代社会化大生产中，生产的运行，经营管理的改善，质量和效益的提高均与计量工作息息相关。1988 年全国人大常委会通过颁布的《中华人民共和国计量法》，把我国计量监督管理，基准计量器具的建立，国家计量单位制的统一和量值的准确可靠，纳入法制轨道，从而有效地促进了生产、贸易和科学技术的发展，维护了国家和人民的利益。

14.5.5　国家实行生产许可证制度

为了确保重要工业产品的质量，引导企业健康发展，国务院 1984 年制定颁布的《工业产品生产许可证试行条例》规定：凡实施工业生产许可证的产品，企业必须取得生产许可证才具有生产该产品的资格。生产许可证是强制性的，其基本条件是产品质量必须达到现行国家标准或专业标准，生产企业的质量管理体系必须保证能够持续稳定地生产合格的产品。生产许可证的评审、发证和复查工作，主要由行业主管部门负责，国家技术监督部门统一管理。实施生产许可证制度，既促进了产品质量的提高，又有效地保护了具有稳定生产合格质量水平和质量保证能力的企业，限制了不能保证产品质量的企业盲目蔓延和冲击，从而促进了发证产品质量的稳定提高。

14.5.6　国家实行产品质量认证和质量体系认证制度

产品质量认证是工业发达国家为提高质量、保护消费者利益、促进国家贸易发展所普遍采用的一种形式。我国国务院于1991年颁布的《中华人民共和国产品质量认证管理条例》规定：我国产品认证分为安全认证和合格认证，如3C认证、QS认证等；企业生产的产品符合《标准化法》中有关强制性标准的要求，达到国家标准或行业标准要求；企业质量体系符合国家《质量管理体系标准》（即GB/T19000—ISO9000族标准）产品质量稳定，能正常批量生产的，可向国务院标准化行政主管部门或其授权的行业认证委员会、质量体系认证中心申请认证。认证合格或获准后发给合格证书或给予注册登记并公开公布。除接受国家法律和行政法规所规定的检查外，可免于其他检查，并可以享受国家有关优惠政策。

14.5.7　国家对假冒伪劣产（商）品进行查处和打击

近些年来，假冒伪劣商品源源不断地流入市场，五花八门，越演越烈，严重损害了国家、企业和广大人民群众的利益，干扰了国家经济秩序，已成为严重的社会公害。为了维护社会主义市场经济的正常秩序，建立公平竞争的商品市场，遏制假冒伪劣商品流行，1989年国务院办公厅转发了原国家技术监督局《关于严厉惩处经销伪劣商品责任者意见》，要求商品经销者必须对其经销的商品质量负责，严格执行进货检查验收制度，并接受技术监督部门对商品质量进行的检验。严禁经销假冒伪劣商品，国家质量监督部门对经销假冒伪劣商品的责任者，以及经销假冒伪劣商品的纵容者、包庇者，要按照国家有关法律、法规的规定，给予严厉制裁，经济上要从重处罚，使其不敢再从事此类违法活动。凡经销假冒伪劣商品造成人身伤亡、重大财产损失、情节严重、触犯刑律的，要移送司法部门依法追究其刑事责任；对经销假冒伪劣商品的纵容者、包庇者，也要追究其刑事责任；对所查出的假冒伪劣商品，除对经销者查处外，对生产者蓄意掺杂使假、冒牌以及粗制滥造的，要及时移送到该生产者所在地的有关部门，追究法律责任并予以严厉惩处。

本章小结

　　企业进行质量管理活动有着双重的任务，一方面是满足用户的需要和期望，也就是用最经济的手段生产用户所满意的产品，重视使用中的适宜性。另一方面是满足企业的需要和利益，也就是在最适宜成本的条件下，达到和保持企业既定的质量水平，从而使企业获得好的经济效益。为此企业精心计划和有效地使用企业所有的技术、人力和物力资源，生产出符合社会需要的产品。为此应把企业和社会效益统一起来，在整个质量活动中坚持质量与经济的统一。

　　本章从这一角度出发，提出了质量经济分析的任务、内容以及重点对设计过程、制造过程、销售和售后服务过程及质量成本等方面进行质量经济分析，介绍了这些方面质量经济分析的内容和具体的质量经济分析的方法，以适应实际的应用。

　　另外，本章还介绍了质量法制的概念，以及加强质量法制管理的重要性和质量法制的有关内容，使我们的质量管理逐步走向法制化，以保障国家和人民群众的合法权益。

复习思考题

　　1. 什么是质量经济分析，质量经济分析的内容和任务是什么？

　　2. 适合的质量水平是指什么，如何确定？

　　3. 从经济的角度来看，产品不合格率是否越低越好，主要应如何确定不合格品率的大小？

　　4. 销售和售后服务过程的质量经济分析主要从哪些方面进行分析？

　　5. 什么是质量成本，质量成本二级子目一般包括哪些内容？

　　6. 如何对质量成本进行比较分析？

　　7. 什么是质量法制，加强质量管理的法制管理有何重要意义？

　　8. 实行质量法制管理一般包括哪些内容？

参考文献

1. J. M. 朱兰：《质量控制手册》上、下册，上海科学文献出版社 1981 年版。
2. J. M. 朱兰：《质量管理》（第 4 版），中国质量管理协会 1982 年版。
3. ［日］水野滋主编，孙清礼译：《新 QC 七种工具》，中国质量管理协会 1981 年版。
4. 高凤林：《工厂产品质量管理方法》，科学技术文献出版社 1979 年版。
5. 中国质量管理协会培训教育部编：《质量管理统计方法》，企业管理出版社 1986 年版。
6. 刘光庭：《质量管理》，清华大学出版社 1986 年版。
7. 周学谦：《质量管理的理论与方法》，宇航出版社 1989 年版。
8. 郎志正：《质量控制方法与管理》，国防工业出版社 1989 年版。
9. 冯祥源：《质量管理工程学》，中国标准出版社 1988 年版。
10. 傅世乾、项础等：《质量管理教程》，电子科技大学出版社 1992 年版。
11. 章渭基等：《质量控制》，科学出版社 1988 年版。
12. 金广林、许统邦、伍爱：《服务业全面质量管理》，机械工业出版社 1992 年版。
13. 伍爱：《质量工作者手册》，中山大学出版社 1995 年版。
14. 张训尧：《企业技术管理》，电子工业出版社 1984 年版。
15. 杨维权、吴雪梅等：《现代质量管理统计方法》，中山大学出版社 1990 年版。
16. 邓绩、吴德涛：《质量经济分析》，上海科学普及出版社 1989 年版。
17. 马林、罗国英：《全面质量管理基本知识》，中国经济出版社 2001 年版。
18. 罗国英、林修齐：《质量管理体系教程》（修订版），中国经济出版社 2001 年版。
19. 2000 年版《质量管理体系标准》（原件译本）。
20. 伍爱、黄瑞荣：《现代企业管理学》（第 2 版），暨南大学出版社 2001 年版。
21. 国家经济贸易委员会主管，中国质量协会主办《中国质量》月刊 2001 年第 9 期。

22. 张弛等：《现代企业品质管理技术》，海天出版社 2001 年版。

23. 龚益鸣：《现代质量管理学》，清华大学出版社 2003 年版。

24. 张公绪、孙静：《新编质量管理学》（第二版），高等教育出版社 2003 年版。

25. 应可福：《质量管理》，机械工业出版社 2005 年版。

26. 罗振璧、曹蓁蓁：《现代质量管理与六西格玛》，南海出版公司 2005 年版。

27. ［美］彼得·S. 潘德、罗伯特·P. 纽曼、罗兰·R. 卡瓦纳著，刘合光等译：《6σ 管理法——追求卓越的阶梯》，机械工业出版社 2005 年版。

28. 彼得·潘德、莱瑞·荷普著，王金德等译：《六西格玛是什么》，中国财政经济出版社 2002 年版。

29. ［美］特利·瓦伏拉著，中国质量协会卓越培训中心译：《简化的顾客满意测量 ISO9001：2000 认证指南》，机械工业出版社 2003 年版。

30. 刘宇：《顾客满意度测评》，社会科学文献出版社 2003 年版。

31. 严建修：《顾客的满意度测评》，中国纺织出版社 2003 年版。